現代日本語の使役文

ひつじ研究叢書〈言語編〉

第 115 巻　日本語の名詞指向性の研究　　　　　　　　　　　　　新屋映子 著
第 116 巻　英語副詞配列論　　　　　　　　　　　　　　　　　　鈴木博雄 著
第 117 巻　バントゥ諸語の一般言語学的研究　　　　　　　　　　湯川恭敏 著
第 118 巻　名詞句とともに用いられる「こと」の談話機能　　　　　金英周 著
第 119 巻　平安期日本語の主体表現と客体表現　　　　　　　　　高山道代 著
第 120 巻　長崎方言からみた語音調の構造　　　　　　　　　　　松浦年男 著
第 121 巻　テキストマイニングによる言語研究　　　　岸江信介・田畑智司 編
第 122 巻　話し言葉と書き言葉の接点　　　　　　　　　石黒圭・橋本行洋 編
第 123 巻　パースペクティブ・シフトと混合話法　　　　　　　　山森良枝 著
第 124 巻　日本語の共感覚的比喩　　　　　　　　　　　　　　　武藤彩加 著
第 125 巻　日本語における漢語の変容の研究　　　　　　　　　　鳴海伸一 著
第 126 巻　ドイツ語の様相助動詞　　　　　　　　　　　　　　　髙橋輝和 著
第 127 巻　コーパスと日本語史研究　　　　近藤泰弘・田中牧郎・小木曽智信 編
第 128 巻　手続き的意味論　　　　　　　　　　　　　　　　　　武内道子 著
第 129 巻　コミュニケーションへの言語的接近　　　　　　　　　定延利之 著
第 130 巻　富山県方言の文法　　　　　　　　　　　　　　　　　小西いずみ 著
第 131 巻　日本語の活用現象　　　　　　　　　　　　　　　　　三原健一 著
第 132 巻　日英語の文法化と構文化　　　　　秋元実治・青木博史・前田満 編
第 133 巻　発話行為から見た日本語授受表現の歴史的研究　　　　森勇太 著
第 134 巻　法生活空間におけるスペイン語の用法研究　　　　　　堀田英夫 編
第 137 巻　日韓対照研究によるハとガと無助詞　　　　　　　　　金智賢 著
第 138 巻　判断のモダリティに関する日中対照研究　　　　　　　王其莉 著
第 139 巻　語構成の文法的側面についての研究　　　　　　　　　斎藤倫明 著
第 140 巻　現代日本語の使役文　　　　　　　　　　　　　　　早津恵美子 著
第 141 巻　韓国語 cita と北海道方言ラサルと日本語ラレルの研究　円山拓子 著
第 142 巻　日本語史叙述の方法　　　　　　　　　　大木一夫・多門靖容 編

ひつじ研究叢書
〈言語編〉
第140巻

現代日本語の使役文

早津恵美子 著

ひつじ書房

目　次

I　序論		I
第1章　本書の課題および立場と方法		3
1. 本書の課題		3
2. 本書の立場と方法		4
2.1　本書における「使役文」「使役動詞」		4
2.2　使役文と原動文の対応の2つの捉え方		5
2.3　「V-(サ)セル」の単語性		I0
2.4　単語の「カテゴリカルな意味」		I3
2.5　文の文法的な構造と意味的な構造　形式（表現）と意味（内容）		20
2.6　言語現象における中心と周辺		23
2.7　言語活動のなかにある文　実例にもとづく実証的な分析		25
2.8　本書における言語資料		28
II　使役文の構造		35
第2章　使役文の意味分類の観点について		
山田孝雄（1908）の再評価		37
1. はじめに		37
2.「つかいだて性」とは		37
3. 使役文の意味についての研究の流れ		40
3.1　江戸期から明治初期にかけての論考		40
3.2　つかいだて性への注目		4I
3.2.1　山田孝雄（1908）		4I
3.2.2　松下大三郎（1924）から『にっぽんご4の上』（1968）		46
3.3　「強制・許可・放任」「誘発・許容」という分類		52
3.3.1　許容的な意味のとりだし		52
3.3.2　種々の意味用法のとりだし		53
3.3.3　分類の観点の意識化		60

v

3.3.4 具体的な用法の分類	65
4. 意味分類の観点の推移	68
4.1 意味分類の推移	68
4.2 推移の背景	70
5. 使役文の文法的な意味を考える新たな方向性	75
6. おわりに	78

第3章　意志動作の引きおこしを表す使役文の文法的な意味

「つかいだて」と「みちびき」	85
1. はじめに	85
2. 使役文の意味についての諸研究と本章の「つかいだて」と	
「みちびき」	86
2.1 諸研究の2つの流れ	86
2.2 「強制：許可」と「つかいだて：みちびき」	88
3. 「つかいだて」と「みちびき」	89
4. 原動詞の語彙的な意味と「つかいだて：みちびき」	91
4.1 語彙的な意味にもとづく動詞の分類	91
4.2 原動詞の4種と使役文の意味	95
5. つかいだての使役・みちびきの使役を表す文の文法的な特徴	98
5.1 基本的な骨組み構造の要素の特徴	99
5.1.1 使役主体と動作主体との関係（「X ガ Y ニ／ヲ（Z ヲ）	
V-（サ）セル」）	99
5.1.2 使役主体・動作主体と動作対象との関係（「X ガ Y ニ Z ヲ	
V-（サ）セル」）	101
5.2 任意的な拡大要素の特徴	102
5.2.1 使役主体から動作主体への関与のしかた（「X ガ Y ニ／	
ヲ V_1- テ、～V_2-（サ）セル」）	102
5.2.2 使役による結果的な状態と使役主体の次の動作（「X ガ	
Y ニ／ヲ（Z ヲ）V-（サ）セテ、X ガ………」）	104
5.2.3 使役主体の目的の現れ（「……タメニ／ノニ／ヨウニ……	
V-（サ）セル」）	106
5.3 この節のまとめ	107
6. つかいだての使役とみちびきの使役の相互移行	107
6.1 対象変化志向の動詞がみちびきを表現する場合	107
6.2 主体変化志向の動詞がつかいだてを表現する場合	109
6.3 この節のまとめ	111
7. 使役文と他の構造の文との関係	112

	7.1	使役文と原動文	112
	7.2	使役文と「V-テモラウ」文	113
	7.3	自動詞使役文と二項他動詞文、他動詞使役文と三項他動詞文	114
	7.4	意志動作の引きおこしを表す使役文と無意志動作の引きおこしを表す使役文	116
8.	「強制：許可」と「つかいだて：みちびき」と「使令：干與」		117
	8.1	「強制：許可」と「つかいだて：みちびき」	117
		8.1.1 使役事態のどの局面に注目するか	117
		8.1.2 文法的な現象としての性質	119
	8.2	「使令：干與」と「つかいだて：みちびき」	121
9.	おわりに		122

第4章 〈人ノ N［部分・側面］ヲ Vi［無意志］-(サ) セル〉型の使役文　無意志動作の引きおこしを表す使役文　129

1.	はじめに		129
2.	人の［部分・側面］の変化の引きおこし		130
3.	「部分・側面」を表す名詞		131
4.	〈人ノ N［部分・側面］ヲ Vi［無意志］-(サ) セル〉型の使役文の性質		135
	4.1	〈人ノ N［部分・側面］ヲ Vi［無意志］-(サ) セル〉型と〈人ヲ Vi［無意志］-(サ) セル〉型	135
		4.1.1 無意志動詞の4種	135
		4.1.2 〈人ヲ Vi［無意志］-(サ) セル〉型の使役文の原動詞	137
		4.1.3 〈人ノ N ヲ Vi［無意志］-(サ) セル〉型の使役文の原動詞	139
		4.1.4 この節のまとめ	151
	4.2	心理状態の変化か出現か〈人ノ N ヲ Vi-(サ) セル〉型と〈人ニ N ヲ Vi-(サ) セル〉型	153
	4.3	原因的な事態を主語として表現するか従属節中に表現するか	157
5.	〈人ノ N［部分・側面］ヲ Vi-(サ) セル〉型の使役文と〈事物ヲ Vi-(サ) セル〉型の使役文		161
	5.1	佐藤里美（1990）の指摘	162
	5.2	〈人ノ N［部分・側面］ヲ Vi-(サ) セル〉型と〈事物ヲ Vi-(サ) セル〉型	163
6.	おわりに		166

第5章 〈人₁ガN［(人₁ノ)部分・側面］ヲVi-(サ)セル〉
　　　　型の使役文　再帰構造の使役文　　　　　　　　171

　1. はじめに　　　　　　　　　　　　　　　　　　171
　2. 「部分・側面」を表す名詞と使役動詞との組みあわせ　172
　3. 再帰構造の使役文についての諸研究　　　　　　　173
　4. 「NヲVi-(サ)セル」の文中での用いられ方　　　175
　　4.1 分布のありさま　　　　　　　　　　　　175
　　4.2 複文の従属節述語として用いられているもの　176
　　4.3 複文の主節述語として用いられているもの　184
　　4.4 重文の従属節述語・主節述語として用いられているもの　186
　　4.5 連体修飾節述語として用いられているもの　187
　　4.6 単文の述語として用いられているもの　　188
　5. 再帰構造の使役文の構文的・意味的な特徴　　190
　6. おわりに　　　　　　　　　　　　　　　　　193

第6章 〈N［事物］ニN［事物］ヲVt-(サ)セル〉型の使役文
　　　　事物の変化の引きおこしを表す使役文　　　197

　1. はじめに　　　　　　　　　　　　　　　　　　197
　2. 〈ア〉人に準ずる動作主体性　　　　　　　　　198
　3. 〈イ〉場所性　　　　　　　　　　　　　　　　200
　　3.1 〈イー1〉存在場所性　空間性を有する組織を場所的にとらえる　200
　　3.2 〈イー2〉内在場所性　具体物を場所的にとらえる　202
　　3.3 〈イー3〉付着場所性　身体部位を場所的にとらえる　203
　　3.4 〈イー4〉出現場所性　心理部位を場所的にとらえる　205
　4. 〈ウ〉状況性　　　　　　　　　　　　　　　　207
　5. ニ格補語が人でない他動詞使役文の3種6類　211
　6. おわりに
　　　ニ格補語が人でない他動詞使役文と三項他動詞文　215
　7. 第Ⅱ部のおわりに　　　　　　　　　　　　　216

　　　Ⅲ　使役文のヴォイス性　　　　　　　　　　223

第7章 「ヴォイス」としての使役
　　　　主語が動きの主体か否か　　　　　　　　　225

　1. はじめに　　　　　　　　　　　　　　　　　　225

2. ヴォイスについてのいくつかの捉え方 225

3. 日本語の受身文の多様性と本質 229

4. 文の構文機能構造と構文意味構造の一致とずれ 231

    4.1 動詞の種々の形態論的な形と文の主語 231

    4.2 受身文・使役文・V-テモラウ文の近さ 232

    4.3 受身文・使役文とV-テモラウ文との違い 235

    4.4 原動・受身・使役のまとまり 236

5. 日本語における「ヴォイス」の規定とその範囲 238

    5.1 日本語における「ヴォイス」の規定 238

    5.2 種々の文のヴォイス性 239

        5.2.1 主語が常に動作主体ではない文 239

        5.2.2 主語が動作主体であることもそうでないこともある文 240

        5.2.3 主語が動作主体ではあるものの別の文法的な意味も合

           わせもつ文 241

        5.2.4 主語が常に動作主体である文 243

    5.3 対応自他動 244

    5.4 本章における「ヴォイス」の範囲 246

6. おわりに 246

第8章　使役文と原動文の似通い

      動きの主体か引きおこし手かの違いの弱まり 255

1. はじめに 255

2. 文の「似通い」および、他動詞原動文にみられる間接性 256

3. 考察の対象とする使役文 257

4. 事態の性質　主語（使役主体）の文法的な意味 259

    4.1 統括事業（使役主体が事業の統括者） 259

    4.2 専門的作業（使役主体が専門的作業の依頼主） 262

    4.3 代行動作（使役主体が代行動作の差配者） 263

    4.4 この節のまとめ 265

5. 文構造の性質 266

    5.1 原動詞の語彙的・構文的な性質 266

    5.2 動作主体の文中での示され方 270

        5.2.1 動作主体の非明示 270

        5.2.2 従属節中での明示

           他者利用をうかがわせる複文構造の使役文 270

    5.3 動作主体を表す名詞の語彙的な性質 273

    5.4 この節のまとめ 274

6. 使役文と原動文の似通いと使役文の意味的なタイプ 275

7. 主宰者主語の原動文と主宰者主語の使役文 276

8. おわりに 278

第9章　使役文と受身文の似通い

動きの引きおこし手か被り手かの違いの弱まり 283

1. はじめに 283

2. 使役文と受身文の意味の関係についての諸研究 285

3. 使役文と受身文の主語 287

   3.1 両者の似通いを支える主語の共通性 287

   3.2 主語に注目した使役文・受身文の構文的なタイプ 288

4. 使役文の主語の文法的な意味（意味役割） 289

   4.1 引きおこし手性 289

   4.2 被り手性 290

5. 受身文との似通いが生じる使役文 290

   5.1 主語（使役主体）の引きおこし手性 291

   5.2 主語（使役主体）の被り手性 295

   5.3 似通いの生じる条件および先行研究との関係 298

6. 使役文・受身文で述べることによる違い 299

7. おわりに 302

8. 第III部のおわりに 303

IV　「V-(サ) セル」の使役動詞性とその変容 305

第10章「もたせる」における使役動詞性と他動詞性 307

1. はじめに 307

2. 「もたせる」の特色 308

3. ニ格補語が人名詞である「もたせる」文 310

   3.1 ヲ格補語が物名詞　〈人$_1$-ガ 人$_2$-ニ 物-ヲ もたせる〉 310

      3.1.1 つかいだての使役としての「物をもたせる」 310

      3.1.2 みちびきの使役としての「物をもたせる」 313

   3.2 ヲ格補語が権利や社会関係を表す抽象名詞

      〈人$_1$-ガ人$_2$-ニ 抽象（権利・社会関係）-ヲ もたせる〉 317

   3.3 ヲ格補語が心理内容を表す抽象名詞

      〈事物・人$_1$-ガ人$_2$-ニ 抽象（心理内容）-ヲ もたせる〉 318

4. ニ格補語が人名詞ではない「もたせる」文 320

4.1 ニ格補語が物名詞〈人 - ガ物₁-ニ 身体部位・物₂-ヲ もたせる〉 320

4.2 ニ格補語が抽象名詞〈人・事物 -ガ抽象（事物）-ニ 抽象（属性）-ヲ
もたせる〉 323

5. おわりに 325

第11章 「知らせる」「聞かせる」における使役動詞性と
他動詞性 331

1. はじめに 331

2. 「知らせる」 332

  2.1 他動詞的な「知らせる」 332

    2.1.1 「伝える」に近い意味 332

    2.1.2 「知らせる」の文法的な性質 335

  2.2 使役動詞としての「知らせる」 338

3. 「聞かせる」 339

  3.1 他動詞的な「聞かせる」 339

    3.1.1 「話す、教える、言う」に近い意味 339

    3.1.2 「聞かせる」の文法的な性質 342

    3.1.3 発信と受信とを表現する他動詞としての「聞かせる」 343

  3.2 使役動詞としての「聞かせる」 346

4. 「知らせる」「聞かせる」の他動詞性・使役動詞性 347

  4.1 使役事態の二重性 347

  4.2 抽象的な発信動作としての「知らせる」「聞かせる」 348

5. おわりに 349

第12章 「V-（サ）セル」の語彙的意味の一単位性 353

1. はじめに 353

2. 「V」と「V-（サ）セル」との対応が成りたつかどうか 354

3. 名詞と「V-（サ）セル」との組み合わせの固定度・自由度 356

  3.1 「単語のふつうの組み合わせ」と「慣用句」 357

  3.2 名詞と「V-（サ）セル」の組み合わせのありかた 357

4. 「V-（サ）セル」の語彙的意味の一単位性 361

  4.1 語彙的な意味の独自性　新たな語彙的意味の成立 361

  4.2 連語論的な性質の独自性 364

  4.3 構文論的な機能の独自性 365

5. おわりに 367

第13章 使役動詞条件形の後置詞への近づき
使役主体の不特定性と使役文の性質　371

1. はじめに　371
2. 分析の対象と方法　372
3. 使役主体が特定者である使役動詞条件節を含む複文　374
  3.1 主節が使役主体についての叙述であるもの　374
  3.2 主節が動作主体についての叙述であるもの　376
  3.3 主節が使役主体や動作主体についての叙述でないもの　377
4. 使役主体が不特定者である使役動詞条件節を含む複文　379
  4.1 主節が動作主体についての叙述であるもの　379
  4.2 主節が動作主体についての叙述でないもの　384
5. 使役主体が不特定者であることの意義　385
  5.1 主節に表現される事態の種類　386
  5.2 使役主体が不特定者であることによる条件節の独立性の弱まり
    品定め文の領域の設定・機会の設定　387
  5.3 「V-(サ)セ-条件形」と「V-条件形」との対立の弱まり　390
  5.4 品定め文の領域設定・機会設定のしかたの多様性　391
6. おわりに　393

第14章 「感じさせる」「思わせる」の判断助辞への近づき
動作主体の不特定性と使役文の性質　395

1. はじめに　395
2. 分析の対象と方法　396
3. 「感じさせる」「思わせる」を述語とする使役文の性質　398
4. 動作主体が不特定者である「感じさせる」　400
5. 動作主体が不特定者である「思わせる」　402
  5.1 ヲ格の具体名詞と組み合わさる「思わせる」　402
  5.2 ヲ格の形式名詞と組み合わさる「思わせる」、およびト節を
    うける「思わせる」　403
  5.3 ヲ格の抽象名詞と組み合わさる「思わせる」　405
6. 動作主体が不特定である「感じさせる」文と「思わせる」
  文の性質　408
  6.1 「感じさせる」文・「思わせる」文の構文・意味構造　408
  6.2 「感じる」「思う」の語彙的意味と「感じさせる」「思わせる」
    の判断助辞としての性質　410
7. おわりに　412
8. 第IV部のおわりに　413

V 結論 417

第15章 使役文と使役動詞
ヴォイスとしての使役文と動詞としての「V-(サ) セル」 419

参考文献 427

出典一覧 447

既発表論文との関係 453

あとがき 457

索引 461

I

序論

第1章

本書の課題および立場と方法

1. 本書の課題

　本書は、現代日本語の使役文の文法構造について、その実相をできるかぎり全体的・総合的に明らかにすることをめざすものである。

　その際、言語の分節性にもとづく2つのレベル ―― すなわち「文」とその要素である「単語」―― とその単位性に応じて、文のレベルでの使役文の性質や文成分としての使役動詞の性質と、文の要素となる単語のレベルでの使役動詞（「V-(サ)セル」）の性質とを、相互に関係のあるものと捉えつつも、それぞれの独自の性質も探ることにする。使役文の性質の分析と、使役動詞の性質の分析である。後者を特にとりあげて探ろうとするのは、使役動詞（「V-(サ)セル」）には、できあがった使役文において文成分として機能するいわば「部分」としての性質と、文をくみたてる「部品」としての性質とがあると思われ、使役文における要素（部分＝文成分）としての性質とは別に、単語（部品）としての「V-(サ)セル」の性質を探ることができ、またそれに意義があると考えることによる。

　現代日本語の使役文については、様々な観点からの研究の蓄積がある。本書もそれらの成果に多くを学ぶものであるが、従来の論考は、使役文のもつある個別的な性質についてそれぞれに深く追究するというものがほとんどであり、使役文の様々な性質を一定の立場にたって広く考察したものはなかったように思われる。本書も必ずしも確固とした立場を築いているとはいえず、考察対象としえた現象もおのずと限られたものではあるが、本書なりの立場をさぐりつつ現代日本語の使役文の性質のさまざまな面を明らかにすることをめざしたいと思う。

3

2. 本書の立場と方法

2.1 本書における「使役文」「使役動詞」

　本書では、動詞に使役接辞「-(サ)セル」のついた「V-(サ)セル」（「運ばせる、帰らせる、調べさせる、起きさせる、勉強させる」等）を「使役動詞」とし、使役動詞を述語とする文を使役文とする*1。他動詞のうち「こわす、曲げる、あける、おろす、冷やす、育てる、殺す」のように、対象に働きかけることでその変化を引きおこす（cause）という語彙的な意味をもったものを「使役動詞（causative verb）」「語彙的使役動詞（lexical causative verb）」とする立場があり（定延1991、影山1996、鷲尾1997、中右・西村1998、丸田1998、松本2000、高見2011、ほか*2）、たとえば中右・西村（1998：120）では「英語のcausationの意味を含むと考えられるある種の動詞を使役動詞と呼ぶことにする」として、「(ドアを)開ける」「殺す」があげられている。本書では、こういった意味的な性質よりも、動詞に接辞のついた分析的な派生形式（「運ばせる、走らせる、とまらせる」等）であるかそうでないか（「あける、こわす、とめる」等）という形態面の性質にまず注目し、「あける、こわす」などは、他動詞のなかにこのような語彙的意味をもつ一群があるものと捉え、使役動詞とはしない*3。

　　「使役動詞」：動詞に使役接辞「-(サ)セル」のついた動詞。「運ばせる」「走らせる」等。「V-(サ)セル」と記すことがある。

　　「使役文」：使役動詞を述語とする文。「太郎が後輩に荷物を運ばせる」「監督が選手を走らせる」等。

　本書ではまた、「原動詞」「原動文*4」という術語も用いる。

　　「原動詞」：接辞「-(サ)セル」のつかない動詞。「運ぶ」「走る」等。「V」と記すことがある。

　　「原動文」：原動詞を述語とする文。「太郎が荷物を運ぶ」「太郎が走る」等*5。

この「原動詞」「原動文」は、それぞれ「動詞／他動詞／自動詞」、「他動詞文／自動詞文」とよぶこともあるが「使役動詞」「使役文」と対比させて用いるとき、特にこのようによぶ。

4　　I　序論

2.2 使役文と原動文の対応の2つの捉え方

本書では、使役文と原動文の「対応」として次のようなA、B、2つの捉え方があると考える。

　　A 花子が太郎に荷物を運ばせる。vs. 太郎が荷物を運ぶ。

　　　花子が太郎を銀行へ行かせる。vs. 太郎が銀行へ行く。

　　　花子が冷凍庫で果汁を凍らせる。vs. 果汁が凍る。

　　B 花子が太郎に荷物を運ばせる。vs. 花子が荷物を運ぶ。

　　　花子が太郎を銀行へ行かせる。vs. 花子が銀行へ行く。

基本構造を図式的に示すと次のように示すことができる。

　　A「X ガ Y ニ / ヲ（Z ヲ）V-（サ）セル」vs.「Y ガ（Z ヲ）V」

　　B「X ガ Y ニ / ヲ（Z ヲ）V-（サ）セル」vs.「X ガ（Z ヲ）V」

　このうち、Aは広く認められている捉え方であるが、Bはあまり知られていない。まずAについて簡単に説明すると、使役文と原動文は、前者の表す事態（〈花子ガ太郎ニ荷物ヲ運バセル〉）が後者の表す事態（〈太郎ガ荷物ヲ運ブ〉）を含意するという関係にあり、構造としては、使役文は原動文の表す事態には含まれずそれを引きおこすものとしての人や事物を「項」としてあらたに加え、それを主語にして述べる文であるとする捉え方である。使役文は原動文からの「派生」（村木1991）、「使役化」（野田1991b）だとされることもある。使役文と原動文の関係のうちには、野田（1991b）において、項の数に増減のない「交替型」とされるもの（「太郎が花子を待たせる vs. 花子が太郎を待つ」「物音が客を驚かせる vs. 客が物音に驚く」）もわずかにあるが、これらも含め、使役文と原動文は主語の異なる2つの文の対応だと捉えるのがAの立場である。

　それに対して、いまひとつの捉え方Bは、使役文と原動文とは、主語が原動詞（「V」）の表す動作の間接的な主体か直接の主体かにおいて異なる文だと捉えるものである。つまり、使役文の主語は原動詞（「運ぶ」「行く」）の表す動作の間接的な主体、原動文の主語は直接の主体という対応だと捉えるのがBの立場である。これは、ある動作を"自身が直接行う"のか"他者に行わせる"のかという点に積極的に注目する捉え方であり、鈴木（1972）にはっきりとうかがえるものである。鈴木（1972：286-287）では、原動文と

使役文（それぞれ「もとになるたちばの文」「つかいだてのたちばの文」とよばれている）の関係として、次の2種のものが説明されている。鈴木の説明の順序にしたがって（1）と（2）とした（番号は早津による）。（1）が上のBにあたり、（2）がAにあたる（下線、太字、矢印は原文）。

(1) もとになるたちばの文もつかいだてのたちばの文も、主語はおなじであって、もとになる動きの主体（よむ人、ぬう人）がことなっている。

先生は じぶんで 本を よむ*6。
先生は **生徒に** 本を よませる。

おかあさんは じぶんで 着物を ぬう。
おかあさんは **仕たて屋さんに** 着物を ぬわせる。

(2) もとになる文の主語が、つかいだての文では、対象語になっていて、もとになる動きの主体（たく人、たべる人）がおなじである。

いつも 二郎は ふろを たく。
おかあさんは いつも 二郎に ふろを たかせる。

みけは いつも かつおぶしを たべる。
おばあさんは いつも みけに かつおぶしを たべさせる。

子どもが ろうかに たつ。
先生が 子どもを ろうかに たたせる。

子どもが 郵便局に いく。
おやが 子どもを （に）郵便局に いかせる。

　鈴木（1972）以外にもこの（1）すなわち上のBのような捉え方の論考がなくはないが、あまり一般的ではなく、鈴木自身もその後の論考ではこの捉え方をとっていないようである（詳しくは第2章）。

　このBの捉え方は、"自身が直接行う"のか"他者に行わせる"のかという観点なので、人の意志動作の引きおこしを表す使役文に限ってのものである。事物の変化の引きおこしを表す「V-(サ)セル」文についてはこのように捉えることはできない（「太郎が冷凍庫で果汁を凍らせる vs.* 太郎が凍る」「円安が経済活動を委縮させ

る vs.* 円安が委縮する」)。人の心理状態・生理状態の変化の引き
おこしについても、原動文そのものは成り立つが、“自身が直接行
う”か“他者に行わせる”かという対応としてはなじまない（「太
郎が親を悲しませる vs.? 太郎が自分で悲しむ」「監督が選手を疲れ
させる vs.? 監督が自身で疲れる」）。しかしながら、意志動作の引
きおこしを表す使役文については、この“動作を自分が行うか他者
に行わせるか”という捉え方は、使役文が、人がある動作を自分で
行うのではなく他者に行わせるという事態を表現できる文だという
ことをあらためて意識させてくれるものである。使役文は、人が何
らかの事情で自分では行えないあるいは行わないことを代わりに他
者によって実現してもらうという状況（a）や、あるいは、人が自
分ではなく他者が行うことにこそ意義があるとみなすことを他者に
行わせるという状況（b）を表現する文としてふさわしい（詳しく
は第3章）。

(a) 1 花子は、ひとりでは運べないので、太郎に頼んで荷物を
運ばせた。

2 花子は、忙しくて銀行へ行けないので、太郎に代わりに
銀行へ行かせた。

(b) 1 先生は、園児たちのよい思い出となるよう、みんなにイ
モ堀り体験をさせた。

2 その教師は、学生が基礎知識を身につけられるよう、ま
ず入門書をよませることにした。

さてここで、使役文と原動文の対応についてのAとBふたつの
捉え方の性質をもうすこし考えてみる。Aにおける「対応」（花子
が太郎に荷物を運ばせる。vs. 太郎が荷物を運ぶ。）は、他者の動作
や事物の変化を引きおこす人や事物を主語にして述べる使役文と、
動作や変化の主体を主語にして述べる原動文、という関係である。
そして、使役文が表す内容が、原動文の表す内容を包摂・含意して
いる。それに対して、Bにおける「対応」（花子が太郎に荷物を運
ばせる。vs. 花子が荷物を運ぶ。）は、一人の人のもとに成りたつ2
つの異なる事態、すなわち人が何らかの目的的な活動を実現させよ
うとするとき、それに必要な動作を自分自身で行うのか他者が行う

第1章 本書の課題および立場と方法 7

ようにするのかという現実の人間関係（責任関係）に関わる対応であり、人が他者に動作を行わせることを表す使役文と、人が自身で動作を行うことを表す原動文、という関係である。そして、使役文と原動文は、文の構文機能構造において対立している。下ではAの包摂関係を「⊃」で示し、Bの対立関係を「⇔」で示す。

　A　花子が太郎に荷物を運ばせる。⊃ 太郎が荷物を運ぶ。
　　〈花子ガ太郎ニ荷物ヲ運バセル〉〈太郎ガ荷物ヲ運ブ〉
　　花子が冷凍庫で果汁を凍らせる。⊃ 果汁が凍る。
　　〈花子ガ冷凍庫デ果汁ヲ凍ラセル〉〈果汁ガ凍ル〉
　B　花子が太郎に荷物を運ばせる。⇔花子が（自分で）荷物を運ぶ。
　　〈花子ガ太郎ニ荷物ヲ運バセル〉〈花子ガ自分デ荷物ヲ運ブ〉

　上でBについて「文の構文機能構造において対立している」と述べたのは次のように考えることによる。Bの2つの文は、先にも述べたように、ある人を主語にして、その人が他者に動作を行わせる事態を表す文（使役文）とその人が自身で動作を行う事態を表す文（原動文）である。使役文では主語者（引きおこし手）のほかに動作主体が存在するのでその人を補語（文の必須成分）として表現できるのに対して、原動文では動作主体は主語として表現されているのでそれに加えて表現するとすれば修飾語（非必須成分）にすることになる。

　B　花子が { 太郎に / 自分で } 荷物を { 運ばせる / 運ぶ }。

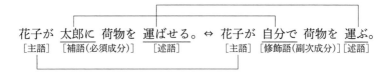

つまりBの使役文と原動文は、動作主体を補語として表現できる文とそうでない文という関係であり、両者は「文構造上の対立（opposition）」をなしている。

　一方Aのほうでは、使役文と原動文がこのような意味での対立をなしているわけではない。ある事態を叙述する際に事態の構成要

素のうちのいずれを主語にして述べるかという話し手の事態把握の違いを反映して、他者の動作や事物の変化を引きおこす人を主語にするか、動作を行う人・変化するものを主語にするかという関係である。したがって、使役文と原動文は文構造上の対立というよりは、論理意味的な含意性の認められる「表現内容面の対（ペア）」だといえる。

A

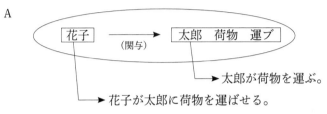

花子が 太郎に 荷物を 運ばせる。⊃ 太郎が 荷物を 運ぶ。

なお、このAとBの捉え方はもちろん背反的なものではなく、意志動作の引きおこしを表す使役文についてはどちらの面もみることができる*7。

花子が太郎に荷物を運ばせる。　⊃太郎が荷物を運ぶ。　　　　（A）
　　　　　　　　　　　　　　　⇔花子が（自分で）荷物を運ぶ。（B）

日本語の使役文の性質を考えるとき、この2種の対応をともに意識することが必要だと考える。そしてそのうえで、Bの対応が使役文と原動文との関係においてより本質的ではないかと思う。使役文は、「V-(サ)セル」を述語にする文であることによって、人が自身で動作を行うのではなく他者に行わせることを表現でき、それを反映するのがBの対応なのである。Aの対応は、原動詞が意志動作を表すものであれ無意志動作や変化を表すものであれ、すべての使役文についてみとめられるのはたしかである。しかし、話し手の事態把握の仕方に関わる包摂性・含意性は、使役文と原動文との間にだけみとめられるものではない。たとえば、「太郎が箱をつぶした」と「箱がつぶれた」という他動詞文と自動詞文とのペア（対）にも、「「太郎が花子に本を｛あげた／貸した｝」と「花子が太郎から本を｛もらった／借りた｝」といった広義の授受表現のペア（対）にも包

第1章　本書の課題および立場と方法　　9

摂性・含意性はみとめられる*8。それに対して、人が他者にある意志動作を行わせるか自身でそれを行うかという人間関係（責任関係）の違いの反映は使役文と原動文によってこそ表現される。文の構文機能構造における対立になりえていたのもそのためだと思われる。このように考えると、使役文と原動文の対応としてはBのほうが使役文の性質をよりきたたせるものではないかと考えられる。

そして、Bの対応を意識することの意義として、意志動作の引きおこしを表す使役文の文法的な意味について新たな分析を提案できる（第3章）、日本語において原動文・使役文・受身文のなすヴォイス体系を捉えやすくなる（第7章）、ある条件のもとで使役文と原動文とに類似性がみられたり（第8章）、使役文と受身文とに類似性がみられたりする（第9章）現象を捉えやすくなる、といった点がある。一方、Aの対応を意識することは、使役文と他動詞文との相違性や類似性（第6章、第10章、第11章、第12章）を探るのに重要となる。

2.3 「V-(サ)セル」の単語性

使役動詞「V-(サ)セル」は、動詞に接辞のついた派生形式であり、言語活動においてそのつど作られて使われるという面がたしかにある。しかし、一方で、語彙項目としての既成品的な性質をあわせもつものがあり、それは日本語のレキシコンに存在していて既存の単語と張り合い関係をなして語彙体系を豊かにしている面があると本書では考える。

一般に単語には、命名単位・記憶単位としての既成性と文構成における要素性という2つの特性がある。いわば、文を組み立てる既成の「部品（材料）」としての性質と、できあがった文においてその全体を成りたたせている「部分（文の成分）」として機能する性質である。命名単位・記憶単位としての既成性とは、当該の言語のレキシコンのなかに既成の語彙項目（語彙的な単位、レキシコンの要素）として存在し、文の〈部品・材料〉となりうるポテンシャルな特性をもっているという性質である。単語を品詞（名詞、動詞、形容詞、副詞、……）に分けるのはこの〈部品・材料〉としての性

質に注目するものである。それに対して、文構成における要素性というのは、言語活動の最小の単位である文の〈部分・成分〉としてはたらくアクチュアルな特性をもっているという性質である。文の構文機能的な単位としての文の成分（主語、述語、対象語、修飾語、……）を考えるのは、この〈部分・成分〉としての性質に注目するものである。

　そこで、使役動詞「V-(サ)セル」についてこの2つの面から単語としての性質を考えてみる。文構成における要素性つまり〈部分・成分〉性は使役文におけるすべての「V-(サ)セル」に備わっている。つまり、「V」に「-(サ)セル」がついた「V-(サ)セル」が文成分として働くことができる。その際、ふつうの動詞と同じく述語になるのが主たる機能だが、その他の成分になることもある。

　　「花子が太郎に荷物を運ばせる」［主節述語］
　　「子供に茶を持ってこさせてそれを飲む」［連用節述語］
　　「彼は美人画をかかせると当代一だ」［条件節述語］
　　「子供に読ませる絵本をさがす」［連体修飾語］
　　「遠足に行かせるのをやめる」［対象語］

前節で、使役文と原動文の対応の2つの側面をみたが、Aの側面をもっぱら考える立場では、特に生成文法における分析に代表されるように、いわゆる埋め込み文を想定した次のような構造とみなすことが多く、そこでは、「-(サ)セル」を「V」と直接結びつくものとはみなされない。

　　「花子ガ 太郎ニ［太郎ガ 荷物ヲ 運ブ］-(サ)セル」*9

もちろん「母親が子供に薬をひとくちでのませた」「花子が太郎に荷物を両手で運ばせた」における「ひとくちで」「両手で」という修飾成分は、意味的にはそれぞれ、〈（子供が薬を）のむ〉〈（太郎が荷物を）運ぶ〉ときの様態を説明しているのだが、文の構文機能的な分析としては、「のませた」「運ばせた」が述語である。つまり、文を組み立てる直接的な要素として機能しているのは接辞としての「-(サ)セル」ではなく単語としての「V-(サ)セル」であって、「V-(サ)セル」には常に文構成における要素性がみとめられる、という捉え方である。

第1章　本書の課題および立場と方法　　11

一方、命名単位・記憶単位としての既成性つまり〈部品・材料〉性については、すべての「V-(サ)セル」がもつとはいいにくい。つまり発話の際にそのつど「V」に「-(サ)セル」をつけてつくるという面が強い。その点で、複合語（「受け付ける」）や慣用句（「腹をたてる」）のように、複数の要素（形態素、単語）から成ってはいるが既成の一単位の語彙項目として明瞭であるものと同じとはいえない。しかしながら、「V-(サ)セル」の中にも、既成性の弱いものから強いものへの段階性があって、「V-(サ)セル」の中には語彙的意味の一単位性をもつものがあるのではないか。たとえば、「運ばせる、洗わせる、歩かせる」はやはり発話の際にそのつどつくられるものだろうが、「知らせる、合わせる、聞かせる」は「V」＋「-(サ)セル」という分析性は感じにくく、語彙項目として既成品的である。国語辞書のほとんどに立項されていることも傍証であろう（第11章）。また「(パイプを) くゆらせる」「(本心を) けどらせる」は、原動詞の形である「くゆる」「けどる」が現代語でそのまま使われることがほとんどなく、「V-(サ)セル」という形ではあるが、「V」＋「-(サ)セル」という分析性は弱い。「走らせる、泳がせる」は、「選手を毎朝走らせる」「子供をプールで泳がせる」という場合には既成性がないが、「視線を走らせる」「犯人を泳がせる」というときには、「V」＋「-(サ)セル」からなる意味ではない独自の意味をもつ既成品として日本語のレキシコンに存在しているとみなしうる*10。

「V-(サ)セル」のもつこのような一単位性に注目することは、従来の研究で論じられてきた使役動詞と他動詞との次のような対についての考察とつながるものであり、かつそれによって、レキシコンにおける使役動詞と他動詞の張り合い関係をより広範囲に明らかにすることも可能になる。

 a 「生徒を家に {帰らせる：帰す}」、「すみません、ちょっと {通らせて：通して} ください」、「学生を教室に {集まらせる：集める}」

 b 「人を {死なせる：殺す}」

本書では、「V-(サ)セル」の語彙的意味の一単位性という観点から、

これらだけでなく、次のcのような使役動詞と他動詞との構文的・意味的な類似性や張り合い関係も考察する（第12章）。

c　「赤ん坊にミルクを {飲ませる：あたえる}」、「人々に災害の恐ろしさを {わからせる：伝える}」、「子供に夢を {もたせる：あたえる}」、「ポケットにナイフを {忍ばせる：入れる}」

　ところで、使役動詞「V-(サ)セル」をこのように捉えるのは、本書が接辞（助動詞）としての「-(サ)セル」の研究ではなく、単語としての「V-(サ)セル」、およびそれを述語とする文の研究だということである。宮島（1983［1994b：108–112]）は、言語の研究方法として、「単語中心主義」「形態素中心主義」「手つづき中心主義」があるとし、これらの方法には「それぞれ得意とする分野」があるという。そして、受身・使役・敬語のように「語形つくりにも文の成分にも影響を与え、いくつもの部分・手つづきにまたがるようなところ」では手つづき中心主義がとくにその特色を発揮するのであり、「これらの部分で単語中心主義がその長所をどのようにしめすかは、これからの宿題であろう」という。本書によって、使役の研究においても単語中心主義の良さがあることをいくらかでも示せればと思う。

　以上2.1節〜2.3節では、本書が使役文の研究であるとともに使役動詞の研究でもあることを述べてきた。2.4節以降では、これらの考察にあたっての本書における方法・立場について簡単に述べる。本書は、たとえば生成文法、認知文法といった特定の枠組あるいは手法のもとに研究するというのではないが、文と単語、語彙と文法、文法現象の可能性（潜在性）と使用実相、などについて次のような点に留意して考察を行う。

2.4　単語の「カテゴリカルな意味」

　文の中で要素としてはたらいている単語は、語彙的な意味を表すとともに文法的な性質も発揮している。その媒介としてはたらくのは単語の「カテゴリカルな意味」である。本書では、語彙と文法をつなぐものとして単語のカテゴリカルな意味を重要なものと考えて

いる。

　単語の「意味」として、語彙的な意味と文法的な意味、そしてカ
テゴリカルな意味を区別することができ、それを意識することは、
日本語の研究において有意義であると考える。日本語で書かれた論
考において「カテゴリカルな意味categorical meaning」という術
語が最初に用いられたのは奥田（1974）だと思われるが＊11、必
ずしも定着した術語ではなく定義もそしてその射程もそれほど明瞭
になってはいない。これについての紹介や考察は早津（2009、
2015d–2016）にゆずることとし、ここでは、本書においてどのよ
うなことをカテゴリカルな意味といおうとするのか、いくつか具体
例をあげて簡単に示す。その際、文法的な意味を［　］で、カテゴ
リカルな意味を《　》でくくって示すことにする。

　カテゴリカルな意味は、ある単語の語彙的な意味（単語がさしし
めす物や動きや性質などに共通する一般的な内容＊12）のうち、そ
の単語の文法的な性質（形態論的な性質・構文論的な性質）を生み
だし発揮させる側面であり、単語の語彙的な意味とその単語の文法
的な性質をつなぐものである。そして、これまでの日本語の研究や
教育においても、カテゴリカルな意味という術語こそ用いられない
が、単語の文法的な性質を問題にする際にとりいれられてきた考え
方である。たとえば、動詞のシテイル形（「V-テイル」）の文法的
な意味（ここではアスペクト的な意味）は、よく知られているよう
に、次のaでは［動作の継続］（あるいは［進行]）、bでは［変化
の結果の継続］（あるいは［(結果の)状態]）を表している。

　a　犬がはしっている、だれかがドアをたたいている、太郎が本
　　　を読んでいる、子供がご飯を食べている、みんなで歌を歌っ
　　　ている、雨がふっている
　b　花が枯れている、紙がやぶれている、窓があいている、服に
　　　汚れがついている、葉が赤くそまっている、妹はふとってい
　　　る
ここで、a類の「はしる」「たたく」……は、個々の動詞の語彙的
な意味全体としては相互にまったく異なっており、b類の「枯れ
る」「やぶれる」……の語彙的な意味もやはり相互に異なっている。

にもかかわらず、a類の動詞のシテイル形がいずれも［動作の継続］を、b類の動詞のシテイル形がいずれも［変化の結果の継続］を表すという同じ文法的な性質を示すのはなぜか。それは、各類の動詞の語彙的な意味のなかに共通する一般的な側面として、a類では「動作（何らかの動きをする）」という側面が、b類では「変化（状態が変化する）」という側面があり、それがシテイル形の［動作の継続］［変化の結果の継続］という文法的な意味を生みだしている（支えている）のだと考えられる。この《動作》《変化》が、それぞれの類の動詞に共通にそなわるカテゴリカルな意味である。動詞の中には、「ある、（人が）いる」のように、シテイルの形で使われることのあまりない動詞、逆に「そびえている、とがっている」のようにシテイル形で使われることがほとんどである動詞、さらに、「違う、異なる」のようにスル形とシテイル形のアスペクト的な意味に違いがあまりない動詞（「色が違う≒色が違っている」）もあるが、このような動詞には共通の側面として《状態》という側面がそなわっている＊13。シテイル形のこのような形態論的な性質から見いだされた《動作》《変化》《状態》は、シテイル形のアスペクト的な性質をうみだす土台であり、動詞の語彙的な意味と文法的（形態論的）な性質とをつなぐカテゴリカルな意味である。

　動詞の形態論的な性質にかかわるカテゴリカルな意味としてもうひとつ、《意志》《無意志》を見いだすこともできる。動詞が、命令、勧誘・意向、希望、心づもり、といったモーダルな意味を表す形をとりうるか（「走れ」「読もう」「帰りたい」「行くつもり」）、そうでないか（「＊枯れろ」「＊凍ろう」「＊青ざめたい」「＊老けるつもり」）という形態論的な性質をうみだすのは《意志》《無意志》というカテゴリカルな意味である。

　動詞の構文論的な性質に関わるカテゴリカルな意味もある。動詞を他動詞と自動詞という下位類に分けることが広く行われているのもそのひとつである。もちろん両者を截然と区別することはできず、すべての言語の動詞にこの下位類を認めることができるかどうかもわからないが、少なくとも日本語には、動作の向かう対象を表す対格の名詞「N-ヲ」と組み合わさる動詞（下のa類）と、そういっ

た「N-ヲ」とは組み合わさらない動詞（b類）とがある。

a　太郎がくるみを割る、花子が封筒に切手をはる、学生が荷物を運ぶ、友だちに本を貸す

b　くるみが割れる、雨が降る、花が枯れる、子供が眠る

動詞のもつこの構文論的な性質は、やはり個々の動詞の語彙的な意味のなかに、a類では"主体の動作が他の事物や人に向かっていくことを表す"、b類では"主体の動きや変化が自らのうちにとどまっていることを表す"という共通の一般的な側面がそなわっているからこそである。両類にはそれぞれ《働きかけ》と《非働きかけ》というカテゴリカルな意味をみとめることができる。

　また、形容詞（形容動詞も含む）についてみると、形容詞のなかには、接尾辞「-ガル」をつけて、「人間が、形容詞の表わしている内的な気持や状態にあることを外的な態度・言動などに示すことを意味する」（国立国語研究所（西尾）1972：23–24）動詞をつくることができるもの（下のa類）と、それがふつうできないもの（b類）とがある。

a　太郎はその話を聞いてとても<u>悲しがっていた</u>

　　　　寂しがる、おもしろがる、うれしがる、なつかしがる、苦しがる、寒がる

b　*太郎は新しい部屋を<u>狭がっている</u>

　　　　*大きがる、*短かがる、*深がる、*静かがる、*にぎやかがる

この両類の形容詞群も個々の語彙的な意味全体としては相互に異なるが、各類の形容詞群の語彙的な意味の中には共通する側面として、a類には《感情（／感覚）》というカテゴリカルな意味が、b類には《属性》というカテゴリカルな意味がそなわっている。これらのカテゴリカルな意味が「-ガル」による派生の成否をもたらしている。

　ある単語が文法的に様々なふるまいをするとき、その単語のひとつの語彙的な意味に複数のカテゴリカルな意味があってそれが文法現象の様々として発揮されているのだと気づかされることがある。たとえば、「大学」は、"学術の中心として、広く知識を授け、深く専門の学芸を教授・研究するための学校。"（『大辞林』）という語彙

的な意味をもっている。そして、ニ格の形で「大学につとめる」という組み合わせで使うことができ、その点で「{会社／国連／法人／財団}につとめる」と同じである。したがってこのような構文論的な性質をもつ点で、「大学」と「会社／国連……」などは同じく《組織》というカテゴリカルな意味がある。「大学」はまた、上と同じ語彙的な意味において「{大学／河原／砂浜／公園／グランド}で野球をする」という組み合わせをつくることもでき、このときには、「大学」と「河原／砂浜……」は同じく《空間》というカテゴリカルな意味が発揮されている。さらに、「駅前に {大学／ポスト／銅像／ベンチ} がある」というときの「大学」は《具体物》というカテゴリカルな意味が発揮されている。また、「学生」という名詞は、いわゆる人名詞であり「学生が {歩いている／勉強する}」「学生に会う」「学生と話す」「3 人の学生」などでは《人》というカテゴリカルな意味が発揮される。しかし、「ボールが飛んできて {学生／柱／花瓶} にあたった」というときの「学生」には《具体物》というカテゴリカルな意味を見いだすことができる*14。

　カテゴリカルな意味は、ある品詞に属する単語のすべてにかかわるものであることもあるが（上で、動詞についてみた《動作》《変化》《状態》、あるいは《意志》《無意志》、形容詞の《感情（／感覚)》《属性》、また、名詞にみられる《人》《物》《事》など）、必ずしもそのようなものばかりではない*15。つまり、動詞なら動詞、名詞なら名詞をそれによって下位に分類できるというカテゴリカルな意味だけでなく、ある小さな範囲の単語群の示す共通の文法的な性質を説明するときに見いだすことができるカテゴリカルな意味もある。たとえば、「つとめる」は、上でみたように「大学につとめる」という組み合わせで使われる語彙的な意味をもつとともに、「{学長／部長／書記／司会／主役／座長} をつとめる」のように「N ヲつとめる」という組み合わせで使われる語彙的な意味ももつ多義動詞である。そして、この「N ヲつとめる」という組み合わせで用いるヲ格の名詞（「学長／部長……」）には《役割》とでもいえるカテゴリカルな意味を見いだすことができる。

　もう一点、カテゴリカルな意味と「語彙的な意味の上位概念」と

の関係を確認しておく。カテゴリカルな意味は、単語の語彙的な意味のなかでその単語の文法的な性質をうみだしている一般的な側面をいうのに対して、語彙的な意味の上位概念は、直接的には文法的な性質との関係を問題としないので、その点で両者は異なる。たとえば、「学校」は「大学、高校（高等学校）、中学校、小学校」などの上位概念を表す上位語である。しかしこれらの単語の文法的な性質、たとえばどのような格の形で他の単語と組み合わさるか（「N-ニ 通う／はいる」「N-ヲ 卒業する／でる」「N-デ 勉強する／遊ぶ」「N-マデ 歩く」「N-ノ 先生／カリキュラム」「N-デノ 勉強」「N-カラノ 連絡」等）において違いがあるわけではない。したがって「学校」は、「大学、高校、……」の上位語ではあるが、上のそれぞれの組み合わせをつくることを支えるカテゴリカルな意味の点では「学校、大学、高校、……」は同じである＊16。また、動詞「みる」は、「みつめる、ながめる、凝視する、観察する」の上位語であるが、文法的な性質、少なくとも、名詞との組み合わさり方（「N-ヲ V」）やシテイル形のアスペクト的な意味（［継続］）、命令形や意向形の成否などの点では、「みる」と「みつめる、ながめる、……」に違いはなく、少なくともこれらの文法的な性質との関係では、いずれも《働きかけ》《動作》《意志》というカテゴリカルな意味は同じである。『分類語彙表―増補改訂版―』（国立国語研究所（編）2004）などに代表されるシソーラス（意味分類体辞典 thesaurus）は、単語をもっぱら語彙的な意味の観点から分類したものであり、分類に際して文法的な性質がいくらか考慮に入れられたとしても、文法的な性質を手がかりとして分類されたものではない。シソーラスでは一定の範囲の語類について上位語が示されていることがあるが、それが常にそのままカテゴリカルな意味だとはいえない＊17。

　以上、いくつか具体的な例をみながらカテゴリカルな意味について簡単にだが考えてきた。本書では「カテゴリカルな意味」を早津（2009、2015d–2016）と同じく次のようにとらえておく。

　　「カテゴリカルな意味」：カテゴリカルな意味とは、個々の単語の語彙的な意味のなかで、その単語のある文法的な性質（構文論的な性質と形態論的な性質）をうみだすものとして機能してい

る一般的な側面。

　カテゴリカルな意味とは、このように、ある単語の個々の語彙的な意味のなかで、その単語の文法的（構文的・形態的）な性質を規定する・うみだすものとして機能している一般的な側面（語彙的意味のカテゴリー的な側面）である*18。これは、コセリウ（1973［訳1982］）のいう「範疇的意味 kategorielle Bedeutung」に相当するものかもしれない。コセリウ（1973［訳1982］）では、単語の「意味 Bedeutung」が5つに分けられている。「語彙的意味 lexikalische Bedeutung」「範疇的意味 kategorielle Bedeutung」「手段的意味 instrumentale Bedeutung」「内部構造的意味 innerstrukturelle Bedeutung」「存在的意味 ontische Bedeutung」である。そしてコセリウは、これらと語彙論・文法論との関わりについて、基本的には、語彙的意味は語彙（ないし語彙論）のみに、手段的意味・内部構造的意味・存在的意味は文法（文法論）のみに関わるのに対して、範疇的意味はその両者に関わるとされる。したがって、奥田（1974）および本書でいう「カテゴリカルな意味」は、この「範疇的意味 kategorielle Bedeutung」に相当すると思われる*19。

　カテゴリカルな意味の重視というのが本書の特徴である。使役文の文法的な構造を考察する際に、使役主体や動作主体が、意志をもちうる存在としての《人》であるか、意志をもちえないものとしての《事物》であるか、また、原動詞「V」が「こわす、走る」のような《意志》動作を表す動詞か、「疲れる、光る」のような《無意志》動作を表す動詞かに注目して使役文のタイプを分けて考察するのは、そのあらわれのひとつである（第3章、第4章、第5章、第6章）。本書ではまた、「人の意志動作の引きおこしを表す使役文」の文法的な意味タイプとして、従来しばしばいわれる「強制」と「許可」という分類とは別に、「つかいだて（他者利用）」と「みちびき（他者誘導）」という分類を提案するが（第3章）、それも、動詞のカテゴリカルな意味（《意志》を表すこと、そのうえで「こわす、運ぶ」など物を物理的に変化させることを表すか、「食べる、飲む」のような摂食行為を表すか、「伝える、いう」など発話行為を表すか、といったこと）に大きく注目するものである。

最後に次節との関係をいうと、単語のカテゴリカルな意味は個々の単語の語彙的な意味のうち、文法的な性質を規定するものとしてはたらく一般的な側面であるので、次節で述べるように、本書では、単語のカテゴリカルな意味も言語における形式としてはたらいていると考えている。

2.5 文の文法的な構造と意味的な構造
形式（表現）と意味（内容）

本書では、文の文法的な構造（文法構造）の中に文法的な意味の存在をみとめ、文の意味的な構造はその文法的な構造にささえられて生じるものだと考える＊20。文の文法的な構造は、（a）要素である単語が文中でどのような位置をしめ（distribution）、どのような機能をはたしているか（主語、述語、補語、修飾語等の文成分の構文的機能、テーマ―レーマ（主題―解説）という情報構造的機能）、および、（b）その機能をはたすために、単語がどのような形態（形態論的な形式morph）をとり、（c）他の単語（一定の形態をとった単語）とどのように組み合わさっているか（構文論的な形式）、そして、（d）それらの土台としての単語のカテゴリカルな意味がどのようなものか、といったことによって総合的につくりだされている。そしてその文法的な構造が当該の文の意味的な構造を支えている。

いくつか具体的な例を考えてみる。よく知られている例だが、「酒は米からつくる」という文は、「つくる」という動作の対象である「酒」が文頭にきて「酒は」という形態（形態論的な形式）をとっており、動作を表す動詞はテンス・アスペクト・ムードなどにおいて分化していない形態であり、さらに、動作の主体が不特定者であって文の主語が「消去＊21」されている（単なる省略ではなく文法的な消去）。そういったことによって、この文は全体として、「酒」という一般称（総称）の主題（テーマ）について、材料の面から性質を規定する文になっている。動詞述語文ではあるが、動作や変化を述べる文でなく、物のもつ性質を述べる文となっていて、「酒は米製品だ（米製だ）」とでもいう名詞文・形容詞文にむしろ近

20　Ⅰ　序論

い。奥田（1967a［1985：14］）は「七日目には、もはやこの街道
に初雪をみた」「青葉をところどころにみる下町のかわら屋根のあ
いだには……」という文をあげ、「これらの文のなかでは、述語
「みる」に対応すべき主体はぼかされていて、主語は省略されてい
る。主語のない文である」（p.14）ことによって、「みる」の意味
が"ある、あらわれる"にずれているとしている。そして、文とし
ては、人の動作を表す他動詞文（「太郎がじっと空をみていた」）で
はなく、出来事の生起や物の空間的な性質を表す自動詞文に近くな
っている（「街道に初雪が降った／あった」「青葉がところどころに
ある下町のかわら屋根」）。また、高橋（1994）で述べられている
動詞条件形が動詞らしさを失う現象（「正門をはいると右手に池が
ある」「去年の暑さに比べれば今年はまだましだ」）も主語の消去と
関わっている。動詞の「V-テイル」を述語とする文も、「店員がシ
ャッターをおろしていた」は、ある時点・場所における人の動作の
継続を表す文であるが、「その店はシャッターをおろしていた」「あ
の飛行機は赤十字のマークをつけている」のように、動作の主体が
示されず、「店は～（ダ）」「飛行機は～（ダ）」という主題─解説構
造（テーマ─レーマ構造）の文であると、「店」「飛行機」の状態や
性質を述べる文になっている。

　また、単語の文中での機能という点についていうと、同じ形の動
詞であっても、それが、〈終止〉の機能をはたすか〈連体〉の機能
をはたすか（どちらの位置 distribution で用いられるか）によって、
動詞としての性質が異なる場合がある（高橋1974）。たとえば「う
まれた」という形は、「きのう農家に男の子がうまれた」という文
で〈終止〉の位置に使われている場合には、ある時点ある場所での
具体的な出来事を述べていて動詞らしい動詞としてはたらいている
が、「農家にうまれた彼は早起きで……」の「うまれた」は、出身
に関わるその人の性質を述べていて動詞らしさが弱い（「農家出身
の彼」に近い）。「都会で育った少女」「四方を山に囲まれた村」「フ
リルのついたブラウス」なども同様である。非過去形にも同じこと
がみられる（「子供が遊ぶおもちゃ」「連絡船の着く港」「夜中に活
動する動物」）。

第1章　本書の課題および立場と方法　　2I

使役文あるいは使役動詞の意味を考える際にも、本書では、文の文法的な構造のなかにそれを見いだすことをめざす。たとえば、「彼は包丁を握らせると玄人はだしだ」や「彼は美人画を書かせたら当代一だ」は、使役主体が不特定者であることとともに、使役動詞が条件節述語であることなどの特徴に支えられて、文全体として「彼」の性質を述べる品定め文になっている（第13章）。また、動作主体の不特定性によって使役文あるいは使役動詞の性質がかわってくることもある。「暖かい風は春を思わせる」「きのうは春を思わせる陽気だった」における「思わせる」は、主題─解説構造の解説の機能をはたしていたり連体修飾の機能をはたしていたりすることに加えて、「思う」主体が不特定者であることによって、「（春を）思わせる」が「（春の）ようだ／ような」に近くなっている（第14章）。さらに「うまい魚を食わせる店」は、使役主体も動作主体も不特定であることにより、「食わせる」がその店の性質を表す形容詞に近い意味となっている。

　次に、単語のカテゴリカルな意味にかかわる文法的な構造と意味的な構造をみてみる。たとえば、「太郎が花子に辞書を譲った」という文は、人名詞の主格の形「N［人］-ガ」、人名詞の与格の形「N［人］-ニ」、具体物名詞の対格の形「N［具体物］-ヲ」、物の授与を表す動詞の「V-タ」の形という形態をとった4つの単語が一定の語順で並ぶという構造をなし、［人が過去のある時点で、他の人に具体物を与えるという所有権の変化を引きおこす動作を行ったというコトガラを、確かなこととして（あるいは、直接、経験・知覚したこととして）述べる］という文法的な意味を表している。したがってこの文は、格構造（格体制）の大きく異なる「太郎が小刀で枝を切った」や「太郎が花子から辞書を借りた」という文と文法的な構造が異なっているのはもちろんのこと、それだけでなく、表面的には同じ「〜ガ〜ニ〜ヲ V-タ」という文である「太郎ガ花子に日程を伝えた」「太郎が軽井沢に別荘を建てた」「太郎が葉書に切手をはった」「太郎が9時に自宅をでた」などの文とも異なっている。それを支えているのは、名詞のカテゴリカルな意味（《人》《具体物》《空間》《時間》など）、動詞のカテゴリカルな意味（《授与》

22　Ｉ　序論

《伝達》《生産》《付着》《移動》など）であり、そのことによって、たとえば同じく「N-ニ」であっても、文の成分としては、補語であったり、修飾語であったり状況語であったりし、これらの文は文法的な構造・意味的な構造が異なるものになっている。

　以上みてきたように、文の意味的な構造は、文の文法的な構造（すなわち、文成分やテーマ─レーマ性といった構文機能的な性質、文の要素である単語の形態論的な形、単語と単語の組み合わさり方・語順といった構文論的な位置、語彙と文法をつなぐものとしてのカテゴリカルな意味などからなる構造）のなかで実現される。意味（内容）と形式（表現）とは、形式に条件づけられた意味（形式に支えられた意味）、意味を条件づけている形式（意味を支えている形式／意味をうみだしている形式）という相互依存的な関係をなしている[22]。したがって本書では、形式（表現）と意味（内容）との2つの面（プレーン plane）の相互関係を常に意識して考察を行う。

2.6　言語現象における中心と周辺

　言語のどの単位・レベルにおいても、それをある基準によって分けるとき、その基準が1つであれ2つ以上であれ、なんらかの基準によって1つの同じ類としてまとめられるもののなかには、その類の特徴のすべてをはっきりと備えているものとそうでないものとがあるのがふつうである[23]。そういった中心と周辺とを意識することによって、各類の間の張り合い関係・かさなり・移行や、歴史的変化の萌芽をみつけることもできる。使役文・使役動詞にも中心的なものと周辺的なものとがグラデーションをなして（塗り絵ではなく墨絵的に）みられる。そのことをはっきり意識して考察を行おうというのも本書の基本姿勢のひとつである。

　中心的な使役文、使役文らしい使役文とは、人（使役主体）が他者（動作主体）に対してある動作を行うようなんらかの働きかけをし、それを受けた他者がみずからの意志にもとづいてその動作を行うことを表すものである（「監督が生徒に命じて荷物を運ばせる」）。使役主体から動作主体への関与と動作主体による動作の実行という

2つの事態が、使役主体を主語とした1つの複合的な事態として描かれる。こういった中心的な使役文の表す事態は、他動詞文では表現することができない。それに対して、動作主体が人であっても意志的にその動作を行うことのできない人であるものは、中心とはいえなくなる（「母親が赤ん坊にミルクを飲ませる」「医者が負傷者をベッドに横たわらせる」）。さらに、動作主体にあたるものが人でない使役文は、事態の複合性がより希薄であり使役文としては周辺的であって他動詞文に近くなる（「冷凍庫で果汁を固まらせる」vs.「冷凍庫で果汁を固める」）。また、使役主体についても、使役主体が人でなかったり誰であるかが特定できなかったりする使役文（「不況が人々に買い物を控えさせる」「"左沢"と書いて"あてらざわ"とよませる」）は周辺的である。使役動詞についても、「運ばせる、作らせる、食べさせる、持たせる、知らせる、合わせる、まかせる」などについてみると、いずれも同じく「V-(サ)セル」という形であるが、先に2.3節で述べたように、その分析性において同質ではなく、後ろのものほど使役動詞としては周辺的である。

　こういった周辺的な使役文・使役動詞のなかには、他のタイプの文の文法的な構造に似てきたり（第Ⅲ部）、使役動詞が新たな品詞性を帯びてきたり（第Ⅳ部）するものが生じる。そういったことをできるだけ丁寧にみていこうと思う。

　使役文全体、使役動詞全体に均質な性質を見いだそうとするのではなく、中心的なものと周辺的なものがあることを、そのまま重要な実態だと考える。これは、文法論における単語の認定においてもそうであり（宮島1983）、また、語彙論において多義語の語彙的な意味のあり方を捉える際に、ひとつの「意義素」を求めようとするのではなく、多義のうちに中心的な意味（意味の派生の出発点となる意味）と、周辺的な意味（派生的な意味）とを認め、そのうえで相互の関係を探るという捉え方と同じだといえる。使役文すべて、使役動詞すべてにあてはまり、かつそうでないものと峻別する性質を求めようとすると、それはきわめて抽象的なものになってしまう。

2.7 言語活動のなかにある文
実例にもとづく実証的な分析

本書は言語事象の現実性（使用の実相）と理論上の可能性（理論化・一般化）とのどちらも見据えた論をめざすものだができるだけ実証的に考察する。もちろん一般化をめざすのであり、個々の言語活動において現れたすべての使用（たとえば、言い間違い・書き間違い、故意になされた逸脱的な使用、きわめて個人的な癖、特殊な状況でのごく臨時的な使用などを含む発話など）をすべてとりこんで説明しようとするわけではない。しかし、理論上の可能性を追究するあまり使用の実相から離れて過度な一般化をしたり、使用の実相に合わない結論を出したりすることのないように心がける。

本書における考察の対象は、現代日本語のいわゆる標準語の主として書き言葉（文学作品の中の会話文も含む）にあらわれる使役文である。日本語は筆者の母語である。しかしながら、考察にあたっては、実例の観察・分析を大切にする。母語とはいえ、自分でつくりだしたり思いついたりする例文・語例には豊かさに限りがある。一面的になりやすく、ともすれば、述べようとする結論にとって都合のいい例文・語例をつくりだしてしまう危険性がある。言語意識（規範）と言語使用とのずれはしばしば指摘されることである。母語であるゆえに自由に例をつくりだせてしまうことはむしろ危険かもしれない。

前節（2.6節）で述べたように言語現象には中心的なものと周辺的なものとがあり、ある文や単語についても、単にそれが正しいか正しくないか、使用されるかされないかではなく、使用量の多寡、使用の分布も重要である。作例だけに頼っているとそのことに気づきにくく理解が及ばないことがある。実際の言語活動においては、いろいろな点できわめて臨時的・一時的・個別的なものもあるが、それらをそういうものとして位置づけるためにも、多くの多様な用例をみておくことが有効だと考える。また、誤用と思われるような用法の中にも、そこに何らかの要因が潜んでいたり、言語変化のきざしがひそんでいたりすることがあるので、それも大切な場合がある*24。そういった判断が的確にくだせるためにもたくさんの実例

の観察が必要で有効である。そのことと関わり、用例採集は、テクストの一定の範囲について当該の形式を全例採集することを原則とする。中心的な用法と周辺的な用法との判断、全く臨時的な誤用なのか体系の性質ゆえの誤用なのかといったことの判断のためには、一定の範囲ではあれ、そこにおける使用の全体像をつかむ必要があると考えるからである。

　また、当該の使役文の構造をまずはできるだけそのまま観察しようと思う。もちろん冗長さやわかりにくさや臨時性などをのぞくために、考察に際しては実際の文を刈り込んだり整えたりした形で示すこともあるが、その際には充分な配慮をしたうえで行う。語順をかえる、修飾要素をとりのぞいたり付けくわえたりする、語形をかえる（たとえば過去形を非過去形にする）、省略されている要素を補う、といったことは、2.5節で述べたことと関わって、文の文法構造そしてそこにある意味構造をかえてしまうことがあるので、注意深くしなければならない。また、使役動詞が単文の述語としてではなく複文の主節述語あるいは従属節述語として使われていればそのことにも留意するし（複文構造）、また必要に応じて、前後の文との関係（連文構造＊25）も積極的・意識的に分析にとりこんで考察したいと思う。

　内省のみにもとづく分析は、しばしば実態とかけはなれた結論を生み出すことがある。たとえば、いわゆるヲ使役とニ使役の違いについての論がそのひとつである。自動詞使役の、たとえば「太郎を帰らせる」と「太郎に帰らせる」について、前者は強制的あるいは動作主体（「太郎」）の意志を無視した表現、後者は許容的あるいは動作主体の意志を尊重した表現というように説明されることがある。しかし、いくつかの調査で明らかにされているように、現実の使用としては、自動詞使役の文では、動作主体がヲ格で表されることが圧倒的であり、意味的に許容的あるいは動作主体の意志を尊重するような事態を表すものであってもヲ格表示の例がほとんどである＊26。したがって、両者の違いをこのように単純化するのは実相に合わない。また、かりに動作主体の格表示（ヲ格かニ格か）によって強制か許可かを表し分けるとしても、それは自動詞使役の、そ

れも意志動作の引きおこしの文に限ってである（「*子供を無理や
り本を読ませる」「*子供に疲れさせる」「*雨にふらせる」）。意志
動作を表す動詞はほとんどが他動詞であって他動詞使役においては
動作主体は基本的にはニ格表示なのだから、他動詞使役の表す事態
が強制的か許容的かということは、動作主体の格では表し分けられ
ない。このような言語事実からすると、動作主体の格表示の違いを
使役文の意味の違いと結びつけるのは無理がある。ただ、「太郎を
帰らせる」と「太郎に帰らせる」とはいずれも日本語として正しい
文であり、ニ使役の文も少ないながらも使用されてはいるとすれば、
両者の意味の違いを考究することも必要ではある。なにか別の観点
から考えることで解決されるのかもしれない。また、いわゆる語彙
的使役と文法的使役の違いとして述べられる結論も言語事実を反映
しているといいにくい、あるいは判断がつきかねるものが多い。た
とえば、「子供をぬらす（語彙的使役）」と「子供をぬれさせる（文
法的使役）」とは意味が違うということが重要なこととして論じら
れることがあるが（青木 1977）、本書で補充資料として用いている
電子化データ（267MB、2.8節）について調べると、「ぬらす」の
用例は 231 例 *27 あるのに対して、「ぬれさせる」のほうは 1 例の
みで、それも翻訳テクスト中の「馬を濡れさせるべきではないと
……」という例である。このことは、可能性としてはありうる
「（人を）ぬれさせる」という形式が現実にはほとんど使われていな
いことを示しており *28、言語実態をもとに両者の違いを実証的に
吟味することがむずかしい。その他の動詞対にもこれに類すること
は少なくない。ヲ使役・ニ使役にしても、語彙的使役と文法的使役
にしても、似たような意味を表す 2 つの言い方があるときには、そ
の違いを追究したくなるし、またすべきときもある。しかしそのよ
うな場合、明晰性・科学性・理論性をもたせよう、一般化・単純化
しようするという意識から違いを求めすぎ、ときに仮想的につくり
だしてしまうことがないとはいえない。言語意識と言語使用のず
れ・乖離は使役文の研究においても留意すべきことである。言語の
研究において、実例の観察にもとづく考察も内省による考察もいず
れも重要である。実例を深く観察・分析するためにはしっかりした

内省力が求められるし、内省力を高めるためには豊かな実例に接することが欠かせない。本書でも、実例か内省かというように二者択一的に考えるのではなく、実例の観察・分析をまずは重視しつつ母語話者としての内省も大切にするという方法で考察を行いたい。

　なお、言語活動における使用の実相を重視しようとすることは、先に述べたように、本書が「-(サ)セル」ではなく単語としての「V-(サ)セル」を文の直接的な要素とみなして考察することとも関わっている。先に2.3節であげた宮島（1983［1994b：111]）は、「形態素とちがう単語の特徴は、それが言語活動のなかで具体的にあたえられ、存在している単位だという点にある。したがって、単語中心主義にとって、言語活動は単に説明の対象であるだけではなく、また説明の根拠でもある」と述べており、本書もそのように考えるものである。単語は文の単位であり、文は言語活動の最小の単位である。人間言語の二重分節性（double articulation）をいうとすれば、言語活動が、まず文に分けられ、その文が単語に分けられるという点にこそ、まさに求められるべきかもしれない。

2.8　本書における言語資料

　本書の考察に用いる日本語の資料は、小説・随筆・評論、および新聞記事であり、媒体としては、印刷された書籍から採集したものとCD-ROM版の電子化資料から採集したものがある。それらは、データ（実例）の採集の仕方によって、「基本資料」「補充資料（電子化）」「補充資料（本）」の3つに分けられる。

【基本資料】

　　印刷された書籍による小説・随筆・評論などの計88編 *29 である。実例の採集は、作品全体を読みながら該当する形式（「V-(サ)セル」）を含む文をもれなく採集するという、いわゆる手作業による全例採集によって行う（不注意によるもれはあるかもしれない）。基本資料からこのようにして得られた使役動詞の用例数は約8700例である。

【補充資料（電子化）】

4種類のCD-ROM版の電子化資料（『CD-ROM版 明治の文豪』（約11.7MB）、『CD-ROM版 大正の文豪』（約12.7MB）、『CD-ROM版 新潮文庫の100冊』（約21.5MB）、『CD-ROM版 毎日新聞 '95』（約114MB）、計約159.9MB）をテキストファイル化したものである＊30。『CD-ROM版 毎日新聞 '95』以外については、翻訳作品か否かということと発表年代および相互の重複収録を考慮して、「翻訳テクスト」「明治テクスト」「大正テクスト」「昭和テクスト」という4つのテクストにまとめなおしてある。また、上の基本資料と重複するものはのぞいてある。したがって、「翻訳テクスト」は『CD-ROM版 新潮文庫の100冊』のうちの翻訳作品32編、「明治テクスト」は『CD-ROM版 明治の文豪』の62編、「大正テクスト」は『CD-ROM版 大正の文豪』の35編、そして「昭和テクスト」は『CD-ROM版 新潮文庫の100冊』のうちこれら3種に含まれない（すなわち、日本人作家の作品であり、昭和期に発表された）もの57編である＊31。

　電子化資料からのデータの採集は、主として「文字列検索（グレップ検索）」による。採集しようとする形式を文字列検索によって収集し、その中から、文字列は同じであっても当該の形式ではないものを手作業でとりのぞき、前後の文脈とともにデータとして採集する。

【補充資料（本）】

　基本資料の作品以外の、印刷された小説や評論などから、全例採集でなく任意に採集したもの。基本資料としたものは実例収集を目的にして作品を読んで得た実例であるが、補充資料（本）は、興味深い実例に気づいたときに任意に収集したものであり、統計には用いない。

　本書はこの3種類の資料をもとに考察を行うのだが、各章のいずれの問題についても、まずは基本資料にもとづいて考察する。そして、必要に応じて、補充資料（電子化）、補充資料（本）からの実例も補足的に利用する。特に周辺的な使役について考察を行う際には、基本資料だけでは十分な用例数が得られない可能性があるので、

補充資料の観察・分析が必要になる。なお、上に述べたような採集
方法をとっているため、基本資料については作品の内容を全編にわ
たって知悉しているのに対して、補充資料（電子化）、補充資料
（本）については必ずしもそうではないことがあるのだが、該当箇
所の前後の文脈はもちろん十分に把握するよう努める。

　なお、本文中に用例をあげるときには、出典について次のように
示すことにする。基本資料および補充資料（電子化）からの用例に
ついては用例の末尾に作品名のみを示し、作品の一覧は巻末に資料
一覧としてあげる。補充資料（本）からの作品については用例の末
尾に作者名と作品名を示す。

---

*1　使役動詞をこのように規定することをめぐっては早津（1997）で考察し
た。なお、使役接辞としては他に「-シメル」があり現代語でも稀に使われるが、
文体的にかなり特殊なものとなるので本書では考察の対象としない。ただし、
「知らしめる」（「知る」＋「-シメル」）は、「知らせる」の他動詞性を論じる際
にごく簡単に触れる（第11章）。
*2　これらの論考でしばしば引用される Shibatani（1973）においては、「と
める、あげる、殺す」などによる文が「lexical causative construction」をなす
とされるが「lexical causative verb」という術語が使われているわけではない。
*3　Comrie（1992）では「causative」が「morphological causative（形態的
使役：生産的な接尾辞による causation の表現）」「lexical causative（語彙的使
役：全く別の語彙項目による causation の表現）」「analytical causative（分析的
使役：独立の動詞（英語では make）によって迂言的に表現される causation の
表現）」の3つに分けられている。そして、morphological causative と lexical
causative について、日本語のそれぞれ「とまらせる」による文と「殺す、とめ
る」による文が例としてあげられている。しかし、「causative verb」という動
詞類をみとめているわけではなく、この点は注2であげた Shibatani（1973）
と同じである。
　なお、Lyons（1968）は「'Causative' verbs in English」という節において、
causation/causative の意が含まれている動詞のうち、それが語幹変容なり接辞
添加なりという形態的な手続きで示されているものを「morphological
causative」とし、それが形態に反映していないものを「lexical causative」とし
ている。前者（morphological causative）の例として、変化を表す自動詞と形
態的な関係をもつ動詞（「lay (-lie)、fell (-fall)」等）や形容詞からの派生動
詞（「enrich (-rich)、soften (-soft)」等）があげられ、後者（lexical

30　　I　序論

causative）の例として、「kill（-die）」すなわち形態的には全く異なる自動詞の表す変化を引きおこす他動詞、および、自動詞と同一の形の他動詞「move、change、grow、develop、open、start、stop、break、crack、tear、warm」等）があげられている。日本語について「語彙的使役動詞」とされているのは、これらでmorphological causative、lexical causativeとしてあげられている英語動詞の意味を表す日本語動詞のようである。そしてほとんどが早津（1987、1989a、1989b）のいう「有対他動詞」である。

＊4　この「原動」という用語は、松下（1924）を参考にしたものである。松下（1924）は、文の主語である人と述語動詞の形（V、V-(サ)セル、V-(ラ)レル）との関係において、「V」には直接性を、「V-(サ)セル」と「V-(ラ)レル」には間接性を認めて対立させ、「V」による動作を「直接動」または「原動」、「V-(サ)セル」と「V-(ラ)レル」による動作を「間接動」としている（詳しくは第2章）。また、青木（1977）においても本書と同じ意味で「原動詞」が使われている。

＊5　諸研究では、本書での原動文が、「元の文」「基本文」「非使役文」などとよばれることがある。

＊6　この「よむ」は、「読書する」というのでなく「よみあげる」の意味と捉えるほうがここにあげられた趣旨がいきてくる。

＊7　上でBの対応としてあげた使役文には、Aにも示したように、原動文との間に次のような包摂性・含意性をみることももちろんできる。

　　　花子が太郎に荷物を運ばせる。　⊃ 太郎が荷物を運ぶ。
　　　〈花子ガ太郎ニ荷物ヲ運バセル〉　〈太郎ガ荷物ヲ運ブ〉

＊8　Lyons（1968）が次のような文を「three-place causative construction（三項使役構文）」としているのも、これらの文の表す事態が括弧内の文の表す事態を含意することによると思われる。

・Bill brought/took John to San Francisco.
　　　（ ⊃ John came/went to San Francisco.〔locative〕）
・Bill gave John a book. （⊃ John got a book.〔possesive〕）
・Bill made the book valuable.
　　　（ ⊃ The book became valuable.〔attributive〕）

＊9　北原（1970）は生成文法の立場からの論考というのではないが、少なくとも使役文や受身文の構造については似た捉え方である。北原（1970：35）では、「太郎が次郎に本を読ませる」は「次郎が本を読む」を基層とする文であって「次郎に」は「本をよむ」に「せる」が添加した「本を読ませる」と関係するのだとされており、本書のBのような捉え方は「単純平板なもの」だとされる。

＊10　「V-(ラ)レル」「V-ズ」「V-ナイ」「V-テ」や「オ-N」「ゴ-N／Adj」「Adj-サ」「Adj-ミ」などの形式であるものにも、もともとの意味的な分析性を失って語彙的意味の一単位性がうかがえるものや、分析性を保った意味と分析性の希薄な意味の両方をもつものがある（早津2001）。

・「生まれる、恵まれる」「思わず、あいかわらず」「つまらない、すまない、くだらない」「はじめて、きまって、すべて」
・「おなら、おやつ、おさむい」「ご機嫌、ごあいさつ」「悪さ（をする）、

憂さ（を晴らす）」「高み（の見物）」

*11 これらより前の奥田（1968–1972）には、カテゴリカルな意味という術語は使われていないが、分析の方法として既にそのような捉え方がうかがえる。また、奥田（1974）の後、奥田（1976、1979）では単語の語彙的な意味とカテゴリカルな意味との関係、単語の構文的な性質とカテゴリカルな意味との関係が述べられている。

*12 国語辞書でそれぞれの単語について書かれている説明、いわゆる語釈がそれにあたる。

*13 奥田（1977、1978）、工藤（1982）を参照。これより前の金田一（1950）による「継続動詞」（「本を読んでいる」）、「瞬間動詞」（「電燈が点いている」）、「状態動詞」（「机がある」）、「第四種の動詞」（「山がそびえている」）も、シテイル形の成否およびアスペクト的な意味と、各類の動詞の語彙的な意味の共通性が考慮されている点でカテゴリカルな意味をとりだしているといえる。ただし、各類の動詞に共通する側面として、奥田（1977、1978）などでは主体の動作なのか主体の変化なのかが問題にされるのに対して、金田一（1950）では動作の時間の長さ（継続性）が主に問題とされている点が異なる。さらに、前者ではシテイル形をスル形と対立するものとして両者のアスペクト的な意味が積極的に探られるのに対して、後者にはそういう観点がないところも大きな違いである。なお、金水（2000）に両者の立場の紹介がある。

*14 宮島（1996）ではこのような現象が「カテゴリー的多義」とよばれている。

*15 奥田（1974）のカテゴリカルな意味は前者のみをさしているのかもしれないが、早津（2009、2015d–2016）および本書では後者も含めて考えている。

*16 語彙的意味の上位概念とカテゴリカルな意味との違いについては、早津（2009）を参照。

*17 カテゴリカルな意味は、言語普遍的に設定できるものではない。「果物」と「りんご、みかん、……」は日本語では文法的な性質が同じなのでカテゴリカルな意味も同じである。それに対してたとえば英語では、'fruit' と 'apple, orange,……' は、前者は *two fruits のような複数形で用いることはできないのに対して、後者は two apples、two oranges という複数形で用いられるという文法的な性質が異なるので、両者のカテゴリカルな意味は異なると考えられる（《集合》性の有無）。

*18 奥田（1974［1985：51]）には、「カテゴリカルな意味については、С. Д. Кацнельсон の Типология языка и речевое мышление, 1972 г. Ленинград がまとまっている」とされている（具体的な説明はない）。ただし、鈴木（1989：32）によると「カツネリソンは《カテゴリカルな意味》を単に語彙的な意味の一般化と規定しているが、奥田は文法的な意味との関係のなかにおける、語彙的な意味の一般化であるとしている」とあるように、質的に大きな違いがあり、奥田による独自の捉え方というべきだろう。

*19 コセリウ（1973［訳1982]）ではそれぞれの「意味」についてあまり詳しく述べられていないのではっきりしない。

*20 これは、たとえば奥田（1980–1981［1985：177]）の「文の意味的な構造はその文法的な構造のなかで実現するし、その中にのみ存在する。そうだとすれば、意味的な構造は文法的な構造の内容的な側面であって、やはり文法

的な現象であるはずである」という捉え方（奥田 1979 など他の論考でも述べられている）にならうものである。奥田（1980–1981 ［1985：171–172]）は「フィルモアはべつとして、構造主義的な言語学では、文法的な構造のなかに文法的な意味の存在をみとめないのが、支配的な考え方である」とし、それについて「文法的な構造のそとに意味的な構造を設定することは、文法的な意味とその表現形式の《きりはなし》という、絶望的なあやまりにおちこむことを意味している」と述べている。また川端（1978：186）にも、奥田とは理論的に異なる立場からの言説であるが、「それ自体の形をもたぬ意味は、それ自身としては非意味的であるものに保障せられて始めて意味として在り得るのである。現象は意味へと解釈されることにおいて、形をもたぬ意味の、その形となるであろう」とある。本書はこれらに学ぼうとしている。

*21 この「消去」は、森重（1965：128）において「文脈に位置する主語のもつ全体者としての消去」とされるものであり、表現上の省略（復元可能なもの）と区別して特に「消去」と呼ばれている。次のような文がその例としてあげられている。「オーストラリアといえば、すぐに羊を思い出す」「名古屋はもう標準語になっている」「草案になぞらえた住いは、中世をしのばせる」（下線は原文にあるもので、述語を示している）。なお、森重（1959：269–293）では、主語だけでなく述語の消去もとりあげ、主語なり述語なりを消去した主述関係が論じられている。

*22 文の文法的な構造についての以上のような捉え方は、森重（1959、1965）、川端（1978）、奥田（1985）、高橋（1994）工藤（2005、2010、2014）などにおける文の文法的な構造の捉え方に学び、筆者なりに理解できたものである。工藤（2010：175）には「語彙的なもの素材的なものを文法現象の基礎におく文のみかた」ともあり、本書もそのような立場にたちたいと思う。

*23 千野（1972：13）に、戦後のプラーグ学派の研究のなかで特筆すべきこととして、「中心領域と周辺領域の設定」という試み―すなわち、「構造性と、構造性の限界という二分されていた研究方向を綜合しようとする試み」―がなされたことがあげられている。「言語のあらゆるレベルには構造的な法則が明確に、そして、徹底して作用する中心領域と、その明確さと、徹底さが明らかに減少する周辺領域とがあることが確認できる」という結論は重要だと考え、本書も言語現象の中心と周辺ということを常に意識している。

*24 早津（2003b）は、「V-(サ) セル」という形式についてこのことを調査分析したものである。

*25 「連文」とは、森重（1959）で「文はいくつも重ねられ〈連文〉の形をなして開展する」（p.14）とされるものである（森重 1965 も同趣）。森重は、「語や文という資材言語」と「文と文を重ねてゆく連文という運用言語」（1959：56）との性質の違いを述べ、「連文における文と文との間にはなんらの積極的な文法が存しない」（1959：19）、「一般に、連文には文法は及びえない、連文は文法の対象ではない、明らかに、表現・理解の問題領域だ」（1965：47）としつつも、そのうえで、言語活動における連文の性質として「一箇の語や一箇の文だけで、開展が充分な表現になりうることは通常ない。語はいくつも使われて文を成し、文はいくつも重ねられ〈連文〉の形をなして開展する。この連文が言語内容を現成するのが通常である」（1959：14）、「連文によって、事

象の意味としての客観的な分析は、また一段と進み深まるのである」（1959：19）と述べて、連文を研究の対象にすることの必然性・必要性を説く（そして、応答詞、間投詞、並列副詞、接続副詞などについて実際に分析されている）。また、工藤（2005）は、連文について「〈連文は複文と違って〉顕在的な〈形づけ〉を受けないために、文法論の対象とは、通常、みなされないのだが、潜在的にもせよ、環境に対する対他的な〈関係づけ〉が存在していないわけではない」（p.2）とし、たとえば「ぼくは、君をきのうここで待っていたんだよ」という文における「んだ（のだ）」は、その文において主題（theme）「ぼくは」についての解説（rheme）として「君をきのうここで待っていた（コト）」を結びつける機能（構文機能）をはたすとともに、「どうして来てくれなかったの。なにかあったの」という文に後続したり、「雨は降ってくるし、おかげで、風邪ひいちゃったよ」に先行したりすることで、「その事態なり言明なりに対する〈説明〉として、自らを含む文を結びあわせる機能（連文機能）をも、はたすのである」（p.5）という。そして「この連文機能までは、文法論としての構文論が、連文論・文章論と分野を分かつにしても、その切り結ぶ接点もしくは分水嶺として、自ら取り扱わなければならない分析対象だと わたしは考える」（p.5）と述べている。本書はこれらに学ぶものである。

*26　国立国語研究所（1964b）、早津（1999a）、許（2005）は、この現象についてそれぞれ、雑誌、小説・随筆、新聞を調査対象として調べたものである。いずれにおいても、ヲ使役・ニ使役の違いが強制・許可という意味的な違いに直接対応しているわけではないことが明らかにされている（第2章の注34も参照）。

*27　文字列検索による調査であり、「〈濡｜ぬ〉ら［さしすせそ］」および「〈濡｜ぬ〉れさせ」を文字条件として行った。ただしこの文字列検索を行うと、動詞に助動詞「ぬ」のついた「V-ヌらしい」（「行かぬらしい」等、97例）や、「ぬらぬらする」（8例）、ひらがな表記「ぬらす」が明らかに「塗らす」の意味で使われているもの（1例）も検索されるので、それらは手作業でのぞいた。

*28　ある形式aがある意味を表せるとしても、他にもそれを表す・表せる形式b,c,…があれば、必ずしもaを用いるわけではなく、bやcを、とくにそれが単純な短い形態であればなおのこと、用いることがあるのだと思われる。

*29　1冊の本にいくつかの短編小説が収められているものがあり、それらはその本1冊を1編と数えた数である。

*30　電子化資料のテキストファイル化は、2003〜2004年に行った。その際には工藤浩氏（当時、東京外国語大学外国語学部教授）からご教示とご援助をいただいた。

*31　「明治テクスト」「大正テクスト」「昭和テクスト」には基本資料（手作業で収集したもの）と重複する作品がそれぞれ、2編、2編、9編あり、それらについて本書においては基本資料として扱う。巻末の出典一覧では、基本資料としてあげるとともに補充資料（電子化）のほうでも便宜のため印を付した上であげておく。

II

使役文の構造

第2章
使役文の意味分類の観点について
山田孝雄（1908）の再評価

1. はじめに

　使役文の表す意味については、これまでに多くの論考があるが、代表的な2つの意味をとりだすものとしては、「強制」と「許可」、あるいは「誘発」と「許容」という分類が現在よく行われている。しかしこれらとは異なる観点のものとして、かつて山田（1908）では「使令作用」と「干與作用」という分類がなされていた。これは使役の事態において、使役主体から動作主体への「つかいだて性」（後述）があるか否かに注目したものとみることができ、松下（1924）にも類似の捉え方がみられる。

　使役文の意味についての研究の流れは概略、使役主体から動作主体へのつかいだて性の有無に注目する論考から、それには注目せず、「強制／誘発」か「許可／許容」かに分ける論考へと移ってきたといえる。本章はそういった流れを整理し観点の推移を確認するとともに、日本語の使役文の意味的なタイプを考えるにあたって、現在ではあまり注目されていない前者の観点を取りいれることの有効性を述べ、新たな研究の方向性を探ることにする。

2.「つかいだて性」とは

　本章でいう「つかいだて性」とはどのようなことか、現代語の使役文を例にして簡単に説明する（第3章で詳述）。たとえば次の4つの使役文の意味を考えるとき、「強制：許可」あるいは「誘発：許容」という分類ならば、（ア）と（イ）が同じ類になり（「強制／誘発」）、（ウ）と（エ）が同じ類とされよう（「許可／許容」）。

　（ア）　先生は帰ろうとしている学生をつかまえて大事な花瓶を

運ばせた。

（イ）　母親は子供に無理やり牛乳を飲ませた。

（ウ）　学生たちが「ぼくたち気をつけて運びますから是非お手
伝いさせてください」というので大事な花瓶を運ばせる
ことにした。

（エ）　子供が「もっと飲みたい」というので好きなだけ牛乳を
飲ませた。

　しかし、それぞれの文で表されている事態について、使役主体が
どんな目的で、なんのために、動作主体にその動作を行わせたのか
ということを考えると、（ア）と（ウ）が同じ類、（イ）と（エ）が
同じ類だといえる。まず（ア）と（ウ）では、〈学生が花瓶を運ぶ〉
という動作は動作主体である「学生」のためになされるものではな
く、使役主体である「先生」のためである。使役主体（「先生」）が
自分自身で〈花瓶を運ぶ〉という動作を行うのではなく、かわりに
動作主体（「学生」）を使って花瓶の移動を実現させている。このよ
うに、人がある事態を生じさせたいと願いそれを実現させるために、
自身で動作を行うのではなく他者にその動作を行わせるという、そ
のような働きかけの性質を「つかいだて性」とよぶことにする。別
の言い方をすれば、使役主体による目的遂行のために、使役主体が
自身ではなく 他者を使って（使役して）ある動作・作用をなすと
いう性質ということもできる。使役主体が動作主体に強制したのか
許容したのか、使役主体のほうから誘発したのか動作主体が先に望
んだのかといった違いは措いてこのつかいだて性に注目すると、
（ア）と（ウ）は同じ類となる。

　一方、（イ）と（エ）では、使役主体である「私」は自身のため
に「子供」をつかいだてているわけではない。「私」は〈子供が牛
乳を飲む〉ことが「子供」のためになると捉え、よかれと思うその
方向に「子供」をみちびいているのである。ここでも、強制か許可
か、誘発か許容かにかかわらず、行われる動作が動作主体のための
ものだという点でイとエは同じ類と考えられる。

　使役文の意味分類においてこのような捉え方をするならば、次節
で詳しくみるように、山田（1908）の使令作用と干與作用という

38　　Ⅱ　使役文の構造

2類は、つかいだて性がうかがえる使役（アとウ）とうかがえない使役（イとエ）という観点からの2類だとみなせるように思われる。つかいだて性に注目した使役文の分類は早津（2006）で提案されたものであり、詳しくは第3章でみるが、ここでは、つかいだて性のうかがえる使役とうかがえない使役の例をもう少しあげておく。

《つかいだて性のうかがえるもの》

- 十吉は、……新治に合図をして、調革をエンジンにつけさせ、それを舟べりのローラア・シャフトに巻かせた。　　　　　（潮騒）
- 田中正造は、……佐部彦次郎を現地に派遣して、被害の実況を詳細に調査させた。　　　　　　　　　　（田中正造の生涯）
- 爺いさんは……ちょいちょい足らぬ物のあるのを思い出しては、女中を仲町へ走らせて、買って来させた。　　　　　（雁）
- 僕は工務部に連絡して、板を幅三寸、長さ六尺ほどに削らせ、ここの避難場所を記入して各自の家の焼跡に立てさせることにした。　　　　　　　　　　　　　　　　　（黒い雨）

《つかいだて性のうかがえないもの》

- 鮎太はそこで留吉と幸夫を家へ帰らせた。夕食を食べていないんで腹が減ったと訴えたからである。　　　　（あすなろ物語）
- 親は子どもをしかりつけてでもながぐつを履かせるべきだ。　　　　　　　　　　　　　　　　　　　　（男だって子育て）
- 男の子の母である若い嫁は、たんすの中から、白粉と脱脂綿をとり出して雪子に無理に受けとらせた。　　　　（青い山脈）
- 泳げない子供を水のなかに放りこんで、泳ぎを自得させる教育法……　　　　　　　　　　　　　　　　　　　（羊の歌）

　次節以降で詳しくみるように、山田（1908）以降1970年ごろまでの論考では、使役文の意味の考察においてつかいだて性に注目しているといえるものがむしろ多かったのに対し、それ以降はつかいだて性への考慮は全くというほどなくなり、「強制：許可」（あるいは「誘発：許容」）といった分類が主流となっていく。以下では、3節で、使役の意味についての研究の流れを整理し、4節で観点の推移を確認する。そして5節で、日本語の使役文の意味分析におけるつかいだて性の観点の有効性を提起し新たな研究の方向性を考え

第2章　使役文の意味分類の観点について　　39

てみる。

3. 使役文の意味についての研究の流れ

3.1 江戸期から明治初期にかけての論考

　動詞の語形における接辞的な要素としての「す・さす」に注目されたのは、江戸後期の活用研究のなかからである。ただしそこでは「使役」という術語が用いられているわけではなく、また「す・さす」を動詞から切り離して「（使役の）助動詞」とすることもなかった。（後述するが、そのような扱いは明治にはいってからのことである。）

　本居宣長が『てにをは紐鏡』（1771）において、図表の欄外に「此すは令（シム）にて、「令匂（ニホハス）」「令着（キス）」などなり」と記し、他の例として「みす」「しらす」「おもはす」「きかす」をあげているのが古いものと思われる。これをはじめとして、「す・さす・しむ」のついた形が、「令身（スミ）」（富士谷1778）、「他に然さする詞」（本居1806、1828）、「然せさする詞」（黒河1844）、「他よりしかせしむる詞」（長野1846または1850）、「令然言（シカセサスルコトバ）」（横山1857）などとされた。その意味については、「他に然さする」などの名づけがそれを表すとされていたのか詳しく説明されてはいない。ただそのなかで、富士谷（1778）が「令身」を「人を使ふ心」としているのが他と異なっている。

　明治にはいり、西欧の文法研究に接した日本語研究や西洋人による日本語研究が行われるようになる。江戸期の流れをついだ「他に然する・他に然せさする」（権田1885）、「他に然せさする詞」（落合・小中村1891）が用いられるとともに、「役動」（物集1878）、「興起働詞」（チャンブレン1887）、「使動言（せさするうごきな）」（谷1889）という語も用いられるようになる。しかし意味について詳しく考察されることはなかった。

　上の諸研究においては、動詞に「す・さす」のついた全体の形が「他に然さする詞」「役動」などとよばれていたのだが、大槻

（1889、1897）は「す・さす」を動詞から切り離して「使役ノ助動詞」とする。そしてこれ以降この捉え方が広まっていき、術語としても「使役」を用いる論考がふえていく。「使役ノ助動詞」の意味について大槻は、「他ヲ使役シテ此動作ヲ為サシムル意ヲ添エル」としてそれまでより内実を詳しく表しているが、これ以上の分析はなされていない。同じく「使役」という術語を用いる金沢（1903）、三矢（1908）、芳賀（1914）や、別の術語を用いる高津（1891〔使動詞〕）、関根（1891〔役動詞〕）、落合（1897〔役動助動詞〕）、吉岡（1906、1912〔令動（の）助動詞〕）においても意味の詳述はなされなかった。なお、これらの術語の説明として、大槻の「他を使役して」という言い方が生かされているものが少なくない*1。

3.2　つかいだて性への注目

　使役文の意味について詳しく論じられた最初の論考はおそらく山田（1908）である。そしてこれは、前述のように使役主体から動作主体へのつかいだて性に注目したものである。この捉え方はその後の研究に受け継がれたとは必ずしもいえないのだが、1970年頃まではこの観点のうかがえる論考も行われていた。まず、山田（1908）をやや詳しく紹介する。

3.2.1　山田孝雄（1908）

　山田（1908）は、いわゆる使役を「発動性間接作用」とよぶ*2。発動性間接作用とは、「文主其者が間接ながらも其の作用を起すべき主因となりて然も直接に自ら作用を営まず、他の対者によりて営まるゝ」（p.368）作用であり、「文主其の者は直に其の動作作用を引起すにはあらねど間接には其の作用を起すべき主因となり、自ら作用を営まずといへども他の対者によりて営むことをあらはす」（p.381）ものである。そしてこの発動性間接作用は、主者（使役主体）と対者（動作主体）との関係によって「使令作用」と「干與作用」とに分けられるとし*3、それが「意義上区別あるもの」であることがいくつかの点から説明される（pp.381–388）。両者の規定として代表的と思われるのは次の説明および挙例*4であり、主

者（使役主体）が対者（動作主体）を「方便」とするか否か、その動作が誰のためのものか、が異なっている。

【使令作用】其の作用を現実にせむと欲する主者ありて、しかも其の作用を自ら営為することなく、中間にある者を自家の方便として使役し以てその目的とする作用を現実にするをいふなり。…（中略）…作用は実に主者の目的とする所なり。この故に主者は自己の目的を間接に営為したるものとなるなり。　例「使をやりて喪を弔はしむ」「頼朝義経をして義仲を攻めしむ」「天皇使を遣はして之を召し還さしむ」「をのこどもにおほせてこと木をそのあとにうつしうゑさせし時」//＊5「父子に旅行せしむ」「かあゆき子に旅をせさせよ」

【干與作用】其の作用の発現が主者によりて企てられ、対者其の影響を蒙りて其の所企の作用が対者によりて営為せらるゝ…（中略）…。その作用の発動はたとへ主者の目的たりとはいへども、主者は之を以て自家の方便となすにあらず、唯そが対者にあらはるれば、所企の目的は満足するなり。　例「母子を眠らす」「騎兵馬を走らす」「空しく英才をくちしむ」「其人使の者に物を取らす」「教師生徒に課業を受けさす」「我彼に鞠を蹴しむ」「梅の香を桜の花ににほはせて柳が枝にさかせてしがな」

両者はまた、原動詞の表す作用が主者のためのものであるか対者のためのものであるかという点においても異なっており、前者は主者のため、後者は対者のためである。

【使令作用】其の作用は主者の為に存して、作用を実際になすものは対者なり。

【干與作用】其の作用は対者の為のものにして、作用の発現には、主者対者共に関す。

次の箇所には、このこととともに使役主体から動作主体へのかかわり方についても述べられている。使令作用の場合には「対者を自家の意志に従はしめ」るのに対して、干與作用の場合には「（対者の）作用の発現に幇助を与ふる」という違いである。

【使令作用】対者を自家の意志に従はしめ、自家の欲する所に従ひて作用をなさしむ。其の作用と主者との関係を見れば主者

は直接に営まずといへどもしかも其の作用は全く主者の為に発現したるものなり。之を対者より見れば対者は主者の手足となりて直接に作用を営む。しかれども自家の目的より出でしにはあらずして唯主者の意志に従ひしのみ。

【干與作用】主者は対者に干與して作用を惹起すといへども、其の作用を真に目的とせるは対者のみにして、主者は対者の目的たる作用の発現に帮助を与ふるのみ。

さらに、原動詞の性質との関係すなわち、経由作用を表す動詞か非経由作用を表す動詞か（いわゆる他動詞か自動詞か）との関係も述べられる。使令作用は主として他動詞（とくに対象に変化を生じさせる動作を表す他動詞）の場合に行われるのに対して、干與作用は他動詞・自動詞いずれにも行われるという。

【使令作用】使令作用は元来他をして一の作用をなさしむるものなれば、動作作用の事実上の主者が自己の性質内に所有せる作用なる時は決して使令作用をつくることなし。…（中略）…されば、使令作用は主として経由作用に行はれ、他に対して何等かの変態を惹起すが如きものなる時は　最使令作用に適す。この故に「殺さしむ」「討たしむ」などいふこと最多きなり。

【干與作用】経由作用にても非経由作用にてもみなこの方式をとりうるものなり。

両者にはまた、動作主体の文中での表され方にも違いがあるという。次のように述べており、先に引用した挙例にこれらの特徴がおおよそうかがえる。引用中の「実際使令をうくることを示す詞を補充」するとは、「（対者）を遣わして／をやりて／を召して」とすることであり、「をして」「して」はこれらを「代表せしむる」ものだとする。

【使令作用】非経由作用にありては対者を示す助詞は「に」なり。経由作用の際にては「を」にて補充を示したる上に干與作用の際に「に」を使用したれば、特別の助詞にて示すこと難し。この際には実際使令をうくることを示す詞を補充せざるべからず。

【干與作用】非経由作用の際には対者即事実上の主者を示すに

は「を」助詞を附属せしめて干與作用を示す。経由作用の際には…（中略）…「に」助詞を以す。これ、経由作用の補充語が既に「を」助詞を有してあればなり。

以上、山田（1908）における使令作用と干與作用の性質を5つの観点に分けて紹介したが、両者の共通点と相違点を簡単に整理すると次のようにまとめられる。

【使令作用と干與作用の共通点】

① 主者は、作用の発動主因（起因・作用を起すべき主因・発現を企てた人）である。

② 対者は、作用をする人（事実上の営為者・作用を実際に為すもの）である。

【使令作用と干與作用の相違点】

	使令作用	干與作用
使役主体が動作主体を方便とするか否か	方便とする	方便としない
原動作は誰のためか	使役主体のため（使役主体の側の目的）	動作主体のため（真の目的は動作主体の側）
使役主体から動作主体へのかかわり方	動作主体を使役主体の意志に従わせる	動作主体の動作の発現に幇助を与える
原動詞の性質	主として他動詞（特に対象の変化を引きおこす動作にふさわしい。動作主体自身の内部におこる作用（「眠る」など）にはなじまない。）	他動詞・自動詞
動作主体の表され方	自動詞使役―「に」他動詞使役―「を遣わして／をやりて／を召して」「をして／して」等	自動詞使役―「を」他動詞使役―「に」

使役文をこのように2つのタイプに分ける山田（1908）の論考の特筆すべきところは次の点にあると思われる。

(1) 使役文の分類の観点—つかいだて性への注目—

　山田の分類の観点の大きな特徴は、使役主体が動作主体を自家の方便としているか否かに注目していることであり、これはつかいだて性の有無への注目といえる*6。そしてこのことは、山田が、使役主体が動作主体の動作を引きおこす目的、実現した動作が誰の為のものであるかといった点を勘案していることと深く関わっていると思われる。これについては、5節において《結果局面／後続局面への注目》という見方であらためてとりあげる。

(2) 考察の対象—働きかけタイプのものを主に考察対象にする—

　発動性間接作用および使令作用・干與作用の説明をみると、山田の主たる考察対象は、使役主体も動作主体も人であり、かつ動作が意志的な動作であるような使役文であったと思われる*7。そしてさらに、働きかけタイプの使役と許容タイプの使役のうち前者のみが考察対象であったこともうかがえる。この点については4節であらためてとりあげる。

(3) 考察の方法—文の構造・形式の検討—

　使令作用か干與作用かという意味面内容面の性質が、文要素である原動詞の種類（上の第4の点）および動作主体の文中での表され方（第5の点）という文法面形式面の性質と関係づけて捉えられている。これは、意味的な性質をささえる文構造上の性質が探られたものとして方法論上の特徴といえる。なお第5の点は後に生成文法の立場からの論考等で強く注目される点であるが、それらでは自動詞使役の「〜ヲ／〜ニ」のみが問題とされるのに対して、山田では他動詞使役をもあわせて包括的に扱われている*8。

(4) 後の論考への影響—ほとんど受け継がれていない—

　使役について山田（1908）ではこのように興味深い捉え方が示されており、山田（1913a、1913b）もこれに沿って述べられているるが、その後の山田（1922a、1922b、1936）では使役文の意味的な分類については何も述べられていない*9。山田（1908）にお

いて慎重に議論された使役の2種は、その後山田自身によっても発展させられず、また後の論考に影響を与えたともいえない。なぜなのかははっきりしないが、それぞれの特徴の説明が必ずしも明瞭とはいえないことや、あげられている例文が説明を充分に裏づける説得的なものばかりではないことが要因のひとつだろう。また、4節であらためて述べるが、山田が許容的なタイプの使役をうまく位置づけられていないことも関係していると思われる。

たしかに、使令作用と干與作用という捉え方は研究史のなかで積極的に受け継がれることはなかったのだが、次節にみるように、つかいだて性や目的性といった観点はいくつかの論考の中にうかがえはする。はっきりとした影響関係は必ずしも明らかでないがそれら諸論考について順にみていく。

3.2.2　松下大三郎（1924）から『にっぽんご4の上』（1968）

松下（1924）は、「使動態」（いわゆる「使役」）を「間接動態の一種で他物に或る動作を与へる動作を表はす職能である」（p.317）とする*10。そして動作主体が「に」で表されるものを「依拠性の使動」、「を」で表されるものを「他動性の使動」とよんで区別し、両者は「意味の目的が違ふ」（pp.319–321、松下1928も同じ）とする。

松下（1924）は、使動の例としてまず次のものをあげる*11（下線は原文で傍点の箇所、括弧内も原文のまま）。

母、娘に琴を習はせむとす。（習はせようとする）
主婦、下女に郵便を出さす。（出させる）
彼に酒を飲ますれば終日飲む。（飲ませれば）
生徒に校服を着さす。（着させる）
植木は植木屋に植ゑさすれば枯るゝことなし。（植ゑさせれば）

そして、「使動は本来依拠態の動作であって其の動作は原動の主体たるべきものに依拠して行はれる」（p.319）として、動作主体すなわち依拠の相手が「に」で表される上の例をいずれも依拠性の使動の例とする。このように使動が本来依拠的なものだとした上で、使動はまた「他動性の使動としても成立する」として次の例をあげる。

46　　Ⅱ　使役文の構造

巧に諧謔を弄して人を笑はす。

寒中温室に花を咲かす。

そしてさらに、「依拠性使動と他動性使動とは意味の目的が違ふ。意味の目的が原動に在る場合には依拠性を用ゐ、意味の目的が使動そのものに在る場合には他動性を用ゐる」（p.320）とし、次の例をあげて「目的」の違いを説明する。

【依拠性の使動】「下女に使に行かしむ」「人に奔走せしむ」「人に無駄骨折らせる」

【他動性の使動】「下女を使に行かしむ」「人を奔走せしむ」「人を無駄骨折らせる」

依拠性の使動である「下女に使に行かしむ」は「使に行く用事が必要なので誰が行っても構はない」のに対して、他動性の使動である「下女を使に行かしむ」は「下女を使役することが目的なのである」という。そしてこれを換言し、前者は「事を重く見る」「原動を重く見る」のに対して、後者は「人を重く見る」「使動その物を重く見る」とも述べている。そして、依拠性使動の動作主体は「人格（意志）を明に認められる」のに対して他動性使動の動作主体は「単に使役の材料物となる」と述べる。

使役の意味に2つのタイプがみとめられるというこの説明自体は、山田（1908）の使令作用と干與作用との違いに通じるところがある。すなわち、動作が行われて用事が成就されることに意義があって誰がその動作を行うかは問題にされないという使役と、動作主体に動作を行わせること自体に意義があるという使役とは、それぞれ、おおよそ使令と干與に相当するからである。しかしながら、それは必ずしも動作主体が「に」か「を」かによる依拠性使動と他動詞使動という2つの類の性質に一致するものではないと思われる。なぜなら、依拠性使動の「目的」についての説明は、実は、はじめにあげられていた5つの依拠性使動の例（いずれも他動詞使役）については必ずしも妥当でない。つまり、第2、第5の例（郵便を出さす、植木を植ゑさす）についてはいちおう納得できるが、それ以外の例（琴を習はす、酒を飲ます、校服を着さす）にはあてはまらない。他動詞使役は動作主体を「を」で表すことはなく「に」で表される

第2章　使役文の意味分類の観点について　　47

ので形式的には依拠性使動となるわけだが、その場合にも意味的には上の2種があると考えるべきだろう*12。動作主体を表す名詞の格形式（ニ・ヲ）にもっぱら注目して、自動詞使役だけでなく他動詞使役をも合わせて扱ったところに無理があった。

　このような疑問が残るものの、松下（1924）で述べられた使役の2つの類の特徴は、使役主体が動作実現をどのように意義づけているか、どんな目的で動作を行わせるか、という点への考慮がうかがえる点で興味深い。なお、松下（1924）は、一方で、拘束的意義、許容的意義というもっぱら意味的な特徴もみており、これについては後述する（3.3.1節）。

　佐久間（1936、1951）は、使役文のなかには、ある動作を他者に代わりに行わせるという意味合いのものがあることを指摘し、それこそが使役らしいと述べている。以下の引用は、より整理されたかたちで書かれている佐久間（1951：221–226）を中心にするが趣旨は佐久間（1936）も同じである。

　佐久間は、自動詞に「せる・させる」のついたものを「使動」、他動詞にそれらのついたものを「使役」とし次のような例をあげる。

　　【使動】「（南風は）暖い雨を何べんか降らせます。そうして雪
　　　やあられを降らせたり、水をこおらせたりします」「よる夜中
　　　孫を泣かせてしかられる」「何ぶしだなどと泣く子をじれさせ
　　　る」

　　【使役】「かみなりをまねて腹がけやっとさせ」「一人者客にし
　　　ばらく留守をさせ」「あまだれを手へ受けさせて泣きやませ」
　　　「物もうに手間をとらせる真ッぱだか」

　そして、「使動」（自動詞使役）と「使役」（他動詞使役）とは、「主格に立つ者が他人にある動作をするように促して、結局そうするように仕向ける」*13（佐久間1951：224）という点は相通じるものの次のような違いがあるという。すなわち、「使動」（自動詞使役）のほうは、「せる・させる」がついてはいるものの構文的にも意味的にも「一個の他動詞と区別することが、ほとんど出来ない」*14。それに対して他動詞使役のほうは「使役」というにふさわしく、それがよりはっきりあらわれる特徴として、「時として他

48　　Ⅱ　使役文の構造

人を「だし」につかって、その動作の効果を自分のためにするというような事態に用いられますので、いわば「そそのかす*15」乃至「手先に使う」という風に特色づけられます」（佐久間1951：224）と述べている。そして、「だいた子にたたかせてみるほれた人」「先生と呼んで灰ふき捨てさせる」という例をあげ、「ここに至って、はじめて「使役」という言葉がしっくり当てはまる」という*16。この「だしに使う」「手先につかう」という捉え方は、山田（1908）のいう「方便とする」というのと同趣であり、まさにつかいだて的な意味合いの指摘である。佐久間（1936、1951）には、「使役」と「使動」とをそれぞれ他動詞使役と自動詞使役とに単純に対応させてしまっているところに疑問が残るが、使役の意味的な特徴の説明はつかいだて性への注目がうかがえる。

　時枝（1950a：104–105）は、「使役」を「他動詞の語尾に、更に他動を表はす接尾語「す」「せる」「させる」をつけて表はす」ものとし、「使役の構成は、二重他動にあるのであるから、自動詞に「す」「せる」「させる」をつけても使役にはならない」とする立場である。ただし、ここには文としての使役の例があげられているわけでもなく、使役の意味について何か述べられているわけでもない*17。それに対して、時枝（1950b：110–112）には、意味にかかわる説明がある。「母が子供を歩かせる」と「母が姉に子供を歩かさせる」という文を例にあげて、「使役という以上、主語みずからが動作をせず、他の者に動作を行わせるのでなければならない」のであると述べ、前者は「「母」が子供を歩かせる動作を直接なしており、他の者に行わせてはいない」ので他動であり、後者は「子供を歩かせる動作を、主語である「母」が直接なさず、「姉」をしてその動作を行わせている」ので使役だとする。つまり、使役の表現は「このように、二つの客語が必要」なのだとする。時枝は、「母が子供を歩かせる」について〈歩く〉という動作を〈母〉が〈子供〉にさせているとは考えず、〈子供を歩かせる〉という動作を「母」が直接行っていると捉えるのである*18。これらが時枝が他動詞に「せる・させる」のついたもののみを使役とする所以である。この捉え方には、すでに青木（1980）や伊東（1985）などの指摘

があるように必ずしも納得できないのであるが、主語自身が行わずに他の者に動作を行わせることに使役の本質をみているところは、つかいだて性に注目したものとみることができる。

　これらの論考とは趣の異なるものであるが、小学校中高学年用の文法の教科書である明星学園・国語部（1968：52）（以下、『にっぽんご4の上』）では、詳しい説明はないものの使役文に2つのタイプがあることが暗示的にだが示されている。「だれかになにかをさせることをいうとき」の言い方だという以外には何も説明はないのだが、「もとになるたちばの文」（原動文）と「つかいだてのたちばの文」（使役文）の対が4組あげられている（p.52）。そしてその4組は、2組ずつがわずかだが離して書かれている。それは、この本の解説書的な性格もある鈴木（1972：284–289）の説明から推測すると、この2組がそれぞれ、原動文の主語が使役文の主語と同じであるものと、原動文の主語が使役文の対象語と同じであるものだからだと思われる*19。『にっぽんご4の上』であげられている4組の文を鈴木（1972）を参考にして2組ずつ2類に分けて下に示す。ここでそれぞれを、(1) 類・(2) 類とする。

(1) 原動文の主語と使役文の主語が同じであり、対応する原動文と使役文とで動作主体が異なっている。

　1-1 先生は じぶんで 本を よむ*20。

　　　先生は 生徒に 本を よませる。

　1-2 おかあさんは じぶんで 着物を ぬう。

　　　おかあさんは 仕たて屋さんに 着物を ぬわせる。

(2) 原動文の主語と使役文の主語が異なっている。原動文と使役文とで動作主体が同じであり、それが原動文では主語、使役文では対象語（目的語）になっている。

　2-1 いつも 二郎が*21 ふろを たく。

　　　おかあさんは いつも 二郎に ふろを たかせる。

　2-2 みけは いつも かつおぶしを たべる。

　　　おばあさんは いつも みけに かつおぶしを たべさせる。

この2つの類について鈴木（1972）では詳しく説明されてはい

ないが、次のようなことが気づかれる。（1）の類では、原動文の
ほうには 1-1、1-2 いずれも「じぶんで」という語があり、使役文
には「生徒に」「仕たて屋さんに」という語がある。つまり、原動
文と使役文とが、主語である人（「先生」「おかあさん」）が原動作
（「よむ」「ぬう」）を自分で行うか他者（「生徒」「仕たて屋さん」）
に行わせるかという対立が際立つ対になっている。ここには使役の
意味として、つかいだて性や代行性をうかがうことができる。

　一方、（2）の類は、原動文と使役文とが、原動作の主体を主語
にするか、動作の実現を促すべく原動作の主体に外側から関わって
いる人（＝使役主体）を主語にするかという対になっている。これ
は、使役文が表す複合事態性（使役主体から動作主体への関与と動
作主体の動作実行）をうきたたせる捉え方である。このように 2 つ
の類に分けられていることは、使役文は 2 つの観点からその特徴を
捉えることができるということを示唆するものであり、また、使役
文のなかにはつかいだて性の特徴をもつものがあることの示唆とも
みてよいと思われる。

　なお、2-1 の使役文「おかあさんはいつも二郎にふろをたかせ
る」は、「おかあさんはいつも自分でふろをたく」という原動文と
対をなすという観点からみることもでき、その場合この使役文には
つかいだて性をみることができる。一方 2-2 の使役文については
（1）のタイプの対を考えることはむずかしい（2-2′ おばあさんは
いつも自分でかつおぶしを たべる。―おばあさんはいつもみけに
かつおぶしをたべさせる）。これには原動詞の語彙的な意味の違い
がかかわっている（第 3 章 4.2 節）。また、『にっぽんご 4 の上』で
あげられている 4 組がいずれも他動詞使役であることは、使役文に
ふさわしいのは原動詞が他動詞のときだと考えられたためかとも思
われる。鈴木（1972）のほうでは、これら 4 組を紹介したあと、
自動詞使役の例（「先生が子どもをろうかにたたせる」「おやが子ど
もを（に）郵便局にいかせる」）が加えられている（第 1 章 2.2 節）。
なお、原動詞のこのような特徴については、次の 3.3.2 節であらた
めて触れる。

第 2 章　使役文の意味分類の観点について　　**51**

3.3 「強制・許可・放任」「誘発・許容」という分類

前節でみた諸論考では、許容的な意味合いには触れられていないものがほとんどである*22。その中で、松下（1924、1928、1930a、1930b）は、前節で紹介した依拠性の使動と他動性の使動という分類とは別に、拘束的意義の使動と許容的意義の使動があるとして、許容的な意味合いのものも積極的にとりあげている。そしてこの2類は以降の諸論考におおむね受け継がれている。その一方で「他者を使役して」といったつかいだて性は次第にとりあげられなくなっていく。

3.3.1 許容的な意味のとりだし

松下（1924、1928）では、3.2.2節でみたように依拠性の使動と他動性の使動という分類がなされているが、それとは別に、「使動の意義には拘束的意義と許容的意義とある」（松下1924：318、他も同趣）とし、拘束的意義の例として「父、子をして勉強せしむ」が、許容的意義の例として「図書館を設け一般人をして入場せしむ」があげられている。さらに松下（1928：347）では、「敵に胸板をしたたかに射させて」といういわゆる武者詞の用法も許容的意義のものとしてつけ加えられている。いずれもこれ以上の説明はないが*23、現在ひろくなされている強制と許容という分類に通じるものであり、次の諸論考にもみられる。ただし、松下（1924、1928）と諸論考間の参照関係ははっきりわからない。

橋本（1931［1969：293］）は、使役について「意味は、或ものが他のものに或動作をするやうにする事であるが、積極的にさせる場合と、他が動作をする事を妨げないで、之を許容する場合とがある」とし、後者の例として「東京へ行かせて下さい」と「取りたいのだがどうしても取らせない」があげられている。

宮田（1948：75）は、「使役態動詞は他のものに動作をなすことを命じたり許したりすることを表わす。たとえばkakaseruは「書くことを命じる」とか「書くことを許す」というような意味である」としているが、この「命じたり」と「許したり」というのは、働きかけ的なものと許容的なものにほぼ相当するといえる*24。例

として「妹に手紙を書かせる」「値段をまけさせよう」（原文はローマ字表記）があげられている。

湯沢（1953［1977：137–141］）は、「せる」「させる」を「動作を他にさせる意味を表す」助動詞とし、「祖父は弟に新聞を読ませる」「私は妹に電燈をつけさせる」「太郎がときどき次郎を泣かせる」「坊やを一人で遊ばせておいた」という文をあげたあと、「使役というように積極的に仕向けるのではなくて、不干渉すなわち許容・放任ともいうべき意味に用いることがある」として、「坊やは九時頃までやすませておくがいい」「あまり乳幼児を泣かせるのはいけないことです」「みんなをそう遊ばせておかないで何かさせなさい」「言いたいことは勝手に言わせるがいい」「なまけものはなまけさせておけ」「子供たちにそんなものを食べさせると病気になりますよ」などをあげている*25。「不干渉」「放任」という説明がみられる最初かと思われる。

金田一（1957：237–239）も「日本語の使役態には、意味から見て二つのものがある」として、「力をもって他のものを動かす意味のもの」（「学生ニハ、必ズ清書サセル」）と「他のものの意志を尊重してその意志どおりの行動を許す意味のもの」（「図書館ヲ立テテ自由ニ本ヲ読マセル」「本日ハコレデ休マセテイタダキマス」）があげられ、英語ではこの2類を「ちがう助動詞を使って表わし分ける」という。後者の類の特徴として動作主体の「意志を尊重して」という点をあげているところは後述の青木（1977）に近い。

3.3.2　種々の意味用法のとりだし

使役文の意味として許容・許可あるいは放任的なものが気づかれていくなかで、使用の実態の観察などをもとに、さらにそれ以外の意味用法をとりあげる論考があらわれてくる。

早い時期のものとして、教科研東京国語部会・言語教育研究サークル（1963）『文法教育』*26（以下、『文法教育』）がある。使役を「基本動詞の表わす動作に影響を与える人やものを主語にして表わす」と規定し、「積極的に動作をうながすばあいが多い」としたうえで、それに加えて「許可や放任を表わすばあい」（「庭でとなり

の子どもを（子どもに）遊ばせる」）もあげ、さらに「自分の力で
は、どうにもならないようなニュアンスをもたせることもある」
（「わたくしはせがれをみすみす戦争で死なせました」）*27 とする
（pp.146-147）。上の規定にあるように、主語が人だけでなく物の
場合（「この答えは祖母をすっかり感心させた」）もはっきり含めて
いること、そして人使役も物使役もあわせた使役の特徴づけとして、
原動作に「影響を与える」というまとめ方・一般化をしている点が
それまでの論考と異なっている*28。いわば「現代的」な規定とい
える。

　次に、ほぼ同時期の宮地（1969）と藤井（1971a、1971b）をみ
てみる。宮地（1969）と藤井（1971a）は術語解説的な性格のも
のであるが、使役文の意味用法がいくつかに整理分類されている。
宮地（1969）では、使役主体も動作主体も人である使役文の意味
が5類に分けられていて、つかいだて性への注目もみることができ
る。5類のうち（3）～（5）は、（3）許容、（4）自由放任、（5）不随
意や迷惑であり、上の『文法教育』とほぼ同趣であるが、（1）と
（2）につかいだて性がうかがえる。まず（3）～（5）は次のようで
ある。

（3）ダレカが、ダレカの動作を許容することを表わす。 例「さ
　　きに食べさせた」「きょうは彼を休ませようか」「本日休業
　　させていただきます」

（4）ダレカが、ダレカの自由放任をみとめることを表わす。
　　例「あまり赤んぼうを泣かせるのはよくない」「太郎を九時
　　まで寝かせておいた」「彼にかってにいわせておくさ」「黙
　　って山に行かせてはあぶない」

（5）ダレカの不随意なことや迷惑なことを表わす。いわゆる
　　「迷惑の受身」のうらがわの表現。 例「長女を早く死なせ
　　てから臆病になった」「あんまり気をもませるからさ」「一
　　時間も待たされて、ほんとにイライラさせられたわ」

　そして、（1）と（2）は「ダレカがダレカを動かして」動作をさ
せるという点で同じであってふつうは「強制」としてまとめられる
ものだが、これを2つに分けているところがこの論考の特徴である。

（1）ダレカがダレカを動かして、別のダレカに対してナニカするようにする意。例「父は花子に太郎をしからせた」「教授が助手に学生を教えさせた」「課長がわたくしに課員を呼ばせたんです」

（2）ダレカが、ダレカを動かして、ナニカするようにする意。例「父は花子に英語を習わせた」

　宮地はこの（1）について、3人の人（させ手、し手、され手）が関わっている文であり「（最初の文についていえば）父が自分のかわりに花子を動かしていることがはっきり出ている、こういうのが典型的な"使役"の意味である」（p.90）とする。この、させ手がし手を「自分のかわりに動かしている」という見方につかいだて性をみることができる。ただ、続く説明の中で、「父は花子に太郎をあやまらせた（←太郎が花子にあやまる）」も（1）の例としてあげ、先の例とあわせていずれも「登場人物が三人で、「させ手」「し手」「され手」の区別がはっきりしている…（中略）…。これらを使役の典型としてよいということには、変わりない」とする。つまり宮地にとって、（1）と（2）の違いは「登場人物」が3人か2人かという点にあるようである。3人が関わることを重視しているところに時枝（1950b）の影響が感じられるが*29、たとえば「父が自分のかわりに花子に荷物を運ばせた」のように、関わるのは二者と物であって、させ手が自身のかわりにし手に動作をさせているという文がどのように扱われるのか、はっきりしない。「3人が関わる」ということと「自分のかわりに」ということの関係がつきつめられていない感がある。なお、動詞の語彙的な意味については何も述べられていないが、（1）と（2）にあげられている例では性質が異なっている。どちらも他動詞であるが、（1）の「しかる、教える、呼ぶ」は他者に働きかけてときにはその変化をひきおこすことを表す動詞であるのに対して、（2）の「習う」は主体のほうの変化を引きおこすことを表す動詞である。山田（1908）が、使令作用は主として他動詞（とくに対象に変化を生じさせる動作を表す他動詞）にふさわしいのに対して、動作主体自身の内部におこる作用は使令作用になじまないと述べていたことと通じる面があり興味

深い。

　同じく術語解説的な藤井（1971a: 281–282）では、宮地（1969）と異なり使役主体・動作主体が人でないものも積極的に含められている。使役態を「あるものが、他のものが動詞の表わす動作を行うようにしむける。または動作を行なう原因となる」ことを表すものとし、意味用法が2種7類に分けられている。

　分類を簡単に紹介しておくと、まず主語が有情物であるか非情物であるかで①と②に分けられ、前者についてさらに、（イ）強制、（ロ）許可、（ハ）放任、（ニ）不本意、（ホ）他の非情物（有情物以外のもの）の動作、または他の有情物の無意志的な動作が発現するようにする、（ヘ）身体の一部の動作が行われる、という6類に分けられる。

　①主語が有情物であるもの

　　（イ）強制：他の有情物に動作を行なうよう強制する。　例「親が子をつかいに行かせる」「先生が生徒に本を読ませる」「この十五日は、人々賜はりて、月の都の人まうで来ば捕へさせむ」（竹取物語）

　　（ロ）許可：他の有情物の希望をかなえて、動作を行なうことを許可する。口語では、「〜てやる」「〜てもらう」をつけることができる*30。　例「今月から外来者にもプールを使用させることにした」「そんなに読みたければ読ませてやってもよい」「今月かぎりで退職させていただきます」「あしたには狩にいだしたててやり、夕さりは帰りつつ、そこに来させけり」（伊勢物語）

　　（ハ）放任：他の有情物の好ましくない動作を放任する。口語では、「〜ておく」をつけて用いる。　例「言いたいやつには言わせておけ」

　　（ニ）不本意：他のものの動作の発現をとどめることができないで、不本意ながら、動作が行なわれる。口語では「〜てしまう」をつけることができる。　例「監督の不行き届きから、子を非行に走らせてしまった」「伝染病を発生させてしまった責任は重大だ」

(ホ) 他の非情物（有情物以外のもの）の動作、または他の有情物の無意志的な動作が発現するようにする。 例「車を走らせる」「人を笑わせる」

(ヘ) 身体の一部の動作が行なわれる。 例「足をすべらせる」

②主語が非情物であるもの。その非情物が他のものが動作を行なう原因となる。これは本来の日本語にはなかったもので、欧文の翻訳文の影響で行なわれるようになったものである。 例「農業が国を発展させる」「何が彼女をそうさせたか」

　この藤井（1971a）の記述に宮地（1969）が参照されたかどうか定かではないが、両者の分類の関係をみると、宮地のうち上で問題にした（1）と（2）が藤井では①の（イ）「強制」にまとめられる。つまり、藤井（1971a）は、働きかけ的なタイプの使役はひとくくりにし、その意味的なタイプを細分することはしていないのが大きく異なる。宮地の（3）（4）は藤井の（ロ）と（ハ）にそれぞれ相当し、宮地の（5）は藤井の（ニ）と（ホ）の一部「無意志的な動作が発現するようにする」にあたる。また「親を喜ばせる」のようなプラスの方向の心理変化の引きおこしは、宮地ではうまく分類できないが、藤井では心理のプラスマイナスにかかわらず（ホ）となろう。そして、藤井の①（ヘ）および②は宮地には含まれない。両者の関係を簡略に示すと次のようになる。

　この宮地（1969）と藤井（1971a）は、ほぼ同時期の論考であり、術語解説的なものである点でも共通するが、次の点に大きな違いがある。すなわち、宮地（1969）では、使役主体も動作主体も人である文について述べられていて、さらにつかいだて性についても考えられているようであるのに対して、藤井（1971a）では、使役主体と動作主体のいずれかあるいは両方が非情物である「V-（サ）セル」文が積極的にとりあげられて対象が広くなっているも

のの、つかいだて性には全くふれられていない、という点である。

　さて、藤井（1971a）とは異なり同年の藤井（1971b）には、山田（1908）の使令と干與の分類が生かされている。藤井（1971b）は、時枝、松下、山田の所説を順に検討したうえで*31「「せる」「させる」を用いた表現のすべてについて、その意味を分類する」（p.9）ことを目的とする。分類に際しては、使令と干與のみならず、松下（1924、1928）の拘束的意義と許容的意義という見方も積極的に取り入れられ*32、使令と干與は拘束的意義の場合にのみみられる2種だと位置づける。そして、使令と干與の違いとして、使役主体と動作主体のどちらに利益を生じさせることを目的とするかという点を大きくとりあげる。具体的な説明としては、それぞれの例として「彼が大工に家を建てさせる」と「先生が生徒に本を読ませる」をあげ、前者は「彼」の目的も「大工」の目的も「彼が家をもつこと」であって「主者の目的も対者の目的も共に主者に利益を与えること」であり、後者は「先生」の目的も「生徒」の目的も「生徒（自身）が読書の習慣をつけること」であって「主者、対者の目的が共に対者に利益を与えること」（p.8）だと説く。使役主体が動作主体を「方便」とするか否かということは述べられていないが、山田の意は汲まれているといってよいだろう。なお、藤井（1971b）は最終的に使役を11類に分類し、各類に相当する実際の用例を1例ずつあげている。そのひとつ「使令」の例は「妻雅子を代理として原稿を頂きに先生のお宅へ行かせたことがありました」（石川達三『神坂四郎の犯罪』）であり、これは「代理として」という句を含んでいる。意識的かどうか定かでないがつかいだて性がうかがえる例文である。

　使役文の種々の意味をとりあげるこの時期のものとしてもうひとつ、鈴木（1972）がある。これは、3.2.2節で述べたように、『にっぽんご4の上』（小学校中高学年用の文法の教科書）の解説書的な性格ももつものである。使役についても、2つのタイプ（3.2.2節で（1）類、（2）類としたもの）について説明したあと、原動詞が自動詞である次の例が（2）類の例としてつけ加えられている（3.2.2節で述べたように『にっぽんご4の上』では他動詞使役の例

のみあげられている）。

　2-3　子どもが　ろうかに　たつ。

　　　　先生が　子どもを　ろうかに　たたせる。

　2-4　子供が　郵便局に　行く。

　　　　おやが　子供を（に）郵便局に　行かせる。

　自動詞使役の例が、第1のタイプではなく第2のタイプの例としてのみ加えられたことは、自動詞の表す動作には、自分で行うか他者に行わせるかの対立が考えにくいものが少なくなく、つかいだて的な性格のある第1のタイプになじまないことが関係しているかもしれない。つまり「先生が自分で廊下にたつ ― 先生が生徒を廊下にたたせる」という状況は想定しにくい。このことは、原動作の性質と使令・干与とのかかわりについての山田（1908）の指摘（3.2.1節）と通じる点である。ただし、自動詞であっても 2-4 の「行く」は「太郎が自分で郵便局に行く ― 太郎が弟を郵便局に行かせる」という対が考えられ、一方、他動詞であっても、2-2 の「たべる」は、先に述べたように、つかいだて性を想定しにくい動詞である。こういった点を含め、2つの類の異同についても、また計6組の挙例の意義についても、もう少し詳しい説明があってほしかった。

　鈴木（1972）ではこれらのほかに、「消極的に、許可をあたえる」（「子どもにすきなだけアイスクリームをたべさせた」）、「自分の力がおよばずに、不本意にもおこなわれる他人の動きをあらわす」（「わたしは戦争でむすこを三人もしなせました」）ものがあり、さらに、主語が非情物の文は「因果関係の表現に用いられる」（「その知らせがかれをかなしませた」）ことも述べられている。このことは鈴木の使役の規定ともおそらく関係する。鈴木（1972）は『にっぽんご4の上』とは異なり、使役（つかいだてのたちば）を「もとになるたちばの動詞のしめす動きをするように、ほかの人（もの）にはたらきかけたり、許可を与えたりする人やものを主語にして表現するたちば」（p.285）としており、使役主体も動作主体も人でも物でもありうるという捉え方なのである。また、許可や不本意の用法は他動詞にもあることや、自動詞使役は他動詞に似て

いるとも述べられている。他動詞にも用法のあるこれらは「つかい
だてのたちば」として中心的ではないということだろうか。

　以上この3.3.2節では、許容的なタイプを含めて使役文の意味が
とりあげられるようになった時期の5つの論考をみてきた。これら
を、つかいだて性への注目という点からあらためて整理してみると、
宮地（1969）、藤井（1971b）、鈴木（1972）にはそれがいくらか
ではあるがうかがえるのに対して、『文法教育』（1963）、藤井
（1971a）にはみられない。そしてこれ以降の論考においてはほと
んどみられなくなる。使役文の種々の意味が詳しく考察されるよう
になるこの時期（1970年ごろ）を境にして、つかいだて性への言
及が行われなくなってきたといえる。

3.3.3　分類の観点の意識化

　前節でみたように、使役主体と動作主体が人である使役文には、
働きかけ的なものと許容的なもの——3.3.1節でみた橋本（1931）
の言い方を借りれば、「積極的にさせる」ものと「妨げないで許容
する」もの——があること、そしてそれ以外にも種々な意味合いの
ものがあることが、諸論考の共通の理解になってきた。そういうな
かで、使役文の表す意味を2つまたは3つに分類しそのように捉え
られる明瞭な根拠を求めようとする論考もあらわれる。大きく2つ
の流れがあり、ひとつは青木（1977）に代表される、使役主体と
動作主体の意志のあり方に注目する論考、いまひとつは柴谷
（1978）をはじめとする、原動作のきっかけが使役主体にあるか動
作主体にあるかに注目する論考である。

　（ア）使役主体と動作主体の意志への注目
　青木（1977）は、強制、許可助成、放任という意味タイプを認
めたうえで、それが生じる要因として使役主体と動作主体の意志の
強弱に注目する。使役を「ある者が他者に対して、他者自らの意志
において或いは主体性をもってその動作を行うようにしむけること
（この場合の他者とは有情物に限らない。非情物の持つ動作実現能

力・本性は、有情物の意志・主体性と同様にみなし得る）」とし、「させ手」（使役主体）の意志と「させられ手＝動作のなし手」（動作主体）の意志との「両者の関わり方如何によって数種の意味合いを生ずる」（青木1977［1995：114］）とする。

【強制】「させ手」の意志が「なし手」の意志に反して強い場合、或いは「させ手」の意志が「なし手」の意志を上まわって強い場合。　例「一刻も早く通らせる」「遊びたがる子供を風呂に入らせる」「途中の駅で降りさせる」「苦難に堪えさせる」「もっとよく考えさせる」

【許可助成】「させ手」の意志が「なし手」の意志に反しない場合。　例「早く帰らせてやる」「しばらくここに隠れさせてもらう」「部外者にも参加させる」「そうやすやすとホームランは打たせない」「今度から子供にも使わせてやる」

【放任】「させ手」には積極的な意志がなく、「なし手」の行為（この行為には意志的な場合と無意志的な場合とがある）を妨げない場合。　例「何時までも苦しませておくに忍びない」「猫を膝の上でじゃれさせる」「早くも悪に染まらせてしまった」「勝手にしゃべらせる」「子供をガンで死なせた親の会」「放心の体で何時までも波に足を洗わせていた」

　青木（1977）の問題意識は、先の時枝（1950b）をはじめとする時枝（1950a、1955）の、自動詞に「す・せる・させる」をつけたものは他動詞であり使役ではないという見解に対する疑問から始まっている。そして、自動詞であれ他動詞であれそれが上掲の規定にみられるような意味での意志性・主体性のあるものならば、それに「す・せる・させる」のついたものは使役であって他動詞ではないとする。他動詞とは異なる使役の独自性を求める青木にとって、動作主体の意志性の有無は重要な要素であり、そのことが使役文の分類においても、使役主体と動作主体の意志の強弱を問題とすることにつながるのだろう。

　使役主体と動作主体の意志の強弱を使役の意味と関係づける論考は青木（1977、1980）以降それほど多くないのだが、村木（1991）はその立場である。使役文の「文法的意味の差は、N_1と

N₂の意志性の有無、強弱が関係する」として（N₁は使役主体、N₂は動作主体）、「使役：N₁の意志性がつよい場合」と「許容：N₂に意志性がある場合」と「なりゆき：N₁、N₂がともに意志性を欠く場合」に分けられる（p.57、p.181も同趣）。これは術語は異なるものの青木の3類に相当する。

　以上の流れとは別に、主として生成文法の立場からの論考において、いわゆるヲ使役とニ使役（「太郎 {を／に} 走らせる」）の違いを明らかにしようとする試みの中で使役主体と動作主体の意志の強弱が問題とされた。他動詞使役では動作主体が常に「ニ」で表されるのに対して、自動詞使役では「ヲ」「ニ」いずれも可能であることから2種の使役の違いを探ろうとしたものである。Kuroda（1965）で、ヲ使役は「動作主体の主体性や意向を無視した使役」、ニ使役は「動作主体の主体性や意向を尊重した使役」とされたのがおそらく最も早い時期のものであり、その後、Nakau（1973）、Shibatani（1973）、井上（1976）、柴谷（1978）、池上（1981、1982）、Comrie（1981、1985）、Cole（1983）、Farmer（1984）、Shibatani（1990）[33]、Falk（1991）、影山（1996）などでも論じられた。論考によって説明・論証のしかたが少しずつ異なるが、概略Kuroda（1965）と同じ趣旨であり、他の説明として、ヲ使役は強制的でニ使役は許容的である、ヲ使役のほうがニ使役より強い強制である、などがみられる。また、青木（1977）についての検討のうえでなされる伊東（1985）の「主体性没却の程度」による分析もこの点ではほぼ同趣といえる。

　ヲ使役とニ使役の違いを明瞭に説こうとする説明は、日本語の簡便な文法書などにおいて、ある時期までは（あるいは現在も）無批判に受け継がれている感がある。しかしながら、両者には必ずしも上のような違いを見出すことはできないという報告も少なくない[34]。使役文において狭い意味での文法形式に違いがみられるのは自動詞使役文の動作主体の格形式のみであるのでこの点に議論が集中したのかもしれないが、使用の実態を反映していないとするとやはり問題であろう。

（イ）原動作が実現するきっかけへの注目

　青木（1977）とほぼ同じ時期の柴谷（1978）は、青木とはやや異なる面から、積極的にさせるタイプと妨げないで許容するタイプとを説明する。

　柴谷（1978）は「日本語の使役文は、多くの言語の使役文がそうであるように、二つの反対の使役状況を表わす」（p.310）として、「誘発使役」と「許容使役」という２類を提案する（Shibatani 1990も同趣でそれぞれを「inducing causation」「permissive causation」としている。次の引用は柴谷1978より）。

　　【誘発使役】ある事象が使役者の誘発がなければ起こらなかっ
　　たが、使役者の誘発があったので起こったという状況。

　　【許容使役】ある事象が起こる状態にあって、許容者（使役者
　　と形態的に同じ）はこれを妨げることが出来た。しかし許容者
　　の妨げが控えられ、その結果その事象が起こったという状況。

　柴谷のこの２種は、柴谷自身も述べているように実際の分類においては、意志性を問題にする青木（1977）の分類とほぼ等しいものとなる。柴谷は「太郎は　次郎　に／を　走らせた」というのは、助詞が「に」であっても「を」であっても、「次郎が走る意志のなかった状態にあって、太郎が次郎を促し、その結果次郎が走った状況」ならば誘発使役、「次郎が走りたがっていて、放っておけば走る状態にあるが、止めようと思えば止められる、しかし止めることを控えた、そしてその結果次郎が走った、という状況」ならば許容使役としており、このそれぞれの状況は、青木（1977）の捉え方では、強制と許可助成ということになるだろう。また、3.3.1節で紹介した松下（1924、1928）をはじめとする諸論考とも分類としてはそれほど大きな違いはないともいえる。しかし、使役主体からの誘発がなければ動作主体の動作が起こらなかったという状況と、動作主体の側に既に動作が起こる状態にあったという状況とを区別するという捉え方は新たな観点である。

　ただ、柴谷（1978）でははっきり述べられてはいないが、誘発使役・許容使役というのは、まずは自動詞使役の場合について考えられているのではないかと思われる。柴谷（1978）は、誘発使役

か許容使役かということとヲ使役・ニ使役とは別次元だとして、
「両方の形が誘発使役としても許容使役としても使うことが出来る」
（p.310）と述べ、先に（ア）の後半で紹介したKuroda（1965）を
はじめとする諸論考のように両者の違いをただちに意味の差に結び
つけるという割り切りかたはしていない。しかし挙例や説明などを
みるとやはり意識は自動詞使役の場合に向いているように思われる。
Shibatani（1990）ではより明瞭に、誘発使役か許容使役かという
分類は、自動詞使役についてだけ行われている。

　この柴谷（1978）と次に紹介する佐藤（1986）とは、全体とし
ては理論的にも方法論的にもかなり異なる論考といえるが、原動作
の実現するきっかけに注目して使役文を大きな2つの類に分けると
いう点ではむしろ似ている。

　佐藤（1986）は、「使役構造の文の文法的な意味とそれぞれの意
味の実現の条件を記述し、あわせてその派生関係をさぐる」
（p.79）ことを目的とする研究の一環として、主語（使役主体）と
補語（動作主体）がともに人名詞である使役文が考察対象とされて
いる。このような使役文は、原動詞の意志・無意志性、肯定と否定、
動作の源泉のありか、という3つの条件のかかわりあいによって、
文法的な意味が次のような8つに分けられるという*35。

	源泉＝使役主体		源泉＝動作主体	
	肯定	否定	肯定	否定
意志動詞	指令	解放（非強制）	許可・放任	禁止
無意志動詞	変化のひきおこし	非ひきおこし	放置	非放置

　この「源泉＝使役主体」と「源泉＝動作主体」とは、動作の源泉
（動作の生じるきっかけ）が使役主体にあるか動作主体にあるかに
よる2類であり、動作主体の動作が生じるきっかけに注目する点に
おいて柴谷（1978）の誘発と許容という捉えかたにほぼ相当する。
　　【源泉＝使役主体】使役主体のなんらかのうごき（はたらきか
　　　け）がなければ動作主体の動作そのものが生じえないばあい。
　　　その文は「作為性」をもつことが多い。
　　【源泉＝動作主体】使役主体のうごき（はたらきかけ）のあり

なしにかかわらず、動作主体の動作が生じるばあい。その文は
「許容性」の特徴をもつ。

　さて、佐藤（1986）は、使役文をその基本的な用法に限れば
「先行するできごと」と「後続するできごと」からなる複合的なで
きごとを描くものとみている。また、佐藤はこの論考において使役
の用法や使役構造の文の意味的なタイプを記述するにあたって、使
役主体から動作主体への「はたらきかけ」あるいは「関与」にどの
ような種類があるかということが慎重に考慮されている。このこと
を考えあわせると、佐藤の分析は、使役という複合的な事態におけ
る先行局面（因果的にみれば多くの場合原因局面に一致する）に注
目してその意味タイプや構造を分析するものということができる。
このような見方で他の論考をみなおすと、柴谷（1978）や青木
（1977）も、さらには 3.3.1 節、3.3.2 節で紹介した諸論考の多く
も使役事態の先行局面に注目した論考だといえる＊36。それに対し
て、山田（1908）の使令と干與、松下（1924、1928）の依拠性と
他動性という捉え方は、むしろ後続局面（多く結果局面に一致す
る）に目を向けた分類といえる。両者はそういった点で大きく趣を
異にし、また相補いあう 2 つの観点だといえる。これについては 5
節であらためて述べることにする。

3.3.4　具体的な用法の分類

　前節で紹介したような研究がなされるなかで、必ずしもこれらの
議論を直接うけつぐかたちではないが使役文の具体的な用法が詳し
く検討されていく。そういった論考には、使役主体・動作主体が意
志的な存在としての人ではない場合の用法を詳細に分析するものも
多く、使役文の使用実態が明らかにされてきている。ここでは諸論
考の多くを紹介することはせず、働きかけ的なタイプをひとつの類
にまとめている論考とそうでない論考をそれぞれ 2 つずつごく簡単
に紹介する。

　国際交流基金（阪田・倉持）（1980）は働きかけ的なタイプをひ
とつにまとめている論考である。「使役表現は、相手にある行為を
命令または要求し、そのとおり実行される意を表すものであるが、

「せる・させる」の用法はそれだけにとどまらず、さらに多くの意を表す場合に用いられる」（p.25、改訂版（1993：39）でも同趣）とし、使役主体から動作主体への関わり方（命令・要求する、許可を与える、行為を妨げずに認める、放任する等）、動作主体の意志、動作の源泉のありかなど種々な観点をとりいれて用法が説明される。使役主体と動作主体が人であるものについては、「文字どおり使役を表すもの」として「私は娘に料理をつくらせた」「父親は子供を使いに行かせた」の２例があげられ、許可や放任その他の用法との違いが説明される*37。働きかけ的なタイプのものを使役の典型としているが、この類を細分することはしていない。

　また森田（1981：226–231）は、使役主体も動作主体も人である使役について、「使役」「許容、放任」「直接的他動行為*38」「間接的他動行為（誘発）」「責任、手柄」の５つの意味タイプをあげている。森田も働きかけ的なものすなわち「主体が対象とする人物に対して、その人物がある行動を起こすよう命ずる」ものを「使役」としてひとくくりにしている。なお、分類に際しては、使役主体から動作主体への関わり方（命ずる、（希望する行動を）認める、一方的にある状態へと導く、間接的に相手人物にある影響を与える、など）がもっぱら問題にされ、両者の意志、動作の源泉のありか、つかいだて性は考慮されていない。

　一方、働きかけ的なタイプをひとつにまとめるのではなく、いくつかに分けているものとして石川（1994）と柳田（1994）を紹介する。

　石川（1994）は、使役形の用法を、「広い意味で〔S1のS2に対する支配（コントロール）〕ということができる」（p.35）とし（S1、S2はそれぞれ使役主体と動作主体）、それには大きく「S1がS2を操作し影響を与える」ものと「S1がS2の自発的動作をコントロール下に置く」ものとがあるという。これは働きかけ的なものと許容的なものという捉え方である。用法が12の類*39に分けられていて、そのうちの３つ「命令・強制いわゆる使役」（「社長は秘書に電話をかけさせた」）、「補助、手助け」（「赤ん坊に乳を飲ませる」）、「コントロール、操作」（「うまく言って、金を出させる」「沸

騰させないように火を調整して」）が働きかけ的なものの下位類といえる。

　柳田（1994）は、使役の分類において有情物の意志や非情物の主体性を問題にした青木（1977）を発展的に継承しようとしたものである。「し手とさせ手との二つの意志や本性の組み合わせにいろいろなものがある」（p.355）として、し手（動作主体）が人か否かという点に加えて、人である動作主体が動作を行うことを望んでいるか否か、使役主体が動作主体の動作実行や本性の発現に対してどのように関わりあうか、という点も意識的に考慮して用法が6類すなわち「拘束用法」「推奨用法」「許容用法」「放任用法」「助成用法」「随順用法」に分けられている。興味深いのは、「拘束用法（し手がそうすることを望んでいないのに、させ手が無理やりそうさせる。　例「いやがっている子どもに無理やり勉強させる」）」と「許容用法（し手がそうすることを望んでおり、させ手が一定の限度内でそのことを許す。　例「夏の間だけ芝生の中に入らせる」）」とをつなぐ性質の用法として「推奨用法（し手がそうすることを望んでおり、させ手がその実現に力を貸しておしすすめる。　例「夏休みに子どもを北海道旅行に行かせる」）」がたてられていることである。許容用法と推奨用法とは、動作主体がその動作を行うことを望んでいるという点で共通しつつ、積極的に関わっておしすすめるか否かで異なっている。そして、拘束用法と推奨用法とは、使役主体から動作主体に何らかの働きかけがあるという点で共通しつつ、動作主体が動作を望んでいるか否かが異なり、それに伴って無理やりそうさせるのか力を貸すのかという点で異なってくる。この、無理やりそうさせるのか力を貸すのかという違いは、山田（1908）が使令と干與の性質のひとつとして述べている「意志に従はしめ」と「幇助を与ふる」に通じるところがある。

　このように、石川（1994）、柳田（1994）では、働きかけ的なタイプの中に異なる性質の使役があることが示されているのだが、使役主体が動作主体にどのように関わっているかという観点からの細分であり、つかいだて的な性質はとりあげられていない。

4. 意味分類の観点の推移

4.1 意味分類の推移

前節でみた諸論考について、つかいだて性への注目がうかがえるかどうか、許容的な意味をとりあげるかどうか、とりあげる場合、許容的な意味とそれ以外を 2〜3 類に分けるか種々の意味用法をとりあげるかをごく簡略に示し（「○」：該当するものあるいはそれがうかがえるもの、「―」：該当しないもの）、発表年順に並べると次のようになる。 について は後述。

	つかいだて性に注目する	許容的な意味をとりあげて 2〜3 類に分ける	許容的な意味を含め種々の意味用法をとりあげる
山田（1908）	○	―	―
松下（1924）	○	○	―
橋本（1931）	―	○	―
佐久間（1936）	○	―	―
宮田（1948）	―	○	―
時枝（1950b）	○	―	―
湯沢（1953）	―	○	―
金田一（1957）	―	○	―
『文法教育』（1963）	―	―	○
『にっぽんご４の上』（1968）	○	―	―
宮地（1969）	○	―	○
藤井（1971a）	―	―	○
藤井（1971b）	○	―	○
鈴木（1972）	○	―	○
青木（1977）	―	○	―
柴谷（1978）	―	○	―
国際交流基金（1980）	―	―	○
森田（1981）	―	―	○

佐藤（1986）	—	—	○
村木（1991）	—	○	—
石川（1994）	—	—	○
柳田（1994）	—	—	○

そして諸論考の発表時期の流れは概略下のように示すことができる。

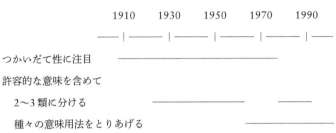

　使役文の意味について現在の捉え方では、使役主体も動作主体も人である使役については、大略「働きかけ的なもの（強制／誘発）」と「許容的なもの（許容／許可）」に分けられることが多い*40。しかし、使役文の意味の分類が最初になされた山田（1908）では、許容的なものは意識的にはとりあげられておらず、働きかけ的なものが考察の対象とされた。そして、つかいだて性や目的性すなわち使役主体が動作主体を方便とするか否か、動作の目的が使役主体のためなのか動作主体のためなのかという観点から使令作用と干與作用の2類に分けられた。それに類する観点はその後いくつかの論考にはみられていたが、一方で、許容的な意味合いをとりあげる論考があらわれ、それらのほとんどで働きかけ的なものについてはひとくくりにされ、働きかけ的なものと許容的なものという2分がなされるようになる。その後1970年前後から、使役主体や動作主体が人でない場合をも積極的に考察対象にして使役文の種々の意味用法がとりあげられるようになり、その時期を境にして、働きかけ的なものについて細分する論考はみられなくなった。そして、上で述べたように、使役主体も動作主体も人である使役については、働きかけ的なものと許容的なものとに分けるのが現在では主流となってい

る。

　許容的なものをみとめつつ働きかけ的なタイプの細分にも配慮されているといえそうなのはわずかであるが、2つのタイプがある。まず、つかいだて性への注目もみられるものとして、松下（1924、1928）、宮地（1969）、藤井（1971b）、鈴木（1972）がある（上で□で囲んだもの）。ただしいずれも詳しく説得的に論じられているとはいえず、挙例やその説明からそういう面がよみとれるという程度である。一方、石川（1994）、柳田（1994）などではそれぞれ、つかいだて性とは別の観点からではあるが、働きかけ的なものをひとくくりにはせず用法の細分を行っている。なお本書第3章は、意志動作の引きおこしを表す使役文について、働きかけ的か許容的かという観点とは別に、山田（1908）を発展的に継承することをめざして「つかいだて（他者利用）」か「みちびき（他者誘導）」かという観点から考察するものである。

4.2　推移の背景

　このような変化の背景にはどのような事情があるのだろうか。「使役」をどう定義・規定するか、使役の典型・中心を何にみるかといったことや、それと相互にかかわる分析対象の変化・広がりなどが関係していると思われる。また一方で、日本語の言語事実そのものの変容も原因となっている可能性もある。いくつか気づかれることをあげて考察する。

（ア）《原動―使動―受動》という捉え方の衰え

　山田（1908）が許容的なものを考察の対象にしなかったことは、ひとつには、江戸期以降の研究での捉え方が関係していると思われる。山田（1908）は「す・さす」を発動性間接作用を表す複語尾とするが、まず、「間接作用」としていることの意味を考えてみる。山田は、「す・さす」による発動性間接作用（使役）と「る・らる」による状態性間接作用（受身・可能など）とを「間接作用」としてまとめ、それらのつかない「直接作用」と対立させる*41。これは、「V」「V-(サ) ス」「V-(ラ) ル」をひとつの体系をなすものとみな

し、相互の対立的・対称的な関係を見いだそうとするものであり、江戸期の諸研究にはじまり明治初期の研究においても受け継がれていた捉え方である。松下（1924、1928）でも、「V-（サ）ス」「V-（ラ）ル」をそれぞれ「使動」「被動」とし両者を「間接動」としてまとめ、それを「直接動」である「V」と対立させる。3節の最初で、江戸から明治初期にかけての論考において「V-（サ）ス」という形が、「令身（スミ）」「他に然さする」「然せさする詞」「他よりしかせしむる」「令然言（シカセサスルコトバ）」「役動」「使動言（セサスルウゴキナ）」などとよばれていたことを紹介したが、それらの論考では、一方の「V-（ラ）ル」についていわば対比的に「被身（ルミ）」「他に然せらるゝ」「然せらるる詞」「他よりしかせらるる」「被然言（シカセラルルコトバ）」「受動」「被動言（セラルルウゴキナ）」とされている。「す・さす・しむ」「る・らる」を助動詞とした大槻（1889、1897）にあっても、これらを他の助動詞とは異なる性質のものとみている。関根（1891）、落合（1897）、三矢（1899、1908）、金沢（1903、1912）、吉岡（1906、1912）、芳賀（1914）、安田（1928）、木枝（1930）、橋本（1931）、金田一（1957）などにおいても、かなり積極的に述べられている論考と例示などにうかがえるのみの論考とがあるが、いずれも三者の体系およびその他の助動詞との違いが捉えられている。

　このように「V」「V-（サ）ス」「V-（ラ）ル」が、原動―使動―受動という体系として捉えられているときには、それぞれを、動作を〈する〉か〈させる〉か〈される〉かを表すものすなわち、同じ主体による3つの対立する作用（たとえば、「太郎がたたく」「太郎がたたかせる」「太郎がたたかれる」）という関係として捉えやすく、使役についても、その動作を自分が行うのではなく自分が主因となって他者にその動作を行わせるという意味を考えやすかっただろうと思われる＊42。山田（1908）は、間接作用としての使役の特徴として「文主其者が間接ながらも其の作用を起すべき主因となりて然も直接に自ら作用を営まず、他の対者によりて営まるゝ」（p.368）、「文主其の者は直に其の動作作用を引起すにはあらねど間接には其の作用を起すべき主因となり、自ら作用を営まずといへ

ども他の対者によりて営むことをあらはす」（p.381）と述べている。とすると、原動詞と使役動詞たとえば「運ぶ」と「運ばせる」とは、「自分で直接運ぶ」か「他者の動作をつかって間接的に運ぶ」かという違いだと捉えていたのではないかと思われるのである。なおこういった捉え方は、金沢（1912：224）が「使役相は<u>自ら手を下すことなく</u>、他をして為さしむる意」とし、木枝（1930：178）が「す・さす・しむ」を「文の主語が<u>自らその動作をしないで</u>、他のものをして動作を行はしめる意味を表はす」と説明していること（下線は早津）にもうかがえる。

　次に、山田（1908）が使役を「発動性」の間接作用だとして「状態性」の間接作用と対立させていることについて考えてみる。状態性間接作用のほうは「其作用の営為を現になすにあらずして営為をうけたる状態営為をなし得る状態を示せる」のに対して、発動性間接作用のほうは、「これはたとへ間接にまれ、其の作用は活動的に営まるべき位地に立てり」（p.368）というものである。ここで「活動的」といっているのは、使役主体から動作主体に積極的に働きかけそれによって動作を実行にみちびく（動作を行わせる）という性質を捉えているものと思われ、したがって使役主体から動作主体への働きかけのあるものこそが発動性間接作用（使役）なのであり、動作主体の側に発する動作を許容するといった事態は「発動性」の作用としては少なくとも中心的なものではないとされたのだと思われる。そして、働きかけタイプの使役について「対者主者の関係によりて」分類を行おうとするとき（注3）、人が他者に活動的に・積極的に働きかけて何か動作をさせるとすればそこには何らかの目的が内在しているであろうという目的論的な観点がとりいれられたのはむしろ当然あるいは自然なことだと思われる。

　しかしその後、使役文の意味として許容的なものがひとつの類としてはっきりとりあげられるようになると*43、働きかけ的なものと許容的なものという2類は、表現されるそれぞれの現実の違いの反映としての言語表現として確かに納得しやすく2分類が受け入れやすかったと思われる。それに比べると、働きかけ的な使役の下位の類としてつかいだて性なり目的性なりによる違いを見いだすとい

うのは必ずしも理解しやすくはなく、些細な違いにすぎないと考えられたのではないか。3.2.1節でみたように、山田（1908）は、使令と干与との違いを、文の構造を含めいくつかの形式面から明らかにしようとしている。しかしその説明および挙例との関係などにあまり説得的といえない面があることも事実であり、それが山田の所説が受け継がれなかったことのひとつの要因だと思われる。

（イ）　分析対象の広がり

　先にも述べたが、使役文の意味の分類がなされはじめたころには、基本的には使役主体も動作主体も人であるものがまずは対象であった。山田（1908）、松下（1924、1928）の説明の中には実は例文としてそうでない例があがっているのだが、とくにその特殊性は問題にされていない*44。しかしながら、現代語の使役動詞（「V-（サ）セル」）の具体的な用法が詳しく検討されるようになると、使役主体や動作主体が人でない使役文の多様性にも注目されるようになり、それらの種々相を明らかにすることにも関心が向かうようになっていく（意識的にとりあげられるのは藤井1971a、1971bが早い）。そのような中で、使役主体も動作主体も人である使役については、働きかけ的なものと許容的なものという比較的わかりやすい2類に分ける以上にはあまり関心が寄せられなくなり、意志的な存在としての人と人との間にしか認めることのできないつかいだて性や目的性はもはや顧みられることなく埋もれてしまうことになったのだと思われる。同じく「使役」の意味用法の研究であっても、使役主体も動作主体も人であるものを中心にした研究と、そうでないものも広く扱う研究とでは、注目される観点はおのずと異なってくる。

（ウ）　文法用語としての「使役」の意味の変化

　研究対象の変化は、文法用語としての「使役」の意味の変化ともかかわっている。「使役（する）」という語の文法用語としてでないふつうの意味は"人を使ってなにかをさせること"（『新明解国語辞典』（2005第6版）といったものであろう。国語辞書に「使役」と

第2章　使役文の意味分類の観点について　　73

いう項目がたてられた最初のものは、大槻文彦による『言海』（1889）だと思われ、そこでは"ツカフコト。逐ヒ使フコト"とされている*45。そして文法書である大槻（1889、1897）は「す・さす」を「他ヲ使役シテ此動作ヲ為サシムル意ヲ添エル」としておりこの中の「使役シテ」には他者を利用するという意味が生きていたと思われる。富士谷（1778）で「令身（何す）」を「人を使ふ心」としているのもそうであった。使役主体も動作主体も人であるものを対象としていたときには術語としての「使役」の意味も他者を利用するという意味と結びつけて捉えやすかっただろう。

　しかしながら、英文法などの「causative」「causation」の訳として「使役」が用いられるようになり、それが日本語の分析にも取り入れられるようになると、人の心理状態や物の物理的状態に変化を生じさせることを表す「V-(サ)セル」表現（「親を悲しませる」「バナナを凍らせる」「箱をひしゃげさせる」）はもちろん、物の変化を引きおこすことを表す他動詞表現（「バナナを切る」「箱をつぶす」）をも含めて「使役」とする立場もあらわれ*46、「使役」の意味が「変化の引きおこし」といったものと考えられるようになってきた。

　このような流れに顕著にみられるように、「使役」の意味合いは「（自分でやるのではなく）他者にやらせてそれを自分の動作にする」というものから、「他者・他物に何らかの関与をしてその動き（動作や変化）を引きおこす」というものへ移ってきた、あるいは広がってきているということができる。

(エ)　日本語の「V-(サ)セル」文自体の変容

　山田（1908）の使令・干與という分類が受け継がれず、働きかけ的なものがひとくくりにされて許容的なものと対比されるようになってきたことには、日本語の言語事実自体が変わってきたことの影響があるとも考えられる。「V-(サ)セル」に、「波に足うち洗わせて」などの放任的な用法や、「敵に兜をしたたか打たせて」などのいわゆる武者詞の用法が古くからみられることはよく知られているが、人の意志動作についての許容的な用法の使役が使われるよう

になったのは実はそれほど古くからではないのかもしれない＊47。山田が分析の対象としていたのは、古代語・近代語および明治期のものでもいわゆる普通文であったと思われるが、一方松下は、『日本俗語文典』（1901）や『標準日本口語法』（1930b）にうかがえるように当時の口語を深く観察していた。松下が許容的な意義の用法に気づいたのは、そのことと関係していたのではないだろうか＊48。

　以上、（ア）〜（エ）に分けて推移の背景をめぐって考えてみたが、これ以外にも考慮すべき点はあるのではないかと思われる。上で述べたことをより説得的な説明にすることも含め今後も考察をしていきたい。

5．使役文の文法的な意味を考える新たな方向性

　前節までにみたように、使役文の意味の研究は、山田（1908）において、使役主体が動作主体を方便とするか否か、動作の目的が使役主体のためなのか動作主体のためなのかという点に注目してなされた使令作用と干與作用という分類に始まり、次第に、使役主体が動作主体に対して働きかけるか許容するかという大きくはこの2つに分ける分類へと移ってきた。ここでいま、こういった流れをたどってきた使役文の研究を、それが原動作の実現のどの段階に注目したものなのか、すなわち、原動作が実現するにあたっての《原因局面／先行局面》に注目する分類なのか、原動作が実現されたあとの《結果局面／後続局面》に注目する分類なのか、という観点からあらためて見直してみることにする。

　現在ひろく行われている、働きかけ的なものと許容的なものという分類は、使役主体が動作主体にどのようなしかたで関わって動作を行わせるのか、使役主体と動作主体のどちらが先に原動作の実行を望むか（どちらがきっかけで 原動作が生じるか）、使役主体と動作主体のどちらが強く動作を望むか、といったことに注目した分類である。したがってこれは、動作実現の《原因局面／先行局面》に注目するものだといえる。一方、使令作用と干與作用という分類は、

第2章　使役文の意味分類の観点について　　75

原動作の実現によって生じてくる事態が使役主体・動作主体にとってどのような意義をもつのか、動作の実行は使役主体のためなのか動作主体のためなのかということについての認識がまず使役主体にあり、それによって、動作主体を方便として使うか否かという違いが生じたものだと考えられるから、これは動作実現の《結果局面／後続局面》に注目するものだといえる*49。したがって、使役文の意味の研究は、使役事態の《結果局面／後続局面》に注目するものから《原因局面／先行局面》に注目するものへと移ってきたということができる。別の言い方をすれば、使役主体が動作主体に対してその動作を「何のために・どのような状態をつくりだすために行わせるのか」という観点から、「どのようにして行わせるのか」という観点への推移ということもできる。

　たしかに、使役文が表現する事態には、働きかけ的なものと許容的なものがあることは事実であり、原因局面／先行局面（「どのようにして行わせるのか」）に注目したこの分類はわかりやすくその点で有効である。ただこの分類は、少なくとも日本語においては、使役文の基本的な文法構造には支えられていない分類である。このことは、たとえば英語においては、他者の動作を引きおこすことを表す文として make による文と let による文とがあると言われていることとの大きな違いである*50。自動詞使役におけるニ使役とヲ使役という形式面での違いも、強制か許容かという意味の違いを必ずしも反映するものではなかった（注34）。また、使役文とそれに隣接あるいは重なりあうとされる表現——たとえば、シテモラウ文、主宰者主語の他動詞文（「秀吉が大阪城を築いた」）、いわゆる第三者の受身文など——との異同を捉えるときにも、働きかけ的か許容的かという分類はあまり有効に働かない。

　それでは、《結果局面／後続局面》に注目する分類はどうか。これは、山田（1908）以外にはあまりみられなかった分類であり「使令・干與」についての山田の説明や挙例は必ずしも説得的といえないのだが、《結果局面／後続局面》に注目するということ自体は、日本語の使役文の分類においては有意義な観点となりうると思われる。それは、まず、この分類が日本語の使役文自体のもつ次の

ような特徴に着目しそれを生かした分類であることによる。日本語の使役文の重要な特徴として、いわゆる結果含意であること、すなわち原動作の実行（すくなくとも着手）が含意されているという性質がある。「監督が選手に荷物を運ばせた」という使役文は、〈選手が荷物を運んだ〉ことを含意しており、その点で「監督が選手に荷物を運ぶよう｛命じた／頼んだ｝」などの動作要求文とは異なっている。使役文が動作実行を含意するということは、使役事態の実現によって何らかの新しい事態が生じるということである。「荷物を運ばせる」ことによって「荷物」の位置に変化が生じるし、「服を洗わせる」や「服を鞄につめさせる」ことによって「服」の物理的な状態や「服」と「鞄」との関係に変化が生じる。「赤ん坊を眠らせる」「子供に服を着させる」「子供にミルクを飲ませる」ことによって「赤ん坊」の生理的な状態や「子供」の身体状態や生理状態に変化が生じる。「子供に本を読ませる」「子供を外で遊ばせる」ことによって「子供」は少なくともその動作を経験することになる。使役文が結果含意であることに根ざすこのような新たな状態の実現・招来という特徴が使役文にあるとすれば、「誰に・何に」「どのような」新たな状態が生じるかという《結果局面／後続局面》に注目して使役文の意味を分類することに意義があると思われる。

　そしてまた、《結果局面／後続局面》に注目する分類は、使役文の文法構造に支えられた分類となりうると思われるからでもある。人にある動作を行わせることによって「誰・何にどのような新たな状態が生じるか」ということは、原動詞の語彙的な意味（とくに第1章の2.4節で述べたカテゴリカルな意味）、とりわけ、それが何に広い意味での変化をもたらす動作なのかによってある程度決まるものである。したがって、使役文の文要素のひとつである原動詞の種類によって使役文の意味が規定されてくるということであり、そのことにおいて、文法構造を反映した分類になりうると思われるのである。

6. おわりに

　以上、本章では、日本語の使役文の意味についての研究がつかいだて性・目的性の観点による分類から、働きかけるか許容するかという観点からの分類に移ってきたことを確認し、この推移を、動作実現の《結果局面／後続局面》に注目する論考から《原因局面／先行局面》に注目する論考への移行と捉える見方を示した。そして、山田（1908）に代表される《結果局面／後続局面》への注目は、実は日本語の使役文の特徴を反映した捉え方だといえ、これをよりよく発展させることによって日本語の使役文の実相を正しく映し出す研究が可能になるのではないかということを述べた。おそらく、現在主流となっている《原因局面／先行局面》への注目と、この《結果局面／後続局面》への注目との双方からの考察が必要であり有意義であると思われる。

　次の第3章では、使役文の文法的な意味として「つかいだて（他者利用）」と「みちびき（他者誘導）」という2つを提案するが、それは、使役事態の《結果局面／後続局面》に注目したものであり、山田（1908）を発展させようとするものである。

---

*1　後述するが、当時の、専門用語でない一般の語としての「使役する」には「人を使う」という意味がまずあった。

*2　そして、いわゆる受身と可能を「状態性間接作用」とよぶ（第7章）。

*3　山田（1908：386–387）は次のように述べ、使役文を分類する必要性・妥当性を述べる。

　　「干與と使令とは実際区別あるものなるに従来之を認めざりしは如何。状態性間接作用に受身と勢力との区別を立つるは複語尾その者の区別にあらずして、対者主者の関係なり。然らば、この発動性のも対者主者の関係によりて上の如く区分すべきなり。これを一概に使役といふはあたらざる事明らかなり。」

すなわち、「る・らる」による状態性間接作用が対者と主者との関係によって受身と勢力（いわゆる可能）に分けられるならば、「す・さす」による発動性間接作用のほうも、対者と主者との関係によって区分すべきだということであ

る。なお、間接作用における主語と補語の性質を述べる箇所（pp.859–860）では、「使令作用」ではなく「使役作用」となっている。誤植かどうか定かでない。

*4 山田（1908）の挙例には、大槻（1897）の挙例のうち1例をのぞくすべてが含まれている（それ以外の例もある）。大槻は3.1節でみたように、「す・さす」を助動詞（単語）とする立場であり、複語尾とする山田の立場と異なる。また、大槻は使役文の意味的なタイプについて考察することはなかった。山田（1908）はこういった大槻をかなり意識した論考になっているように思われる。

*5 「//」以降の例は、必ずしも使令作用の文例としてふさわしくないと思われるものである。

*6 寺村（1982：287）も、山田の「使令作用」を「Xがある結果を実現することを企て、自分では手を下さず、Yを「自家の方便として使役」する場合をいう」とまとめており、使役主体自らは動作を行わず動作主体を方便とするという点に注目している。

*7 挙例には必ずしもそうでない文もあがっていて（「空しく英才をくちしむ」「梅の香を桜の花ににほはせて柳が枝にさかせてしがな」）、かえってわかりにくいのだが、それには、注4で述べた事情（大槻1897の例をとりこんでいること）が関係しているのかもしれない。

*8 三矢（1908）、吉岡（1912）でも少し触れられており、大槻（1897）の例にもうかがえる。なお、山田（1908）では複語尾の種類（「す」と「しむ」）と干與・使令との関係についても探られたが、「す」は主として干與に「しむ」は主として使令に用いられるものの「これ決して判然たる区別あるものにあらず」（p.384）としている。

*9 ただ、動作主体の文中での表し方が自動詞使役か他動詞使役かで異なることについては山田（1936：750–753）のほうでも述べられている。自動詞使役の場合は「を」「をして」で示すことが多く「に」とすることは稀であり、一方他動詞使役の場合は、「に」で示すほかに、①「使役命令の意ある動詞を加へて」示したり（「信号兵に令し信号旗を檣頭に掲げしむ」「義経に命じ義仲を討たしむ」）、②「使役の事実をあらはす動詞を加へて」示したり（「今井兼平を遣して勢田を守らしむ」「頼政に仰せて鵺を射しめ給ふ」）、③「（使役の事実を表す）動詞の代りに「して」を使用して」示したり（「信号兵をして信号旗を檣頭に掲げしむ」「今井兼平をして勢田を守らしむ」）するという特徴である。この趣旨は山田（1908）と同じであり、形式面の特徴については山田（1936）にも受け継がれているといえる。

*10 「他物に或る動作を与へる」とは、「折らす、折らしむ」は〈折る〉という動作を他の人に与えるのだという捉え方である。なお、松下（1928）では「使動とは甲が乙に或る動作を為さしむることをいふ」とされており、松下（1924）の使動の規定と少し異なっている。

*11 この5つの使役文は、3番目の例が許容的・放任的な使役といえないこともないが、全体としていわば働きかけ的なタイプのほうの使役である。これについては4節であらためてふれる。

*12 なお、松下（1923–1924）には「子供を本を読ませる」の例が、また松下（1928）には「子供を牛乳を飲ませる」の例が、原動詞が他動詞である場合

の「他動性の使動」の例としてあげられている。しかし、動作主体を「を」で表すこの他動詞使役文はきわめて不自然な文である。

*13　この説明には、働きかけ的なタイプこそが使役らしいとする見方がうかがえる。挙例としても、「使役」にも「使動」にも許容的なタイプの例はあげられていない。

*14　「使動」とよぶのはそのためだろう。ただ、使動の例として人の意志動作を表す自動詞の例（「行かせる、帰らせる」など）があげられず、物使役と人の無意志動作の使役の例だけなので「他動詞に近い」といいやすいともいえる。意志動作の例を意識して避けたのかどうかわからないが、使役の全体的な分析としては疑問が残る。なお、一方の「使役」のほうの例は人使役のみである。

*15　佐久間（1936）のほうでは、つかいだて性のより明瞭な「使嗾」という語が使われている。

*16　佐久間（1936）ではさらに、「動作者とその黒幕たる使嗾者と、それの被害者（被動物）との間の三角関係の交錯によって、複雑な表現手段が必要になって来る」（p.283）とも述べている。

*17　説明の最後に、「ただ、「せる」「させる」のついた他動詞は、そのまま使役に用ゐられることが多いやうである」（時枝1950a：105）とあるのだが、この説明における「使役」がどのようなことを表すのか明確でないことは青木（1980）や伊東（1985）をはじめ、しばしば指摘されている。

*18　時枝（1950b）は人が人に動作をさせる使役を念頭においていたと思われる。また、使役には2つの客語が必要だとしていることからすると、たとえば「母が太郎に荷物を運ばせる」は、原動詞は他動詞だが客語が1つなので使役ではなく、「母が太郎に命じて、次郎に荷物を運ばせる」というようなものを使役とするということになる。また、前者は〈太郎に荷物を運ばせる〉という動作を「母」が直接行っているので使役ではなく、やはり後者のようなものが使役らしい使役ということになるのだろうか。しかしいずれにしろ、「母が太郎に荷物を運ばせる」が使役でないとするのは、素直な感覚としてやはり不自然な感じがする。

*19　原動文と使役文とで原動作の主体が異なるという捉え方は、佐伯（1960）でも述べられている。4.2節の注42で簡単に紹介する。

*20　第1章でも述べたが、aの「よむ」は「読書する」というのでなく「よみあげる」の意味と捉えるほうがここにあげられた趣旨がいきてくる。

*21　鈴木（1972）では、『にっぽんご4の上』の挙例を紹介する際には「二郎が」のままだが（p.285）、その後の解説の箇所では「二郎は」となっている（p.286）。

*22　各小節でいくらかふれてきたが、山田（1908）、佐久間（1936、1951）、時枝（1950b）、『にっぽんご4の上』（1968）では働きかけ的なタイプの使役の例がもっぱらとりあげられており、許容的な例はあげられていない。

*23　藤井（1971b）は、拘束的意義は原動作が行われることを使役主体が希望しているときであり、許容的意義は動作主体がそれを希望しているときだと説明している。

*24　許容と許可とを厳密に区別するとすれば、宮田（1948）のこの立場は許可的なものといえる。

＊25　こちらのタイプの例としてあげられている文の動詞は、自動詞「休む、泣く、遊ぶ、なまける」と、他動詞のうちの摂食動詞「食べる」と発話動詞「言う」であり、その「言う」の例文は伝達的発言ではなく発露的発言を表すものである。こういった動詞の特徴は山田（1908）の指摘に通じるものがあり、第3章であらためて述べる。

＊26　この『文法教育』は、巻頭の説明によると「文法教科書の試案とそれに対する注記、および文法教育論からなっている」もので、「程度は中学校前期を一応のめやすとしたが、小学校高学年や中学校後期でも利用できる」（p.2）ものである。

＊27　不本意・不随意的とされる意味をとりあげたのはこの『文法教育』が最初ではないかと思われる。

＊28　佐久間（1936、1951）も「使動」のほうには主語が人でない例を多くあげているが、使役・使動のきちんとした定義・規定がなされていない。

＊29　宮地（1969）の「補説」でも、「母が姉に子供を歩かさせる」という時枝（1950b）であげられているやや不自然な文を検討している。なお先の注17も参照。

＊30　（ロ）許可、（ハ）放任、（ニ）不本意、の用法のときに使役動詞がそれぞれ「～てやる／てもらう」「～ておく」「～てしまう」となりうることの指摘はこの藤井（1971a）が最初だと思われる。また、この3つの共通点として原動作の主体が動作実行の希望をもっていて許容的であることをあげ、その点で使役主体が希望をもつ（イ）強制と異なることも述べられている。

＊31　このあたりに述べられている松下説と山田説との関係の捉え方には、やや納得しがたいところがあるが、ここでは触れない。

＊32　ただし、松下（1924、1928）の依拠性の使動と他動性の使動については全く触れられていない。

＊33　このShibatani（1990）と柴谷（1978）では、次節で紹介する誘発使役・許容使役という2類と関わらせながらヲ使役とニ使役の異同が論じられる（他動詞使役については論じられない）。

＊34　まず、そもそも自動詞使役文の動作主体がニ格で表されるのは極めて稀である。自動詞使役文で動作主体が文中に明示されている文のうちニ格のものの割合をみると、調査資料や方法によっていくぶん異なるが、雑誌（1956年刊行）を資料とした国立国語研究所（1964b）では115例中4例（3.48％）、小説・随筆を資料とした早津（1999a）では1394例中42例（3.01％）、新聞データを資料として12動詞について調べた許（2005）では5433例中152例（2.80％）といずれも約3％に過ぎない。そして許可の使役でもほとんどがヲ格表示であることも確かめられている。また、寺村（1982：293–298）にもヲ使役とニ使役で意味が異なるとすることへの慎重な疑問が述べられている。

＊35　この表は佐藤（1986：171）の表をもとに早津が簡略にしたもの。なお、これら以外の条件として、利害の授受および使役主体からのはたらきかけにおける意図性の有無も必要に応じて考慮されている。

＊36　詳しく紹介しなかったが、井島（1988）も使役事態の先行局面に注目したものといえる。井島は「強制・誘発」と「許容・許可・放任」との2類は認めるものの、従来の研究において使役文の分類をする際に、意志性や自発性と

いう概念が分類の基準として用いられてきたのは不適切であり〈制御可能性〉という概念によってこそ説明できるとする。「制御可能性」とは「ほぼ「使役主は動作の成立に対して、実際に影響を及ぼすか、少なくとも潜在的に制御する可能性があるか否か」という内容を表すもの」（pp.118–119）とされ、制御可能性が実際に行使されることで「強制・誘発」の意味が生じ、行使されないまま潜在的なものとして留まっていることで「許容・許可・放任」などの意味が生じるとする。〈制御可能性〉という概念が必ずしも明瞭でないように思われることもあり、本文では紹介しなかった。

*37　この国際交流基金（阪田・倉持）（1980）では、これらのほかに、「意図的にそうしたのではないのに、ある結果（一般に好ましくない）を招く事態に至った意を表す」（「うっかり失礼なことを言って彼を怒らせてしまった」）、「自分の責任において当然うつべき手を怠ったために、好ましくない結果を招くに至った」（「もっと気をつけていれば、彼を死なせずにすんだのに」）、「直接「そうしろ」と命じるものではない」が、「期待どおりの結果になるようにする」（「お世辞を言って彼女を喜ばせた」）、「非情物を主格にした表現」（「夏の天候不順が害虫を大量に発生させた」）等があげられている（pp.26–27）。

*38　「使役」「許容、放任」以外の3つは次のようなものである。「直接的他動行為」（主体が、対象とする人物を一方的にある状態へと導く。相手にとって不随意の状態である。　例「足を引っぱって溺れさせる」「催眠術で眠らせる」）、「間接的他動行為（誘発）」（主体の行為や状態が間接的に相手人物にある影響を与える。こちらの事態が結果的に相手人物にある精神的作用を及ぼし、場合によっては行動をとらせることになる。　例「親を困らせてばかりいる」「見る者をはらはらさせる」）、「責任、手柄」（対象とする人物の独自に取った行為・行動を、こちらの意思によってそうさせたように取る表現法。因果関係のない事実を、こちらの意識的な働き掛けの結果として関係づけることにより、主体側の責任意識や手柄意識が生ずる。　例「息子を一流大学に合格させた」「夫を社長にまでさせた」「子供を疫痢で死なせてしまった」）

*39　石川（1994：35–40）の「XIVまとめ」では次の11類にまとめられており、そこには「IX使役形の放置、放任の用法について」で述べられているいわゆる放任の使役の類はあげられていない。これと合わせて12類である。(1) 使役（命令／命じ／強制）、(2) 補助、手助け、(3) コントロール、操作、(4) 監視、管理、監督、(5) 許可、許し、(6) 諒解を求める言い方、(7) 恩恵に対する感謝とへりくだりの表現、(8) 責任と失敗の表現、(9) 失敗／好ましくない出来事の原因と、成果／好ましい出来事の原因、(10) 感情的反応の原因、(11) 自動詞の他動詞化。

*40　働きかけ的なタイプのほうを文字通り「使役」とよび、「許容／許可」などと対比させる論考もある。湯沢（1953）、国際交流基金（阪田・倉持）（1980）、森田（1981）、村木（1991）など。

*41　山田（1908、1936）では、複語尾が属性の作用を助くる複語尾と統覚の運用を助くる複語尾との2類に分けられ、「る・らる」と「す・さす・しむ」は前者である。両者の共通性およびそれ以外の複語尾との違いがはっきり認識されていたことがうかがえる。

*42　芳賀（1914：39）は、詳しい説明はしていないものの「母子供を育つ」

に対する使役として「母子供を乳母に育てさす」をあげている。また、佐伯（1960）は、主語が同じである場合の「X ガ V」「X ガ V-(サ) セル」「X ガ V-(ラ) レル」の違いについて、「杉山君が新聞を読む」「おとうさんが時計を与える」という原動文を例にあげて、「これは「読ませる」「与えられる」と言っても、主語はもとのままでいけますが、そう言っては、「読む」という動作をするのは杉山君ではなくなり、「与える」という動作をするのもおとうさんではなくなります。つまり、主語は同じでも、その動作が全然変わってしまいます」（pp.669–670 下線は早津）と述べている。これは 3.2.2 節でみた『にっぽんご 4 の上』（1968）を思わせる説明である。

*43　これは、あとの（エ）で簡単に触れるように、使役文が使われる実態そのものがかわってきたことの反映だということも考えられる。

*44　時枝（1950b）、『にっぽんご 4 の上』（1968）、宮地（1969）は、挙例なども含め、もっぱら使役主体も動作主体も人であるものだけが対象である。

*45　この『言海』（1989 大槻文彦著、六合館）以降の国語辞書の語釈を簡単に紹介すると（ここに書誌情報を示したもの以外の辞書の書誌情報は巻末の参考文献一覧を参照）、『言海』と同趣の“遂ヒマハシ使フコト”（『日本大辞書』1892 山田美妙（編）明法堂）、“人ヲ遂ヒ使フコト”（『大言海』1932–1937 大槻文彦・大久保初男・大槻如電（編著）、冨山房）、“他人を使って仕事をさせること”（『例解国語辞典』1976）という意味が、それぞれの辞書の「使役」の項のただひとつの意味としてあげられているものもある。また、国語辞書において文法用語としての「使役」の意味が別だてして示されるようになってからも（『大日本国語辞典』1915–1918 上田萬年・松井簡治（編）、冨山房が早い時期だと思われる）、それとは別に、この『大日本国語辞典』では“つかふこと。遂ひつかふこと”という意味が示され、他の辞書でも、“つかふこと。追ひつかふこと。働かすこと”（『廣辞林』1939 金澤庄三郎（編）、三省堂）、“他を使うこと”（『言林』1959 新村出（編）、全国書房）、“人をつかって仕事をさせること。人に命じて職務につかせること。働かせること”（『日本国語大辞典（第 2 版）』2001）、“他人を使ってあることをさせること。人を使ってすること”（『学研国語大辞典（第 2 版）』1988）、“働かせること。人に仕事をさせること”（『大辞林（第 3 版）』2006）という意味はやはりのせられている。

*46　物の変化を引きおこす働きかけを表す他動詞（「切る、こわす、まわす、あたためる」など）も「causative verb 使役動詞」とされ、これらによる文も使役文とする論考も少なからずみられる（第 1 章 2.1 節）。

*47　小規模でごく簡略な調査であるが、平安中期に書かれたとされる『更級日記』（菅原孝標女）について、関根（訳注）（1977）の本文によって「V-(サ)ス」の用法を調べてみた。使役としての用法は 27 例みられるが、許容的な意味に用いられている例はないようである。それに対して、現代ならば「V-(サ)セル」を使って表現しそうな許容的な状況について他動詞で表現されている次のような例がある。場面は、大嘗会の御禊の当日に、作者がそれを見ずに初瀬詣で精進のために京都を出発しようとしているところである。周りの人はせっかくの日なのにと腹だっているのだが、作者の夫が作者の意向を尊重してやろうと発言し、作者は自分の気持ちが尊重されたのを有難く思っているという状況が次のように書かれている。

○ （夫は）「いかにもいかにも、心にこそあらめ」とて、言ふに従ひて<u>いだ</u>
　　<u>し立つる</u>心ばへもあはれなり。　　　　（更級日記　四六　初瀬へ（一））
ここの現代語訳は「（夫は）「どうでもこうでも、そなたの心次第にするがよか
ろう」と言って、私の言うがままに<u>出立させてくれる</u>心やりも有難いことであ
る」となっている（下線は早津）。前後の文脈からもここは夫が作者の気持ち
を許容するという場面であり、現代語では「出立させて」と使役動詞で訳され
ているのだが、原文では「いだし立つ」である。この小調査だけからは何とも
いえないが、こういった面に留意した通時的な調査は今後の課題としたい。

＊48　松下が中国人留学生に対する日本語教育を行っていたことも影響してい
るかもしれない。

＊49　ただし、3.2.1 節で紹介したように、山田は使令作用と干與作用との違い
として、使役主体が動作主体を「（自身の）意志に従はしめ」るか「（動作主体
の）作用の発現に幇助を与ふる」かという点も述べており、《原因局面／先行
局面》について考慮されていなかったわけではない。

＊50　ただし、make による文と let による文とをまとめて、それが日本語の
「V-(サ) セル」による使役文に相当するとみてよいのか、また、make による
文と let による文とにどの程度の意味的な違いがあるのか、などは必ずしもは
っきりしていないようである。

第3章

意志動作の引きおこしを表す
使役文の文法的な意味
「つかいだて」と「みちびき」

1. はじめに

　使役文の文法的な意味として、「強制」と「許可」という大きな2類が広く知られている。

　（1）母親が子どもに命じて窓ガラスを拭かせた。「強制」

　（2）子供が留学したいというので、1年間だけ留学させることにした。「許可」

これがまちがっているというのではないが、これとは別の観点から、「つかいだて」と「みちびき」という捉え方を提案する。たとえば次の文は、強制の意味も許可の意味も表せる。

　（3）太郎は花子に髪を切らせる。

そしてこの文の「髪」は「太郎の髪」である場合も、「花子の髪」である場合もありうるが、それぞれにおいて強制の場合も許可の場合もある。

　Ⅰ：「髪＝太郎の髪」という解釈

　　a　太郎は花子に指示して髪（＝太郎の髪）を切らせた。「強制」

　　b　太郎は、花子が「太郎の髪を切りたい」と言うので、そうさせた。「許可」

　Ⅱ：「髪＝花子の髪」という解釈

　　a　太郎は花子に指示して髪（＝花子の髪）を切らせた。「強制」

　　b　太郎は、花子が「髪（＝花子の髪）を切りたい」と言うので、そうさせた。「許可」

これらのうちⅠが「つかいだて」に、Ⅱが「みちびき」にあたる。ここで簡単に説明すると、「つかいだて」というのは、使役主体

（他者の動作を引きおこす主体：(3) の「太郎」）が動作主体（動作を行う主体：(3) の「花子」）にある動作を行わせることによって使役主体がその結果を享受するという事態であり、「みちびき」は、使役主体が動作主体に動作を行わせることで動作主体自身がその結果を享受するという事態である。そして、使役文の文法的な意味としてこのような 2 類を認めることの可能性と意義として、次のことが考えられる。

・動詞の語彙的な意味との関係がみとめられる。
・それぞれの使役文を特徴づけるいくつかの文法的な性質がある。
・使役文と他のいくつかの構造の文との関係が見いだせる。

なお、この「つかいだて：みちびき」というのは、「強制：許可」と同じく、人の意志動作の引きおこしを表す使役文（人が他者に何らかの関与をして他者の意志動作を引きおこすことを表す使役文）についてのものであり、人の無意志動作の引きおこし（「太郎は病弱で親を心配させた」）や事物の変化の引きおこし（「果汁を凍らせる」「物価を安定させる」）を表す使役文についてはあてはまらない。

2. 使役文の意味についての諸研究と本章の「つかいだて」と「みちびき」

2.1 諸研究の 2 つの流れ

人の意志動作の引きおこしを表す使役文の意味については種々の研究がなされてきている。第 2 章にその流れをまとめたが、本章の考察にはいるにあたってごく簡単に説明する。諸研究には大きく 2 つの立場があり、ひとつは、よく知られている「強制（誘発）」と「許可（許容）」*1 に分ける立場であり（以下では「強制：許可」という示し方で代表させる）、いまひとつは、あまり知られていないが山田（1908）による「使令作用」と「干與作用」である（以下「使令：干與」）。このうち「強制：許可」にはさらに種々の捉え方があり概略 2 つにまとめられる。一方は、動作の実現に際して使役主体の意志と動作主体の意志のどちらが強いかに注目するもので、青木（1977）をはじめとする諸研究、他方は、動作が実現するき

っかけが使役主体にあるか動作主体にあるかに注目するもので、Shibatani（1973）、柴谷（1978）、佐藤（1986）に代表される諸研究である。

　それに対して山田（1908）の「使令：干與」というのは、使役主体はどのような目的で動作主体にその動作を行わせるのかを考えるもので、使役主体が動作主体の動作を方便とするか否か、その動作が誰のためのものか、に注目される。次のような説明と挙例に両者の違いがうかがえる（山田1908：381–388、第2章にも示したが再掲する）。なお山田のいう「主者」「対者」はそれぞれ本章の「使役主体」「動作主体」にあたる。

> 【使令作用】其の作用を現実にせむと欲する主者ありて、しかも其の作用を自ら営為することなく、中間にある者を自家の方便として使役し以てその目的とする作用を現実にするをいふなり。…（中略）…作用は実に主者の目的とする所なり。この故に主者は自己の目的を間接に営為したるものとなるなり。　例「使をやりて喪を弔はしむ」「頼朝義経をして義仲を攻めしむ」「天皇使を遣はして之を召し還さしむ」「をのこどもにおはせてこと木をそのあとにうつしうゑさせし時」//*2「父子に旅行せしむ」「かあゆき子に旅をせさせよ」

> 【干與作用】其の作用の発現が主者によりて企てられ、対者其の影響を蒙りて其の所企の作用が対者によりて営為せらるゝ…（中略）…。その作用の発動はたとへ主者の目的たりとはいへども、主者は之を以て自家の方便となすにあらず、唯そが対者にあらはるれば、所企の目的は満足するなり。　例「母子を眠らす」「騎兵馬を走らす」「空しく英才をくちしむ」「其人使の者に物を取らす」「教師生徒に課業を受けさす」「我彼に鞠を蹴しむ」「梅の香を桜の花ににほはせて柳が枝にさかせてしがな」

　山田（1908）の「使令：干與」はあまり知られていないが、似た捉え方のうかがえるものとして松下（1924）等があり、本章もこれらに多くを学ぶものである。

2.2 「強制：許可」と「つかいだて：みちびき」

「つかいだて：みちびき」は、はじめにも述べたように「強制：許可」という捉え方を否定するものでもこれと矛盾するものでもなく異なる観点からの分類であり、本章の冒頭にあげた（3）でもみたように両者は両立しうるものである（両者の関係については8節）。あらためて〈学生が花瓶を運ぶ〉〈子供が牛乳を飲む〉ことの引きおこしを表す使役文について考えると、「強制：許可」とする立場では、下の（ア）と（イ）が「強制」、（ウ）と（エ）が「許可」である。それに対して、山田（1908）および本章の捉え方では、（ア）と（ウ）が「使令、つかいだて」、（イ）と（エ）が「干與、みちびき」である*3。

（ア）　先生は帰ろうとしている学生をつかまえて大事な花瓶を運ばせた。

（イ）　母親は子供に無理やり牛乳を飲ませた。

（ウ）　学生たちが「ぼくたち気をつけて運びますから是非お手伝いさせてください」というので大事な花瓶を運ばせることにした。

（エ）　子供が「もっと飲みたい」というので、きょうは好きなだけ牛乳を飲ませた。

山田（1908）の「使令：干與」、本章の「つかいだて：みちびき」という捉え方に説明を加えると、（ア）と（ウ）は〈学生が花瓶を運ぶ〉ことは「先生」のためになされるのであって、「先生」が「学生」を「自家の方便として使役し」、自分にとって好ましい結果を生じさせるという事態である。「先生」の意志と「学生」の意志の強弱や、「先生」が誘発したのか「学生」が言い出したのかという違いよりも、「先生」が「学生」の動作の結果を享受するという点に共通性がある。一方、（イ）と（エ）は、〈子供が牛乳を飲む〉ことは「子供」のためになることであり、「母親」は「子供」を方便としているわけではない。ここでも、両者の意志の強弱やどちらが先に求めたのかという違いよりも「子供」自身が動作の結果を享受するという共通性によってまとめられる。

第2章で述べたように、山田（1908）でも「使令：干與」それ

それの使役文にみられる語彙的・構文的な違い（原動詞の意味的な性質や動作主体の文中での表され方の違い等）を示そうとされているが説明や例文に不分明な箇所がある感もぬぐえず、また現代語について実証的に検証されたとはいいにくい。本章では現代日本語の使役文について、山田（1908）を受けつぎつつ、原動詞の語彙的な意味との関係や使役文の構文的な特徴を探ることによって、「つかいだて：みちびき」という捉え方の意義を明らかにしたい。

3.「つかいだて」と「みちびき」

原動文と使役文の本質的な違いは、主語が動作の主体であるか他者の動作の引きおこし手であるかという点である。

「太郎が荷物を運ぶ」──「太郎」は、〈運ぶ〉動作の主体

「太郎が荷物を運ばせる」──「太郎」は、〈運ぶ〉動作の主体ではなく、誰かに〈運ぶ〉動作を行わせる引きおこし手

使役文の主語が他者の動作の引きおこし手であるということは、使役文の機能構造として当然のことではあるが、意味を考えるうえで重要な特徴である。人（使役主体）が他者（動作主体）にある意志動作を行わせるとすれば、それはふつう何らかの目的あるいは意図があってのことであり*4、そのことが使役文の性質に反映していると考えられるからである。

では、"人が他者に動作を行わせる"というのはどんな目的や意図からだろう。個々にはいろいろの場合があろうが大きく2つをとりだすことができる。

① 自分自身がある状態を享受したいという目的や意図をもち、そのために必要な動作を、自分で行うのではなく他者に行わせる。

② 他者にある状態を享受させたいという目的や意図をもち、その状態をもたらすのにふさわしい動作をその他者に行わせる。

それぞれどのような事態のことか、もう少し詳しくみてみる。網羅できるわけではなくまた重なりもあるが、たとえば次のような場

合があろう。

① ・自分では能力的にできない動作、自分が行っても効果が望めない動作を、専門家などその動作を行うのにふさわしい能力をそなえた人に行わせる　例「仕立屋に振袖をつくらせる」「業者に引越し荷物を運ばせる」「髪結をよんで日本髪を結わせる」

・自分が主宰統括する事業や作業の一環としての動作を、他者に分担して行わせる　例「全国から職人を集めて城をつくらせる」「学生に各自の持ち場を点検させる」「来客があるので太郎には掃除をさせ次郎には食卓を整えさせる」

・社会的役割として自分のために働く立場にある人（使用人や訪れた店の店員等）に、任務としてその動作を行わせる　例「運転手に送り迎えさせる」「秘書に書類をコピーさせる」「ウェイターにメニューを持ってこさせる」

・一時的に自分が行えない動作を身近な人に行わせる　例「両手に荷物を持っていたのでそこにいた生徒にドアをあけさせた」「忙しいので妹に銀行へ行かせる」

・自分がしたくない動作を誰かに代わりにやらせる　例「遊びに行きたいので弟に掃除をさせる」「重い荷物を後輩に運ばせる」

② ・他者の身体部位の物理的な状態が変化するような動作を行わせる　例「子供に手を洗わせる」「園児に帽子をかぶらせる」

・他者の生理的な状態が変化するようなことを行わせる　例「子供に牛乳を飲ませる」「妊婦に栄養のある物を食べさせる」「疲れた選手を休ませる」

・他者の精神面（認識・理解）が変化するようなことを行わせる　例「学生に入門書を読ませる」「生徒に公式を覚えさせる」「子供に英語を習わせる」

・他者の社会的な状況や立場が変化するようなことを行わせる　例「子供を学校へ通わせる」「娘を結婚させる」「弟子を一人立ちさせる」

・他者に経験として何かをさせる　例「園児に芋掘りを体験
させる」「子供に東京見物をさせる」

　この①と②の事態を表現する使役文が、それぞれ「つかいだての
使役」と「みちびきの使役」に相当する。使役主体にとっての目的
や意図と動作の実現によって生じる結果に注目して規定するとそれ
ぞれ次のようにいうことができる。

【つかいだて（他者利用）の使役】
・使役主体が、自分自身がある状態を享受したいという目的や意
図をもち、しかしそのために必要な動作を自身が行うのではな
く、それを実現させるにふさわしいとみなす他者（＝動作主
体）を利用してそれを実現させる。これは、人が他者を道具・
手段として利用するものであり文字通り「使役する*5」こと
である。
・動作主体がその動作を行うことによって、それをさせた使役主
体や使役主体に関わるものの状態が変化する。

【みちびき（他者誘導）の使役】
・使役主体が、他者（＝動作主体）をある状態を享受するように
みちびきたいという目的や意図をもち、その状態をもたらすの
にふさわしい動作を動作主体に行わせる。使役主体が動作主体
を利用するわけではない。
・動作主体がその動作を行うことによって、動作主体自身の状態
が変化する。

これをごく簡略にまとめなおすと、つかいだての使役は、動作主体
の動作によって生じる広い意味での動作の結果を使役主体が享受す
るという事態、みちびきの使役は、広い意味での動作の結果を動作
主体自身が享受するという事態だといえる。そしてこの2類には原
動詞の語彙的な意味が大きく関わっている。

4.　原動詞の語彙的な意味と「つかいだて：みちびき」

4.1　語彙的な意味にもとづく動詞の分類

使役文の文法的な意味を考えるにあたり、動詞（人の意志的な動

作を表す動詞）を、その動作が何に変化を生じさせることを志向して行われるかという観点から「対象変化志向の他動詞」「やりとり志向の他動詞」「主体変化志向の他動詞」「主体変化志向の自動詞」の4つに分けることが有効だと考える。この分類は、よく知られる動詞分類たとえば構文的な観点からの「他動詞：自動詞」、アスペクト的な観点からの「継続動詞：瞬間動詞：状態動詞：第四種の動詞」（金田一1950）、「動作動詞：変化動詞：状態動詞」、「外的運動動詞：内的情態動詞：静態動詞」（工藤1995)*6、意志性の観点からの「意志動詞：無意志動詞」と同じく動詞の語彙的な意味（とくに「カテゴリカルな意味*7」）の反映された分類であるが、何に変化を生じさせることを志向して行われるかという観点から分類されたものは管見の及ぶ限りはない。ただし分類に際しては、金田一（1950）、奥田（1960、1962、1967b、1968-1972)*8、国立国語研究所（宮島）（1972）、Hopper and Thompson（1980）、工藤（1982）、成田（1983b）、仁田（1986）から学ぶところが多かった。下に4つの類について簡単に説明する*9。なお動詞例は、本章の調査で使役動詞（「V-(サ) セル」）としての使用例がみられたものを中心にあげる。

(a)「対象変化志向の他動詞」

　事物に広い意味での変化を生じさせることを志向してそれに働きかけることを表す他動詞を「対象変化志向の他動詞」とよぶ。物の状態や事柄の状況を変えたり（「糸を切る」「制度を改める」）、物を他の物にとりつけたり他の物からとりはずしたり（「薬を肌に塗る」「壁のポスターをはがす」）、物や人を移動させたり（「机を教室に運ぶ」「客を部屋に通す」）することを表す動詞である。物や状況を新たに作りだすことを表す動詞（「城を築く」「組織を作る」）はすでに存在する事物への働きかけではないが、新たなものが生じるようにするという点で対象変化志向である。また、「台車をおす」「戸をたたく」といった物への接触は、必ずしも対象の変化を引きおこすわけではないが、結果として“台車が動く”“戸が音を発する、戸がへこむ”といった変化を生じさせうるものであり、これらの動詞も広い意味で対象変化志向ということができる*10。

切る、削る、洗う、仕立て直しする、修理する、閉じる、開封する、片付ける、とめる // （杯に酒を）つぐ、塗る、つける、埋める、植える、敷く、入れる // はがす、（箪笥から服を）出す // 運ぶ、送る、おろす、持っていく、買ってくる*11 // （人を部屋に）通す、集める、帰す // （火を）弱める、改める、ゆるめる // おこなう、始める // 作る、こしらえる、築く、仕立てる、建設する、建てる、（穴を）掘る // おす、ひく、たたく、もむ、なでる

(b)「やりとり志向の他動詞」

　人と人との間の物のやりとりを表す動詞（広義の授受動詞）と情報のやりとりを表す動詞（言語活動動詞）を合わせて「やりとり志向の他動詞」とよぶ。やりとりの方向によって、「ゆずる、言う」のように物や情報を主体から相手に向かって与える動きを表す動詞（以下「授与・発信型」の動詞）と、「うけとる、聞く」のように主体が相手から物や情報を受けとる動きを表す動詞（「取得・受信型」の動詞）がある。

(b-1) 授与・発信型：動作の実現によって、与えたり伝えたりする相手が物や情報を保有する状態に変化する（「太郎が弟に辞書をゆずる」「太郎が花子に集合場所を伝える」）。

　　支払う、払う、（金を）出す、納める、届ける、貢ぐ、売る // 伝える、話す、連絡する、言う、しゃべる、（噂を）流す

(b-2) 取得・受信型：動作の実現によって、主体が物や情報を保有する状態に変化する（「太郎が手紙をうけとる」「太郎が兄から事件の様子を聞く」）。

　　うけとる、もらう、ひきとる、引き受ける、借りる、稼ぐ、買う // 聞く、聞きとる

(c)「主体変化志向の他動詞」

　他動詞のうち、知覚、思考、理解、調査、習得、経験などを表すものは、対象を表すヲ格名詞と組み合わさりはするが（「絵を見る」「将来のことを考える」「相手の気持ちを理解する」「原因を調べる」「本を読む」「琴を習う」「釣りを体験する」）、結果として対象が変化するわけではなく、動作によって主体が何かを感じたり認識した

りあるいは知識や技能が身についたりという主体側の変化が生じる動作である。これらを「主体変化志向の他動詞」とよぶ。また、摂食動作（「パンを食べる」「水を飲む」）や身体部位への再帰的動作（「服を着る」「腰をかがめる」）は、結果として対象の量が減ったり位置が変わったりということが生じるが、主体の生理・身体面にも変化が生じるのであり、これらはふつう対象の変化よりも主体の変化を生じさせるために行う動作であり、その点で主体変化志向である＊12。他動詞の再帰用法とされるもの（「手を洗う」「胸に名札をつける」）もこの類に準ずる。

> 見る、聞く、味わう//考える、検討する、思いとどまる、決意する//理解する、承認／承諾／承知-する、納得する、信じ込む//調べる、調査する、（ゆくえを）尋ねる、（様子を）うかがう、探す//読む、習う、習得する、学ぶ、覚える//経験する、体験する//食べる、飲む、飲みこむ、吸う//（腰を）かがめる、（目を）つぶる//着る、ぬぐ、（靴を）はく、かぶる、背負う、かつぐ、持つ

これらは、いわゆる他動性のヒエラルキーにおいて下位になる動詞であるが、他動性が低いということとともに、むしろ主体変化性が強いということができる。

(d)「主体変化志向の自動詞」

　自動詞のうち人の意志動作を表すものは類として多様でなく、移動や起居動作（「公園へ行く」「床にすわる」）、社会的な関わりや活動（「許嫁と結婚する」「会社に勤める」「地元で働く」「実家の近くに住む」）を表すものにほぼ限られる＊13。これらは、動作主体自身の位置や姿勢や社会的な立場や状況等に新しい状態をもたらすものであり、「主体変化志向の自動詞」とよぶ。

> 行く、来る、帰る、去る、外出する、歩く、走る、泳ぐ//すわる、たつ、あおむく、うつむく、横たわる、乗る、降りる//結婚する、一人立ちする、独立する、勤める、通う、入学／進級／入会する、卒業／退学する、（人に）接近する//働く、遊ぶ、住む

この（a）〜（d）の４類が、本節の初めに述べた「その動作が何に変化を生じさせることを志向して行われるか」という観点からの分類である。上でみてきたように本章では「変化」を広い意味で捉えており、動作の対象である事物の物理的状態や位置や状況の変化だけでなく、動作の主体と相手との間に生じる所有関係の変化、動作の主体である人の生理面や精神面の変化、社会における他者との関わりや活動によって生じる変化といったものも含めて考えている。次節では、この分類と使役文の意味との関係をみていく。

4.2　原動詞の４種と使役文の意味

　人の意志動作を表す動詞を前節のように分けたとき、各類の動詞からの使役文の意味には概略次のような関係がある。すなわち、対象変化志向の他動詞と授与・発信型のやりとり志向の他動詞は第一義的にはつかいだての解釈に、取得・受信型の他動詞、主体変化志向の他動詞、主体変化志向の自動詞は第一義的にはみちびきの解釈になるという性質である。以下それぞれをみてみる。

（a）対象変化志向の他動詞からの使役文

　この類の使役文では、動作主体が動作を行うことによって、動作の対象となった物の様態や位置が変わったり（「後輩にユニホームを洗わせる」「女中に蒲団を敷かせる」「孫に肩を揉ませる」「生徒に荷物を運ばせる」）、新しい物が作りだされたり（「仕立屋に着物を縫わせる」）、新たな状況が生じたり（「仕事を始めさせる」）という変化が生じる。次の文では「V-(サ) セル」のあとの線部において、対象に生じた新たな状態や、対象に変化が生じたからこそ行える後続の動作が述べられている（5.2.2節であらためて述べる）。

(4)　「……。でも座蒲団の古いの、わたし気になって、仕立て直しさせて、ふくふくにする癖があるわ。つまり野暮なのね。」　　　　　　　　　　　　　　　　　　　（時雨の記）

(5)　十吉は……新治に合図をして、調革をエンジンにつけさせ、それを舟べりのローラア・シャフトに巻かせた。　（潮騒）

(6)　{彼は} 食事も気儘に摂り、ひとり、家族とは別の時間に母親に用意させて食べる。　　　　　　　　　（貧困の精神病理）

（7）　未紀は……海からはいりこんだ水路をまたぐ短い橋のたも
　　　とでぼくに車をとめさせた。未紀は車をおりて、水路にそ
　　　って歩いていった。　　　　　　　　　　　　　　　（聖少女）

　事物に変化を生じさせるこういった事態は、使役主体がそれを実
現させたい・実現させようという目的や意図をもち、自分ではそれ
をしないで他者（動作主体）に行わせ、使役主体自身はその結果を
享受するというもので、つかいだての使役になじむ。

（b）やりとり志向の他動詞からの使役文

（b-1）　授与・発信型の動詞からの使役文では、動作主体からの授
　　　与や発信の相手（次の　　　部）が、（ア）使役主体である場合と
　　　（イ）第三者である場合とがある。そして（ア）の場合は授与や発
信によって使役主体が新たな物や情報をもつようになり（「部長が
課長に調査結果を（部長に対して）報告させる」）、（イ）では第三
者が物や情報をもつようになる（「部長が課長に調査結果を住民に
対して報告させる」）。このように授与・発信型の動詞による使役文
においては、使役主体が動作主体にその動作をさせることによって
使役主体の意図どおりに使役主体や第三者が物や情報を所有すると
いう結果がつくりだされ、それはつかいだての使役になじむ。

（8）　それは、{先生がヨーロッパ留学中、勉強のための金がも
　　　っと必要だと}親をあざむき、母親からその金を送らせて
　　　は、オペラをみたり、旅行をしたりしたという話であった。
　　　　　　　　　　　　　　　　　　　　　　　　　　（絵本）

（9）　歌島丸には無線の設備がなかった。……そこで、鰹船の無
　　　線長が、台風の進路や方向に関する情報を、逐一歌島丸の
　　　船橋へ連絡させた。　　　　　　　　　　　　　　（潮騒）

（b-2）　取得・受信型の動詞からの使役文では、動作の実現によっ
て動作主体自身（取得や受信の主体、次の　　　部）が物や権利や情
報を得た状態に変化する（「相手に謝礼を受けとらせる」「孫に昔話
を聞かせる」）。使役主体はふつう動作主体がそういった新たな状態
を享受できるよう動作をさせるのであり、使役主体がそれを享受す
るために動作主体を利用するというのではない。したがって、取
得・受信型の動詞からの使役文はみちびきの使役になじむ。

96　　　Ⅱ　使役文の構造

(10)加世は松恵の器用さを見込んで、請合いもののなかから簡
　　単な縫い物を廻してときどき小遣いを稼がせてくれたりす
　　る。　　　　　　　　　　　　　　　　　（鬼龍院花子の生涯）

(11)「うちの奴の頬のひきつれは、荘十郎お前にもきかせておく
　　が、あの海舟の野郎が江戸を売った時にな……」

　　　　　　　　　　　　　　　　　　　　　　（田宮虎彦、霧の中）

(c)　主体変化志向の他動詞からの使役文

　この類の使役文は、動作主体に事物を知覚させたり認識させたり
習得させたり（「学生に原書を読ませる」「生徒に公式を覚えさせ
る」「新人に技術を習得させる」）、食物を摂取させたり（「子供に牛
乳を飲ませる」）、衣服を着脱させたり（「孫に帽子をかぶらせる」）
することを表す。したがって、それを行った動作主体には、知識や
認識や技能が身につくという精神面での変化、食物を体内に摂りこ
んだ状態になるという生理面での変化、衣服を身につけたり脱いだ
りした状態になるという身体面の変化が生じる。使役主体はふつう
動作主体がそうなることを目的として動作を行わせるのでこの類の
使役文はみちびきの使役になじむ。

(12)簡黙雄勁な論説文を読ませることによって、現代日本人の
　　ともすればふやけがちな文体感覚を鍛えることはむしろ急
　　を要する……　　　　　　　　　　　　　　　（ことばと国家）

(13)保母さんは、……小さい子の口に｛黒い実を｝入れてやっ
　　て味を覚えさせている。　　　　　　　　　（「待ち」の子育て）

(14)泳げない子供を水のなかに放りこんで、泳ぎを自得させる
　　教育法……　　　　　　　　　　　　　　　　　　（羊の歌）

(d)　主体変化志向の自動詞からの使役文

　この類の使役文は、動作主体の位置や姿勢、社会的な状態などの
変化を生じさせるものである（「発熱した生徒を家に帰らせる」「疲
れた子供をいすにすわらせる」「弟子を一人立ちさせる」）。使役主
体はふつう動作主体がそういった変化を享受できるようその動作を
行わせるのでみちびきの使役になじむ＊14。

(15)鮎太はそこで留吉と幸夫を家へ帰らせた。夕食を食べてい
　　ないんで腹が減ったと訴えたからである。　（あすなろ物語）

第3章　意志動作の引きおこしを表す使役文の文法的な意味　　97

(16)次女と末の娘は、雙葉高等女学校へ通わせて、洗礼までう
けさせたが、　　　　　　　　　　　　　　　　　　（羊の歌）

　以上、原動詞の種類ごとに、つかいだての使役になじむか、みち
びきの使役になじむかをみてきた。本章で提案する動詞の4種5類
と使役文の意味とは第一義的にはこの節でみたような関係である。
そしてこれは、やりとり志向の他動詞の位置づけを再考するとさら
に次のようにいうことができる。つまり、授与・発信型の動詞はや
りとりされる物や情報（直接対象）のありかとやりとりの相手（間
接対象）の所有状態の変化とを引きおこすので大きくは対象変化志
向とみることができ、取得・受信型の動詞は主体が物や情報を得て
変化するので大きくは主体変化志向とみることができる。このよう
に考えると、原動詞の種類と使役文の意味との関係は、対象変化志
向の動詞からの使役文はつかいだてになじみ、主体変化志向の動詞
からの使役文はみちびきになじむという関係だといえる。

　ただし、対象変化志向の動詞がみちびきを表現したり、主体変化
志向の動詞がつかいだてを表現したりすることもある。そこにも一
定の特徴がありそれについては6節で述べる。それに先立ちまず次
節でそれぞれの使役文にみられる文法的な特徴の違いを確認する。

5.　つかいだての使役・みちびきの使役を表す文の文法的な特徴

　この節では、つかいだてを表す使役文とみちびきを表す使役文と
にそれぞれの意味を支える文構造上の特徴がうかがえることをみて
いく。使役主体を「X」、動作主体を「Y」、原動詞を「V」、原動詞
が他動詞である場合の動作対象を「Z」とすると、使役文の基本的
な骨組み構造（basic structure）は「X ガ Y ニ／ヲ（Z ヲ）V-(サ)
セル」のように表される。5.1節では、基本構造の要素である使役
主体（X）・動作主体（Y）・動作対象（Z）について考察する。次
に5.2節では、使役文の基本構造としては表されないものの使役文
の意味に反映する3つのこと（使役主体から動作主体への具体的な
関与のしかた、使役事態によって生じる結果的な状態、使役主体が

動作主体にその動作を行わせる目的）について、それらが基本構造の使役文を広げる副詞句等として、あるいは複文や連文の中に表されて、使役文の意味をはっきりさせている様子を確認する。

5.1　基本的な骨組み構造の要素の特徴

5.1.1　使役主体と動作主体との関係（「X ガ Y ニ／ヲ（Z ヲ）V-(サ) セル」）

つかいだての使役とみちびきの使役の違いは、まず動作主体の文中での明示のされ方、および使役主体と動作主体との関係に反映している。

《つかいだての使役》

動作主体が当該の使役文中に明示されているか否か、明示されていない場合に前後の文脈から動作主体が特定できるか否かについて、つかいだての使役とみちびきの使役に違いがある。つかいだての場合、動作主体が文中に明示されていなくても不自然でなく、通達上の問題もないことが多い。前後の文脈から判断できるために省略されているという場合もあるが、むしろそれよりも、つかいだての使役では、動作が実現して使役主体がそれを享受できるようになることに重きがあり、その動作を具体的に誰が行うかは重要な問題とならないことによる。

(17){店に来た}薬の客に出す為に特に<u>焼かせた</u>という昔の茶呑
　　茶碗から、　　　　　　　　　　　　　　　　　　　　　（家）

(18)その時、来客が二人あったので、わたしは自分の部屋に<u>通</u>
　　<u>させた</u>。　　　　　　　　　　　　　　　　　　　　　（時雨の記）

(19)花山院は、桜は花は結構だが幹や枝が不格好だ、梢だけを
　　見るのが一番だ、と堀の外に<u>植えさせた</u>。　　（大鏡の人びと）

動作主体が明示されている使役文ももちろんあるが、その場合、動作主体はその動作を行うのにふさわしい能力をそなえた人、その動作を役割として行うことが期待される人、使役主体にとって動作を頼みやすい身近な人である。実際の名詞としては、専門的な技能や知識をもった人を表す名詞（「職人、大工、仕立て屋、画家、技師、床屋、髪結、医者、看護師、按摩」）、社会的な役割や職務とし

第3章　意志動作の引きおこしを表す使役文の文法的な意味　　99

て他者にかわって何かを行ったり他者に仕えたりする人を表す名詞（「使い、秘書、部下、弟子、店員、ボーイ、従卒、女中、炊事係、書生」）、家族・学校・会社等の組織を構成する人を表す名詞（「細君、妻、子供、息子、娘、家人、家の者、生徒、社内の人」）等であり、人の固有名であってもこれらにあたる人である。

(20) 私は……前の年あたりから<u>大工</u>を入れ、新しい工事を<u>初めさせていた</u>。　　　　　　　　　　　　　　　　　　　　（嵐）

(21) かづは着つけにかかりながら、<u>女中</u>に命じて運転手を<u>呼ばせた</u>。　　　　　　　　　　　　　　　　　　　　　（宴のあと）

(22) 重松は「被爆日記」を毛筆で清書することにした。今までペンで清書した部分は、<u>シゲ子</u>に毛筆で<u>清書しなおさせる</u>ことにして、〔「シゲ子」は「重松」の妻〕　（黒い雨）

なお、次例のように動作主体が特定のきわだった専門家であることもあるが、この場合の動作主体も自らの専門性を発揮することによって使役主体に奉仕する人であり、使役主体にとってはやはり道具・手段として利用する存在である。

(23) 屏風絵は<u>当代きっての画家</u>に<u>描かせ</u>、　　　（大鏡の人びと）

(24) 波十郎は（短刀を）預かって帰り、<u>城下で一番と言われる刀剣研師孫三郎</u>に<u>研がせ</u>、終ってから奉行に返している。　　　　　　　　　　　　　　　　　　　（夜の橋）

　このように、つかいだての使役においては、使役主体は自らの目的のために動作主体を利用し生じた結果を自らのものとして享受する存在（事態享受者）であり、動作主体は使役主体の意を受けその実現のために手足となりあるいは代理として動作をする存在（奉仕者・代行者）だといえる。2節でみた山田（1908）の「使令作用」における「中間にある者を自家の方便として」というのがまさにあてはまり、使役主体にとっての動作主体は、自己の拡大として捉えた他者、分身・道具としての他者といった性質である。

《みちびきの使役》

　みちびきの使役では、動作主体は当該の使役文中に明示されていたり、そうでなくても前後の文脈から特定できたりする。みちびきの使役は動作主体こそが動作の結果を享受する人であるので、動作

主体が誰であるかが通達上重要なことだからである。

(25)元禄の町人は<u>二代目の嫡子</u>にも競って遊芸を<u>学ばせ</u>、

(日本文化と個人主義)

(26)そういうわけで、<u>学生</u>に宿題として<u>読ませる</u>教材を選ぶ段
になると、私の前にはきわめて限られた選択しかなかった。

(アメリカと私)

(27)私たちは、<u>卒園期の子ども</u>には、もっともっと楽しいこと
をいっぱい<u>やらせたい</u>、いろんなことを<u>経験させたい</u>って
気持ちでいっぱいなんです。　　　　　　(「待ち」の子育て)

ただし、みちびきの使役であっても一般論が述べられているときに
は(「学問を<u>させると</u>とかく人間が理屈っぽくなっていけない」(こ
ころ))、動作主体は不特定者である。

　このように、みちびきの使役においては、使役主体は動作主体を
誘導・育成し何らかの状態にみちびく立場にある人(誘導者・育成
者)、動作主体は使役主体からの誘導・育成をうけて新たな状態に
みちびかれる人(被誘導者・被育成者)である。使役主体と動作主
体がこのような関係にあるというのは、具体的には、〔親─子供〕
〔教師─学生〕〔師匠─弟子〕〔保母─幼児〕〔医者・看護師─患者〕
といった場合である。そして、つかいだての場合と異なり、使役主
体にとっての動作主体は、使役主体からの関与を受けて動作の結果
を享受する、使役主体とは別の独立の存在としての他者である。

5.1.2　使役主体・動作主体と動作対象との関係(「XガYニZ
　　　　ヲV-(サ)セル」)

　原動詞が他動詞であるときには動作対象(Z)があるわけだが、
それが使役主体か動作主体のどちらと広義の所有関係にあるかにつ
いて、つかいだてとみちびきとで異なる。

《つかいだての使役》

　つかいだての場合の動作対象は、使役主体の身体部位や所持品、
使役主体の必要とする物など、使役主体側のものである。

(28)「花子が髪結に髪を結わせる」「多江が古くなった座布団を
仕立て直しさせる」「太郎は母親に宿題をやらせた」「行友

が字を書くと言って由美に墨をすらせる」

《みちびきの使役》

　みちびきの場合の動作対象は、動作主体側のものすなわち、動作主体自身の身体部位や、動作主体が摂取したり身につけるようになったりするものである。

　(29)「医者が患者に目をつぶらせる」「先生が園児に手を洗わせる」「部長が部下に酒を飲ませる」「親が子供に帽子をかぶらせる」

5.2　任意的な拡大要素の特徴

5.2.1　使役主体から動作主体への関与のしかた（「XガYニ／ヲ V₁-テ、〜V₂-（サ）セル」）

　使役文は、使役主体が動作主体の動作を引きおこすにあたって動作主体にどのような関与をしたのか（命令したのか頼んだのか許したのか等）を文中に示すことなく使役性を表現できるのが特徴であるが（「親が娘に皿を洗わせる」）、関与の仕方を具体的に述べる必要があればそれを何らかの手段で表すこともできる。使役動詞を主節述語とする複文構造の使役文の従属節において関与のしかたを表すのがひとつの手段である（「親が｛娘に命じて／娘をおだてて｝皿を洗わせる」）。従属節述語はおもに動詞のテ形（「V-テ」）であるがどのような動詞が用いられるかに、つかいだてとみちびきとで違いがみられる。

《つかいだての使役》

　つかいだての使役で用いられる「V-テ」には他者を自分の目的のために利用することを表す動詞がなじむ。たとえば、「（人を）使う」のように他者を利用することそのものを総括的に表す動詞、「派遣する」のように自分が望む動作を他者に行わせるためにその他者を適切な場所に赴かせることを表す動詞、「動員する」のように他者を自分のもくろみに巻き込むことを表す動詞、「頼む」のように他者に自分のための動作を依頼することを表す動詞、「介する」のように「介して」の形で動作の媒介性を表す動詞である。次の文では＿＿部に使役主体から動作主体への関与のしかたが表現されて

いる。

〈使う〉類（利用性）「（人ヲ）使って、利用して、使役して」等
例「職人を使って器を造らせる」「友人を利用して募金を集め
させる」

〈派遣する〉類（派遣性）「（人ヲ場所ヘ）派遣して、遣って、送
って、差し向けて、遣わして＊15」等　例「部下を現場に派遣
して被害状況を調べさせる」「使用人を送ってコプラを作らせ
る」

〈動員する〉類（巻き込み性）「（人ヲ）動員して、わずらわせ
て」等　例「学生を動員してポスターを貼らせる」「秘書をわ
ずらわせて手紙を出させる」

〈頼む〉類（依頼性）「（人ニ）頼んで、依頼して、注文して、誂
えて」等　例「仕立て屋に｛頼んで／注文して／誂えて｝振袖
を作らせる」

〈介する〉類（媒介性＊16）「（人ヲ）介して、通して、通じて」
等　例「社長が通訳を介して感謝の意を伝えさせる」「執事を
通じてこちらの事情を説明させる」

《みちびきの使役》

使役主体から動作主体の身体への接触や、動作主体の所有状態を
変えるような関与が「V-テ」によって従属節に表現されるのはみ
ちびきの使役になじむ。

〈抱く〉類（接触性）「（人ヲ）抱いて、かかえて、押して、つか
まえて、（人ノ手ヲ）ひいて、（人の頭に手を）かけて」等　例
「けがをした中学生をそっとかかえて布団に横たわらせる」「子
供の手をひいて歩かせる」「子供の尻を押して馬にまたがらせ
る」

〈与える〉類（身体部位への付着性）「（人ニ）与えて、（人ノ口
ニ）入れて」等　例「幼児に芋の切れはしを与えてなめさせ
る」「薬を子供の口に入れて飲みこませる」

使役主体から動作主体への動作要求的な関与が表されることもあ
るが、つかいだての場合の「頼む、依頼する」などとは違って「勧
める」のように相手にとって好ましい動作の促しを表す動詞である。

第3章　意志動作の引きおこしを表す使役文の文法的な意味　103

〈勧める〉類（推奨性）「勧める、助言する、意見する、説く」
等 例「娘に勧めて絵を習わせる」「孫に意見してアルバイト
をやめさせる」

なお、どちらの使役にも現れる「V-テ」もある。「いう、命じ
る」等、種々の要求を伝えうる発話動詞、「（ドコへ）よぶ、連れて
くる、連れていく」等、動作主体を使役主体の元へ来させたり使役
主体とともに移動させたりすることを表す動詞、「おだてる、そそ
のかす、しかりつける」等、相手に何かを促してその気にさせるよ
うな態度的な関わりを表す動詞類である。これらの動詞が「V-テ」
であると、次のように ｛ ｝ 内の左側だとつかいだて、右側だとみ
ちびきの解釈がまずなされる。

(30)「子供たちに言って ｛台所の窓を拭かせる：長靴をはかせ
る｝」

(31)「部長が部下を自宅によんで ｛庭掃除をさせる：めずらしい
酒を飲ませる｝」

(32)「子供をおだてて ｛食器を洗わせる：ピアノの練習をさせ
る｝」

5.2.2 使役による結果的な状態と使役主体の次の動作（「XがY ニ／ヲ（Zヲ）V-(サ)セテ、Xが………」）

使役動詞のテ形「V-(サ)セテ*17」が従属節述語となり、主節
に使役主体の動作が述べられるという構造の複文において、従属節
に表現されている使役事態と主節に表現されている使役主体の動作
（下の例における　　　部）との関係に、つかいだてとみちびきの違
いがうかがえることがある。またそういった複文に準ずる連文構造
（2つ以上の文の連なりが意味的なまとまりをなす構造）において
も同様である。

《つかいだての使役》

従属節において動作主体の動作によって物や空間に新たな状態が
生じることが述べられ、その新たな状態になった物や空間を利用し
て使役主体が次の動作を行うことが主節で述べられるという複文構
造（および連文構造）は、つかいだての使役の特徴である。

(33) 医者は鳩尾の所 {に貼った膏薬} を剥がして見せた。かなり甚く赤くなっていた。医者は細君に手拭いを湯で絞らせて、剥した跡をそれで拭いた。〔絞ラセタソノ手拭イデ拭く〕

(和解)

(34) 電話口を離れると、彼は奥の方へ行って、老婆に茶を運ばせて、それをゆっくりと飲んだ。〔運バセタソノ茶ヲ飲む〕

(あすなろ物語)

(35) 二人は……どんどん音を立てて階段を下りて行き、玄関をあけさせ、お世辞を受けて出て行ってしまった。〔アケサセタソノ玄関カラ出て行く〕

(むらぎも)

(36) 「手紙を開封させて読む」〔ソノ手紙ヲ読む〕、「半紙を出させて用件を書く」〔ソノ半紙ニ書く〕、「墨をすらせて宛名を書く」〔ソノ墨デ書く〕、「あるだけの帯を出させて選ぶ」〔ソノ帯カラ選ぶ〕、「食卓を片づけさせてワインを運ぶ」〔ソノ食卓へ運ぶ〕、「縁側を片付けさせて食事をする」〔ソノ縁側デ食事をする〕

次の例は上で、複文に準ずる連文構造としたものであり、先の4.2節の (7) もそうである (〔トメサセタソノ車ヲおりる〕)。

(37) 安夫は……彼女のハンドバッグをあけて、鍵を出させた。扉をあけて、明子から先に押しこむと、すぐ締めた。〔出サセタソノ鍵デ扉をあける〕

(花霞)

《みちびきの使役》

　従属節において動作主体の状態に何らかの変化が生じることが述べられ、新たな状態になった動作主体に対して使役主体がさらに別の働きかけを行ったり、新たな状態になった動作主体とともに移動したりして、動作主体にさらなる変化をもたらすことが主節に表現されるという構造は、みちびきの使役の特徴である。

(38) 倫は……{風呂から} 上がってきた須賀を鏡台の前に坐らせて、ほつれた鬢や鬢を掻き上げてやった。〔坐ッタ状態ニナッタ須賀ノ鬢を掻き上げる〕

(円地文子、女坂)

(39) 伯母さんは私にも人なみに襷をかけ鉢巻をさせて表へつれだした。〔鉢巻ヲシタ状態ニナッタ私ヲ表へつれだす〕

第3章　意志動作の引きおこしを表す使役文の文法的な意味　　105

（銀の匙）

(40)「病人を入浴させて身体をふく」〔入浴シタ病人ノ身体ヲふ
く〕、「夫を入院させて睡眠療法をさせる」〔入院シタ夫ニ睡
眠療法をさせる〕、「犯罪者を矯正させて社会復帰への道を
開く」〔矯正シタ犯罪者ノ社会復帰への道を開く〕

こういった文は、みちびきの使役の特徴が現れたものである。ただ
し、動作主体が新たな状態になっていることを使役主体が自身のた
めに利用して結果を享受するという事態が主節で述べられることが
あり（「梓は手紙を富美子に持たせて秋篠のところに使いにやっ
た。」（恋の巣））、それはつかいだてである（6.2節）。

5.2.3 使役主体の目的の現れ（「……タメニ／ノニ／ヨウニ ……V-(サ)セル」）

「～ために」「～のに」「～ように」等の節（下の＿＿＿部）に表さ
れている事態の性質にも、つかいだてとみちびきの違いがうかがえ
る。

《つかいだての使役》

つかいだての使役における「～ために」等には、使役主体が行い
たい事が表されている。そしてその事は、そのために必要な準備的
な動作を動作主体に行わせその結果を使役主体が享受することによ
って実現可能になる。

(41)彼女は……伊勢海老の料理をつくるため、……息子のテア
ミにとっておきの石油ランプを持たせてえびをとりに行か
せた。　　　　　　　　　　　　　　　　（南太平洋の環礁にて）

(42)中尉は、主人の火傷の治療をするのに、得体の知れぬ透明
な液体を看護婦に命じて塗らせておりました。〔場面：軍医
である中尉が、患者である主人（話し手の主人）に対する
治療行為の一環として看護婦に薬を塗らせている〕（黒い雨）

《みちびきの使役》

みちびきの使役における「～ために」等に表されているのは、動
作主体にとって好ましい状態であり、その状態は、動作主体が動作
の結果を自ら享受することによって実現される。使役主体はそれを

106　　Ⅱ　使役文の構造

目的として動作主体に動作を行わせている。

(43) 言葉の遅れをとりもどすためには、……はだしで歩かせたり、指先をよく使って刺激するように、っていわれたそうです。　　　　　　　　　　　　　　　　（「待ち」の子育て）

(44) 私の乳がよく出るようにと姑は一人で餅を搗き、毎朝味噌汁に入れて食べさせてくれた。　　　　　　　（女のこよみ）

5.3　この節のまとめ

この5節では、つかいだての使役、みちびきの使役、それぞれの文の特徴をみてきた。考察に際しては、文の文法的な意味をうみだすものとして、文をくみたてる部品としての単語のカテゴリカルな意味、文の部分としての単語や句の文中での機能、複文や連文構造に現れる諸形式などを考慮した。5節全体の考察を通して、使役文が「つかいだて」「みちびき」の意味を表すそれぞれの条件をある程度明らかにすることができたと考える。

6.　つかいだての使役とみちびきの使役の相互移行

つかいだての使役であるかみちびきの使役であるかは、上でみたように原動詞が対象変化志向の動詞であるか主体変化志向の動詞であるかによって第一義的な解釈が決まってくる。しかしながら、対象変化志向の動詞がみちびきの使役を表現したり、主体変化志向の動詞がつかいだての使役を表現したりということもみられる。ただそれにもある程度の条件はみられる。ここではそれを具体的な用例で確認する。

6.1　対象変化志向の動詞がみちびきを表現する場合

対象変化志向の動詞のうちには、その意味の特有な性質のゆえに、つかいだてだけでなくみちびきにもなじむ動詞類がある。たとえば《物への接触》を表す動詞の場合、動作主体が物に接触することを使役主体が利用・享受するような状況はつかいだてである（「私は両手に荷物を持っていたので弟にドアをたたかせた」「おばあさん

は孫に肩をもませて気持ちよさそうにしている」)。一方、物に接触
することは動作主体自身の触覚を刺激することにつながる。次例で
は、「なでる」ことによって動作主体が「梅の幹」「山本提督の顔」
についての何らかの認識を得ることが重要であり、みちびきである。

(45) 佐助は春琴を梅花の間に導いてそろりそろりと歩かせなが
ら「ほれ、此処にも梅がござります」と一々老木の前に立
ち止まり手を把って幹を撫でさせた。　　　　　　　　(春琴抄)

(46) ロイド・ジョージは眼を悪くしていたが、……山本提督、
あなたの顔を見ることが出来ないのが残念だからせめて手
で撫でさせてくれと言い出し、山本は、ジョージが熊の手
のような毛だらけの手で、自分の顔を撫でまわすのをじっ
とそのままにさせていた。　　　　　　　　　　　(山本五十六)

また、やりとり志向のうち《発信》を表す動詞(「伝える、言う」
等)は、基本的にはつかいだてになじむが、発信する内容や目的に
よってみちびきになることもある。使役主体が誰かに対して、その
人にとって必要な情報を伝えたいと思い、そのために動作主体を利
用するという事態はつかいだてである(先の(9)も)。このとき
動作主体(＿＿部)は媒介者であって不特定の人でもよいのに対し
て、発信の相手(　　部)が誰であるかは重要である。

(47) 甥が病んでいることを、せめて向島の女にも知らせて遣り
たいと思った。言伝でもあらばと思って、人を通して電話
で伝えさせた。　　　　　　　　　　　　　　　　　　(家)

(48) 或る時には犬のその声を聞いて、例の隣りの大尽の家から
は「ほんとうになんというるさい犬だろう!」と、大き
な声で子供が吐鳴るようなこともあった。彼は例の老細君
が、自分の娘にそう言わせているのだと気がついて、この
度し難い女に業を煮やした。〔場面:隣りの家の老細君が自
分の娘を使って彼への文句を言わせている〕

(佐藤春夫、田園の憂鬱)

　一方、発話の内容が動作主体自身の考えや思いの発露である場合
には、他者への情報伝達よりも発話することによって動作主体自身
の気持ちが安定したり満足したりするということが重要であり、そ

の場合にはみちびきとなる。このとき、動作主体は特定のその人であることが重要であるのに対して発話の相手が誰であるかはあまり問題とならない。

(49)「御病人がまえからもっているだけの悪たいをつかしておあげするのが、この職業〔注：看護婦〕だという気がするときもあります。洗いざらい云いつくさせてあげて、そのかたからすっかりいやなことばを抜いて、お見送りするんです。」

（おとうと）

(50){漱石は} 若い連中に好きなようにしゃべらせておいて、時々受け答えするくらいのものであった。

（和辻哲郎、和辻哲郎随筆集）

さらに、対象変化志向の動詞の表す動作を教育育成活動の一環として動作主体に行わせる場合には、動作の結果を享受するのは当然ながら動作主体なので、みちびきの性質を帯びる。次の文の＿＿＿部には、その動作を行うことによって動作主体に生じたあるいは生じさせようとする変化が述べられている。このことは特定の動詞類に限らず対象変化志向のいろいろな動詞に起こりうる。

(51)彼は先ずお仙〔注：精神がやや不安定な娘〕の話をした。あれまでに養育したのは姉が一生の大きな仕事であったと言った。薬の紙を折らせることも静かな手細工を与えたようなもので、自然と好い道を取って来たなどと言った。（家）

(52)これからは男も家事ぐらいちゃんとできなければならない。そこで長男には家事をさせるようにしてきた。

（男だって子育て）

6.2 主体変化志向の動詞がつかいだてを表現する場合

動作主体に生じる変化を使役主体が何らかの目的で利用して享受するような場合には、主体変化志向の動詞からの使役であってもつかいだての性質を帯びる。これは、《移動》《姿勢の変化》《社会関係の変化》を表す動詞にしばしばみられる。使役主体が自らの目的を達成するための手段として動作主体をどこかへ移動させたり（次の（53）、先の（41）も）、姿勢を変えさせたり（54）、ある社会的

第3章　意志動作の引きおこしを表す使役文の文法的な意味　　109

状況においたり（55）するという事態である。次の文の　　　部には、使役主体（　　部）が動作主体（　　部）にその動作を行わせることになった理由や目的がうかがえる。

(53)アパートを出るところで、大野は初めて勉に道子の死を知らせるのを忘れたのに気づき、急いで富子に引き返させた。

(武蔵野夫人)

(54)その男たちは皆、昔の友人である。彼はこまかく気を使っていた。女たちを男たちの間に坐らせ座を賑やかにしようと試みた。

(潮騒)

(55)読売の政治部としては松元を使って山本に接近させておけば、……海軍大臣から次官経由という他社に知られぬルートでいいニュースが早くつかめる。

(山本五十六)

　また、《調査》を表す「調査する、調べる、うかがう」等は、ある対象に対して調査活動を行いその結果として動作主体は何らかの情報を得て認識が変わるので主体変化志向の他動詞でありみちびきの使役になじむ（「生徒達に自分の町の歴史を調べさせる」「学生に卒論の第一段階として実態を調査させる」）。しかし次のような文ではつかいだてを表している。現実のできごととして、使役主体が動作主体に調査を行わせるのは使役主体自身の得たい情報を動作主体の活動を利用して手に入れるという場合があるからである。なお、従属節には、動作主体を調査活動のために移動させることが表されており、その動詞「派遣して」「やって」は5.2.1節でみた〈派遣する〉類の動詞である。

(56)田中正造は、……佐部彦次郎を現地に派遣して、被害の実況を詳細に調査させた。

(田中正造の生涯)

(57)吉野屋では、客が泊まっているひと間が、昼ごろになってもいっこうに人が出てくる気配がないので、不審に思って女中をやって様子をうかがわせた。

(夜の橋)

　《思考》を表す他動詞も主体の認識の変化をもたらすものであり、「教師が学生自身に卒論のテーマを考えさせる」ならばみちびきである。しかし、「課長が部下に新商品の販売計画を考えさせてその計画を専務に報告した」のように、使役主体が動作主体の思考活動

の結果を利用する場合にはつかいだてである。

《自身の身体部位への物の付着》を表す動詞も動作主体自身の変化をもたらすものなのでまずはみちびきの使役にふさわしいが（「園児に帽子をかぶらせる」）、動作主体が何かを身につけたり所持したりする状態を、使役主体が自らのために利用するという場合にはつかいだてになる。たとえば動作主体に荷物や道具を所持させてその状態で使役主体のために移動させたり働かせたり（＿＿部）という場合である。これは5.2.2節の最後で触れたことにあたる*18。

(58) 乳母は、その浅田飴を一打と、シャボンを一打と、ガーゼ、タオル、洗い粉など、小僧にかつがせて、見舞に来たのですって。　　　　　　　　　　　　　　　　　　　　（時雨の記）

(59) ｛殺人事件の新聞記事が出ると｝臆病だった父は、女中のほかに屈強な書生までやとい、木刀を持たせて、毎晩家の周囲をまわらせました。　　　　　　　　　　　　　　（指と耳で読む）

6.3　この節のまとめ

以上にみたように、対象変化志向の動詞からの使役文がみちびきであったり、主体変化志向の動詞からの使役文がつかいだてであったりということが生じる。使役文の要素である「V-(サ) セル」の原動詞のカテゴリカルな意味は、使役文の文法的な意味をうみだす土台ではあるが、原動詞つまり「単語」のカテゴリカルな意味が使役文という「文」の意味に常にストレートに反映されるわけではないのも確かである*19。これにはいくつかの要因がある。

ひとつは、動詞そのものに両面性（対象変化志向性と主体変化志向性）のそなわる動詞があることであり、《物への接触》《発信》《自身の身体部位への物の付着》を表す動詞がそうであった。また、現実世界における人と人との関係において、どういう動作をさせることが他者を利用することになりどういう動作をさせることが他者を誘導することになるのかは、必ずしも動作の種類と直接的に結びつくわけではない（上でみた、調査・思考や教育育成活動等）。さらに、動作主体による動作の結果を使役主体が享受するのと同時に動作主体もまた自身の動作の結果を享受するということもありうる。

第3章　意志動作の引きおこしを表す使役文の文法的な意味　　111

具体的な使役文には常にそのようなことがつきまとい、原動詞のカテゴリカルな意味と使役文の意味とにずれが生じることがある。

7. 使役文と他の構造の文との関係

「つかいだて：みちびき」という捉え方をすることで次のような現象との関係を見いだせる。本章ではそれぞれについて詳しく述べることはできないが簡単にみておく。

7.1 使役文と原動文

使役文のうちには、使役動詞「V-(サ) セル」を原動詞「V」にかえても（「作らせる→作る」）同じ事態を指せるものがある。

(60) 名刺はこないだ仲町で拵えさせたのがあるが、それを添えただけでは物足らない。〔≒拵えた〕　　　　　（雁）

このような現象が生じるのはつかいだての使役の一部である。どのような条件が整っているときに生じるのかについては第8章で考察するので、ここではいくつか例を示すのみとする。上の（60）と次の（61）は対象変化志向の他動詞から、（62）（63）は授与・発信型のやりとり志向の他動詞からの使役文である。

(61) これによって、民間人が泣き寝入りをしなくていい実例を社会に示したい。星は弁護士に依頼し、この件の調査をはじめさせた。〔≒はじめた〕　　　（人民は弱し官吏は強し）

(62) その年に、治憲は国神の春日大社と白子神社に内使を送って、ひそかに誓詞を納めさせた。〔≒納めた〕　　　（夜の橋）

(63) 恐らくこの場合は、道長が噂を流させたのであろう。本人の口からは責任ある言葉をはかず、周囲の者を使って噂を流させ、それが世論となって熟するのを待つ。〔≒流した、流し〕　　　（大鏡の人びと）

つかいだての使役では、誰が動作を行うかということよりも動作主体の動作によって使役主体側の物や状況に変化が生じそれを使役主体が享受することが重要である。5.1.1節でみたようにつかいだての使役における動作主体は使役主体の分身・道具としての存在で

ある。このように実際の動作主体が没個性的で対象の変化のほうが
重要である場合には、直接には動作を行わない関与者としての使役
主体を「主宰者としての主体」とみなし、対象に生じた変化を主宰
者による引きおこしとみなして原動文で述べることができるのであ
る。「秀吉が大阪城をつくった」という文（他動詞原動文）はしば
しばいわれるように、具体的な「つくる」動作の主体ではなく事業
の主宰者としての「秀吉」を主語にした文である。このような他動
詞原動文があることが、使役文と原動文が同じ事態を指せることを
支えている*20。

7.2　使役文と「V-テモラウ」文

「V-テモラウ」文は基本的に主語者が他者の動作によって恩恵を
受けることを表す（「私は兄から将棋を教えてもらった」「忙しいの
で弟に銀行へ行ってもらう」）。使役文もある文脈において「V-テ
モラウ」文と同じ事態を指せることがあり、それが生じるのもつか
いだての場合である。次の（64）（65）は対象変化志向の他動詞か
ら、（66）（67）は授与・発信型のやりとり志向の他動詞からの使
役文である。

(64) 床屋がそうするままに、鶴川は眉の上下を剃らせるらしか
　　った。〔≒剃ってもらう〕　　　　　　　　　　（金閣寺）

(65) 若いとき髪が大そう強く、ふつうの櫛では歯が折れてしま
　　うところから、特に誂えて、黄楊の岩乗な櫛を製らせたの
　　だそうである。〔≒製ってもらった〕　　　　　（宴のあと）

(66) 学生に通知したいことは、いちいちセクレタリーをわずら
　　わせて葉書を出させる必要があった。〔≒出してもらう〕
　　　　　　　　　　　　　　　　　　　　　　（アメリカと私）

(67) まとまった金が必要になって、安吉は平井に頼んで平井の
　　知っている質屋を紹介させた。〔≒紹介してもらった〕
　　　　　　　　　　　　　　　　　　　　　　　（むらぎも）

このような類似が生じるのは、つかいだての使役の他者利用性す
なわち使役主体が動作主体の動作を利用してその結果を享受すると
いう性質の現れである*21。

第3章　意志動作の引きおこしを表す使役文の文法的な意味　　113

一方、みちびきの使役の場合は、「V-(サ)セル」を「V-テモラウ」にかえにくい。もし言いかえると、動作主体の変化を使役主体が何らかの目論見で利用するなど使役主体側の事情でその動作を行わせるというニュアンスが生じる。

(68)「今夜はゆっくり寝るんだな」と、中学生をそっと抱いて蒲団に横たわらせてから、私は自分の部屋に帰ってきた。〔?横たわってもらって〕　　　　　　　　　　　　　　（絵本）

(69)「{弟さんの}喉頭結核がはじまれば食べられなくなるものねえ、今のうちにせっせと食べさせておくんだよ。食べ納めだよ。」〔?食べてもらっておく *22〕　　（おとうと）

　なお、つかいだての使役を表す文のすべてが「V-テモラウ」文に類似するわけではない。「V-テモラウ」文は恩恵の与え手（＝動作主体）が一人称者であるとふつう不自然になるので（「?太郎が私に本を買ってもらう」）、動作主体が一人称者である使役文は「V-テモラウ」にしにくい（「父は僕に庭掃除をさせた」〔?してもらった〕）。また「V-テモラウ」文は公的な文章や公的な立場からの発言にはふさわしくないので、使役文がそのような性質であるときには「V-テモラウ」にするのは不自然である（「衛生局は多額の補助金を与えている国内製薬を督励し、キニーネ製造の研究を急がせた。〔?急いでもらった〕」（人民は弱し官吏は強し））。

7.3　自動詞使役文と二項他動詞文、他動詞使役文と三項他動詞文

　よく知られているように、形態的な対応のある自動詞と他動詞（「帰る：帰す」）、他動詞と三項他動詞（「着る：着せる」）において、それぞれ、自動詞からの使役動詞と他動詞（「帰らせる」と「帰す」）、他動詞からの使役動詞と三項他動詞（「着させる」と「着せる」）との間に意味的・構文的な類似が見られることがある（「先生が生徒を家へ {帰らせる≒帰す}」「親が娘に服を {着させる≒着せる}」）。人への働きかけを表すものとして次のような動詞がある。

(a)「帰らせる（＜帰る）：帰す」「通らせる（＜通る）：通す」「乗らせる（＜乗る）：乗せる」「集まらせる（＜集まる）：

114　　Ⅱ　使役文の構造

集める」「起きさせる（＜起きる）：起こす」等

(b)「着させる（＜着る）：着せる」「見させる（＜見る）：見せる」等

これらの使役動詞の原動詞を本章の観点からみると（a）の原動詞「帰る、通る」等は主体変化志向の自動詞、（b）の原動詞「着る、見る」等は主体変化志向の他動詞であっていずれもみちびきの使役になじむ動詞である。自動詞使役文と二項他動詞文、他動詞使役文と三項他動詞文とが似た事態を指すのはみちびきの使役の場合だといえる。さらに、「（衣服を身に）つけさせる」と「（衣服を）着せる」、「来させる」と「よぶ／よびだす／招く」のように形態的な対応のない動詞であっても、表現される事態として使役動詞文と他動詞文とが類似するものがある。詳しい考察はできないがいくつか例をみておく。

(a) 主体変化志向の自動詞からの使役文と二項他動詞文

この類似は、次例のような、人の移動や移動に伴う社会的な変化の引きおこしを表す自動詞からの使役文と、それらを表す他動詞文との間にみられる。

(70＝15) 鮎太はそこで留吉と幸夫を家へ帰らせた。夕食を食べていないんで腹が減ったと訴えたからである。〔≒帰した〕

(あすなろ物語)

(71) 徴用を逃がれさせるため、矢須子を広島へ来させたのは僕の浅智恵からしたことだ。〔≒よんだ／招いた〕　　(黒い雨)

(72) 自分の実家に子どもを寄宿させて出身地の国立中学校へ通わせたいという親もいる。〔≒やりたい〕　　(男だって子育て)

(b) 主体変化志向の他動詞からの使役文と三項他動詞文

これはまず、衣服の着脱を表す他動詞、摂食を表す他動詞からの使役文にみられ、人に物を付着したり与えたりすることを表す三項他動詞文に類似する。

(73) 普段着でさえも友禅を着させている花子を、〔≒着せている〕

(鬼龍院花子の生涯)

(74) わたくしは自分の趣味を重んじすぎたようでした。赤いものは一切つけさせず、わたくしの好みのままに彼女を装飾

しようとしたのです。〔≒着せず〕 　　　　　　　　　（天の夕顔）

(75) ふるえていた二人を毛布につつんだり、葛湯を飲ませたり
した。〔≒与えたり〕　　　　　　　　　　　　　　　（異母兄弟）

　また、取得・受信型のやりとり志向の他動詞の場合にもみられる。
(76) は動作主体が物を所有するようになる事態、(77) は動作主
体が新たな情報を所有するようになる事態を表す使役文であり、授
与・発信型の三項他動詞文に近くなる。他に「（褒美を）とらせる
≒与える／やる」「買わせる≒売る」「持たせる≒与える／渡す」
「得させる≒与える」等がある。

(76) 庄九郎は……「松永様におめにかかりたいので」と、門番
に銀を少々つかませた。〔≒渡した／与えた／やった〕

（国盗り物語）

(77) 安吉は法律のことは知らなかった。……しかし安吉は、と
にかく経験したことだけを平井に聞かせた。〔≒伝えた／言
った〕　　　　　　　　　　　　　　　　　　　　（むらぎも）

　以上のようにみちびきの使役文が人の変化の引きおこしを表す二
項・三項他動詞文と近くなりうるのは、それが動作主体の状態変化
を生じさせる事態であることによる。すなわち、みちびきの使役で
は使役主体から動作主体に何らかの関与があったという間接性より
も、動作主体にどのような変化が生じたかを述べることのほうに通
達上の重きがある。したがって、人の変化の引きおこしを表す他動
詞の中にそういった事態を表現できるものがあれば、使役動詞の代
わりにその他動詞で表すこともできるのである。文構造の面でも、
みちびきの使役文で動作主体を表すヲ格・ニ格の補語（「先生が生
徒を帰らせる」「親が子供に牛乳を飲ませる」）は動作主体であると
ともに変化する主体でもあり、それは二項他動詞文・三項他動詞文
のヲ格・ニ格の補語と同じである（「先生が生徒を帰す」「親が子供
に牛乳を与える」）*23。

7.4　意志動作の引きおこしを表す使役文と無意志動作の引きおこしを表す使役文

　本章で対象とするのは意志動詞を原動詞とする使役文であるので、

116　　Ⅱ　使役文の構造

基本的には使役主体が動作主体の意志に関与し動作主体の意志によって動作が行われることを表す。しかし、みちびきの使役の中には使役主体が動作主体の身体に直接的に関与することによってその動作を引きおこすものがあり（次例の‥‥‥‥部は5.2.1節でみた〈抱く〉類の動詞が述語になっている従属節）、その場合には動作の意志性が弱くなることがある。

(78) ミホを抱いておっぱいをふくませている姿を、

（「待ち」の子育て）

(79) 鬼政が……いきなり松恵の頭に掌をかけて仰向かせたとき、松恵は……恐ろしさに慄え上り、　　（鬼龍院花子の生涯）

(80) 彼の太い手が下りて来て、襟首をつかまえて、私を立たせた。　　　　　　　　　　　　　　　　　　　　（金閣寺）

次の文には使役主体から動作主体への直接的な関与が表現されているわけではないが、動作主体の姿勢の変化や運動は動作主体の積極的な意志によるものではない。

(81) 寝椅子に毛布を敷いて、壬生をそこへかけさせ、　（時雨の記）

(82) 昼間疲れさせれば夜眠ってくれるだろうと思い、窓を開け放して裸で日光浴をさせたり、手足を曲げ伸ばしして体操をさせたりした。　　　　　　　　　　　　　　　　（重い歳月）

　みちびきの使役は、主体変化志向の動詞が原動詞であるときになじむ使役だが、変化が身体の状態や姿勢の変化という物理的なものであるとき、その引きおこしは動作主体をいわば物扱いしその意志と関係なく変化を生じさせるようになることがある。したがってそのような使役文は原動詞が意志動詞であっても無意志動作の引きおこしに近くなる。

8. 「強制：許可」と「つかいだて：みちびき」と「使令：干與」

8.1 「強制：許可」と「つかいだて：みちびき」

8.1.1 使役事態のどの局面に注目するか

2.2節で、「強制：許可」という捉え方と「つかいだて：みちび

き」とは矛盾するものではないと述べた。では両者はどのような関係にあるのか。本章では両者は使役事態のどの局面に注目するかという点で異なっていると考える。

　「強制：許可」：使役事態の《先行局面／原因局面》に注目する
　「つかいだて：みちびき」：使役事態の《後続局面／結果局面》に
　　　　　　　　　　　注目する

2.1節でみたように、「強制：許可」とする捉え方にも2つの観点のもの、すなわち、動作の実現に際して使役主体の意志と動作主体の意志のどちらが強いかに注目するものと、動作が実現するきっかけが使役主体にあるか動作主体にあるかに注目するものがあるが、いずれも使役事態に先行する原因的な局面に注目するものだといえる。それに対して「つかいだて：みちびき」は、使役主体は何を目的として、つまり、動作主体に動作をさせることによって、広い意味での動作の結果を使役主体と動作主体のいずれが享受することをめざすか、という結果的な局面が問題になっている。「強制：許可」と「つかいだて：みちびき」が矛盾しないのはこの故である。たとえば「親が子供に窓をあけさせた」「親が子供を床にすわらせた」という使役文は、親が子供に頼んだり命じたりして、あるいは親が子供の申し出や要求を許可して、「あける」「すわる」という動作を引きおこすことを表す。そして動作の結果として窓や子供に新たな状態が生じるが、それは親（使役主体）が享受することである場合も子供（動作主体）が享受することである場合もありうる。

《先行局面／原因局面》　　　　　　　　《後続局面／結果局面》

　日本語の使役文を《後続局面／結果局面》に注目して特徴づけることは日本語の使役文に結果含意性（動作主体が原動詞の表す動作を行うこと、少なくとも着手することを含意するという性質*24）

があることに関係するものであり、その点からも無理のない捉え方だと思われる。佐藤（1986：95）の次の説明は使役文の通達的な機能について述べたものだが、ここにも《後続局面／結果局面》への顧慮がうかがえる。

「（使役主体から動作主体への）《はたらきかけ動作》の具体的なしかたについてかたらない使役構造の文は、どんなはたらきかけをしたかということよりも、はたらきかけた結果、相手が<u>どんなうごきをしたか、相手にどんな変化が生じたかに関心をよせ、</u>情報上のおもきをおくはなし手、聞き手にとってはわずらわしさをさけた便利ないいかたである。」（下線は早津）

本章もこれと同趣だがいくらか異なるのは、佐藤（1986）では「相手」（本章の「動作主体」）の動きや変化のみに注目されているのに対して、本章はもう少し広い範囲で結果局面を捉えていることである。つまり、動作主体の動作が他の人や物に向かうものである場合には、動作の実現によって影響の及ぶ他の人や物の変化にも注目するということである。人の意志的な動作には、動作主体自身の動きや変化を生じさせる動作（「帰る」「着る」のような主体変化志向の動作）もあれば、物あるいは動作主体以外の人に向かっていく動作（「割る」のような対象変化志向の動作、「譲る」「借りる」のようなやりとり志向の動作）もある。そして動作主体にこれらの動作を行わせると、動作の種類に応じて、動作主体自身の動きや変化、物の変化、動作主体以外の人（使役主体や第三者）の動きや変化などが生じることになる。日本語の使役文に結果含意性があることからすると、使役文の意味を考えるにあたって使役事態の《後続局面／結果局面》に注目して「つかいだて」か「みちびき」かと捉えることは、日本語の使役文の特徴を生かした、あるいはそれに支えられた捉え方だといえる。

8.1.2　文法的な現象としての性質

「つかいだて：みちびき」と「強制：許可」には、もうひとつ違いをみることができる。次の2つの文は他動詞使役文・自動詞使役文の基本構造の文だが、いずれも強制という状況も許可という状況

も表すことができ、いずれかに決めることはむずかしい。

　(83)太郎は娘にケーキを切らせた。(他動詞使役文)

　(84)山田さんは娘を留学させた。(自動詞使役文)

次のようにこの文にいくつかの要素が加えられると、それぞれaは強制、bは許可という意味を読みとりやすくなる。

　(85)a　太郎はいやがる娘にケーキを切らせた。／娘に命じてケーキを切らせた。

　　　b　娘が {やりたいとせがむので／やりたそうなので} 太郎は娘にケーキを切らせた。

　(86)a　山田さんは娘の気持ちを無視して留学させた。

　　　b　娘が行かせてほしいというので山田さんは娘をアメリカに留学させた。

また、現実世界のいわば常識から判断してどちらかの意味を感じやすいということもある。たとえば「子供に人参を食べさせる」は、子供は人参が嫌いなことが多いので強制、「子供をゲームで遊ばせる」は、子供はふつうゲームが好きなので許可、という読みである。

　このように、「強制：許可」という意味は使役文の基本構造だけでは判断しにくく＊25、使役文中の副詞的な成分や従属節あるいは前後の文等に表現されている事柄、一般的な常識や予備的な知識等に支えられて読みとれるものである。また、2.1節でみたように「強制：許可」は使役主体と動作主体との間の意志面（動作実行に際してどちらの意志が強いか、どちらの意志が先に生じたか）の反映であるが、それも基本構造に支えられているわけではない。

　では「つかいだて：みちびき」のほうはどうか。これも基本構造の文において完全にどちらかに決まるわけではない。しかし、つかいだてかみちびきかは、まずは原動詞の意味的な種類によって、対象変化志向の動詞ならばつかいだて、主体変化志向の動詞ならばみちびき、という第一義的な解釈がなりたつ。つまり、「つかいだて：みちびき」は、使役文の必須の要素である述語「V-(サ)セル」の原動詞の性質（カテゴリカルな意味）を土台としその反映としてうまれる文法的な意味だといえる。また冒頭で(3)「太郎は花子に髪を切らせる」について、「髪＝太郎の髪」ならばつかいだ

120　　II　使役文の構造

て、「髪＝花子の髪」ならばみちびきになることをみたが、この違いは、受身文「太郎は花子に髪を切られる」において、「髪＝太郎の髪」ならば持ち主の受身、「髪＝花子の髪」ならば第三者の受身（はた迷惑の受身）であるのと似たところがある。こういったことからすると「つかいだて：みちびき」は「強制：許可」よりも文法的な現象という側面が強いといえる。7節でみたように使役文と他の構造の文との関係を考える際に「つかいだて：みちびき」が一定の有効性をもつのはそれ故だと思われる。

8.2　「使令：干與」と「つかいだて：みちびき」

「つかいだて：みちびき」という捉え方は、2.1節で述べたように山田（1908）の「使令：干與」に学ぶものである。「使令：干與」も使役主体が何を目的として・誰のために動作主体の動作を引きおこすか、使役主体が動作主体を方便とするか否かが重要な違いとなっている。また、2.2節でふれたように、山田（1908：385）では原動詞の種類にも言及があり、使令は主として他動詞とくに「他に対して何等かの変態を惹起すが如きもの」に適し、干與は他動詞からも自動詞からもつくられるとされている。本章は山田の所説を認めたうえで、次のことを本章なりに明確にし新たに特徴を見いだした。まず、動詞の性質として、人がその動作を行うことによって何に変化が生じるのかという観点から対象変化志向・主体変化志向という2つの類を見いだし、それとの関わりで「つかいだて：みちびき」という意味を捉えたこと（4節）が大きな点である。そしてそれぞれの使役文に構造上いくつかの違いがみられることを積極的に確認した（5節）。また、使役文と他の構造の文との関係を考えるにあたって「つかいだて：みちびき」という捉え方が有効であることを簡単ではあるが述べたこと（7節）も特徴である。

　山田（1908）の「使令：干與」は、山田自身のその後の論考、山田（1922a、1922b、1936）にはみられない*26。山田（1908：381）においては「この二者は意義上区別あるもの」とし両者の文法的な特徴を探ろうとしているのだが、山田自身が結局そこに成案を見いだせずこれは単なる意味の問題であって「文典（文法書）」の論じ

るべき対象ではないとみなしたのかもしれない。また「使令：干與」は他の研究者の論考にもほとんど影響を与えていない。それは両者についての山田（1908）の説明が必ずしも明瞭とはいえないことや、例文も所説を充分に裏づける説得的なものばかりでないことが要因だと思われる（第2章）。山田においては「使令：干與」を文法論の問題として位置づけられなかったといえる。それは山田が語彙と文法とを理念的に区別しただけで、語彙と文法との相互関係つまり、単語の語彙的な意味（カテゴリカルな意味）において語彙が文法の土台としてはたらいているという捉え方がなされていなかったことによるのではないか。よく知られているように山田は日本語の動詞を他動詞・自動詞に分けることについて「文法上殆ど一の規律も必要もなき事」（山田 1922a：93）として否定的であったがそれもこの点からきていると思われる。とはいえ「使令：干與」という捉え方は現代語の使役文についても貴重であり、本章はそれを発展させられたのではないかと考える。

9. おわりに

　本章では、使役文の文法的な意味として「つかいだて（他者利用）」と「みちびき（他者誘導）」を見いだした。これは原動詞のカテゴリカルな意味に大きく関係するものである。そして「つかいだて：みちびき」は、従来いわれる「強制：許可」と矛盾するものでもそれを否定するものでもなく、両者は使役事態の《後続局面／結果局面》に注目するか《先行局面／原因局面》に注目するかという違いであり補いあうものである。そのように捉えたうえで、つかいだてとみちびきの特徴を明らかにした。

　最後に、本章でみてきたことと、使役文と他動詞文との関係を少し述べておきたい。ごく大雑把にいうと、他動詞文にはない使役文らしい特徴が発揮されるのは、ある動作を自身が行わないで他者に行わせることを表すつかいだての使役であり、他者に変化を生じさせることを表すみちびきの使役は、対象変化の引きおこしを表す他動詞文に近いということである。そして、つかいだての使役は、動

作主体の没主体性・道具性という性質が際立つときに主宰者主語の他動詞文（「秀吉が大阪城をつくった」）という、他動詞文としては周辺的な文に類似することがあり、使役動詞とその原動詞とが同じ事態を表しうる（「V_1-（サ）セル ≒ V_1」、「つくらせる ≒ つくる」）（7.1節）。一方、使役文としては周辺的であるみちびきの使役は、対象変化の引きおこしを表す他動詞文に類似することがあり、そこでは使役動詞とは異なる他動詞を述語とする他動詞文が使役文と似た事態を表す（「V_1-（サ）セル ≒ V_2」、「帰らせる ≒ 帰す」）（7.3節）。使役と他動との関係を明晰に述べることはむずかしいが、それを探るに際して使役文の意味のあり方を語彙と文法との関係を意識しつつ考えることは意義のあることだと思われる。

＊1 「放任」を加えるものや、あるいは全体をさらに細分する論考もある。この点をふくめ、使役文の意味の研究の流れについては第2章を参照。

＊2 「//」以降の例は、必ずしもその類の使役の文例としてふさわしくないと思われるものである。

＊3 このことについては、第2章の2節でも簡単にふれた。

＊4 ある人の言動がたまたま他者の意志的な動作を引きおこすということもあるが（「父親のなにげない言葉が子供を家出させることになった」）、使役文として周辺的である。

＊5 文法用語としてではない「使役する」の意味が『言海』（1889）以降の国語辞書のいくつかにみられることを第2章の注45で紹介した。たとえば『言海』の"ツカフコト。逐ヒ使フコト"のほか、"他人を使って仕事をさせること"（『例解国語辞典』1976）、"人をつかって仕事をさせること。人に命じて職務につかせること。働かせること"（『日本国語大辞典（第2版）』2001）、"人を使って何かをさせること"（『新明解国語辞典（第6版）』2005）などである（書誌情報は巻末の参考文献一覧を参照）。

＊6 Vendler（1967）の「accomplishment：action：achievement：state」もアスペクト的観点からの分類といえる。

＊7 「カテゴリカルな意味」は、第1章の2.4節で述べたように奥田（1974）等の概念・術語であるが、本書ではそれにならって、「個々の単語の語彙的な意味のなかで、その単語のある文法的（形態的・構文的）な性質をうみだしている一般的な側面」と規定している。早津（2009、2015d）も参照。

＊8 奥田（1960、1968-1972）は、動詞の分類を直接行うものではないが、ヲ格名詞と他動詞との組み合わせ（連語）が構文・意味的な性質によって、大

きく「(対象への) はたらきかけ」「所有 (のむすびつき)」「(心理的な) かかわり」に分けられ、各類の連語をつくる動詞の例があげられている。それをみるとこの3類の連語をつくる動詞はそれぞれ本章の「対象変化志向の他動詞」「やりとり志向の他動詞」「主体変化志向の他動詞」にほぼ一致する。ただし奥田 (1960、1968–1972) は主語述語の関係を問題にしない連語についての論考であるので、文について考える本章の立場からは、動作の再帰性にかかわる点などにおいて動詞の分属がいくらか異なる (たとえば、「着る、かぶる、かつぐ」等は、奥田 (1960、1968–1972) では「(対象への) はたらきかけ」とされるが本章では「主体変化志向の他動詞」である)。

　また、奥田 (1960) と奥田 (1968–1972) の細部の相違は本章にとっても示唆的である。たとえば、奥田 (1960 [1983：267–268]) では、「しらべる、さがす、さぐる、ためす」「研究する、分析する、観察する」などの動詞がヲ格の名詞と組み合わさって「対象にたいする調査活動」を表す連語をつくるとされるが、奥田 (1968–1972) ではこのタイプの連語構造は全く扱われていない。これらは、他動詞ではあるが対象に変化を生じさせるのではない動作を表し、本章のいう「主体変化志向の他動詞」である。これらも含め、2つの論考の異同については稿を改めて述べる。

*9　各類およびその下位類の説明やそれぞれの動詞例のより多くの提示は稿を改めて述べる予定である。本文の動詞例において「//」で区切ってあるのは下位類によるものだが、それについての説明もここでは割愛する。

*10　奥田 (1968–1972 [1983：36]) に、ヲ格名詞と接触動詞との連語 (「机をたたく、ボールを握る、布をなでる」) の性質として、「物にたいして物理的にはたらきかけて、それを変化させる全過程のうちから、接触の段階あるいは接触のし方だけをとりだして、表現しているといえる」とあり、本章でいう接触動詞の対象変化志向性が指摘されている。なお、奥田 (1968–1972) では、この直前の箇所で「観察や感情表現のようなばあいをのぞいて、物にたいする物理的なはたらきかけが、その物になんの変化ももたらさないなら、それは無意味である」とも述べられている。なお、ここで「観察や感情表現のようなばあい」というのは、「板をたたく」ことで強度を確かめたり、「(うるさい教室で) 教卓をたたく」ことで苛だちや注意喚起の感情を伝えたりすることだと思われる。

*11　「V-テイク／テクル」の形である「持っていく、買ってくる」をあげたのは、これらが「移動に直接関係する格支配のうえで、(Vとは) ちがった性質をもっている」(宮島 [1994a：440]) ため「持つ、買う」とは別の動詞とみなせることによる。「持つ」は主体変化志向の他動詞、「買う」はやりとり志向の他動詞であって移動の出発点や到着点を表す場所名詞とは組み合わさりにくいが (「?学校に本を持つ」「?沖縄から泡盛を買う」)、「持っていく、持ってくる、買ってくる」等は「学校に本を持っていく／持ってくる」「沖縄から泡盛を買ってくる」ということができ、対象の位置変化をもたらす移動動作を表す。「かつぐ、背負う」も同様である。もちろんすべての「V-テイク」等にこの性質があるわけではない (「?銀座から酒を飲んでいく」)。なお、「沖縄／蔵元から泡盛を買う」というとすれば、そのカラ格は出発点というよりも売り手としての性質であり、携行としての移動という意味にはならない。

＊12　工藤（1982：57-58）では、「（主体の変化には）主体自身の状態変化（物理的、化学的、生理的、心理的、社会的変化など）、主体が何かにくっついたり、何かから外れる変化、主体の位置変化、主体が出現または消滅する変化など、種々のタイプの変化がある」とされ、「主体の変化を表している動詞」として「立つ、すわる」等の自動詞とともに「決心する、あきらめる、理解する、忘れる、おぼえる、悟る、察する」「着る、はく、かぶる、はおる、まとう、脱ぐ、きがえる」のような思考や着脱を表す他動詞もあげられている。ただし摂食動詞（「食べる、飲む、吸う、すする」は「客体に働きかけていく主体の動きを表わすが客体の変化については問題としない動詞」の類とされていて、主体の変化という性質はとらえられていない。

＊13　存在動詞の「いる」は、「教室に学生がいる」「傘をさしている人もいる」などのときにはあまり意志動作とはいえないが、「みんなが逃げても僕はここにいる」「帰らないでもうすこしここにいてください」のような場合には意志的な動作である。

＊14　佐藤（1986）では、使役文の意味のひとつとして使役主体から動作主体への《利益付与》をあげ、原動詞の種類について「《利益付与》を表現する文にもちいられる意志動詞には、「たべさせる、のませる、くわせる」のような、人間の基本的な生理的欲求にかかわるもの、「もたせる、身につけさせる、（金を）つかませる、（金を）にぎらせる」のような、所有にかかわるもの、「やすませる、休養させる、休息させる、療養させる、避難させる、（ひざを）くずさせる、復帰させる」のような、なんらかの拘束からの解放にかかわるものがおおい」と述べている（p.125）。これらの動詞は本章でいう主体変化志向の他動詞と主体変化志向の自動詞である。

＊15　第2章の3.2.1節で紹介したように、山田（1908：386）は、他動詞使役が使令作用となるときに動作主体が「〜ヲ遣リテ／遣ハシテ」で表されることがあると述べている。

＊16　媒介性や利用性が顕著になると「（人ヲ）V-テ」の「V」は独立の動詞としての性質が希薄になり、単文の述語にしにくくなる（「？通訳を介した。そして感謝の意を伝えさせた」「？職人を使う。そして器を造らせる」）。これらの「V-テ」は後置詞的である（早津2013b）。

＊17　同じく連用の形である「V-（サ）セ」も含む。ただし用例数としては「V-（サ）セテ」がほとんどである。この偏りは、動詞の連用形（「V-シ」）とテ形（「V-シテ」）の違いについて言語学研究会・構文論グループ（1989a、1989b）、新川（1990）で述べられていること、すなわち「V-シ」は2つの独立の事態の並列関係（「鳥は鳴き、花は咲く」）を、「V-シテ」は主節で述べられる主たる事態にとっての副次的な事態を述べる複合的な関係（「めがねをかけて新聞をよむ」）を表すのにふさわしいという説が、「V-（サ）セ」と「V-（サ）セテ」についてもなりたつことを示しており、(33)〜(36)の挙例にもうかがえる。なお、(35)は「窓をあけさせ、お世辞を受けて出て行ってしまった」となっていて、「V-（サ）セ」形（「あけさせ」）であるが、「あけさせ」が「お世辞を受けて」というV-シテ形とあわさって従属節をなしそれが主節にかかるという構造であり、それについての新川（1990：160-163）の説明によって納得できる。なお、使役動詞が連用の形（「V-（サ）セ」「V-（サ）セテ」「V-

（サ）セナガラ」等）で用いられている文の性質については高（2010）でも論じられている。

*18　また第10章の3.1.1節で、「もたせる」を述語とする使役文にこのような事態の表現が多いことをみる。

*19　このことは、動詞のシテイル形のアスペクト的な（つまり文法的な）意味が、実際の具体的な文においては他の要素との関係その他で変わりうるものの、まずは動詞の意味的な種類（4.1節）によって、動作の継続か変化の結果の継続かであることと似ている。

*20　井島（1988）では、「壊れた時計を修理した」の「〜を修理する」と「〜を修理させた」との類似性が指摘されている（第8章2節）。また、下田（1999）では「車をなおす」という表現の性質について「車をなおしてもらう」「車をなおさせる」と比べて考察され、V-テモラウ文には「配慮」、使役文には「非配慮」という評価的態度があるのに対して「車をなおす」はそれから自由な表現形式だとしている。

*21　佐藤（1986：173）にも「使役主体の目的を実現するために相手にはたらきかける」ことを表す使役文の中には「その目的の実現によって使役主体が利益をうけとるばあいがある。これらの文は、「〜してもらう」文と構造的にも意味的にもかさなる」とある。

*22　動作主体が目上の人であるときには「先生においしい物を食べてもらう／食べていただく」という「V-テモラウ／テイタダク」が可能であり、これは動作主体（「先生」）が結果を享受している。しかし、目上の人の意志動作を引きおこす事態を使役文で表現すると不自然であることが知られており（たとえば「??部長においしい物を食べさせる」「??先生を立派な椅子にすわらせる」は何らかのニュアンスをこめて用いる場合以外は不自然）、こういった事態を表す「V-(サ)セル」の実例はみあたらなかった。

*23　早津・高（2012）では広い範囲について使役動詞と他動詞（使役文と他動詞文）との異同が検討されている（第8章の注12参照）。

*24　「親が子供に窓をあけさせた」「親が子供を床にすわらせた」は、〈子供が窓をあける〉〈子供が床にすわる〉という動作の実現を含意し、「親が子供に駅まで荷物を運ばせた」も、「駅」に「荷物」が着いているかどうかはわからないが「運ぶ」動作が始まっていることは含意している。そのため「*子供に窓をあけさせたが、子供はあけなかった」「*子供に荷物を運ばせたが、子供は運ばなかった」は不自然である。したがって、日本語の使役文はいわゆる「動作要求文」（「〜V-スルヨウ {頼む／命じる／依頼する}」）とはその点で異なる（「子供に窓をあけるよう {頼んだ／命じた／依頼した}が、子供はあけなかった」といえる）。

*25　いわゆるヲ使役・ニ使役（「生徒 {を／に} 家へ帰らせる」）との関係で、ヲ使役は強制、ニ使役は許可を表すとされることがあるが（早津1991に、生成文法の立場からのものも含め種々の論考が紹介されている）、それが実相にあわないことは、国立国語研究所（1964b）、早津（1999a）、許（2005）で指摘されている（第2章の注34も参照）。

*26　ただし、山田（1913a、1913b）には、2つの類に分けて、それぞれ奈良時代、平安時代の例があげられている。まず、山田（1913a：255–259）は、

「しむ」の例だが、「干與作用」と「使役ﾏﾏ作用」「敬意」を表すとし、干與の例として5例（万葉集から4例、祝詞から1例）、使役の例として3例（宣命から2例、古事記から1例）あげられている。また、山田（1913b：139–149）には、「（「す」「さす」は）干與と使令とをあらはすを本来の作用とし、更に敬意をあらはすにも用ゐらる」（p.147）として、干與の例が5例、使令の例が7例（源氏物語、枕草子、伊勢物語、宇治拾遺物語などから）あげられている。いずれにも詳しい説明は何もないが、それぞれの例として疑問に感じるものと納得しやすいものがある。

第4章

〈人ノ N［部分・側面］ヲ Vi［無意志］-（サ）セル〉型の使役文
無意志動作の引きおこしを表す使役文

1. はじめに

　原動詞が無意志動詞である使役文には、事物を表す名詞や人名詞をヲ格の補語とするもの（1〜2）のほかに、人の身体部位や心理内容など（「部分・側面」、後述）を表す名詞をヲ格の補語としそれがノ格の人名詞で修飾される構造の文（3）がある*1。

- （1）〈事物ヲ Vi［無意志］-（サ）セル〉型
  「果汁を凍らせる」「モーターを回転させる」「政情を安定させる」「雨を降らせる」
- （2）〈人ヲ Vi［無意志］-（サ）セル〉型
  「真っ赤な水着が太郎を驚かせた」「太郎が父を苛々させる」「激しい練習が選手を疲れさせた」
- （3）〈人ノ N［部分・側面］ヲ Vi［無意志］-（サ）セル〉型
  「真っ赤な水着が太郎の目を驚かせた」「太郎が父の心を苛々させる」「激しい練習が選手の足を疲れさせた」「その決定が農民の感情を硬化させた」「その報告が人々の悲しみをいっそう募らせた」

この（3）の〈人ノ N［部分・側面］ヲ Vi［無意志］-（サ）セル〉型の使役文には、（2）の〈人ヲ Vi［無意志］-（サ）セル〉型にはない独自の機能があるとともに、（1）の〈事物ヲ Vi［無意志］-（サ）セル〉型の使役文との連続性をうかがわせる性質がある。本章では、（3）型の使役文について、（2）型の使役文との異同を確認しながら性質を考察する。そして最後に簡単にだが（1）型の使役文との関係について述べる。

129

2. 人の［部分・側面］の変化の引きおこし

従来の研究では、〈人ノN［部分・側面］ヲVi［無意志］-(サ)セル〉型の使役文について、その性質や〈人ヲVi［無意志］-(サ)セル〉型との異同などが詳しく考察されることはほとんどなく、佐藤（1990）でとりあげられているのが唯一だと思われる。佐藤（1990）は、使役文のうち主語が物名詞や出来事名詞であるもの（広い意味での因果関係すなわち「ある出来事の発生、存続、変化、消滅を条件づけるものと条件づけられるものとの関係」(p.107)を表す使役文）についての論考であり、こういった使役文が次の5種に分けられていて、このうちのi類とii類がそれぞれ本章の〈人ヲVi［無意志］-(サ)セル〉型と〈人ノN［部分・側面］ヲVi［無意志］-(サ)セル〉型に相当する（各類の例文は佐藤（1990）の挙例を参考に早津がそえた）。

i 使役の客体が人間のばあい　例「強い花の匂いが<u>私を悩ませた</u>」

ii 使役の客体が人間の部分・側面のばあい　例「赤土の登り道が<u>兵士たちの足を疲れ</u>させた」「楽しい予感が<u>村人の心を浮き立</u>たせる」

iii 使役の客体が《結果＝出現物》のばあい　例「その事件はかすかな<u>疑惑を僕の胸に煙らせた</u>」

iv 使役の客体が《出来事・物》のばあい　例「陽の光が<u>白い穂を</u>真白に輝かせていた」

v 他動詞からつくられた使役動詞を述語の位置にすえた文*2　例「水のにおいが彼女に<u>新鮮な喜びを感じ</u>させた」

ただ、佐藤（1990）は、「文をくみたてる構成要素のむすびつき」すなわち、主語、補語、述語などのむすびつきのあり方を考察することによって文の意味的なタイプを明らかにすることに論の重点がある。また、上のi類とii類については、主語（物名詞や出来事名詞）が「原因」としてどのような性質のものか、すなわち、その人にとって外的なものであるか（「物音が彼（の耳）を驚かせた」）、内的なものであるか（「劣等感が彼（の心）を萎えさせていた」）が

詳しく検討されているものの、その点における i 類と ii 類の異同が指摘されているわけではない。あげられている例からも、 i 類と ii 類には原因が外的なものか内的なものかの違いはなさそうである。また、 ii 類について佐藤（1990：107）には「（ i 類と ii 類の）ふたつは、構造上の特徴の点でも、意味的な性格の点でもきわだったちがいがあり、後者の文を媒介にして他の使役文の下位の構造的なタイプが成立していると思われる」と述べられていて非常に興味をひかれるが、この点について詳しく説明されてはいない。

とはいえ、佐藤（1990）には重要な指摘が多い。本章ではそれらに学びつつ、4節で、〈人ノ N［部分・側面］ヲ Vi［無意志］-（サ）セル〉型（佐藤の ii 類）の使役文について、〈人ヲ Vi［無意志］-（サ）セル〉型（ i 類）、〈人ニ N［部分・側面］ヲ Vi［無意志］-（サ）セル〉型（iii 類にほぼ相当）とも比べながら、形式面の特徴およびそれに支えられた表現面の意義や構文面の独自性を考えてみる。そして5節では、佐藤の ii 類についての上に引用した指摘（「他の使役文の下位の構造的なタイプ」との関係）の言わんとしていることについて本章なりに考えてみる。3節ではそれらの考察に先だって本章において「部分・側面」を表す名詞として捉えるものを示す。

なお、以下では、〈人ノ N［部分・側面］ヲ Vi［無意志］-（サ）セル〉型について簡略に〈人ノ N［部分・側面］ヲ Vi-（サ）セル〉型と記したり、さらに〈人ノ N ヲ〉型と記すことがある。また、無意志動詞の種類をより詳しく示して「Vi［心理］-（サ）セル」「Vi［物変化］-（サ）セル」などと記すこともある。

3.「部分・側面」を表す名詞

本章の考察の対象とする〈人ノ N［部分・側面］ヲ Vi-（サ）セル〉型の使役文において「N［部分・側面］」を表す名詞とするのは大きく次の4つの類の名詞である。
《身体部位》　身体の部分を表す名詞。「目、耳、頭、顔、頬、のど、　胸、背中、手、足」のような外側の部分も「心臓、血、筋肉、神

経」のような内部の部分もある*3。 例「太郎の手をふるえさせる」「選手たちの足を疲れさせる」「彼女の胸をどきどきさせる」「子供の心臓をおどらせる」「人の神経を苛々させる」。

《心理部位》 心理状態が存している・備わっている"ありか"としてとらえられる「心、気、気持ち、気分」などの名詞。 例「子供の心を凍りつかせる」「父の気を苛立たせる」「学生たちの気持ちを萎えさせる」「太郎の気分を滅入らせる」

　　また、身体部位名詞である「胸、頭」などが「心」と同じく心理状態の"ありか"としてとらえられることがある。 例「彼の頭を悩ませる」「子供の胸をわくわくさせる」。

　　なお「気持ち、気分」という名詞は、「その伝記が太郎の気持ちをふるい立たせた」「彼の話が一座の気分を動揺させる」の場合は心理部位ととらえられるが、「父の不在が子供たちの悲しい気持ちを募らせた」「金銭が駒ちゃんのうちのめされた気持ちを回復させる」のように心理の内容を具体的に示す連体修飾をうけているときはその全体が次の《心理内容》に近い。

《心理内容》 心理状態の内容やあり方を具体的に表す名詞。「悲しみ、怒り、憎しみ、安心感、恋心」「興味、関心、知識欲、欲望、好奇心、反抗心」「空想、初心、倫理観、階層意識、夢、記憶」「感情、精神、気力、理性、戦意、士気、意志、意気」等。 例「親の悲しみを広がらせる」「子供の欲望を目ざめさせる」「人の感情を硬化させる」「彼の気力を減退させる」。

《行動・能力》 人の活動や態度、潜在的な能力などを表す名詞。その範囲は必ずしも明瞭でないが、「行動、態度、表情、視線、熱狂、生活、生活スタイル」「行動力、判断力、想像力、知恵、智徳、母性」等である。 例「店員の接客態度を向上させる」「人の行動力をしぼませる」「生徒の判断力を鈍らせる」「二人の恋を成就させる」「人の精神生活を安定させる」「市民の生活スタイルを変質させる」「児童の智徳を発達させる」。

　　本章における「部分・側面」をこのように捉えるにあたっては、主として高橋（1975）や前節で紹介した佐藤（1990）を参考にし

た*4。高橋（1975：1）は、「あるものと、それの側面、部分、も
ちもの、生産物などとの関係」を「所属関係（所属さきと所属物と
の関係）」とする。人とその「身長」や「手」、物とその「大きさ」
や「色」のように、人についても物についても考えられているが、
人の側面の場合について紹介すると、「側面」として「身長、体重、
性質」が、「部分」として「手、足、頭」が、「もちもの」として
「ぼうし、かばん」「しごと、興味」「父、敵」が、「生産物」として
「言葉、汗、絵」などがあげられている。そして、「（所属関係とい
うのは）現実の関係としてそうなのであるが、この所属物をしめす
単語と所属さきをしめす単語とが文のなかで共存するばあい、それ
らは一定の統語論的な関係をもち、その関係は、いろんな型の文の
なかでさまざまな様相をていする」（p.1）とする。そして、現実の
関係が統語論的な関係に反映する種々の現象が示され検討されてい
る。高橋（1975）では本章の〈人ノN［部分・側面］ヲVi-(サ)
セル〉型の使役文における「人ノN」については述べられていない
が、この型の使役文にみられる現象も、高橋のいう所属物を表す名
詞が発揮する文法的ふるまいのひとつだといえる。なお、高橋
（1975）では、あげられている文例からみると「気分、気持ち、誠
意、思想、一挙一動、様子、態度」なども所属物とされているのだ
が、これらが「側面」「部分」「もちもの」「生産物」のいずれかに
はいるのかあるいは別なのかははっきりしない。本章でも厳密に分
けようとするのでないが、先の名詞例にあげたように《心理内容》
にあたるものと《行動・能力》にあたるものがあると考える。

　また、佐藤（1990）は部分や側面そのものについての論考では
ないが、佐藤（1990）において「人間の部分・側面」とされてい
るものの全体は、あげられている使役文の実例*5 からうかがうと、
本章でいう《身体部位》《心理部位》《心理内容》《行動・能力》の
全体にほぼ相当する。佐藤（1990）は、「部分・側面という用語に
ついては、いまのところ厳密につかいわけているわけではない」
（p.126）としたうえで、両者について次のように述べている。

　　「「彼の体」というばあいは《部分》といってよいが、「彼の行
　　動」「彼女の美しさ」というばあいは《属性》をさしている。

「彼の顔色」というばあいは《側面》である。《部分》は比較的
とらえやすいので、それ以外のものを一括して《側面》と呼ん
でおく。」（p.126）

そして、実際にはあまり両者を分けず、まずは、「身体、目、頭、
足、膝、耳、のど、うなじ、骨、身、心臓、筋肉、血液、神経、心
身、目鼻立ち」「心、気持、気」などを「部分・側面」として、考
察がなされていく。そして後半で、「側面」についてさらに次のよ
うに述べられている。

「人間の側面をしめす名詞には、このほかに、「意志」「意識」
「考え」「あこがれ」「疑惑」「報復心」「好奇心」「知識慾」「骨
董趣味」のような、心理活動を形態や内容の面から名づける名
詞、「行動」「行為」「睡眠」「表情」「顔色」「視線」のような、
人間の動きや状態を名づける動作性名詞、現象名詞などがあ
る」（p.133）

この指摘は、本章で《心理内容》《行動・能力》という類をとりだ
すのにたいへん参考になる。ただし、本章が佐藤（1990）と少し
異なるのは、「心」など本章で《心理部位》としたものの捉え方で
ある。佐藤（1990）では上の引用からもわかるように、「心」はお
そらく「側面」とされるのだと思われる。それに対して本章では、
「心」を、「悲しみ、興味、戦意、気力」といった具体的な心理内容
のやどる“ありか”とみなして、どちらかというと「部分」ととら
えている。部分と側面とは必ずしもはっきり分けることができない
が、分けるとすれば、《身体部位》と《心理部位》は部分、《心理内
容》と《行動・能力》は側面となるように思う。

このように、高橋（1975）、佐藤（1990）から多くを学んだも
のの〈人ノＮヲ Vi［無意志］-（サ）セル〉型の使役文の「Ｎ」の
名詞を、《身体部位》《心理部位》《心理内容》《行動・能力》という
４つに截然と分けることは容易でなく、先に各類の例としてあげた
名詞も必ずしも絶対的な所属とはいえない。この４類については以
下の考察においておおむねの妥当性が示せればと考える。

なお、以下本章では、２つの型の使役文の例文をあげる際、ヲ格
の補語を＿＿＿で、ノ格の修飾語を＿＿＿で示すことにする。

・〈人ヲ〉型　　　　：「太郎が父を苛々させる」
・〈人ノN ヲ〉型　：「太郎が父の心を苛々させる」

4. 〈人ノN［部分・側面］ヲVi［無意志］-(サ)セル〉型の使役文の性質

この節では、〈人ノN［部分・側面］ヲVi-(サ)セル〉型の使役文の性質を3つの点から考えてみる。

4.1 〈人ノN［部分・側面］ヲVi［無意志］-(サ)セル〉型と〈人ヲVi［無意志］-(サ)セル〉型

まず、ヲ格の補語が「人ノN［部分・側面］ヲ」である使役文と、たんに「人ヲ」である使役文との異同をみていく。

4.1.1　無意志動詞の4種

〈人ノN［部分・側面］ヲVi［無意志］-(サ)セル〉型の使役文の性質をみていくにあたり、無意志動詞を大きく次の4種に分けて考えていく。分類にあたっては、その動詞の語彙的な意味および構文的な性質を基準にし、とくに、その動詞を述語とする文が主語としてどのようなカテゴリカルな意味の名詞をとるかに注目した*6。

《心理変化動詞》　人の心理状態の変化を表す動詞。人名詞を主語とする［人ガVi］（「選手が緊張する」）、［人ガNニVi］（「太郎が物音に驚く」）という構文や、［人ハNガVi］（「太郎は気が滅入る」）といういわゆるハガ構文で用いられる。　例「苛々する、苛立つ、おちつく、驚く、緊張する、狂う、昂揚する、しらける、戦慄する、楽しむ、動揺する、ときめく、なごむ、奮い立つ、満足する、滅入る」等。また、形態的には「わくわくする、どきどきする、いらいらする、ぴりぴりする、くさくさする」といった、オノマトペ的な形態と「する」との組み合わせも少なくない。

《生理変化動詞》　人の生理状態の変化を表す動詞。身体部位を主語にする［N［身体部位］ガVi］という構文をとるもの（「目が潤む」）、人を主語とする［人ガVi］という構文をとるもの（「太郎

が酔う」)、いずれの構文もとるもの（「｛太郎／足｝が疲れる」）もある。 例「委縮する、痛む、飢える、潤む、衰える、くらむ、こわばる、上気する、疲れる、ふるえる、麻痺する、めざめる、酔う」等。

　これらには、「（足が）痛む」「（太郎が）酔う」のように純粋に生理面の変化や状態を表現するものもあるが、「（目が）うるむ」「（顔が）こわばる」のように心理面の変化や状態の現れとしての生理面の変化や状態を表す動詞もある。

《物変化動詞》　物の物理的な変化を表す動詞。具体物を主語とする［具体物ガVi］（「野菜が腐る」）という構文で用いられる。物変化動詞はもちろん多くあるのだが、〈人ノN［部分・側面］ヲVi［無意志］-(サ)セル〉型の使役文で用いられることはあまりない。この型の用例がみられたものをあげる。 例「きしむ、腐る、凍る、沈む、しぼむ、縮む、とがる、波立つ、ねばつく、はずむ、ひっこむ、沸騰する、腐敗する、ほころぶ、もつれる、やきただれる、沸く」等。

《事変化動詞》　事の変化や出現を表す動詞。事を表す抽象名詞を主語とする［事ガVi］（「（交渉が）長引く」）という構文で用いられる。事変化動詞も〈人ノNヲVi［無意志］-(サ)セル〉型の使役文がみられたものは多くない。 例「変わる、一変する、（判断力が）鈍る、（態度が）硬化する、（知恵が／経済が）発達する、混乱する、回復する、（寒さが／不安が）募る、（騒ぎが）しずまる、（夢が）ひろがる、（入院が）長引く、調和する、安定する、曲折する、成就する、減退する、向上する」「（記憶が）よみがえる、めざめる、浮かびあがる、わきたつ」等。

　このように4種に分けて動詞例をあげたが、ひとつの動詞がひとつの類に分類できるわけでは必ずしもない。たとえば、先にも述べたように人の身体部位には具体物としての性質もあることから、身体部位名詞をも具体物名詞をも主語とする動詞も少なくない（「｛顔／革｝がこわばる」「｛心／ボール｝がはずむ」）。また、事変化動詞とするものの中には、もともと具体物の変化を表す動詞だったもの

が抽象化一般化した意味を表す動詞になっているものが少なくなく（「{刀／判断力}が鈍る」）」、また事名詞だけでなく人名詞をも主語にしうるものもある（「{政権／季節／人が}が変わる」）。そういった多面性はあるものの、大きく上のように分けたときに、〈人ノＮ［部分・側面］ヲ Vi［無意志］-(サ) セル〉型（佐藤 1990 のⅱ類）と〈人ヲ Vi［無意志］-(サ) セル〉型（佐藤のⅰ類）とでは使われる動詞類に傾向として違いがある。

4.1.2 〈人ヲ Vi［無意志］-(サ) セル〉型の使役文の原動詞

まず〈人ヲ Vi-(サ) セル〉型の使役文のほうをみると、この型の使役文で用いられる原動詞は基本的に心理変化動詞か生理変化動詞である。

《心理変化動詞》

原動詞が心理変化動詞である〈人ヲ Vi［心理］-(サ) セル〉型は心理変化の引きおこしを表現する。次のような例である。なお、それぞれの例の中の＿＿部については 4.3 節の考察において説明する。

(4) 暗い部屋の中では、花の匂いだけが私たちをなやませた。

(放浪記)

(5) 私の答えがなんであろうと、それが奥さんを満足させるはずがなかった。

(こころ)

(6) 風ははたと止むかと思われる時があった。その瞬間が却って三人を戦慄させた。

(潮騒)

(7) 元の語り手がどんな調子で話したろうと、生みだされたものの調子は芸術家その人のものだ。それが安吉を滅入らせた。

(むらぎも)

(8) その時の葬儀には三百人もの人が参列し、遺族の人達を大変おどろかせました。

(指と目で読む)

(9) 私たちは、互いに争うようにして仔馬の世話をしたがり、しまいには気の短い源さんを怒らせてしまうことさえあった。

(北帰行)

(10) 彼の弟は漁師になりたいと駄々をこねてお父さんを困らせ

た。　　　　　　　　　　　　　　　　　　　（庭の山の木）

(11)｛『南無阿弥陀仏』の｝序段にも柳の面目をあらわす発言が
　　　随所にあって、現在の私をさえ興奮させる。　　（寿岳文章集）

《生理変化動詞》

　原動詞が生理変化動詞である〈人ヲ Vi［生理］- Vi-(サ) セル〉
型は、まず次の例では生理変化の引きおこしを表している。

(12)満州から引きあげて来た時……生まれて一年めの男の子を
　　　死なせてしまうし。　　　　　　　　（岬兄悟、よき隣人）

(13)その短く不安な待機が僕らを限りなく疲れさせた。　（飼育）
しかし次の例では、原動詞の表すその生理変化に反映するものとし
ての心理変化をも比喩的に表している。(16) の「委縮する」は生
理変化と心理変化をともに表す多義語となっているかもしれない。

(14)年のちがう生娘の須賀に、父親のように慕われる気持ちは
　　　二度めの結婚をしたように白川を若返らせ、（円地文子、女坂）

(15)「碧郎はどうした？　何時だ？」まだです、もう十一時です
　　　と云って、げんは顫えだした。居眠りあとでどきりとし、
　　　外へ出て冷たかったのだと承知していても、そうでないも
　　　のから顫えが伝わってくるのだ。……。先走りなのだ。な
　　　にも弟の死を聯想する種はないのだが、げんを顫えさせて
　　　いるのは死だった。　　　　　　　　　　　　（おとうと）

(16)教師は……知らずしらずその子を軽んずるような言動をな
　　　し、ついにその子を萎縮させ、あるいは自暴自棄におちい
　　　らせ、　　　　　　　　　　　　　（おさなごを発見せよ）

　このように、心理変化動詞や生理変化動詞は〈人ヲ Vi-(サ) セ
ル〉型の使役文に使われるのに対して、物変化動詞や事変化動詞が
〈人ヲ Vi-(サ) セル〉型に使われることはふつうにはない。ただ、
「変わる、成長する」など様々なものの変化を表す動詞からの〈人
ヲ Vi［一般］-(サ) セル〉型はありうる。それについては、4.1.3
節の最後に触れる。なお、2 節で紹介した佐藤 (1990) には i 類
（〈人ヲ Vi［無意志］-(サ) セル〉型）の使役文の実例が 111 例
（原文そのままの引用が 85 例、簡略化した提示が 26 例）あげられ
ているが、そのうち 105 例 (94.6%) が心理変化動詞か生理変化

動詞である＊7。

4.1.3 〈人ノＮヲＶi［無意志］-（サ）セル〉型の使役文の原動詞

それに対して、〈人ノＮヲＶi-（サ）セル〉型の使役文の原動詞としては、心理変化動詞、生理変化動詞だけでなく、物変化動詞、事変化動詞も現れる。その現れ方とそれぞれの使役文の意味はＮの種類ごとに特徴があるので順にみていく。この4.1.3節でも4.1.2節と同じく、例文中に＿＿線を施したものがあるが、それについては4.3節の考察において説明する。

（ア）Ｎが身体部位名詞

Ｎが身体部位名詞であるとき、〈人ノＮヲＶi-（サ）セル〉型の原動詞としては、心理変化動詞、生理変化動詞、物変化動詞がみられる。

《心理変化動詞》

原動詞が心理変化動詞である〈人ノＮ［身体］ヲＶi［心理］-（サ）セル〉型は次のような例である。

（17）それは真っ白のビキニで、ぼくの眼を驚かせた。　　（聖少女）

（18）衣装や道具が観客の目を楽しませる。　　　　（サーカス放浪記）

これらは、原動詞が心理変化動詞なので、それぞれの文で「Ｎヲ」を示さなくても心理変化を表現する使役文として成り立つ。しかし、Ｎ（身体部位）を明示することによって、心理面の変化がどの身体部位（感性器官）を通して生じるのかを具体的に述べることができる。たとえば上の2例では、〈人ヲ〉型（「僕を」「観客を」）ではなく〈人ノＮヲ〉型（「僕の目を」「観客の目を」）で述べることによって、心理変化が視覚（真っ白のビキニや衣装などを見たことによる刺激）を通して生じたものであることが明瞭になるし、ほかに「子どもたちの演奏が私たちの耳を楽しませる」「おいしい料理が僕らの舌を楽しませてくれた」ならば、「耳」「舌」が示されることによって、それぞれ聴覚、味覚を通しての楽しさであることがはっきり表現される。また次の（19）では「狂う」のが体調や予定などではなく精神面であることが、（20）では「緊張する」のが精神面

と生理面の両方であることが、それぞれ表現されている。

（19）この推測はすくなからず彼の頭を狂わせた。　　　　　（恋の巣）

（20）痩せた土地は人の頭と体を緊張させ、……　　　　　　（風土）

つまり、これらの〈人ノＮヲ〉型は、〈人ヲ〉型による表現をより具体化・明瞭化した表現だといえる。このことを「⊂」を用いて示すと次のようになる。

（17′）それは……ぼくの眼を驚かせた。⊂ぼくを驚かせた

（18′）衣装が観客の目を楽しませる。⊂観客を楽しませる

（19′）この推測は彼の頭を狂わせた。⊂彼を狂わせた

（20′）痩せた土地は人の頭と体を緊張させ、⊂人を緊張させ

なお、身体部位名詞と心理変化動詞との組み合わせであっても、〈人ノＮヲ〉型と〈人ヲ〉型にあまり違いが感じられないものもある。違いが感じられないことを「≒」で示す。

（21）毎日々々箸の上下しに出る母親の毒々しい当こすりが、お島の頭脳をくさくさささせた。〔≒お島をくさくさささせた〕

　　　　　　　　　　　　　　　　　　　　　　　　　　　　（あらくれ）

（22）{木部の}　鈍感なお坊ちゃん染みた生活のしかたが葉子の鋭い神経をいらいらさせ出した。〔≒葉子をいらいらさせ出した〕

　　　　　　　　　　　　　　　　　　　　　　　　　　　　（或る女）

（23）新しい仕事の興味が、彼の小さい心臓をわくわくさせていた。〔≒彼をわくわくさせていた〕　　　　　　　　　　　（あらくれ）

「くさくさする」「いらいらする」「わくわくする」が表すのはもっぱら心理変化であり、かつ特定の身体部位を通して生じるものでもないので、Ｎ［身体部位］の有無があまり問題にならないのだろう。ただ、このうちあとの２例でＮが「鋭い」「小さい」によって修飾を受けているのは表現面で重要である。文中にＮを明示することによってそれに連体修飾成分をつけることができるようになり（「鋭い神経」「小さい心臓」）、それは「葉子」が鋭い神経の持ち主であること、「彼」がこのとき幼く気弱であることを表現するのに与っている。

《生理変化動詞》

　人の生理変化を表す動詞には、「目がちかちかする」「頬が上気す

140　　　Ⅱ　使役文の構造

る」のように身体の一部にのみ生じる生理変化を表す動詞と、「疲れる」のように身体の一部に生じる生理変化（「足が疲れる」）も身体全体に生じる生理変化（「仕事が多くて疲れる」）も表すことができる動詞がある。前者の場合、〈人ノN［身体］ヲ Vi［生理］-（サ）セル〉型は、その身体部位において「Vi」の表す生理状態に変化が生じることが表現される。

(24) 千代子はまた机にむかって英語の本をひらいた。言葉の意味はなく、活字がただつづいている。そのあいだを高く低くとびめぐる鳥の幻影が彼女の目をちかちかさせた。〔*彼女をちかちかさせた〕　　　　　　　　　　（潮騒）

(25) かきねに添うた、並木のポプラの下をくぐると、思いがけず明るい風景が、新子の目をくらませた。〔*新子をくらませた〕　　　　　　　　　　　　　　　　（青い山脈）

この類は比喩的に心理変化の引きおこしを表現することも少なくない。心理状態の変化がその人の身体部位の変化に反映することを捉えた表現である。「目を潤ませる」「胸をときめかせる」をはじめ「身体部位ヲ Vi-（サ）セル」が慣用的になっているものも多い。

(26) 火のこのような奔放な孤りの姿が、かづの目を興奮で潤ませた。〔*かづを興奮で潤ませた〕　　　　　　（宴のあと）

(27) {水飴屋の車の} すべてのものの調和をうちこわしてしまうような響きが妙に子供の胸をときめかせて家にいる者は家をとびだし、〔*子供をときめかせて〕　　　　（銀の匙）

(28) 自分もまた秘密の使者の一員に加えて貰ったことが彼の頬を上気させ、両の眼をきらきらさせていた。〔*彼を上気させ〕　　　　　　　　　　　　　　　　（あすなろ物語）

(29) 光線の具合だけではなく、極度の緊張が、彼の顔を冷たく強ばらせていたのだと、そのたびに私は確信した。〔*彼を強ばらせていた〕　　　　　　　　　　　（北帰行）

このように、ある身体部位に生じる生理変化を表す動詞の場合、〈人ヲ〉型は不自然であり、〈人ノNヲ〉型で表現することによってこそ、生理変化や心理変化の引きおこしを表現することができる。

なお「疲れる」は、先述のように人も身体部位も主語にすること

第4章　〈人ノN［部分・側面］ヲ Vi［無意志］-（サ）セル〉型の使役文　　　141

のできる動詞である（「{太郎／足}が疲れる」）ことから、「〈人ノ
Ｎヲ〉型でも〈人ヲ〉型でも表現できる。ただし、Ｎ（下の例では
「耳」）を示すことで、「疲れる」のが聴覚的なものであることがは
っきり表現できている。

(30)単調な蝉の歌は何時の間にか彼の耳を疲れさせた。〔⊂彼を
　　　疲れさせた〕*8
　　　　　　　　　　　　　　　　　　　　　　　　　　　　　　（家）

《物変化動詞》

　物変化動詞と身体部位名詞との組み合わせによる〈人ノＮ［身
体］ヲ Vi［物変化］-(サ)セル〉型は、次の例では身体部位が物
としてとらえられその部位に物理的な変化が生じることが表現され
ている。〈人ヲ〉型は不自然である。

(31){上野駅の雑踏で}溢れる燈が人々の顔を浮かび上がらせ、
　　　一瞬の後にはまた暗い闇の中に溶け込むように消し去って
　　　いた。〔*人々を浮かび上がらせ〕
　　　　　　　　　　　　　　　　　　　　　　　　　　　　（北帰行）

(32)ともし火は……。しかし彼女の顔を光り輝かせるようなこ
　　　とはしなかった。〔*彼女を光り輝かせる〕
　　　　　　　　　　　　　　　　　　　　　　　　　　　　　（雪国）

それに対し次の例では、「{身／手}がふるえる」という物理的な状
態を表現すると同時にその状態に反映されている心理変化（おそれ
る、等）の引きおこしも比喩的に表現している。そして「ふるえ
る」が身体の一部にも全体にも生じる変化なので、〈人ヲ〉型で表
現することもできる。ただし（33）の「身」のように特定の部位
を表すのではないＮの場合には意味がほとんどかわらないが、
（34）の場合には〈人ヲ〉型にすると「ふるえる」部位の特定がで
きない。

(33)打たれながら上目でちらりと見ると、野口は息をはずませ
　　　てはいるが、顔が怒りに歪んでいるというのではない。こ
　　　んな狂気の冷静さがかづの身を慄えさせた。〔≒かづを慄え
　　　させた〕
　　　　　　　　　　　　　　　　　　　　　　　　　　　（宴のあと）

(34){白川が}須賀の側へ行かずにここに来たことが倫の銚子を
　　　もつ手をぶるぶる慄えさせた。〔⊂倫を慄えさせた〕

　　　　　　　　　　　　　　　　　　　　　　　（円地文子、女坂）

　一方、次の〈人ノＮ［身体］ヲ〉型の文は、（33）（34）と同様、

142　　　Ⅱ　使役文の構造

身体の物理的な状態に反映されている心理状態を表現しているが、
「ほころぶ、とがる」が身体に生じることのない物変化であるので、
〈人ヲ〉型の使役文はできない。

(35)ひと仕事終えたあとのふっくらした気分が、みんなの顔を
うきうき、にこにことほころばせている。〔*みんなをほこ
ろばせている〕 （「待ち」の子育て）

(36)読者の神経をとがらせる、あの妙にイライラした気分は消
えて行くばかりです。〔*読者をとがらせる〕 （ひかりごけ）

原動詞が「わきたつ、わく」のものも少なくないが、やはり〈人
ヲ〉型では表現できない。

(37)踊っている間に、草をふむ足のうらの柔らかい感触と、全
身の律動が、二人の血を細かいアワのようにわきたたせた。
〔*二人を細かいアワのようにわきたたせた〕

（ルーマニアの小さな村から）

(38)何かが抵抗すべからざる力で若い彼の心臓をわき立たせ、
〔*彼をわき立たせ〕 （青銅の基督）

(39)親の仇討ちの思想がいかに強く日本の民衆の血を湧かせた
か……〔*仇討ちの思想が民衆を湧かせたか*9〕 （風土）

上の諸例はかなり慣用的な表現である。それに対して次の例は、
物の変化の様子を形象的に利用して心理変化の引きおこしを表現し
ているものの、まだ臨時的な表現である。

(40)この間歇的な雨は何日までも降る……彼の心身を腐らせよ
うとして降る。〔*彼を腐らせようとして〕

（佐藤春夫、田園の憂鬱）

(41)緊迫した国際情勢、国際関係という劇薬が、島国育ちの青
年の心の皮膚をやきただれさせたのかもしれぬ。〔*青年を
やきただれさせた〕 （広場の孤独）

（イ）Nが「心」を主とする心理部位名詞

Nが心理部位名詞、とくに「心」であると、原動詞の種類に関わ
らず、〈人ノN［心］ヲVi-(サ)セル〉型は、心理変化の引きおこ
しを表現する。

第4章 〈人ノN［部分・側面］ヲVi［無意志］-(サ)セル〉型の使役文 143

《心理変化動詞》

　まず、原動詞が心理変化動詞であるときには、〈人ノN［心］ヲ Vi［心理］-(サ) セル〉型と〈人ヲ Vi［心理］-(サ) セル〉型がほぼ同じ意味で心理変化の引きおこしを表現できる。まず、Nが「心」である例をみる。

　　(42)ユーカリの木の形や色は、アフリカというよりは、ヨーロッパ的な柔らかさを持っていて、わたしの心をなごませてくれるようだった。〔≒私をなごませてくれる〕

　　　　　　　　　　　　　　　　　　　　　　　　　　　（花のある遠景）

　　(43)「日本人の暮し方の貧しさが、氷のようにぼくの心を白けさせた〔≒ぼくを白けさせた〕」「避暑地の光景は三吉の心をおちつかせなかった〔≒三吉をおちつかせなかった〕」「子供の泣声を聞きながら机にむかうことが彼の心を焦々させる〔≒彼を焦々させる〕」「愛欲はそれほど彼の精神を動揺させなくなった〔≒彼を動揺させなくなった〕」

「心」以外に、「気、気持ち、気分」などにも同様な例がみられる。

　　(44)皆が待っている事は、……父の気を苛立たせ、〔≒父を苛立たせ〕　　　　　　　　　　　　　　　　　　　　　　　　　　　（和解）

　　(45)「すぐれた人が苦労を重ねていった経路は、人間の気持をふるい立たせ、〔≒人間をふるい立たせ〕」「そこが、河内のような男の気持ちをいらつかせる〔≒男をいらつかせる〕」「彼らの生涯には私たちの気持をふるい立たせるものが多い〔≒私たちをふるい立たせる〕」「思い通りに一座の気分を動揺させる事が出来た〔≒一座を動揺させる〕」

　次例の原動詞「警戒する」は、心理変化を表せるとともに、それがなんらかの行動として現れることも表せる動詞だが、「心を」と組み合わさることで心理変化の引きおこしであることがはっきりする。

　　(46)街の洋楽家のところへきた不安が、私の心を警戒させるのであったが、〔≒私を警戒させる〕　　　　　　　　　（素足の娘）

　以上この類の〈人ノN［心］ヲ型では、N（「心、気、気持ち、気分」）が文中に表現されているものの、それが人の精神面を一般

的に表すものであって個別的・具体的な心理状態を表す名詞ではないため、その有無が文の意味にあまり違いを生まないのだと思われる。

《生理変化動詞》

　原動詞が生理変化動詞であっても、Ｎが心理部位名詞であれば〈人ノＮ［心］ヲ Vi［生理］-（サ）セル〉型によって人の心理変化の引きおこしを表現できる。そのうち次の例は〈人ヲ〉型にしても心理変化を表現でき、〈人ノＮ［心］ヲ〉型との違いもあまりない。「委縮する、萎える」が心理変化をも表す多義語になっていることによる。

　　(47)点呼にも彼は居所を晦ましていて出て行く機会を失った。それが一層彼の心を萎縮させた。〔≒彼を萎縮させた〕

　　　　　　　　　　　　　　　　　　　　　　　　　　　（あらくれ）

　　(48)いつまでも果てのないくらがりを手探っているようなもどかしさが須賀の心を鈍く萎えさせるのである。〔≒須賀を萎えさせる〕　　　　　　　　　　　　　　　　　　（円地文子、女坂）

それに対し次の（49）では、〈人ヲ〉型は心理変化を表現しなくなる（「人を飢えさせる」は生理変化の引きおこしを表現できるがこの文脈では不自然である）。さらに「痛む」は〈人ヲ〉型が不自然である。

　　(49){友人もなく刺激もない} そんな状態は、わたしの心を飢えさせた。私は何かしら私の心を叩くものを欲し始めた。〔≠わたしを飢えさせた〕　　　　　　　　　　　　　　（素足の娘）

　　(50)遊水池の風景は、いつみても、荒涼の気配が見る者の心を痛ませるが、〔*見る者を痛ませる〕　　　　（田中正造の生涯）

　　(51)道子の知っていた勉はおとなしい淋しい少年であった。その彼が兵隊に行ってからのそういう急激な変化は、……彼女の胸を痛ませた。〔*彼女を痛ませた〕　　　　（武蔵野夫人）

これらの動詞においては、〈人ノＮ［心］ヲ〉型にすることによってこそ心理変化の引きおこしを表現できる。

《物変化動詞》

　物変化動詞も〈人ヲ Vi［物変化］-（サ）セル〉型はなじまない

が、〈人ノN［心］ヲ〉型によって心理変化の引きおこしを表現できるものは少なくない。

(52) 啄木のふるさとは啄木の旅に他ならないとわかった<u>こと</u>が、<u>私の心</u>を明るく<u>弾ませた</u>。〔*私を明るく弾ませた〕

(北帰行)

(53) <u>その一日</u>は<u>子供らの心</u>を<u>浮き立たせた</u>。〔*子供らを浮き立たせた〕

(家)

(54) ジメジメとした、<u>人の気</u>を<u>腐らせる</u>ような陽気は、余計に豊世を静止さして置かなかった。〔*人を腐らせる〕　(家)

(55) 寒空に響く<u>トンカチ音</u>は、<u>人の気持</u>を<u>弾ませる</u>もので、鬼政は満面に得意の表情を浮べながら、〔*人を弾ませる〕

(鬼龍院花子の生涯)

(56)「<u>その思い</u>は、<u>多江の心</u>を<u>波立たせました</u>〔*多江を波立たせました〕」「見え透いた手くだが不思議に<u>己の心</u>を<u>鈍らせた</u>〔*己を鈍らせた〕」

慣用的か否かはもちろん明瞭に分けられるわけではないが、次の例はかなり臨時的であり、なかにはやや特異に感じられる使用もある。いずれも〈人ヲ〉型は不自然である。

(57) 緩慢な近代化と、古い時代の様式を残す暮らしとの微妙な<u>衝突</u>は<u>人々の心</u>を<u>軋ませ</u>、徐々にゆさぶり始めたものの、〔*人々を軋ませ〕　(ルーマニアの小さな村から)

(58) 恋めかしく装われているその<u>めかしさ</u>にさえ、<u>人の心</u>をあやしく<u>縺れさせる</u>不思議な力があるのだった。〔*人をあやしく縺れさせる〕　(おとうと)

(59) 死というよりも、居ない、見えない、居なくなった<u>こと</u>だけが、<u>多江の心</u>を<u>沸騰させ</u>ていました。〔*多江を沸騰させていました〕　(時雨の記)

(60) 貧しい娘に贅をつくした<u>衣裳の数々</u>を<u>まとわせてみるの</u>も、<u>須賀の心</u>をやわらかに<u>温蒸させる</u>一手段なのであろう。〔*須賀を温蒸させる〕　(円地文子、女坂)

(61) そして<u>それ</u>が一層男の方へ<u>お島の心</u>を<u>粘つかせて</u>いった。〔*お島を粘つかせて〕　(あらくれ)

146　　II　使役文の構造

《事変化動詞》

事変化動詞も、多くはないが、〈人ノN［心］ヲ〉型によって心理変化を表現することがある。〈人ヲ〉型は不自然である。

(62) 音楽は人々の心を静め、人々の心を調和させるものであるという野田が、〔? 人々を調和させる〕　　　　　　（路傍の石）

(63) その言葉がかれの心を硬化させた。〔? かれを硬化させた〕

（鳥）

以上、Nが心理部位名詞である〈人ノN［心］ヲVi-（サ）セル〉型が原動詞の種類に関わらず心理変化の引きおこしを表現できることをみてきた。この型の文は、心理変化の引きおこしを表現する使役文を豊かにする機能をはたしているといえる。

（ウ）Nが心理内容を表す名詞

Nが心理内容名詞であるときにも、〈人ノN［心理内容］ヲVi-（サ）セル〉型は、原動詞の種類にかかわらず、心理変化の引きおこしを表現する。ただし、Nが心理部位名詞であるとき（前節）とはいくらか異なる面がある。

《心理変化動詞》

原動詞が心理変化動詞である〈人ノN［心理内容］ヲVi［心理］-（サ）セル〉型の多くは、〈人ヲ〉型にいいかえられるのだが、〈人ノN［心理内容］ヲ〉型で述べることによってどのような心理内容に変化が生じるのかが具体的に表現される。また下の（66）ではNに修飾語がつけられる構造であることによってさらに詳しい表現になっている。

(64) 富岡は、日本の女と歩くことに、何となくあたりに気をかねていた。内地の習慣が、遠い地に来ても、富岡の日本人根性をおびえさせているのだ。〔⊂富岡をおびえさせている〕　　　　　　　　　　　　　　　　　　　　　　　　　（浮雲）

(65) たとえ女であれ嗣子たる花子にしかとした自覚のないことも、子分衆の士気を沮喪させる大きな理由ではなかったろうか。〔⊂子分衆を阻喪させる〕　　　　　（鬼龍院花子の生涯）

(66) それはなお彼の病的な好奇心を戦慄させ、刺激した。〔⊂彼

を戦慄させ〕 　　　　　　　　　　　　　　　　（青銅の基督）

「満足する」も、Nが「心」であると〈人ノNヲ〉型と〈人ヲ〉型にあまり違いがないが（「芸術的労力が先生の心を満足させた〔≒先生を満足させた〕」）、次例のようにNが心理内容名詞である場合には、どのような面での満足なのかが具体的に表されている。

(67) ひそかに自分の内にたくわえた知識をかり立ててしゃべり合うのは、私の知識欲も満足させるのであった。〔⊂私を満足させる〕 　　　　　　　　　　　　　　　　（素足の娘）

(68) 「文学が私の空想のすべてを満足させた〔⊂私を満足させた〕」「それが好事家の興味関心を満足させる〔⊂好事家を満足させる〕」

《生理変化動詞》

原動詞が生理変化動詞であると、〈人ノN［心理内容］ヲVi［生理］-(サ)セル〉型は心理面の変化の表現になるが、〈人ヲ〉型は不自然になることが多い。

(69) 人間がレジャーだけを求めるというふわふわとうわついたことになってくると、とかく私たちの精神を鈍麻させてしまう要素がたいへん多くなります。〔?私たちを鈍麻させてしまう〕 　　　　　　　　　　　　　　　　（寿岳文章集）

(70) 「沙金の眼の中にある恐しい力が次第に自分の意志を麻痺させる〔?自分を麻痺させる〕」「そのような人々をまで有罪ならしめたと言うことがはなはだしくわれわれの理性を躓かせる〔?われわれを躓かせる〕」

「酔わせる」はそれを引きおこす主体（使役文の主語）の性質によっては〈人ヲ〉型も心理変化が表現できるが（「{すばらしい演奏が／その語り口が} 人々を酔わせる」）、〈人ノNヲ〉型にすることでどのような側面における変化なのかを具体的に表現できる。

(71) それにしても、Mの表現能力の貧しさは驚くべきもので、ぼくをいらだたせた。彼女はおよそぼくの想像力を酔わせるようなことばを使わず、〔⊂ぼくを酔わせるようなことば〕 　　　　　　　　　　　　　　　　（聖少女）

《物変化動詞・事変化動詞》

148　　II　使役文の構造

原動詞が物変化動詞や事変化動詞であると〈人ヲVi［物変化／事変化］-(サ）セル〉型はふつうなりたたないが（「*人を逆立たせる」「*人を成就させる」）、Ｎが心理内容名詞である〈人ノＮ［心理内容］ヲ〉型ならば心理変化を表現できることがある。

(72) 嫉妬があたしの愛を逆立たせました。〔*あたしを逆立たせました〕
(聖少女)

(73) このザディエの色が、人々の悲しみを深く沈ませ、かつ見る人の心をふと現世に連れ戻す。〔*人々を深く沈ませ〕
(ルーマニアの小さな村から)

(74) 事件が何か私の世代のひそかな欲望を成就させた形に見えたこと……〔*私の世代を成就させた〕
(死刑囚の記録)

(75) 北避難民の異常なのし上がり方が、南の庶民層の対北感情をいっそう曲折させた。〔*庶民層を曲折させる〕
(近藤紘一、サイゴンのいちばん長い日)

(76) 「老いの感覚は鬼政の気力を減退させた〔*鬼政を減退させた〕」「小動物の安心感をできるだけ長びかせてやる〔*小動物を長びかせてやる〕」「そのことが彼の｛反抗心／怒り／憎しみ／心配｝-を募らせていった〔*彼を募らせていった〕」

なお、事変化動詞のうち出現性の意味をもつ動詞「よみがえる、めざめる」などが原動詞である使役文については4.2節で検討する。

(エ) Ｎが行動や能力を表す名詞

〈人ノＮヲVi-(サ）セル〉型でＮが行動や能力を表す名詞であるのは、原動詞が生理変化動詞・物変化動詞・事変化動詞のときのようである。そしてこのような動詞であっても〈人ヲ〉型は不自然であるので、〈人ノＮ［行動・能力］ヲ〉型で述べることの意義がある（原動詞が「変わる」などである場合の特殊性については次の(オ）で述べる）。

《生理変化動詞》

(77) 戦争は人間の判断力を麻痺させてしまう。〔?人間を麻痺させてしまう〕
(黒い雨)

《物変化動詞》

(78)子供のやる気を殺いだり、子供の行動力をしぼませるような規制はしません。〔*子供をしぼませる〕 （「待ち」の子育て）

《事変化動詞》

(79)彼らはイエスをとりまく民衆の熱狂を、一挙に、イエスに対する憎悪へと転換させるべく、はかりごとをめぐらした。〔*民衆を転換させる〕 （死の思索）

(80)桂策の勤務先にまで押しかけ、それがかえって桂策の態度を硬化させたと知ると、〔?桂策を硬化させた〕 （重い歳月）

なお、これらの〈人ノN［行動・能力］ヲ〉型は、Nである「行動力、熱狂、態度、表情、学習と生活」等が抽象名詞であるので、その点で、種々の事柄を表す抽象名詞をヲ格名詞とする「景気をしぼませる」「政情を安定させる」のような事の変化の引きおこしを表す使役文に近い。このことについては5節であらためて考える。

(オ) 種々の名詞との組み合わせ

以上、Nの種類ごとに原動詞の種類をみることで〈人ノNヲVi-（サ）セル〉型の性質を考えてきたが、原動詞が「変わる、一変する、成長する」のように様々な変化を広く一般的・抽象的に表現しうる動詞についてはみてこなかった。これらの動詞は種々の名詞をNとした〈人ノNヲVi［一般］-（サ）セル〉型の使役文をつくることもでき、〈人ヲ〉型の使役文もつくることもできる。しかし、原動詞が広い意味の動詞であることから〈人ヲ〉型では人のどのような面の変化なのかはっきりしないこともある*10。たとえば単に「生徒を一変させる」だと、「生徒」のどのような面を一変させるのか、心理面なのか生活態度なのかといったことがはっきりしない。それを明瞭に示すためにNの明示が有効にはたらく。

(81)戦争は、結局鮎太の信子に対する感情を微塵も変らせることはできなかったが、〔⊂鮎太を変らせる〕 （あすなろ物語）

(82)理事会の実情や雰囲気が、わりあい写実的に生徒の間に伝えられ、これが理屈なしに、生徒の心理を一変させてしま

ったのであった。〔⊂生徒を一変させてしまった〕（青い山脈）

(83) つらい山ごもりは彼女の精神を大きく成長させたのであった。〔⊂彼女を成長させた〕　　　　　　　　（大鏡の人びと）

　つまり、原動詞が広い意味を表す動詞の〈人ノＮヲ〉型は、〈人ヲ〉型による表現を具体化・明瞭化するものとして機能しているといえる。次の「成長させる」の例文でも、Ｎ（「身体」「頭脳と感情と精神」）を明示することで、身体面の変化と心理面の変化とがそれぞれ具体的に表現されている。

(84) 子供を育てるとは、子供の身体を無病健康に成長させることと……子供の頭脳と感情と精神を優れたものに成長させてゆくことです。〔vs 子供を成長させていく〕

（おなさごを発見せよ）

4.1.4　この節のまとめ

　以上述べてきたことから、〈人ノＮヲVi［無意志］-(サ) セル〉型の使役文は〈人ヲVi［無意志］-(サ) セル〉型の使役文と比べて次のような特徴があるといえる。

・心理変化動詞は、〈人ヲ〉型も可能だが、〈人ノＮヲ〉型で述べることによって、その変化のありかたや内容をより具体的・個別的に表現できることがある。

・生理変化動詞は、〈人ヲ〉型も可能だがそれは生理変化の引きおこしを表現する。〈人ノＮヲ〉型で述べることによって、生理変化だけでなく心理変化の引きおこしを具体的に表現できることがある。

・物変化動詞や事変化動詞には、〈人ヲ〉型で用いにくい動詞が多いが、そのような動詞であっても、〈人ノＮヲ〉型で用いることによって、人の心理面や生理面の変化の引きおこしを表現できることがある。

　このように、〈人ノＮヲVi［無意志］-(サ) セル〉型の構造は、人の心理変化や生理変化の引きおこしを表す使役文を表現性の面で豊かにするものとして有効に機能している。〈人ノＮヲ〉型の使役文と〈人ヲ〉型の使役文の表す意味の異同の概略を、ＮおよびVi

表 使役文の表す意味：〈人ノ N ヲ Vi-(サ) セル〉型と〈人ヲ Vi-(サ) セル〉型

N の種類	心理変化動詞 〈人ノ N ヲ～〉	心理変化動詞 〈人ヲ～〉	生理変化動詞 〈人ノ N ヲ～〉	生理変化動詞 〈人ヲ～〉	物変化動詞 〈人ノ N ヲ～〉	物変化動詞 〈人ヲ～〉	事変化動詞 〈人ノ N ヲ～〉	事変化動詞 〈人ヲ～〉
身体部位	心理変化 (人の目を驚かせる)	⊂ 心理変化 (人を驚かせる)	生理変化 (人の目をくらませる)／生理変化～心理変化 (人の目を潤ませる)	⊂ 生理変化 (人を疲れさせる)／× (*人をくらませる)／× (*人を潤ませる)	物変化 (人の手をふるえさせる)／物変化 (人の顔を光り輝かせる)／物変化～心理変化 (人の顔をこうばせる)	⊂ 物化 物変化 (人をふるえさせる)／× (*人を光り輝かせる)／× (*人をこうばせる)		
心理部位	心理変化 (人の心を落ち着かせる)	≒ 心理変化 (人を落ち着かせる)	心理変化 (人の心を冷えさせる)	≠ 生理変化 (人を飢えさせる)／× (*人を冷えさせる)	心理変化 (人の心を弾ませる)	× (*人を弾ませる)	心理変化 (人の心を硬化させる)／心理変化 (人の心を調和させる)	⊂ 心理～態度変化 (人を硬化させる)／× (*人を調和させる)
心理内容	心理変化 (人の好奇心を満喫させる)	⊂ 心理変化 (人を観察させる)	心理変化 (人の戦意を萎えさせる)	≠ 生理変化 (人を萎えさせる)／× (*人を萎えさせる)	心理変化 (人の悲しみを沈ませる)	× (*人を沈ませる)	心理変化 (人の記憶を混乱させる)／心理変化 (人の怒りを募らせる)	⊂ 心理～態度変化 (人を混乱させる)／× (*人を募らせる)
行動・能力			事変化 (人の判断力を麻痺させる)	? 事変化 (?人を麻痺させる)	事変化 (人の行動をしばます)	× (*人をしばます)	事変化 (人の生活スタイルを変質させる)／事変化 (人の熱狂を転換させる)	⊂ 変化種々 (人を変質させる)／× (*人を転換させる)

(——線で区切った上の欄は〈人ノ N ヲ～〉型と〈人ヲ～〉型の両方がなりたつものを、下の欄は〈人ヲ～〉型がなりたたないものを示す)

の種類ごとに示すと前頁の表のようになる。

4.2　心理状態の変化か出現か

　　　〈人ノ N ヲ Vi-(サ) セル〉型と〈人ニ N ヲ Vi-(サ) セル〉型
　次にこの節では、N が心理内容名詞であり、原動詞が「よみがえ
る、めざめる、浮かびあがる、わきたつ」のような出現性の意味を
表す動詞である場合の〈人ノ N［心理内容］ヲ Vi［出現性］-(サ)
セル〉型の使役文の性質を、人名詞をニ格の補語として示す〈人ニ
N［心理内容］ヲ Vi［出現性］-(サ) セル〉型（2 節で紹介した佐
藤 1990 の iii 類にほぼ相当）の使役文と比べながら、考えてみる。
　まず、〈人ノ N［心理内容］ヲ Vi［出現性］-(サ) セル〉型の使
役文は次のような例である。
(85) 鉱毒問題が正造を据えて、彼の政治にかけた初心を、何度
　　　でも新たに甦らせたのである。　　　　　　（田中正造の生涯）
(86) 柔らかい娘のあごの感触が、私の欲望を目ざめさせた。
　　　　　　　　　　　　　　　　　　　　　　　　　　　（金閣寺）
(87) 結婚は人々の階層意識を鮮明に浮び上らせる。
　　　　　　　　　　　　　　　　　　　　　　　（貧困の精神病理）

　これに対し、原動詞が出現性の動詞、N が心理内容名詞である点
は同じだが、心理変化の主体を表す人名詞が「人ニ」あるいは「人
ノ中/内ニ」という形で表されるのが〈人ニ N［心理内容］ヲ Vi
［出現性］-(サ) セル〉型である。次のような例である。ニ格の補
語もノ格の修飾語と同じく　　　で示す。
(88) 藩閥政治家とまったく選ぶところのない「民党」政治家に、
　　　農民の直接行動を機会に、鉱毒問題を通じて、人民への責
　　　任の意識を甦らせたいという願も田中正造にあったかもし
　　　れない。　　　　　　　　　　　　　　　　　（田中正造の生涯）
(89) 山の、湿った、ひんやりしたものは、いつものように、私
　　　に、心の底のものを浮かびあがらせた。　　　　　（素足の娘）
(90) 勉も相変らず道子を恋していたが、絶望は彼の中にかなり
　　　邪悪な意志を目覚めさせていた。　　　　　　　（武蔵野夫人）
(91) その台風的な性格は人間の内に戦争的な気分を湧き立たせ

第 4 章　〈人ノ N［部分・側面］ヲ Vi［無意志］-(サ) セル〉型の使役文　　**153**

ずにはいない。　　　　　　　　　　　　　　　　　　　（風土）

　つまり、原動詞が出現性の動詞、Ｎが心理内容名詞であるときには、〈人ノ Ｎ ヲ Vi-(サ) セル〉型と〈人ニ Ｎ ヲ Vi-(サ) セル〉型の両方の使役文が、型として成り立ちうる。上の諸例についても、それぞれもう一方の型でも表現できる。

・原文が〈人ノ Ｎ ヲ〉型

　（85´）鉱毒問題が彼に政治にかけた初心を何度でも新たに甦らせた

　（86´）柔らかい娘のあごの感触が私に欲望を目ざめさせた

　（87´）結婚は人々に階層意識を鮮明に浮び上らせる

・原文が〈人ニ Ｎ ヲ〉型

　（88´）政治家の人民への責任の意識を甦らせる

　（89´）山の様子は私の心の底のものを浮かびあがらせた

　（90´）絶望は彼の中の邪悪な意志を目覚めさせる

　（91´）その性格は人間の内の戦争的な気分を湧き立たせる

　ではこの両者はどのように違っているのだろう。上の例をみると、各例の「人ノ」のほうは、その人の心中に存在していた心理内容がそれまでよりめだつようになる・生き生きしてくるという感じを与えるのに対して、「人（ノ中/内）ニ」のほうは、もともとはその人の心中になかった心理内容がほかからの刺激によって新たに生じてくるという感じ、あるいは人の心中でいったんは消えてしまっていた心理内容が新たに明瞭なものとしてよみがえり意識されるようになるという感じがうかがえる。つまり、〈人ノ Ｎ ヲ〉型は「もともとその人のもっていた心理内容の変化」という変化型の構造であるのに対して〈人ニ Ｎ ヲ〉型は「その人にとって新たな心理内容の出現」という出現型の構造をなしているという違いである。それぞれの要素の文法的な意味（意味役割）は、〈人ノ Ｎ ヲ〉型では、「人ノ」は心理内容の持ち主かつその内在箇所、「Ｎ ヲ」は働きかけの対象であるのに対して、〈人ニ Ｎ ヲ〉型では、「人（ノ中/内）ニ」は心理内容の精神的な出現箇所、「Ｎ ヲ」は新たに生じた出現物だといえる。

　　〈人ノ　　　　Ｎ［心理内容］ヲ　　Vi-(サ) セル〉型

　　/持ち主かつ　　/対象/

／内在箇所／

　　「人々の 階層意識を うかびあがらせる」

〈人（ノ中／内）ニ　N［心理内容＊11］ヲ　Vi-（サ）セル〉型

／出現箇所／　　　　　　／出現物／

　　「人々に 階層意識を うかびあがらせる」

このように、〈人ノN［心理内容］ヲ Vi［出現性］-（サ）セル〉型
の使役文と〈人（ノ中／内）ニN［心理内容］ヲ Vi［出現性］-
（サ）セル〉型の使役文は、人の心理内容について、それが「変化
する」ことを表現するのか、それが「新たに出現する」ことを表現
するのかという点で、それぞれ独自の機能をはたしている＊12。

　ところで、〈人（ノ中／内）ニN［心理内容］ヲ Vi［出現性］
-（サ）セル〉型は、2節で紹介した佐藤（1990）における ⅲ類
（「その事件はかすかな疑惑を僕の胸に煙らせた」）におおむね相当
する。ⅲ類は「使役の客体が《結果＝出現物》である」使役文であ
り、原動詞は出現性の動詞である。佐藤（1990：137）には文の
構造が《コト（原因）がコト（出現物）を人の〜（ありか）に…
させる》と示されており、「人（の）」は《出現のありか》のもちぬ
しであって、「文全体として、の格の名詞でしめされる人間の心理
にあらたな状態が出現することをつたえている」とされる。

　佐藤（1990）には、出現性の自動詞が佐藤の ⅱ類＊13（本章の
〈人ノNヲ〉型）でも用いられることにも触れられていて（p.141
の（176）「その変化が三人の男たちの意識を、いくらか浅いとこ
ろへ浮かびあがらせた」）、重要である。ただ、《出現のありか》を
表す名詞として、「人に」ではなく、「人の胸に」「人の心に」のよ
うな形つまり「人名詞を空間化する手つづき」をへた形をとるのが
ⅲ類にふさわしい特徴だとされている点と、その「人の〜（あり
か）に」が「動詞のすぐ前に、義務的におかれている」とされてい
る点にやや疑問がある。第1の点については、先の（88）（89）の
ような「人に」の形も積極的にみとめてもよいのではないか、また、
第2の点については、（88）〜（91）のように「人（のありか）に」
が動詞と離れた位置に現れる例があり、必ずしも実態にあわない。
なお、佐藤（1990）では、あげられている用例からみると、ⅲ類

第4章　〈人ノN［部分・側面］ヲ Vi［無意志］-（サ）セル〉型の使役文　　155

における二格名詞は「（人の）胸、身内、心、追想」であって、「（人の）内、中」はとりあげられていないが（とくに除くとされているわけでもない）、「人（ノ中/内）二」も空間化の手つづきをへた形といってよいだろう。

　このように、本章の〈人ノ N ヲ Vi-（サ）セル〉型と〈人ニ N ヲ Vi-（サ）セル〉型（佐藤の ii 類と iii 類）は、それぞれ心理内容の「変化」を表すか心理内容の「出現」を表すかという機能を分担している。

　さて、上でみてきた変化か出現かという点については、奥田（1968–1972［1983：63–71］）において「変化のむすびつきと出現のむすびつきとの連続性」（p.66）としてすでに述べられているともいえる。奥田（1968–1972）は、ヲ格の名詞と動詞との組み合わせからなる連語の性質を体系的に明らかにすることを目的とする研究である。本章に関わる点だけごく簡単に説明する。奥田ではヲ格の名詞と動詞（「Vi-（サ）セル」の形も一部に含む）からなる連語をまず「対象的なむすびつき」（動詞が他動詞の場合）と「状況的なむすびつき」（主として自動詞の場合：「夜道を歩く」）とに分け、前者をさらに 3 種、「対象へのはたらきかけ」、「所有のむすびつき（「花をもらう」）」、「心理的なかかわり（「親を尊敬する」）」に分け、このうち「対象へのはたらきかけ」がさらに 3 類「物にたいするはたらきかけ（「木を切る」）」「人にたいするはたらきかけ（「親を困らせる」）」、「事にたいするはたらきかけ」に分けられている。この「事にたいするはたらきかけ（「興奮をしずめる」）」がこの節の問題にとって重要である。

　奥田（1968–1972）では「事にたいするはたらきかけ」はさらに、「変化のむすびつき」（「速度をはやめる」「秩序をみだす」）と「出現のむすびつき」（「家庭をつくる」「感動をよびおこす」）との 2 つに分けられている。そして、両者の構文的な特徴における違いとして、本節でみてきた「人ノ N ヲ」と「人ニ N ヲ」にかかわって次のように述べている。

　　「変化のむすびつきをあらわす連語では、うごきや状態などをしめしているかざり名詞が、その所有者をしめす、の格の名詞

でひろげられていることがおおい。……（中略）……ところが、出現のむすびつきをあらわす連語では、ふつう、うごきや状態のあらわれてくる場所をしめす、に格の名詞*14 でひろげられている。」(p.69)

具体的には、次の例文における「教育の安定をもたらす」は「教育に安定をもたらす」といいかえることができるとされる*15。

(92)……当市の教育、ひいては県下の教育の安定をもたらすために……

(奥田の例396)（人間の壁）

そして、「出現のむすびつきを拡大するに格の名詞が、の格のかたちをもとることができるという事実は、変化のむすびつきと出現のむすびつきとの連続性をものがたっている」(p.70) と述べられる。

「変化」と「出現」についてのこのような性質は、本章の考察対象である〈人ノN［部分・側面］ヲ Vi［無意志］-（サ）セル〉型の使役文においても有意義である。Nが心理内容を表す名詞であり、原動詞が出現性の動詞であるとき、すなわち〈人ノN［心理内容］ヲ Vi［出現性］-（サ）セル〉型の使役文は、原動詞が出現性の動詞なのだが、Nがその持ち主を表すノ格の名詞で修飾されていることによって、心理内容が「出現」することではなく、もともとあった心理内容が「変化」することを表せる構造となっている。そして、心理変化の「出現」を表すには、〈人（ノ中/内）ニN［心理内容］ヲ V［出現性］-（サ）セル〉型の使役文のほうが用いられる。

4.3　原因的な事態を主語として表現するか従属節中に表現するか

前節まででは、使役主体すなわち使役事態の引きおこし手がどのようなものか、それが文中でどのように表されているかについて触れてこなかったが、この節ではこの点を考えてみる。先に4.1節において例文に＿＿線を付していたのがこの問題と関わる。

意志動作の引きおこしの場合には、意志をもった人からの要求や依頼あるいは許可によってそれを受けた人が意志動作を行うのがふつうである。したがって、意志動作の引きおこしを表す使役文では意志を持った存在としての人が主語であることが多い (93)。なん

らかの事態が意志動作の原因やきっかけとなることもあり、その場合の主語は人名詞ではないが（94）、それはまれである。

(93)「部長が部下に（命じて）事故原因を調査させる」「太郎が弟に（頼んで）荷物を運ばせる」「親が（許可して）子供を留学させる」

(94)「親のいない寂しさがこの子にこんな暗い絵を書かせたのだろう」

それに対して、心理変化や生理変化は、他者（他の人や事物）からの意図的（要求的・許可的）な働きかけによるのではなく、他者のもつ何らかの性質や状態が人に原因的に影響して生じるというのがふつうである（4.1節およびここ4.3節の例文における＿＿部はこの原因的な事態を表している。）。したがって、心理変化や生理変化の引きおこしを表現する使役文の主語は、誘因として影響をあたえる種々の物や事柄を表す事物名詞であることが多い（95）（96）。主語が人名詞であることもあるが（97）、その場合でも、相手の変化を積極的に引きおこそうとする意志的な存在としての人ではなく、相手に影響を与える性質を備えた存在としての人である。

(95)その豹変ぶりが、なぜか私をどきどきさせた。　　　（北帰行）

(96)石井の『十日間世界一周』や『漂流奇談全集』は、明治期後半に少年の血を湧かせ、〔*少年を湧かせ〕　（寿岳文章集）

(97)剛情なお島は……養父の怒を募らせてしまった。〔*養父を募らせてしまった〕　　　　　　　　　　（あらくれ）

心理変化や生理変化の誘因となる事態はまた、次のように従属節（「～シテ」など）において表現されることもある。

(98){彼は}若いころは{柴の束を}八つも背負い出して、村の連中を驚かせたものだ。　　　　　　　　　　（夜の橋）

(99)この簡潔な叱責には冷たい貴族的な調子があって、かづの心を凍らせた。　　　　　　　　　　　　　（宴のあと）

このような2つの類をいまa類、b類とすると、それぞれの構造は次のように示すことができる。

(a)【主語ガ/ハ　人（ノN）ヲ　Vi［無意志］-（サ）セル】
　・事物名詞が主語

「教師の厳しい態度が子供の心を委縮させた」「降りづづく雨
が人々の気を滅入らせた」「衣装や道具が観客の目を楽しま
せる」「避暑地の光景が皆の気持を浮きたたせた」「先生の
言葉が生徒たちの心をなごませた」「みなが黙っていること
が先生をさらに苛立たせた」「光が人の目をくらませる」

・人名詞が主語
「ふまじめな選手たちが監督の苛々を募らせた」「真っ赤なスー
ツを着た太郎が皆の目を驚かせた」「病弱な太郎が親を心
配させる」

(b)【従属節(-テ)　人（ノN）ヲ Vi［無意志］-(サ)セル】＊16
「教師が厳しく接しすぎて子供の心を委縮させた」「雨が降り
続いて人々（の気）を滅入らせた」「子供が病気ばかりして
親を心配させる」「太郎が真っ赤なスーツを着てきて皆を驚
かせた」「細かい活字が並んでいて彼の目をちかちかさせた」

なお、原因的な事態が連体修飾節となっていたり、従属節や先行す
る文に述べられている事態を指示詞「それが」「それは」等で受け
て主語になっていたりするものもある。それらは（a）類の変種で
ある。

(a´)【人（ノN）ヲ Vi［無意志］-(サ) セル 被修飾語】
「人々の気持ちを滅入らせる雨」「子供を委縮させる厳しい
態度」

(a´´)【…事態…。それガ/ハ 人（ノN）ヲ Vi［無意志］-(サ)
セル】
「雨が降りつづいた。それが人々の気持ちを滅入らせた」
「教師が厳しい態度で接しすぎ、それが子供を委縮させた」

心理変化や生理変化の引きおこしを表す使役文において原因的な
事態が主語として表現されること（a類）も、従属節中に表現され
ること（b類）もあるという性質は、〈人ヲ〉型でも〈人ノN ヲ〉
型でも同じである。しかしその分布には違いがある。〈人ヲ〉型の
ほうは、4.1.2節の最初にあげた（4)〜(11)にもうかがえるよう
に、（4)〜(7)がa類、(8)〜(11)がb類であって両者の現れ方に

第4章　〈人ノN［部分・側面］ヲ Vi［無意志］-(サ)セル〉型の使役文　　159

偏りがない。それに対して〈人ノ N ヲ〉型のほうは、考察対象とした〈人ノ N ヲ〉型の使役文109例*17のうち101例がa類で92.7 %を占めている。

(a) 【主語ガ/ハ 人ノ N ヲ Vi［無意志］-(サ) セル】 101（92.7 %）

(a´)【人（ノ N）ヲ Vi［無意志］-(サ) セル 被修飾語】 (6)

(a˝)【…事態…。それガ/ハ 人（ノ N）ヲ V［無意志］-(サ)セル】

(5)

(b) 【従属節(-テ) 人ノ N ヲ V［無意志］-(サ)セル】 8 （7.3 %）

計 109例

原因的な事態の表し方についてのこの大きな偏りには次のことが関係すると考えられる。

まず、（b）のように原因的な事態を従属節で表現するならば、主節の使役文としては、上の（b）で示した〈人ノ N ヲ Vi［無意志］-(サ) セル〉型だけでなく、次のc類のように、変化の主体である人を主語とする〈人ガ N ヲ Vi［無意志］-(サ) セル〉型の使役文（再帰的な使役文）を用いることも可能である。

(c) 【従属節（-テ）人ガ N ヲ Vi［無意志］-(サ) セル】
「教師が厳しく接しすぎて、子供が心を委縮させた」「雨が降り続いて、人々は気を滅入らせていた」

たとえば次の文はb類だが、ノ格の修飾語である人を主語（部）とするc類で表現することも可能である。

(100) 山麓にはまだ一度も雪は訪れずにいた。それが気圧を重くるしくし、療養所の患者達の気をめいらせていた。〔vs. c類：それが気圧を重くるしくし、療養所の患者達は気をめいらせていた〕 (菜穂子)

(101) この絡みあざなう網目はのみの跡も力強く、見る者の心を昂揚させる。〔vs. c類：この……網目はのみの跡も力強く、見る者は心を昂揚させる〕 (ルーマニアの小さな村から)

(102) 庄吾のふところには、国もとからきた電報がはいっていた。それがゴソゴソ腹にさわって、やたらに彼の気もちをむし

ゃくしゃさせていた。〔vs. c類：それがゴソゴソ腹にさわ
って、彼は気もちをむしゃくしゃさせていた〕　　（路傍の石）

　それに対して、a類のように原因的な事態を主語として表現する
ならば、N［部分・側面］を明示しようとするとき c類のように人
を主語にすること（人ガNヲ〜）はできず、b類（人ノNヲ〜）
で述べることになる。

（103）それが彼らの血を快くわき立たせ、……見ていて気持のい
　　　いプレーが続けられた。〔vs. c類：＊それが（は）彼らが
　　　（は）血をわき立たせ〕　　　　　　　　　（青い山脈）

（104）楽しい田園の新秋の予感が、村人の心を浮き立たせた。
　　　〔vs. c類：＊新秋の予感が（は）、村人が（は）心を浮き立
　　　たせ〕　　　　　　　　　　　　　（佐藤春夫、田園の憂鬱）

　上のことから、原因的な事態を、(a) 主語として表すか、(b)
従属節で表すかということと、〈人ノNヲ〉型と〈人ガNヲ〉型と
の関係を次のように示すことができる。

　　　　/原因/　　〈人ノNヲ〉　〈人ガNヲ〉
（a）主語ガ　　　子供の心を／＊子供が心を　滅入らせる
（b）従属節 -テ　子供の心を／子供が心を　滅入らせる

このようにみてくると、〈人ノNヲ Vi［無意志］-(サ) セル〉型は、
人の心理変化や生理変化を引きおこす事態を、その原因的なことを
主語にして述べる使役文として独自の機能をはたしているといえる。

　原因的なことを表すのは抽象名詞であるのがふつうなので、それ
を主語とする a類の文はややかたい表現であり話し言葉にはあまり
現れない＊18。そういった文体的な特徴はみとめるとしても、〈人
ノNヲ〉型によってこそ原因的な事態を主語とする使役文が可能
である。その点で〈人ノNヲ〉型の構文的な独自性は重要である。

5. 〈人ノN［部分・側面］ヲ Vi-(サ) セル〉型の使役文と〈事物ヲ Vi-(サ) セル〉型の使役文

　この節では、「人」ではなく「人ノN［部分・側面］」を補語とす
る使役文と、「事物」を補語とする使役文との関係を、簡単にでは

あるが考えてみる。

5.1　佐藤里美（1990）の指摘

2節で紹介した佐藤（1990：107）は、その i 類と ii 類の使役文（本章の示し方では、〈人ヲ Vi［無意志］-(サ) セル〉型と〈人ノ N ヲ Vi［無意志］-(サ) セル〉型）について、いずれも「なんらかの原因によって人間の状態が変化することをあらわす文」だとして両者の共通性をみとめた上で、相違があるとして次のように述べられている。

　　「このふたつは、構造上の特徴の点でも、意味的な性格の点でもきわだったちがいがあり、後者の文を媒介にして他の使役文の下位の構造的なタイプが成立していると思われる。」（下線は早津）

この下線部の内容について佐藤（1990）ではこれ以上説明されていないのだが、次のようなことではないかと本章では考える。

　上の引用中の「後者の文」すなわち ii 類は本章の〈人ノ N ヲ Vi［無意志］-(サ) セル〉型である。その ヲ格補語が人でなく人の部分や側面を表す名詞（身体部位を表すのは物名詞、心理内容や行動や能力を表すのは事名詞）であるということは、〈人ノ N ヲ Vi［無意志］-(サ) セル〉型が〈事物ヲ Vi［無意志］-(サ) セル〉型（本章の冒頭の（1）の類）と連続的であることをうかがわせるのではないか。つまり、N が物名詞や事名詞である〈人ノ N ヲ Vi［無意志］-(サ) セル〉という使役文の構造があることが、物や事の変化の引きおこしをも「Vi-(サ) セル」を用いて「事物ヲ Vi-(サ) セル」という構造で表現できることを支えているのではないか。使役文の文法的な意味の基本・中心は、人の意志動作の引きおこしである。その使役文の構造が、物の変化の引きおこしや事の変化の引きおこしをも表現できるのは、身体部位を表す物名詞、心理内容や行動などを表す事名詞をヲ格補語とするこの〈人ノ N［部分・側面］ヲ Vi［無意志］-(サ) セル〉型があるからこそではないか。

　この型の使役文は、佐藤（1990：127）のいうように「（N の連体修飾語として表されている）もちぬし＝人間をとりまく環境とし

ての物や物の状態、関係が、人間の意識にとらえられて、それが人間の部分・側面に作用し、なんらかの変化をもたらすことをあらわす」ものである。たとえば、「真っ白な水着が僕の眼を驚かせた」という〈人ノ N［部分・側面］ヲ Vi［無意志］-（サ）セル〉型の文では、人間をとりまく環境としての物である「真っ白な水着」が視覚を通して「僕」にとらえられ、それが原因的なできごととして僕の意識の変化を引きおこし、そのことが眼に作用して驚かせるのである。したがって、佐藤（1990：126）のいうように（「ヒトの」という）規定語*19 は義務的であって、これが主語にも移行することから*20、を格の名詞をくわしくする部分というのではなく、因果関係表現の使役文の骨組みをつくる部分である」のはたしかである。そしてそのうえでなお、部分や側面を表す名詞（N）がヲ格補語であるということは、その「N ヲ」には、原因的な事態が影響を及ぼしかかわっていく「対象」となる契機が含まれており、物名詞や事名詞を補語とする使役文（「～ガ N［事物］ヲ Vi-（サ）セル」）が生じることにつながる。

　佐藤（1990）の上の指摘はこういったことを述べようとしているのではないかと思われ、そうだとすれば、本章も同じように考えるものである。ただ、通時的に、〈人ノ N［部分・側面］ヲ Vi［無意志］-（サ）セル〉型の成立が〈事物ヲ Vi［無意志］-（サ）セル〉型の成立に先行していたということを本章で明らかにすることはできない。次節では、現代語において気づかれることを具体例にもとづいていくらか考えてみる。

5.2 〈人ノ N［部分・側面］ヲ Vi-（サ）セル〉型と〈事物ヲ Vi-（サ）セル〉型

　〈人ノ N［部分・側面］ヲ Vi-（サ）セル〉型の使役文の N のひとつのタイプは、上にも述べたように身体部位を表す名詞である。人の身体部位は、物理的な物としての性質もあり、「目にゴミがはいる」「頭にボールがあたる」の「目」「頭」は、「コップ」や「カバン」などと同じく具体名詞（「物」）である。そして、物変化動詞を原動詞とする次の使役文において「人々の顔」「彼女の顔」はまだ

物として捉えられている。それぞれの例のあとの〔　〕内に vs. として示した文は、実例と同じ原動詞による〈物ヲ Vi-(サ) セル〉型の文である。

(105＝31){上野駅の雑踏で}溢れる燈が人々の顔を浮かび上がらせ、一瞬の後にはまた暗い闇の中に溶け込むように消し去っていた。〔vs. 燈がベンチや銅像を浮かび上がらせる〕　　　　　　　　　　　　　　（北帰行）

(106＝32)ともし火は……。しかし彼女の顔を光り輝かせるようなことはしなかった。〔vs. ともし火が壺や食器を光り輝かせる〕　　　　　　　　　　　　　　　　（雪国）

これらの〈人ノ N［身体部位］ヲ Vi-(サ) セル〉型は、ヲ格補語が物名詞である〈物ヲ Vi-(サ) セル〉型に近い。

(107)淡い月の光が、夜霧にぬれた砲身をにぶく浮びあがらせていた。　　　　　　（塩野七生、コンスタンティノープルの陥落）

(108)銀座の光と影が切絵のように白い建物を浮き立たせていた。

　　　　　　　　　　　　　　　　（浅田次郎、地下鉄に乗って）

　一方、N が心理内容名詞や行動や能力を表す名詞である場合、その N は抽象名詞（「事」）である。したがってこの〈人ノ N［側面］ヲ Vi-(サ) セル〉型は、下の例の〔　〕内に vs. として示すように、ヲ格補語が事名詞である〈事ヲ Vi-(サ) セル〉に近い。なお、動詞はいずれも意味の広い事変化動詞である。

(109＝82)理事会の実情や雰囲気が、わりあい写実的に生徒の間に伝えられ、これが理屈なしに、生徒の心理を一変させてしまったのであった。〔vs. 産業革命が社会の生産形態を一変させる〕　　　　　　　　　　（青い山脈）

(110){親が子供の}天分ののび得るかぎりまでその智徳を発達させ、〔vs. 貿易が両国の産業を発達させる〕

　　　　　　　　　　　　　　　　（おさなごを発見せよ）

(111)子供の学習と生活を向上させる研究会〔vs. 研究によって商品の品質を向上させる〕　　　　　　（中学校は、いま）

(112)大発明は商品の巨大ブームを引き起し、人びとの生活スタイルを集団的に全体として変質させる。〔vs. 大発明が日本

164　　Ⅱ　使役文の構造

の伝統を変質させる〕　　　　　　　　　（日本文化と個人主義）

　ところで、これらの現象の理解においても 4.2 節で紹介した奥田
（1968–1972 [1983：63–71]）の論述は重要である。奥田（1968–
1972）は、「事にたいするはたらきかけ」を表す連語（「N ヲ Vt」
「N ヲ Vi-(サ) セル」）の特徴として、ヲ格名詞が抽象名詞であっ
てそれが「人や物の側面、すなわちうごき、状態、特徴、関係をさ
ししめして」（p.64）いると述べられている。奥田（1968–1972
[1983：66]）にはヲ格の抽象名詞と「Vi-(サ) セル」との連語を
含む文が 6 例あげられており、そのうち 5 つを簡略に示すと次のよ
うなものである*21（下線は早津）。

　　(113)「嗚咽が彼女の声をつまらせる」（奥田の例360）、「夫を刺激
　　　　して話をこじらせる」（例361）、「厚生年金が労働者の生活
　　　　を安定させる」（例363）、「ぼくの性欲がぼくの抵抗力を麻
　　　　痺させた」（例364）、「教育委員会制度が中央政府と地方長
　　　　官との勢力を減退させる」（例365）

これらにうかがえるように、例 361 以外では側面のもちぬしがノ
格の連体修飾語となっており、それは人名詞（と組織名詞）であっ
て、本章の〈人ノ N ヲ Vi-(サ) セル〉型である。つまりこれらは、
「事」の変化の引きおこしを表すといえるとともに、文の構造とし
ては「人の側面」の変化の引きおこしを表しており、両者の近さを
うかがわせるものである*22。

　以上述べてきたことから、人の部分・側面の変化の引きおこしと
物や事の変化の引きおこしとの関係を図式的に示すと次のようにな
る*23。

〈人ノ N [部分・側面] ヲ Vi (サ) セル〉　　　―〈事物 ヲ Vi (サ) セル〉
人ノ N [身体部位] ヲ Vi [物変化] -(サ) セル― 物 ヲ Vi [物変化] -(サ) セル
　（太郎の顔を輝かせる）　　　　　　　　　　（落ち葉を輝かせる）
人ノ N [心理内容・行動等] ヲ Vi [事変化] -(サ) セル

　　　　　　　　　　　　　　―事 ヲ Vi [事変化] -(サ) セル
　（生徒の {心理・生活} を一変させる）　（{政情・社会} を一変させる）

6. おわりに

　本章では、〈人ノ N［部分・側面］ヲ Vi［無意志］-(サ) セル〉型の使役文の性質について、〈人ヲ Vi［無意志］-(サ) セル〉型や〈人ニ N［部分・側面］ヲ Vi［無意志］-(サ) セル〉型と比べながら、また、変化の要因となる事態の表され方（主語として表されるか従属節に表されるか）をも観察することにより、考えてきた。また、簡単にではあるが、〈人ノ N ヲ Vi-(サ) セル〉型の使役文と〈事物ヲ Vi-(サ) セル〉型の使役文との関係についての見通しも述べた。

　〈人ノ N［部分・側面］ヲ Vi［無意志］-(サ) セル〉型の使役文の性質として次の点が特徴的だといえる。

・表現面・構文面の豊かさ

　〈人ノ N［部分・側面］ヲ Vi［無意志］-(サ) セル〉型の使役文は、心理動詞を原動詞とする使役文だけでは表現しつくせない心理変化の引きおこしの多様性を表現する使役文として、表現面での豊かさ（バリエーション）を発揮し（4.1 節、4.2 節）、構文面でも独自の機能をはたしている（4.3 節）。

・使役文の諸タイプのなかでの位置づけ

　〈人ノ N［部分・側面］ヲ Vi［無意志］-(サ) セル〉型の使役文は、人の部分や側面の変化の引きおこしを表すので、人の変化の引きおこしを表す使役文の下位類ともいえるが、部分や側面を表す名詞は物名詞や事名詞であり、その点で、事物の変化の引きおこしを表す〈事物ヲ Vi-(サ) セル〉型の使役文との連続性をうかがわせる（5 節）。

　本章では、使役文中の「人ノ N［部分・側面］ヲ」という成分に注目して考察してきたわけだが、3 節でみたように、「部分・側面」については日本語あるいは他の言語の文法研究において、独特の性質のあるものとしてしばしば記述される。それは、人間の部分や側面（身体や心理活動や動きなど）というのは、人間と外界との接点に位置するものであるため、言語によって現れかたはさまざまにな

るとはいえ、接触面の現象として独特の言語現象を示すからではないだろうか。使役文においても、この章でみてきた現象のほかに、次の第5章・第6章で検討する問題も、部分や側面という性質が反映される現象である。

＊1 意志動詞・無意志動詞という分類と他動詞・自動詞という分類との関係をみると、意志動詞には他動詞も自動詞も少なくないが（「こわす、書く」「歩く、行く」）、無意志動詞はほとんどが自動詞である（「（赤みを）帯びる」などが無意志動詞である他動詞の珍しい例）。本章で検討する型の使役文についても、原動詞はすべて自動詞の無意志動詞であるので、「Vi」と表すことにする。

＊2 この類の文について佐藤（1990：108）では、「他動詞とはいっても、「〜を思わせる、〜を感じさせる」のような、無意志的な心理現象を名づける動詞からつくられた使役動詞をもちいることが多く、意志動詞の例はまれである。」とされていて、それは使役文の実態にあっている。

＊3 これらは物質性をそなえた「物」ととらえることができる（「目にゴミがはいる」「頭にボールがぶつかる」）とともに、身体部位といえども人の神経作用から切り離されていない以上、鈴木（1978–1979［(2)：68]）のいうように「ひとの肉体の部分は、単なるものではなく、生理的・心理的にも、意志的にも、一定の活動をつかさどる器官」である。したがって鈴木（1978–1979）にあげられている「この捉え方は日本人の頭を反映している」「いちどあいつの腹を聞いてみよう」における「頭、腹」はそれぞれ「考え方」「きもち」という名詞の表すものに近い。

＊4 ほかに、鈴木（1978–1979）、角田（2009）でもこの問題が論じられている。鈴木（1978–1979［(2)：78]）では、「ものやひとの諸側面を一般的に名づけている名詞」として「きもち・心理・心情・感情／意志、意・本意・本心／意向／こころざし／信念／精神」などがあげられている。また角田（2009：125–176）では、所有関係を表す表現について日本語だけでなくジャル語（豪州原住民語のひとつ）や英語などにみられる現象についても類型論的な立場から述べられている。

＊5 佐藤（1990）のⅱ類ついて論じられている「§2使役の客体が人間の部分・側面のばあい」（pp.126–136）には、実例60例、実例を簡略な文で示したと思われるもの46例の計106例があがっている。

＊6 分類に際しては、奥田（1968–1972）、国立国語研究所（宮島1972）、仁田（1986）、小泉他（編）（1989）、国立国語研究所（1964a、2004）等を参考にした。なお、カテゴリカルな意味については第1章の2.4節を参照。

＊7 そうでないのは6例のみである。「変わらせる」が1例（本章4.1.3節で後述）、比喩的な表現が4例（「激情が群集を燃えあがらせる」「空虚が彼女を転落

させる」「死が人間から思考力を奪い、動物に還元させてゆく」など）、やや意志動作的なものが1例「（竜岡には）私を話の仲間入りさせるような気軽さがなかった」）である。なお、佐藤（1990）には原動詞が意志動詞でそれが無意志的に使われている使役文も、これらと別に20例あげられている。

＊8　この例は「耳を疲れさせる」が比喩的に「あきさせる」という心理変化の引きおこしを表現しているかもしれない。

＊9　人名詞が多数者を指していて、ある空間で人々が具体的に熱狂し興奮している様子を表現するものとしては「いきづまる接戦が観客をわかせる」ということができる。

＊10　もちろん文脈によってどのような変化であるかが読みとれることはある。佐藤（1990：122）で例文（85）としてあげられている次の文は文脈から「鈴木真」「ボルテ」の外面に現れる変化であることがわかる。

　　○そこへはいっていったとき、鈴木真は灯火のあかりの中に、きらびやかな
　　　衣装をまとったボルテが、金国風のいすにきちんと腰かけているのを見た。
　　　四年の歳月は鈴木真を<u>変わらせた</u>ように、成長期の少女もすっかり<u>変わ</u>
　　　<u>らせて</u>いた。　　　　　　　　　　　　　　　　　　　　　　（蒼き狼）

＊11　3.1節で紹介した高橋（1975：5-6）で、何かを身につけることを表す「花子が胸にブローチをつけている」「太郎が両肩に荷物を背負っている」などにおいて、「胸、両肩」は主体のもともとの所属物であり、「ブローチ、荷物」は動作によって新たな所属物となるという趣旨のことが述べられていて、本章の現象に通じる。

＊12　この2つの類の使役文は、他動詞文における次のような変化型と出現型に平行的である。
　　・増税が {国民の：国民に} 不満をひきおこす（／よびおこす）。
　　・法律の改正が {教育の：教育に} 荒廃をもたらす。

＊13　ii類の文構造は《コト（原因）が人（もちぬし）の　〜（部分・側面）を　…させる》と示されている（p.136「その問題が<u>物理学者</u>の<u>頭</u>を悩ませる」）。

＊14　奥田（1968-1972）で出現のむすびつきの例としてあげられている諸例のうちには、ニ格名詞が「人の {心に／うえに／なかに}」のように、佐藤（1990）のいう「空間化する手つづき」をへた形である例が多い。

＊15　このようなことが生じる事情として奥田（1968-1972）では次のように考えられている。この（92）で「教育」は、「安定」という状態が現れてくる場所であるのでニ格名詞で表して「教育に安定をもたらす」という出現のむすびつきとして表現できるとともに、「安定（する）」ことの主体でもあるという関係（"教育が安定する"）なのでノ格名詞で表して「教育の安定をもたらす」という変化のむすびつきとしても表現できるのである。

＊16　佐藤（1990）では、原因的な事態が主語として表されている使役文が考察対象とされているので、ここでの（b）類の使役文はとりあげられていない。

＊17　この109例は、早津（2006）において調査対象とした小説・随筆等から該当する例を全例収集したものの数である。本章であげた例文としてこの調査対象以外のものから任意採集した例もあげているが、任意採集による数はこの109例には入れていない。

＊18　原因的な事態が従属節で表現されるものも含め、そもそも〈人ノ側面ヲ Vi-(サ) セル〉型は文章語的である。高橋（1975：14）では、他動詞文における次のような〈人ノ N ヲ Vt〉型の文（高橋のいう「〈所属さき〉ノ〈所属物〉ヲ Vt」）について、これらがそれぞれの〔　〕内の文と比べて「一種の文体論的なニュアンスをおびている」ことを指摘したうえで、「その文体論的な性格は、やはり文法にささえられている」と述べられている（下線は原文）。

　　○自分の誠意が こいさんの 心を動かしたのなら　　　　　　　（春琴抄）
　　〔vs. 自分の誠意でこいさんが心を動かしたのなら〕
　　○漠然とした予感が 私の 気持ちをさびしくした。　　（志賀直哉、暗夜行路）
　　〔vs. 漠然とした予感で私は（気持ちが）さびしくなった〕
たしかにこの例には、語彙の面でとくに文体的に特殊な語が使われているわけではない（「誠意」「予感」は抽象名詞ではあるが日常的にも使われる）。したがって、これらの文の文体論的なニュアンスは、これらの文の文法的な性質、すなわち心理変化の誘因であるものが主語となり、心理変化の主体である人（高橋のいう〈所属さき〉）は主語ではなく心理を表す名詞「N」（〈所属物〉）の修飾語となっているという構造によって生じたものと考えられる。本章でみている使役文についても同様のことがある。

＊19　「規定語」とは、文の成分としてのいわゆる連体修飾語のことである。

＊20　「これが主語にも移行する」というのは、「そのことばが彼の気持ちをふるいたたせた」における「彼（の）」は、「彼はそのことばによって心をふるいたたせた」（使役文）、あるいは「彼はそのことばによって心がふるいたった」（原動文）ともなるということを述べていると思われる。

＊21　他の 1 例は「警官が息をはずませる」（例362）という再帰的なものなので（したがって、ノ格の連体修飾語もない）、本章の対象とは別である。

＊22　奥田（1968–1972）では、「事名詞＋Vt」の連語の例として、説明文中では「川の流れをせきとめる」「歯車の回転をはやめる」のようにノ格名詞が人でない連語もあげられているが、実例としてあがっている文のノ格名詞は実は多くが人である（16例中12例）。人でない 4 例は「ボートの動揺をしずめる」（例345）、「電車内の空気をなごやかにする」（例354）、「教育の中立性をおかす」（例357）、「空気の流通を調節する」（例366）。このことは、用例の出典の中心が小説であることと関係しているのかもしれない。

＊23　4.2節で、N が心理内容名詞、原動詞が出現性の動詞であるときの〈コトガ人ノ N ヲ Vi-(サ) セル〉と〈コトガ人（ノ N）ニ N ヲ Vi-(サ) セル〉における変化と出現の近さをみた。このことは、奥田（1968–1972）にも指摘があるように、事に対するはたらきかけにおける「変化のむすびつき」と「出現のむすびつき」との間にもみられる。

　・国際化の流れが｛人々の意識の／人々の意識に｝変化を生じさせている
　・国際化の流れが｛大学教育の／大学教育に｝変化を生じさせている

第5章

〈人₁ガN［（人₁ノ）部分・側面］ヲ Vi-（サ）セル〉
型の使役文
再帰構造の使役文

1. はじめに

　この章では、使役文の主語とヲ格の補語とが、人とその「部分・
側面」（「目、頬」「息」等）という関係である自動詞使役文につい
て考察する。次のような使役文である。（1）では「子供たち」と
「目」が、（2）では「柚木」と「眼」が、（3）では「野口」と
「息」が、それぞれ人とその部分や側面の関係をなしている。（2）
（3）には例のあとに骨組み構造を示した。

　（1）　子供たちが目をかがやかせる。
　（2）　「連れの人？それは男かね、女かね？」と、柚木は眼を光ら
　　　　せてきいた。〔柚木が眼を光らせる〕　　　　　　　　（張り込み）
　（3）　「わかるか」と野口は息をはずませながら言った。〔野口が
　　　　息をはずませる〕　　　　　　　　　　　　　　　　　　（宴のあと）

　こういった使役文の骨組み構造を簡単に示すと次のように表せる。
　　　　〈人₁ガN［（人₁ノ）部分・側面］ヲ Vi-（サ）セル〉
この型の文の実際の使用例をみると、上の（1）のように「Vi-（サ）
セル」が主節述語として使われている例は少なく、（2）〜（3）のよ
うに複文の従属節述語で使われることが多い。本章では、主語とヲ
格補語とが人とその部分・側面という関係をなす使役文について、
小規模ではあるが実例の調査にもとづき、文法的な性質や機能につ
いて考察する。

　なお、主語とヲ格補語とにこのような関係のある使役文はいわゆ
る再帰構造の他動詞文（「太郎が眼をあけた」「野口が息を吸った」）
と似た構造であることから、以下の考察においては、本章の考察対
象である使役文を「再帰構造の使役文」とよぶことがある。

2.「部分・側面」を表す名詞と使役動詞との組み合わせ

　「部分・側面」を表す名詞として、先に第4章「〈人ノN［部分・側面］ヲVi［無意志］-（サ）セル〉型の使役文」においては、当該の使役文の実例をもとに、《身体部位》《心理部位》《心理内容》《行動・能力》の4つの類をとりだした。本章で対象とする〈人₁ガN［（人₁ノ）部分・側面］ヲVi-（サ）セル〉型の使役文においても、この4類の名詞（N）の例がみられた。そしてそれに加えて特徴的なのは、「（人の発する）声、足音、息、微笑」や、「（所持したり身につけたりしている）ハンカチ、バッグ、スカーフ」などの名詞がかなりみられたことである。そこで、第4章で紹介した高橋（1975）、角田（2009）等をあらためて参考にし《行為の所産》と《所持物》という類をもうけた。それぞれの名詞について、調査で得られたものを中心に使役動詞との組み合わせのかたちで例をあげる*1。

《身体部位》と「Vi-（サ）セル」との組み合わせ

　足をぶらぶらさせる、身体をそらせる、身をよじらせる、指をからませる、頭をふらふらさせる、口をもごもごさせる、身をくねらせる、背中を波打たせる、鼻をうごめかせる、瞳を輝かせる、目を輝かせる、胸をときめかせる、肩を震わせる、顔を曇らせる、（棚に）目を走らせる、胸をふくらませる、頬を紅潮させる、頬をこわばらせる、髪の毛を（風に）なびかせる、襟あしをのぞかせる、等。

《心理部位》と「Vi-（サ）セル」との組み合わせ

　心を躍らせる、心をはずませる、心を悩ませる、気を紛らわせる、気持ちを落ちつかせる、等。

《心理内容》と「Vi-（サ）セル」との組み合わせ

　本心を匂わせる、恨みをつのらせる、等。

《行動・能力》と「Vi-（サ）セル」との組み合わせ

　態度を硬化させる、機転をきかせる、等。

《行為の所産》と「Vi-（サ）セル」との組み合わせ

　足音をひびかせる、足音を忍ばせる、息をはずませる、視線を往

復させる、声をつまらせる、声をひびかせる、等。

《所持物》と「Vi-(サ)セル」との組み合わせ

（ポケットから）ハンカチをのぞかせる、（胸ポケットに）万年筆を光らせる、ハンドバッグをぶらぶらさせる、スカーフを（風に）なびかせる、等。

本章で考察対象とするのは、これらの「N ヲ Vi-(サ)セル」を含む再帰構造の使役文である。

3. 再帰構造の使役文についての諸研究

本章でとりあげるタイプの使役文についてこれまでの研究で指摘されてこなかったわけではもちろんない。以下簡単に紹介する*2。

寺村（1982：291–293）では、「使役態を作ることのできない動詞はどんな動詞だろうか」ということを考察するなかで「眼ヲ光ラセル」「口許から八重歯を覗かせていた*3」に触れられている。すなわち、意志性のない動詞の中には「Vi-(サ)セル」にすると不自然なものがあるが（「?物価ヲ上ガラセル」「?穴ヲフサガラセル」「?雨ヲヤマセル」）、「非意志性のものがすべて使役態をとれないとはいえない」という例として、先の2例が「雨ヲ降ラセル」「卵ヲクサラセル」「用ヲスマセル」などとともにあげられている。そしてこれらについて、「対応する他動詞がないために「やむなく」使役形にした、という例である。従って、これらの使役形は、もとの自動詞に対応する他動詞の働きをしているものと見るべきである」と説明されている。しかし、どのような文の中で「「やむなく」使役形に」することが必要になるのかについては述べられていない。

池上（1982：100）では、英語の使役表現と対照するなかで、「セル」「サセル」で表されていても「本来の使役関係と言えるようなものは何も存在していない場合」として次の例があげられている（（5）は物とその部分という関係である）。

（4）投手ハ眼鏡ヲ光ラセナガラ投球モーションニ入ッタ。

（5）白イ機体ヲ輝カセテ特別機ガ到着シタ。

そして、「このように日本語の「セル」「サセル」の意味は英語の使役動詞（早津注：make、let、have）の場合とは対照的に、使役の意味の弱い方向へもずっと拡がっているのである」とする。ただしこのような使役文が使われる条件などについては述べられていない。

高橋（1986–1991 ［2003：144]）には、「（使役構文であっても）自分の所属物にはたらきかけるばあいも、意味的に使役性はない」という例として次の3例があげられている*4。

（6）かれはたかいいすにすわって、あしをぶらぶらさせている。

（7）少女がスカートをひらひらさせて、階段をおりていった。

（8）ベンチの蛍子はコートのえりをたて、マフラーをのぞかせ、

（石森史郎、約束）

そして、「この種の文は、構文としては、再帰構文になっている」とし、さらに「これらにつかわれた使役動詞は他動詞相当である。というより、その自動詞に対応する他動詞がないので、いたしかたなく使役形式をつかったというほうがあたっているかもしれない」と述べられている。ここでも先の寺村（1982）と同じく、どのような文において「「いたしかたなく使役形式をつかった」」のかについては述べられていない。

佐藤（1986：175）では、「髪をなびかせる」「目をしょぼつかせる」が「再帰構文的な用法」であるとされているが考察はなされていない。

以上、この問題についての先行研究を簡単にみてきたが、これらに共通にうかがえるのは、「警官が目を光らせる」のような〈人₁ガN［（人₁ノ）部分・側面］ヲVi-(サ)セル〉型の表現があって他動詞のかわりに用いられることがあるという指摘はあるもののそれを文の構造の中でとらえるということはなされていないという点である。「目を光らせる」などがどのような構文で用いられ、どのような機能をはたしているかといったことについて実証的に研究されてはこなかったといえる。

本章では、〈人₁ガN［（人₁ノ）部分・側面］ヲVi-(サ)セル〉型の使役文が実際の使用においてどのような構造で用いられるのか

を、小規模ではあるが実例調査にもとづいて考察する。後に詳しく述べるように、この型の「Nヲ Vi-(サ)セル」は、単文の述語として用いられることは稀で、複文構造の使役文の従属節述語あるいは主節述語として用いられることが圧倒的に多い。先述の池上（1982）の2例、および高橋（1986–1991）の3例も、そうと指摘されてはいないが、（4）（5）（7）（8）は複文の従属節述語、（6）は複文の主節述語として用いられている例である。このことは、再帰構造の使役文の性質の解明にとって「Nヲ Vi-(サ)セル」が文中でどのような機能を果たしているか（従属節述語なのか、主節述語なのか、等）に注目することの重要性をうかがわせる。前章（第4章）では、部分・側面を表す名詞（N）の種類と原動詞（Vi）の種類に注目して考察を行ったが、本章ではその点で分けることはせず、「Nヲ Vi-(サ)セル」の文中での機能に注目して考察する。

　本章で考察の対象としている資料について説明する。本章で調査対象とした資料は、小説・随筆など26編の文学作品である*5。これは本書全体での資料（第1章の2.8節で説明した3種の資料）と、一部分は重なるが異なるものもある。ただ、採集方法として、26作品から全例採集を行ったのは同じである。それらの資料から得られた使役動詞の用例は1064例であり、そのうち主語が人である再帰構造の使役文は161例であった*6。詳細な記述的検討のためには用例数が十分とはいえないかもしれないが、この章ではこれらの161例を対象として考察を行う。

4. 「Nヲ Vi-(サ)セル」の文中での用いられ方

4.1　分布のありさま

　まず、再帰構造をなす使役動詞がどのような構文的な機能をはたすものとして（どのような文・節の述語として）用いられているかについて、考察対象とする161例を調べてみた。複文の従属節述語、複文の主節述語、重文の従属節述語・主節述語、連体修飾節述語、単文の述語に分けて、それぞれの用例数を次の表に示す。なお、複文の従属節述語の使役動詞の形はいわゆるテ形（Vi-(サ)セテ、

Vi-(サ) セナイデ）、連用形（Vi-(サ) セ）、ナガラ形（Vi-(サ) セ
ナガラ）に限られていた。

複文の従属節述語（4.2 節）	123	（76.4 %）
「N ヲ Vi-(サ) セテ、〜」	(90)	
（「N ヲ Vi-(サ) セナイデ、〜」も含む）		
「N ヲ Vi-(サ) セナガラ、〜」	(21)	
「N ヲ Vi-(サ) セ、〜」	(12)	
複文の主節述語（4.3 節）	25	（15.5 %）
「「……」ト、N ヲ Vi-(サ) セル」	(11)	
「v-シテ、N ヲ Vi-(サ) セル」	(7)	
「v-シ、N ヲ Vi-(サ) セル」	(6)	
「v-シナガラ、N ヲ Vi-(サ) セル」	(1)	
重文の従属節述語・主節述語（4.4 節）	4	（2.5 %）
連体修飾節述語（4.5 節）	4	（2.5 %）
単文の述語（4.6 節）	5	（3.1 %）
合計	161	（100.0 %）

　表を概観すると、161 例の資料に限ってではあるが、再帰構造の
使役をなす使役動詞は、文中での構文的な機能にかなり偏りがある
ことがわかる。すなわち、複文の従属節述語として用いられている
ものが 123 例（76.4 %）と 4 分の 3 を占める。ほかに複文の主節
述語が 25 例（15.5 %）あり、あわせると複文中での使用が 148 例
（91.9%）で 9 割をこえている。これら以外の使用（重文の従属節
述語・主節述語、連体修飾節述語、単文の述語）はあわせても 1 割
弱である。同じ範囲の資料（先述の 1064 例）中には、ヲ格の補語
が人名詞である自動詞使役文〈人₁ ガ 人₂ ヲ Vi-(サ) セル〉が 512
例あるが、そのうち複文の従属節述語として用いられているものは
89 例（約 17.4%）にすぎない*7 ことと比べると、再帰構造の使
役文における上のような偏りは特徴的である。
　以下では、それぞれの使用の具体的なありさまについて順に見て
いく。

4.2　複文の従属節述語として用いられているもの
　複文の従属節述語として用いられているのは、使役動詞が「Vi-

（サ）セテ」「Vi-（サ）セナガラ」「Vi-（サ）セ」という形式のもの
で、123例（76.4％）ある。主節には使役主体の動作（┄┄部）が
表現されている。このうち用例が最も多かったのは「Vi-（サ）セ
テ」だが、従属節述語としての特徴がはっきりしているのは「Vi-
（サ）セナガラ」であるのでまず「Vi-（サ）セナガラ」から検討す
る。なお、「Vi-（サ）セテ」と「Vi-（サ）セ」をいったん分けて考
えることについては後に述べる。

（ア）〈N ヲ Vi-（サ）セナガラ、～〉
　調査資料中には〈N ヲ Vi-（サ）セナガラ、～〉という用例が21
例あった。次のようなものである。

（9）いかにもドルを使いたくてしようがないようなその婦人は、
　　　楽しそうに目を輝かせながら、だがまじめな顔でこう話し
　　　だしたので、私は困惑した。　　　　　（メキシコからの手紙）
（10）丸っぽくて低い鼻を時としてピクリとうごめかせながら、
　　　ジョザムは真剣な表情でいつも話す。　　　（花のある遠景）
（11）若い将校が顔をしかめて、私を指差し、「おい、君。君は、
　　　こっちへ来給え」と言って、さっさと松林のほうへ歩いて
　　　行き、私が不安と恐怖で胸をどきどきさせながら、その後
　　　について行くと、　　　　　　　　　　　　　　　（斜陽）

　（9）では、「婦人は目を輝かせた」と「（婦人は）まじめな顔で
こう話しだした」とが同時に起こっている事態だということが表さ
れている。つまり、「婦人が、目が輝いた状態で、話しだした」、あ
るいは「婦人が話しだした。目が輝いた状態で」とでも表されうる
事態である。従属節に表されている「目を輝かせる」は、主節に表
されている「話しだす」ことと別になされた行為ではなく、「婦人」
が「話しだす」ときのその「目」の状態である。つまり「目を輝か
せながら」は「話しだす」ときの婦人の表情を表現するものとなっ
ている。（10）も、「鼻をうごめかせる」ことと「真剣な表情で話
す」こととは別々に生じる事態ではなく、「鼻をうごめかせながら」
は、「ジョザムが話す」ときの表情を「鼻」に関して述べたもので
ある。また、（11）で表されているのも、「私が、胸がどきどきし

た状態で、ついて行く」という状態であり、「胸をどきどきさせながら」は、「ついて行く」ときの「私」の不安な心の状態をも表すものとなっている。

このように、〈Nヲ Vi-(サ) セナガラ、～〉型における「Nヲ Vi-(サ) セナガラ」は、文全体の主語（上の例では「婦人」「ジョザム」「私」）の主たる動作である「話しだす」「話す」「ついて行く」が行われるのと同時にその人に生じている副次的な身体状態や心理状態を述べるものとなっている。他につぎのような例がある。

(12) 頭をふらふらさせながら出て行く、目をキラキラさせながら聞く、舌を震わせながら息をする、身をおののかせながら待っている、息をはずませながら言う、声をつまらせながら「……」と言う、足音を忍ばせながら近づく、心を焦らせながら進む、唇を震わせながら小さくなっている、等。

ところで、一般に「～シナガラ」（ナガラ節）には大きく2種の用法があるとされ、たとえば南（1974：114–131）では、「タバコヲノミナガラ オシャベリシテイル」は［継続］を表し、「セッカク八合目付近マデノボリナガラ登頂ハアキラメタ」は［逆接条件］を表すとされる。本章の調査資料中の「Vi-(サ) セナガラ」21例はいずれも［継続］の意を表すものである。もし、「目をうるませていながら、微笑みはくずさなかった」のように使われるとすればそれは［逆接条件］の意を表すものであろうが今回の資料にはない。南（1974）は［継続］を表す「～シナガラ」について、「意味の面について言うならば、〈あるおもな（と認められる）動作に平行して継続する（副次的と認められる）動作を表す〉とでも言うことが出来るものである」（p.115）と説明されている。再帰構造の使役における「Nヲ Vi-(サ) セナガラ」（「目を輝かせながら」等）は、動作を表すものではないが、おもな動作に付随して生じている副次的な状態を表現するということができ、大きくいえば［継続］の「～シナガラ」だといえよう。

(イ) 〈Nヲ Vi-(サ) セテ、～〉
「Nヲ Vi-(サ) セル」が複文の従属節述語である再帰構造の使役

文123例のうち90例（73.2%）がこの〈Nヲ Vi-(サ) セテ、～〉型（〈Nヲ Vi-(サ) セナイデ、～〉も含む）の複文構造で用いられている。動詞のいわゆるテ形（V-シテ）の意味や機能については種々の研究がなされている（遠藤1982、寺村1982、内田1983、高橋1983b、成田1983a、言語学研究会・構文論グループ1989a、言語学研究会・構文論グループ1989b、新川1990、仁田1995、等）。これらで分析されているのは、「V-シテ」が主であって「V-(サ) セテ」についてはほとんど言及されていないが、「V-シテ」の文法的な意味として、主節で表される主たる動きにとって副次的な動きを表すもの（いわゆる付帯状態）があることが指摘されており（「めがねをかけて新聞を読む」「帽子をかぶってでかける」）、「Nヲ Vi-(サ) セテ」の分析においても学ぶところが大きい。

〈Nヲ Vi-(サ) セテ、～〉型の場合も、前節でみた〈Nヲ Vi-(サ) セナガラ、～〉型と同じく、従属節である「Nヲ Vi-(サ) セテ」は主節で表現される主たる事態が行われているときの使役主体の部分や側面の状態を表現しているものがほとんどである。

たとえば次の例の「Nヲ Vi-(サ) セテ」は、主節事態が生じているときの使役主体の身体の物理的な状態や使役主体の発する音を表現している。

(13) 一人の選手が、スタート台に這い上がると、そのままぴたりと俯伏しになって、背中を波打たせて苦しそうに息をしている。　　　　　　　　　　　　　（庄野潤三、プールサイド小景）

(14) おれはこのやりきれない生活を少しの幻影もなしに暮らしていくことになるのだろう、とかれは目をつむり体を小刻みに震わせて考えた。　　　　　　　　　　　　　　　（鳥）

(15) すると美保子が何とも言わないうちに、その質問に答えるかのように、ミシミシという足音を響かせて、二階から新しい下宿人が下りて来た。　　（宮本百合子、若い娘の倫理）

この（13）で表されているのは、「一人の選手が背中が波打つ状態で苦しそうに息をしている」あるいは「一人の選手が苦しそうに息をしている。背中が波打つ状態で」のようにも表現しうる事態であり、従属節と主節で表現されているのは、同時的な事態であって継

起的な事態ではない。（14）（15）も同様で、それぞれ「かれは体が小刻みに震える状態で考えた。／かれは考えた。体が小刻みに震える状態で」、「下宿人が足音が響く状態で下りて来た。／下宿人が下りて来た。足音が響く状態で」といった事態である。

　また、次の（16）（17）の「Ｎヲ Vi-（サ）セテ」は、使役主体の身体部位の具体的な外的状態を表すだけでなく、使役主体の心理的な状態も比喩的に表していて、（16）「眼を輝かせて」、（17）「眼を潤ませて」は、各々、"楽しそうに、いきいきと"、"悲しそうに、つらそうに"といった心情を表現する慣用的な表現になっている。

（16）そんな私に、男親を知らない二人の子どもは眼を輝かせて、<u>じゃれついてくる。</u>
　　　　　　　　　　　　　　　　　　　　　　　　（野一面）

（17）女たちはそろいもそろって、眼を潤ませてうなだれていた。
　　　　　　　　　　　　　　　　　　　　　　　　（夜の香り）

否定の形である「Vi-（サ）セナイデ」を用いた〈Ｎヲ Vi-（サ）セナイデ、〜〉型も上の例と同じように考えられる。

（18）美夜は家にいるときでも外へ出る時でも、道雅と一緒でない時の方が持ち前の陽気な若々しさを<u>翳らせないで</u>蝶蝶のように<u>たのしそうにふるまう</u>のがわかって来た。
　　　　　　　　　　　　　　　　　　　　（円地文子、女坂）

〔cf. 美夜が、若々しさが翳らない状態で、たのしそうにふるまう〕

　以上みてきた〈Ｎヲ Vi-（サ）セテ、〜〉型はいずれも、主節で使役主体の動作や状態が表現され、そのときに生じている使役主体の身体的・心理的な状態が従属節で表現されており、この点で前節の〈Ｎヲ Vi-（サ）セナガラ、〜〉型と似ている。他に次のような例がある。

（19）足をバタつかせて笑い転げる、瞳を輝かせて見つめる、眼を霞ませて首をかしげる、眼をキラキラさせて尋ねる、目をギョロつかせて眺め回す、口をとがらせて答える、顔を紅潮させて話す、髪の毛を風になびかせてやってくる、身をくねらせて笑う、身を震わせて泣きじゃくる、体をこわばらせて待つ、声を響かせて泣く、声をはずませてあいさ

つをする、微笑を走らせてうなずく、袖をなびかせてぐる
ぐる回る、心を躍らせて都会に出る、息をはずませて出て
くる、等。

このように〈N ヲ Vi-(サ) セテ、～〉型は従属節事態と主節事
態が同時的であるものがほとんどなのだが、次のような例もある。

(20) 女は澱みなくドイツ語の書名を復誦し、棚に目を<u>走らせて</u>、
すぐその本を<u>抜き出した</u>。 (宴のあと)

(21) 戸塚はひろげた手の指を、古い折鞄の上に<u>這わせて</u>、あわ
ただしく革のおもてを手さぐりするような手つきで<u>鞄をあ</u>
<u>けた</u>。 (宴のあと)

これらは (20′)「棚に目を走らせた。そしてそのあと棚から本を抜
き出した」、(21′)「手の指を古い折鞄の上に這わせた。それから鞄
をあけた」のようにも表現できる事態なので従属節事態と主節事態
は同時的ではない。これらの「N ヲ Vi-(サ) セテ」が上でみた同
時性を表現する例と異なるのは、「目を走らせる」「指を這わせる」
という組み合わせが、ここではおおよそ"さっと見る""何かの表
面を這うように指を動かす"という実際の具体的な動作の比喩的な
表現になっている点である。これらでは従属節事態と主節事態は、
使役主体が継起的に行う2つの別の事態が表現されている。

そしてまた、次の「N ヲ Vi-(サ) セテ」のように、同時的とも
継起的ともいえそうな例もある。

(22) {駒子は} また三味線を拾い上げると、右足を折ったまま<u>ず</u>
<u>らせて</u>、そのふくらはぎに<u>三味線の胴を載せ</u>、 (雪国)

(23) そこへ母親がとびらの向こうから頭を<u>のぞかせて</u>ふいに<u>声</u>
<u>をかけた</u>。 (鳥)

(22) は、「右足を折ったままずらせた。そしてその状態のままで、
ふくらはぎに三味線の胴を載せた」という事態、(23) は、「頭を
のぞかせた。そしてその状態のままで、声をかけた」という事態で
ある。これらでは、「足をずらせる」「頭をのぞかせる」が人の身体
の位置や姿勢を変える動作であることから、従属節では使役主体が
そのような動作を行ったことが表現され、それによって生じた身体
の位置や姿勢の変化を保ったまま使役主体が行う次の動作が主節で

表現されている。同時的か継起的かは必ずしも截然と分けられるものではないが、再帰構造の使役における〈Nヲ Vi-（サ）セテ、〜〉型についていえば、主節事態と同時的であり主節で述べられている主たる動作にとって副次的なものと感じられるものがほとんどだという傾向ははっきりしている。

（ウ）〈Nヲ Vi-（サ）セ、〜〉

　従属節中に「Nヲ Vi-（サ）セ」の形がみられる例が12例あるが、これらは形式面の特徴から次の2つに分けて考えるのが有意義である。

（24）a　私は声を震わせ、こう言った。

　　　 b　私は声を震わせ母を睨みつけて、こう言った。

すなわち、aのように「Nヲ Vi-（サ）セ」がそのまま従属節述語になっている類と、bのように「Vi-（サ）セ」がまず「V-テ」節（「母を睨みつけて」）にかかり、その「Vi-（サ）セ……V-テ」が文全体の従属節述語になっている類である。

　まずbの類からみていく。

（25）私は<u>怒りに体を震わせ</u>母を睨みつけて言った。　　　　　　（幻）

（26）<u>長い髪の毛風になびかせ</u>男三人従えてやってきたのはよかったけど、　　　　　　　　　　　　　　　　　　（サーカス放浪記）

（27）かれは……実に長く感じられる時間ずっと<u>嗚咽に耐え</u>、<u>震えに耐え</u>、<u>頬をこわばらせ</u>歯をかみしめて<u>昂然</u>と<u>肩を張っていたのだ</u>。　　　　　　　　　　　　　　　（鳥）

これらにおける使役動詞は「Vi-（サ）セ」の形ではあるが、主節との関係をみると、この「Vi-（サ）セ」がそのまま従属節になっているのではない。たとえば（25）では、「怒りに体を震わせ」と「母を睨みつけて」の2つからなる全体が、主節「私は言った」にとっての従属節である。（26）でも主節の「やってきた」に対する従属節は「長い髪の毛風になびかせ」と「男三人従えて」の全体であり、（27）では「嗚咽に耐え」「震えに耐え」「頬をこわばらせ」「歯をかみしめて」の4つの全体が従属節である。そして従属節の最後の動詞はいずれも「V-テ」の形である＊8。また内容面では、（25）

では〈体ヲ震ワセル〉と〈母ヲ睨ミツケル〉という2つの動きが全体として、「言う」行為を行うときの「私」の身体の状態を表現しており、(26)も同様で、さらに(27)では〈嗚咽ニ耐エル〉〈震エニ耐エル〉〈頬ヲコワバラセル〉〈歯ヲカミシメル〉という4つの動きが全体として、「肩を張っていた」ときの「かれ」の身体の状態を表現している。つまり、(25)〜(27)は、次のような構造だといえる。

(25′) 私は、[体を震わせ、母を睨みつけ<u>て</u>]、言った。

(26′) [長い髪の毛風になびかせ、男三人従え<u>て</u>]、やってきた。

(27′) かれは、[嗚咽に耐え、震えに耐え、頬をこわばらせ、歯をかみしめ<u>て</u>]、肩を張っていた。

したがって、(25)〜(27)にみられる「Ｎヲ Vi-(サ)セ」は、主節事態との同時性、主たる動作にとっての副次性という関係でいえば、むしろ、前節でみた「Ｎヲ Vi-(サ)セテ」と同じ性質である。こういった例が12例中8例をしめる。

こういった例を除くと、純粋に〈Ｎヲ Vi-(サ)セ、〜〉型で用いられているのは4例のみである。そのうち次の2例の「Ｎヲ Vi-(サ)セ」はやはり主節事態との同時性を表している。

(28) 私は子どもたちを連れて、アパートに戻った。刺を母の家に撒き散らし、わざわざ母を苦しめに行ったようなものだった。<u>顔をこわばらせ</u>、母を睨み続けていた。　　　(幻)

(29) ふとかづは、野口がさっきから、銅像のように<u>体をしゃっちょこ張らせ</u>、<u>たえずカメラを意識している</u>のに気づいた。

(宴のあと)

この(28)では、「母を睨み続けている」ときの「私」が「顔がこわばった」状態であったことが表され、(29)では、「たえずカメラを意識している」という状態にあるときの「野口」が、「体がしゃっちょこ張った」状態であったことが表されている。したがって、先にみた(25)〜(27)のような8例と合わせ、12例中10例の「Ｎヲ Vi-(サ)セ」は、主節の述語動詞の表す動作・状態にとって同時的副次的な事態を表すものといえる。

残りの2例にはそのような関係はみとめられない。

(30) 誰だろう。誰か知っている人だったか。二、三度視線を新
聞と<u>往復させ</u>、ふいに彼の喉に<u>叫びのようなものがのぼっ
てきた</u>。頼子だ。　　　　　　　　　　　　（山川方夫、十三年）

(31) もし道雄がこのことに気づいて白痴性を<u>つのらせ凶暴にな
るようなことがあれば</u>、……白川家の体面はめちゃめちゃ
に崩れてしまうかもしれない。　　　　　　（円地文子、女坂）

　このうち（30）は、先の（イ）類の（20）「目を走らせて」、（21）
「指を這わせて」と同じく、「視線を往復させ」が人の具体的な意志
動作を表現していて、従属節事態と主節事態は「私」の2つの独立
した動作である。また（31）では、「白痴性をつのらせ」が主節事
態「（道雄が）凶暴になる」の原因的な事態である。

　以上（ア）～（ウ）に分けて、〈人₁ガ N［（人₁ノ）部分・側面］
ヲ Vi-（サ）セル〉型の使役動詞が複文の従属節述語として用いら
れている例をみてきた。（30）（31）のような例はあるものの、大
部分は、主節の述語動詞の表す動作を行う人（＝使役主体）の、そ
の動作に伴って生じる同時的副次的な事態を表すものだといってよ
いだろう。

4.3　複文の主節述語として用いられているもの

　再帰構造の使役をなす使役動詞が複文の主節述語として用いられ
ている例は25例（15.5％）あった。2つの場合がある。

（ア）〈「……」ト、N ヲ Vi-（サ）セル〉（引用節をうける）

　使役動詞が複文の主節述語として用いられている例のうちには、
発話内容がまずそのまま引用節として示され、そのあとに「N ヲ
Vi-（サ）セル」が続けられるものが11例ある。（32）（33）のよう
に引用の「ト」を介して「N ヲ Vi-（サ）セル」が続くものも、
（34）（35）のように直接続くものもある。

(32)「なにが言えないの。あんたそれがいけないのよ。」と、駒
子はまだ術なげに声を<u>つまらせた</u>が、　　　　　（雪国）

(33)「ぼくも……石器時代人みたいに何かを作ろう」と息子は目

を輝かせた。　　　　　　　　　　　（メキシコからの手紙）

(34)「まあそんなことを」端座しているかづはちょっと身を慄わ
　　　せた。　　　　　　　　　　　　　　　　　　　（宴のあと）

(35)「そうだ。あのへんだ」野口が殆ど息を弾ませているので、
　　　かづは気の毒になった。　　　　　　　　　　　（宴のあと）

　これらは、発話を表す動詞を明示的に用いて「「〜」（ト）言って、
人ガＮヲVi-(サ)セル」のように表現されているわけではないが、
「ＮヲVi-(サ)セル」の主語（使役主体「駒子」「息子」「かづ」
「野口」など）は発話の主体でもあり、「ＮヲVi-(サ)セル」はそ
の人が発話を行うときの、身体的あるいは心理的な状態を表してい
る。つまりこの場合の引用節事態と主節事態も同時的副次的であり、
4.2節でみた「Vi-(サ)セル」が複文の従属節述語であるときの特
徴と同じである。このことは（32）〜（35）が、「ＮヲVi-(サ)セ
ル」を従属節述語として次のように述べたものと意味的にほとんど
同じ表現であることからもうかがえる。

(32′)駒子は声をつまらせて「……」と言った。

(33′)息子は目を輝かせて「ぼくも……」と言った。

(34′)かづは、身を慄わせて「まあそんなことを」と言った。

(35′)野口が息を弾ませて「……」と言った。

　次の「胸をふくらませる」は発話しているときではなく思考して
いるときのその人の気持ちを表現したものであるが、やはり副次的
な事態を表している。

(36)なんだ、こういうことだったのか、と納得いって、そうな
　　　ると、この出口は、自分が一人で自由に使ってもかまわな
　　　いのか、と胸を膨らませる。　　　　　　　　　　（彼方）

(イ)〈V-シテ／V-シ／V-シナガラ、ＮヲVi-(サ)セル〉（連用節をうける）

　使役動詞が連用節をうける主節述語として用いられることもあり、
資料中には、「V-シテ」（7例）、「V-シ」（6例）、「V-シナガラ」（1
例）の14例がみられた。例が少なく詳しい考察はできないが、全
体について気づかれることをひとつ述べる。

　これらの複文では、複文の主語（使役主体）の明示のされ方に特

徴がある。14例いずれも文中に主語が明示されており、「〜ハ」が
13例、「〜モ」が1例であって、いずれもいわゆる取り立ての形で
ある。

・使役主体が「〜ハ」で表されているもの

(37) 少年はそんな私をじっとみつめながら、ときどき何かいい
たげに唇のはしをかぼそく痙攣させた。　　　　　　（絵本）

(38) そばにたって見ている姐さん芸者はまだ昼間だというのに
変り色の御座敷着の褄をとって、鹿の子しぼりの長襦袢の
裾をこれ見よがしにのぞかせていた。　　　　（円地文子、女坂）

(39) 富士の裾野の遊園地に車から降り立った時の私は、夢と希
望にあふれ、サーカスで売っているウサギさんのように胸
の内をふくらませていた。　　　　　　　（サーカス放浪記）

(40) 劫は悔やみだけで帰ってしまうそっけなさもできかねると
見え、お手伝いをと申し出、きさくにまめに何やかや機転
を利かせていた。　　　　　　　　　　　（幸田文、黒い裾）

・使役主体が「〜モ」で表されているもの

(41) これでようやく、端から見ても、サマになったな、とそん
な呑気なことを考えながら、葛原も同じ興奮に感染されて、
頬のあたりをひくつかせていた。　　　　　　　（夜の香り）

　これらには、人の外面に現れた動きが表現されているものも、内
面の心理状態が表現されているものもあるが、従属節事態と主節事
態との時間関係については、(40)にはやや継起性がうかがえるも
のの、全体としてはほとんどが同時的副次的な事態である。これら
の複文構造の文は、「〜ハ」「〜モ」でとりたてられている人につい
て、その人の動作や心理状態と、その人の部分・側面に生じている
状態とを、従属節と主節に分けてそれぞれ述べることによって、複
文全体として、ある時点における主語の性質や状態を説明する働き
をしている*9。

4.4　重文の従属節述語・主節述語として用いられているもの

再帰構造の使役をなす使役動詞が重文の従属節述語・主節述語と

186　　II　使役文の構造

して用いられている例はそれぞれ2例ずつあった。

・重文の従属節述語

(42) 通りかかった車掌が母の様子に気がついてくれなければ、周囲の乗客たちの迷惑をよそに、母は呻き声を遠慮なく響かせ続け、私は私で、声を放って泣き続けていたのかもしれない。　　　　　　　　　　　　　　　　　　　（野一面）

(43) 勝代の名はうんと利き目があった。娘にひっかかって来られて主人は頬をびくびくさせるし、なな子はにわかに敵対的に強くなった。　　　　　　　　　　　　　　　　　（流れる）

・重文の主節述語

(44) 兼家は花山院おろしという行動に出たのだが、伊周は東三条院詮子への恨みをつのらせるだけであった。（大鏡の人びと）

(45) てっぺんに足駄が一足、泥の干からびついた歯を仰向けにひっくりかえっているのには、梨花も少し驚いたが、親爺は口をもぐもぐさせたきり。　　　　　　　　　　　（流れる）

これらでは、従属節主語と主節主語すなわち、(42) の「母」と「私」、(43) の「主人」と「なな子」、(44) の「兼家」と「伊周」、(45) の「梨花」と「親爺」が「〜ハ」あるいは「〜モ」でとりたてられて表されている。そして、2人のうちの一方についてはその人の動作や心理状態が、もう1人についてはその人の部分・側面に生じている状態が、それぞれ述べられている。つまり、「N ヲ Vi-(サ) セル」が重文の従属節か主節かの述語として用いられている上の文は、その重文全体として、ある時点における2人の人の動作・状態を対比的に説明する文となっている。

4.5　連体修飾節述語として用いられているもの

　再帰構造の使役をなす使役動詞が連体修飾節述語として用いられている用例は4例（下の (46)〜(49)）のみであった。わずかこれだけだが気づかれる点を述べる。

　「N ヲ Vi-(サ) セル」が修飾する名詞（被修飾名詞）は、4例とも人名詞で、それは再帰構造の使役文の主語にあたる人であった（「若い女が息を弾ませる⇒息をはずませた若い女」「男が目を血走

らせている⇒目を血走らせている男」)。つまり、被修飾名詞が人の部分・側面を表す例(「女がはずませている息」等)はなかった。

(46)ある時大きなお腹をして息をはずませた若い女が台所に現れた。　　　　　　　　　　　　　　　　（谷崎精二、下町の暮らし）

(47)都電の乗客は様々である。しかし、その中に共通点を見いだすとすれば心の余裕であろうか。GNPにせき立てられ目を血走らせている人達は、ここには姿をあらわさない。
　　　　　　　　　　　　　　　　（谷崎精二、下町の暮らし）

(48)姉は、それから病院の売店で、パンと牛乳を買ってきて、おなかを空かせている子どもたちにあてがった。　　（夢の道）

(49)まだ、空が明けきらぬうちに、顔をこわばらせた母と共に、特急の寝台券を買いに行ったのが、その旅のはじまりだった。　　　　　　　　　　　　　　　　　　　　　　　（野一面）

これらをみると、(46)では「若い女が台所に現れた」ときの「若い女」の状態が、(47)では「姿をあらわさない人達」の状態が、(48)では「姉が子どもたちにパンと牛乳をあてがった」相手である「子どもたち」のその時の状態が、(49)では「私が母と寝台券を一緒に買いに行った」時の「母」の状態が表現されている。

　つまり、連体修飾節「Nヲ Vi-(サ)セル」は、文全体の主語(使役主体でもある)が動作を行うその時に、主体自身あるいは動作の相手や共同動作者がどのような状態であるのかを表現しているといえる。

4.6　単文の述語として用いられているもの

　再帰構造の使役文の使役動詞が単文の述語として用いられている用例もわずかであり(5例)、一般化した特徴は見いだしにくい。気のついた点の指摘にとどめる。

　まず、単文ではあるが文中に「Nヲ Vi-(サ)セル」に対する連用修飾的な要素が含まれているものがある。(50)の「笑われているのも気がつかぬ様子で」、(51)の「寒そうに」がそうである。

(50)家主は笑われているのも気がつかぬ様子で目をしょぼつかせていた。　　　　　　　　　　　　　　　　　　（夜の香り）

（51）顔を両手でおさえて、髪のこわれるのもかまわずに倒れて
　　　いたが、やがてすわり駒子も自分ながら楽しげに笑い続け
　　　た。おもしろいほど早く酒が醒めて来た。寒そうに肩をふ
　　　るわせた。　　　　　　　　　　　　　　　　　　　（雪国）

この連用修飾部分は、述語が表している「（家主が）目をしょぼつ
かせていた」「（駒子が）肩をふるわせた」と同時的になりたってい
る主語である人の副次的な状態を表している。また、次の文でも
「兄と並んで歩くと」とありこの節は直接には「～町筋が～広がっ
ていく」にかかっているのだが、「（私が）眼を輝かせていた」のが
兄と歩くときの副次的な状態であることがわかる。

（52）当時の私は兄を見張るのでもなく、庇うのでもなく、兄と
　　　並んで歩くと家のまわりのこみ入った町筋が、思いもかけ
　　　なかった様相で広がっていくことに、眼を輝かせていた。

　　　　　　　　　　　　　　　　　　　　　　　　　（野一面）

したがって、これらの3例は、4.3節でみた複文の主節述語として
用いられるものに意味的・機能的に通じるところがある。

　それに対して、次の例は、使役動詞が「Vi-(サ）セハジメテイ
ル」という始動相のシテイル形であり、使役文「私が体をこわばら
せはじめている」の前に、「気がつくと」という時間的な状況を表
す成分がある。

（53）気がつくと、私は病院のなかで、いつ頃からか硬くし続け
　　　てきた体をくつろがせはじめていた。　　　　　（夢の道）

ここでは、ある時点において人の身体の変化がすでに始まっている
という状態が表されている。また次の例では、使役動詞が「Vi-
(サ）セダス」という始動相の形で、「私が見ているうちに、出演者
の一人が体をくねらせだした」という構造である（上の（53）は
「私が気がつくと、（私が）体をくつろがせはじめていた」という構
造）。

（54）私は背中の赤ん坊の重さにその場に腰かけてしまい、路地
　　　とガラス窓とに隔てられたテレビの画面に見入った。にぎ
　　　やかな番組だった。見ているうちに、出演者の一人が妙な
　　　具合に体をくねらせだした。　　　　　　　　　　　（幻）

　　　第5章　〈人₁ガN［人₁ノ］部分・側面］ヲVi-(サ）セル〉型の使役文　　189

ここでは、出演者の体がくねることがその人の意志によるものかも
しれないが、いずれにしろ一定の時間幅のなかで人の身体の変化が
生じたことが表されている。つまり、(53)(54)の2例は、4.3節
でみた複文や4.4節でみた重文とは異なるものの、やはり単純な単
文構造の文とはいいにくい。

　このようにみてくると、〈人₁ガN［(人₁ノ)部分・側面］ヲVi-
(サ)セル〉という再帰構造の使役文が単純な単文として現れるこ
とはごく少ないということがわかる。

5. 再帰構造の使役文の構文的・意味的な特徴

　以上、使役文の主語とヲ格補語が、人とその部分・側面という関
係をなす使役文(再帰構造の使役文)について、用例の分析を中心
にして検討してきた。前節までに述べてきたことを、4つの点から
あらためてとらえなおしてまとめる。

(ア)「NヲVi-(サ)セル」の文中での機能
　再帰構造の使役文のもっとも代表的な用法は、「男の子は目を輝
かせて話を聞いていた」のように、使役動詞が複文の従属節述語と
して用いられるものであり(4.2節)、「NヲVi-(サ)セル」は主節
に表現される使役主体の動作や状態にとっての同時的副次的な事態
を表している。この特徴はまた、使役動詞が複文の主節述語として
用いられているもの(「「さようなら」と彼女は目をうるませた」
「私は希望にあふれ胸をふくらませていた」4.3節)、連体修飾節
(「おなかをすかせた子どもにパンを与えた」4.5節)、連用修飾成
分をともなう単文(「いぶかしそうな様子で目をぱちぱちさせた」
4.6節の(ア))にもみとめられる性質であった。また、使役動詞
が重文の従属節述語・主節述語として用いられているもの(「母は
呻き声を響かせ続け、私は声を放って泣き続けていた」「兼家はあ
る行動に出たが、伊周は女への恨みを募らせるだけ」4.4節)にお
いては、2人の人の別の事態が表現されているので副次性はないが、

同時性という性質はあり、それが対照的なものとして述べられている。

（イ）文の構造

　上のような性質を支えているものとしての文の構造は次のようなものだといえる。2つの事態の間の同時性副次性のほうは（複文の従属節・主節、連用修飾節、ある種の単文）、従属節あるいは主節述語として「N［(人₁ノ) 部分・側面］ヲ Vi-(サ) セル」を用いることによって、主節と従属節の主語を同一に保ったまま（時にそれを「ハ」や「モ」でとりたてて）、ある人の主たる動作とそのときの副次的な状態とを述べることができる。たとえば先の「男の子は目を輝かせて話を聞いていた」は、「男の子は話を聞いていた。そのとき男の子の目は輝いていた」のように2文によっても表せる事態である。それを原動詞「輝く」を用いて1文で述べようとすると、「男の子は目が輝いて話を聞いていた」のように不自然な文になってしまう。〈男ノ子ガ話ヲ聞イテイル〉ことと〈ソノ男ノ子ノ目ガ輝イテイル〉ことを1文で述べるためには後者についても「男の子」を主語とする文構造が必要である。そこで、「目」をヲ格の補語とし、動詞を使役動詞「輝かせる」にすることによって、「男の子」を主語にし、かつ主たる動作（〈話ヲ聞ク〉こと）と副次的な事態（〈目ガ輝イテイル〉こと）を1つの文で述べる構造が可能となる（「男の子は目を輝かせて話を聞いていた」「男の子は話を聞いて目を輝かせていた」）*10。

　また、重文のほうは、2人の人の動作や状態を2つの節で対比的対照的に述べようとするときに、動作や状態のいずれか（あるいは両方）が人の部分や側面における状態である場合に便利な構造である。つまり、「N ヲ Vi-(サ) セル」を用いることによって、一方の節の主語が「人」、他方の節の主語が「人ノ N」という重文ではなく、いずれの主語も「人」である文にし、2人を対比的対照的に述べることができる。いわば文構造的な要請から「N ヲ Vi-(サ) セル」が用いられたということができ、これも再帰構造の使役の機能面の特徴である。

（ウ）複文の従属節述語の形（「Vi-(サ) セテ」と「Vi-(サ) セ」）

4.2節でみたように、「N ヲ Vi-(サ) セテ、〜」は 90 例であるのに対して、「N ヲ Vi-(サ) セ、〜」は 12 例でありそのうち 8 例は前者に準ずるものであった。「Vi-(サ) セテ」と「Vi-(サ) セ」の用例数の偏りについて次のように考えることができる。

4.2節の（イ）で紹介したように動詞の「V-シテ」形についての研究はかなりあり、それらでは「V-シテ」形に主節事態の副次的（付帯的）な状況を表す用法・機能があることが述べられている。さらに、言語学研究会・構文論グループ（1989b）では、「V-シ」形と「V-シテ」形*11 の違いについても積極的に論じられている。すなわち、「V-シ」形と「V-シテ」形は文体的な違い（前者のほうがややかたい文体で用いられる）があるだけでなく、機能上の違いがあるとされ、「V-シ」形は「ふたつの動作の、あるいはふたつの状態をただたんに先行・後続という、あるいは同時的という、時間的な関係のなかにさしだしているだけである」「複合的ではない、並列の関係の表現者である」のに対して、「V-シテ」形のほうは、「基本的には、主要な動作・状態と副次的な動作・状態との複合を表現している」「複合的な、従属の関係の表現者である」（p.178）という。たとえば次の（55）は「V-シ」形、（56）は「V-シテ」形であるが（この例は早津）、たしかに上の説明があてはまる。

(55)「鳥が鳴き花が咲く」「大雪のため新幹線が遅れ飛行機は運休になった」「太郎は雑誌をよみ二郎は音楽をきく」

(56)「眼鏡をかけて新聞を読む」「寝ころんでテレビを見る」「大声をあげてさわいでいる」「制服をきて働いている」

この「V-シ」形における「複合的ではない並列の関係」、「V-シテ」形における「複合的な従属の関係」という面が本章でみてきた再帰構造の使役動詞の「V-(サ) セ」と「V-(サ) セテ」にも現れていて、主節事態にとって副次的な事態を表している従属節（つまり複合的な従属の関係）において、「V-(サ) セテ」が「V-(サ) セ」よりずいぶん多くなっているのだと考えられる。

（エ）比喩的・慣用的な「N［(人₁ノ) 部分・側面］ヲ Vi-(サ) セル」

　再帰的な使役表現を表す「N［(人₁ノ) 部分・側面］ヲ Vi-(サ) セル」には比喩的・慣用的な表現になっているものが少なからずある。そして、それらは、似た事態を指すことのできる他動詞や副詞などによる表現と張り合い関係にあることがある。たとえば、ある事態を描写する次のそれぞれのaの文は、bのような文と張り合いつつ、これらとは異なる独自の描写となっている。

（57）a 子どもたちは<u>目を輝かせて</u>おじいさんの話を聞いていた。
　　　 b 子どもたちは {目をじっと見開いて／興味深そうに／楽しそうに／生き生きとして} おじいさんの話を聞いていた。
（58）a 子供が {口をとがらせて／目をかがやかせて} 食器を洗っていた。
　　　 b 子供が {文句を言いながら／つまらなそうに／にこにこしながら／興味しんしんの顔つきで} 食器を洗っていた。

「N［(人₁ノ) 部分・側面］ヲ V-(サ) セル」のもつこのような表現面の性質は、後に第12章（「V-(サ) セル」の語彙的意味の一単位性）において述べる、ある種の使役動詞には他動詞からなる語彙体系の補いとしての性質もうかがえるという性質（「ポケットにナイフを {忍ばせる／潜ませる／入れる／隠し持つ}」等）と通じることである。

6. おわりに

　本章では、使役文の主語とヲ格補語とが、人とその部分・側面という関係になっている自動詞使役文について、実例をもとに文法的な性質や表現面での独自性について考えた。使役文の要素として「人の部分・側面」を表すヲ格補語が含まれるという点では第4章で考察した〈人ノN［部分・側面］ヲ V［無意志］-(サ) セル〉型の使役文もそうであった。ただし両者は文構造が異なっている。すなわち本章の構文における「部分・側面」が主語である人のものであるのに対して（「<u>子供</u>が<u>目</u>を耀かせる」）、第4章のほうはそうで

はなく主語とは別の人の「部分・側面」だということである（「真っ赤な水着が太郎の目を驚かせた」「花子が父の心をいらいらさせた」）。第4章で考察対象とした使役文の構造と本章（第5章）のそれとを、主語を示したかたちで示すと次のようになる。

第4章：〈事物・人₁ガ　人₂ノ N ［部分・側面］ ヲ Vi ［無意志］ -（サ）セル〉型

第5章：〈人₁ガ（人₁ノ）N ［部分・側面］ ヲ Vi ［無意志］ -（サ）セル〉型

　また、次の第6章では、事物の変化の引きおこしを表す使役文について考察するが、実はその類の一部でも、部分・側面ということがいくらか関わってくる（「母親が子供の手にお菓子を握らせる」「この考えが娘の胸に悔しさを起こさせる」）。

――――――――――

＊1　ここにあげた組み合わせの中には、「足をぶらぶらさせる」「身体をそらせる」のように意志的に行うこともできる動作を表すものと、「胸をときめかせる」「顔をくもらせる」のようにそうではないものがある。その点で多様であるが本章の考察においては分けて考えることはしない。
＊2　『国語学大辞典』（東京堂出版）、『日本文法事典』（有精堂出版）、『日本文法大辞典』（明治書院）をはじめ辞典／事典類ではほとんど触れられていないが、『日本文法大辞典』（明治書院）の《使役》の項（第2章の3.3.2節で紹介した藤井1971a）では、「使役態の意味」として、まず主語が「有情物（人またはその他の動物）であるもの」と「非情物であるもの」に大きく分けられ、前者がさらに6種に分類されていて、その6番目に「身体の一部の動作が行なわれる」という類がある。「足をすべらせる」の例があげられていて、これは、本章でいう再帰構造の使役文であるが詳しい説明はなされていない。
＊3　寺村（1982）では例をあげる際に漢字と片仮名で表記されるが、実例の引用の場合には漢字と平仮名で表記されている。
＊4　この箇所は、高橋（1986-1991）のうちの「動詞（その6）」（1988）にあたる。用例が一部さしかえられているが、ここでは高橋（2003）の例をあげた。
＊5　用いた作品の作品名、作家名、発表年などについては、早津（1991）の

一覧を参照。

＊6　調査資料中には、主語が物名詞でヲ格がその部分を表す名詞であるもの（「木が葉を茂らせている」「電車が車輪をきしませて近づいてきた」「花が香りを漂わせる」等）が20例あったが、本章では対象としない。また、「政府が株価の動きに目を光らせている」のように、「目を光らせる」が"注意や監視をおこたらない"といった比喩的な意味で用いられているものも対象としない。なお、早津（1991）ではこれらを含んでいたので本章で考察対象とする用例数と同じではない。

＊7　佐藤（1986）は、「人間の人間にたいするはたらきかけの表現」について詳しく論じたものであり、〈人₁ガ人₂ヲVi-（サ）セル〉型の使役文の実例が426例あげられている。それをみると426例のうち複文の従属節述語として用いられているのはやはり約14.8％（63例）にすぎない。

＊8　動詞のいわゆる連用形とテ形（たとえば「話し」と「話して」）とが共存する複文の性質については新川（1990）で詳しく論じられている。なお、第3章の注17も参照。

＊9　「NヲV-（サ）セル」が引用節を受ける主節述語である場合（4.3節の（ア））においても、（35）の「野口が」以外の4例はいずれも使役主体が「〜ハ」である。「NヲV-（サ）セル」が複文の従属節述語として用いられているもの（4.2節）についてみると、使役主体が「〜ハ」で表されているのは123例中54例にすぎず（主体が明示されていないものも32例ある）、対照的である。

＊10　ただし、同一主語のもとに2つの同時的な事態を表現するというのは、「NヲVi-（サ）セル」によるだけでなく、他動詞（「NヲVt」）によって述べることもできる（たとえば川端1958には「飛行機は赤い灯をつけて飛んでいく」（p.54）という文について、「叙述関係の従属的統合たるべく、従句の主語を前句のそれに擬するかの如き他動詞的表現」だとされている）。

＊11　「V-シ」形と「V-シテ」形がそれぞれ、「第一なかどめ」「第二なかどめ」とよばれている。

第6章

〈N［事物］ニ N［事物］ヲ Vt-（サ）セル〉型の
使役文
事物の変化の引きおこしを表す使役文

1. はじめに

原動詞が他動詞である使役文において動作主体はニ格補語で表され（「X（使役主体）ガ Y（動作主体）ニ Z（動作対象）ヲ Vt-（サ）セル」）、そのニ格補語は人であることがほとんどである。

(1) 「先輩が後輩に荷物を運ばせる」「子供に食器を洗わせる」「学生に卒論のテーマを考えさせる」「親に悲しい思いをさせる」

しかし次のようにニ格補語が人でない使役文もわずかではあるがみられる*1。

(2) クリトンは、……ソクラテスの身の保釈を当局に認めさせようとし、その保証に立った。　　　　　（死の思索）

(3) 博物館に広重の浮世絵を所蔵させる。

(4) それを布の上から軽く抑え、布に汗や膿を吸いとらせるより他にどうすることも出来ないのだ。　　　（黒い雨）

(5) 彼は、乱れた髪を微風に吹かせながら、……人々の群を、誇らかに眺めやった。　　　　　　　　　（偸盗）

ニ格補語が人である場合には、その人は使役主体から言語的あるいは態度的な働きかけを受けて自らの意志で具体的な動作や知的活動を行う主体であったり、何らかの影響を受けて心理面の変化を生じる主体であったりする（上の(1)）。それに対して、ニ格補語が人でない場合にはそういった意味での主体であることはできない。(2)〜(5)の他動詞使役文について、ニ格補語の文法的な意味をごく簡単にみてみると、まず、(2)は「当局」が人名詞ではないものの人からなる組織を表す名詞であるので、この「当局に」には人に準ずる動作主体性（ここでは認識の主体）をみとめることができ

197

る。それに対して（3）〜（5）ではそうではない。（3）の「博物館に*2」は「浮世絵」が存在するようになる場所、（4）の「布に」は「汗や膿」を内部に含むようになる場所、（5）の「微風に」は「乱れた髪」をとりまく状況だとみることができる。

（ア）人に準ずる動作主体性（冒頭の（2）に相当）

（イ）場所性（（3）（4）に相当）

（ウ）状況性（（5）に相当）

以下でみていくように、ニ格補語の文法的な意味がこのようなものであることを支えるのは、ニ格補語である名詞、および原動詞のカテゴリカルな意味（第1章2.4節）である。そして、（3）〜（5）のニ格補語にこのような性質がみとめられることから、これらの他動詞使役文にはそれぞれ次のような三項他動詞文との類似をみることができる。

（3′）博物館に浮世絵を所蔵させる ≒ 博物館に浮世絵を保存する

（4′）布に汗や膿を吸いとらせる ≒ 布に汗や膿をうつす

（5′）微風に長い髪を吹かせる ≒ 微風に長い髪をさらす

ニ格補語が人である他動詞使役文においては、使役文の複合事態性すなわち、使役主体から動作主体への働きかけと動作主体の動作という複合性が保たれている。しかしながら、ニ格補語が人でない他動詞使役文では、そのような複合性が希薄になっており、そのため使役動詞「Vt-(サ)セル」も、形態的な分析性がありつつも意味的には一単位的になっている。そのことが、ニ格補語が人でない他動詞使役文と三項他動詞文との近さをうみだしているのだと思われる。

本章では、ニ格補語が人でない他動詞使役文の性質を、ニ格補語の文法的な意味（上にあげた、（ア）人に準ずる動作主体性、（イ）場所性、（ウ）状況性）に注目し、また三項他動詞文との関係（類似と相違）をさぐりながら、考察する。

2.〈ア〉人に準ずる動作主体性

ニ格補語が人である他動詞使役文では、前節で述べたように、そのニ格補語は動作や知的活動の主体であったり心理変化の主体であ

ったりする。ニ格補語が人でない他動詞使役文のうちにも、これらに準ずるものとして扱えるものがある。まず、ニ格補語が組織名詞（「国、県、市、村」「政府、警察、裁判所、当局」「会社、銀行、研究所、興信所」「総務部、庶務課、会計係」「議会、審議会、委員会」等）である場合である。組織は人によって構成され意志をもった人の集合としてふるまうことができるとみなせるものである。

(6) この中古排水器を村に買い上げさせたのである。

(田中正造の生涯)

(7) サルトルが……左翼乃至進歩的といわれる作家詩人たちとともに、フランス政府に中共を承認させ、 (広場の孤独)

(8) 「保険会社に入院費を支払わせる」「興信所に生活状況を調べさせる」「寺に無事を祈願させる」「委員会に現状を理解させる」「人事部に雇用条件を思い出させる」「議会に企てを撤回させる」

また、ある種の動物たとえば、犬、馬、猿、猫などは、何らかの意志や感情をもっていて人からの働きかけを受け入れそれに反応してくれるもの、少なくともそう感じられる存在である。

(9) この後に、象にひかせて、立派な霊柩車がいく台もつづきました。 (ビルマの竪琴)

(10) 猿に早く芸を覚えさせられたことがうれしく、また自慢でもあったのだろう。 (サーカス放浪記)

(11) 「子羊に母羊の乳を吸わせる」「ウサギを土佐犬にかみ殺させる」「仔猫に煮干しを食べさせる」「鸚鵡に口まねをさせる」「鶯に稽古をさせる」「猿に暗算をさせてみる実験」

(6)～(8)、(9)～(11) の使役文は、人が組織や動物など人に準ずるものに対して何らかの働きかけをして人に準ずる動作を引きおこすことを表している*3。使役文の性質も、ニ格補語が人であるものに準じた使役らしさ、すなわち使役主体から動作主体への関与とそれを受けた動作主体による動作の実現という複合性を保っている。また使役動詞「Vt-(サ) セル」も、「Vt」＋「-(サ) セル」という形態的な分析性からくる分析的な意味（動作＋使役性）を保っている。このようなことから、ニ格補語の文法的な意味は、人に準じ

第6章　〈N［事物］ニ N［事物］ヲ Vt-(サ) セル〉型の使役文　　199

る動作主体（動作や活動や認識などの主体）だといえる。

　　〈ア〉ニ格補語が人に準ずる動作主体性をもつ使役文

　　　　使役文：N［人₁］-ガ N［組織/動物］-ニ N［種々］-ヲ

　　　　Vt［種々の動作］-（サ）セル

　　　　（「会社に入院費用を払わせる」「鳥に手紙を運ばせる」）

　したがってこれらの他動詞使役文は、3節と4節でみるものとは異なり、むしろニ格補語が人である使役文の周辺の一類として位置づけることができる。

　以下では、それぞれの原動詞のカテゴリカルな意味とそれに規定される構文的な性質を確認しながら考えていく。

3.　〈イ〉場所性

　ニ格補語の文法的な意味としての場所性としては、原動詞のカテゴリカルな意味によって、存在場所性（収容を表す動詞の場合）、内在場所性（吸収を表す動詞の場合）、付着場所性（身体付着を表す動詞の場合）、出現場所性（心理の出現を表す動詞の場合）をみとめることができる。

3.1　〈イ─1〉存在場所性　　空間性を有する組織を場所的にとらえる

　「所蔵する、保管する、収容する、収蔵する、収納する、しまう、おさめる、入れる」のような、物をある場所に存在させる動きを表す動詞「設置動詞」は、構文的な性質として、人を主語とし、物が存在するようになる場所をニ格の空間名詞で表す次のような文をつくる。

(12)「山田氏が土蔵に浮世絵を所蔵する」「社長が金庫に秘密書類を保管する」「花子が寝具を押し入れにしまう」「選手たちがバットやグローブを部室に入れる」

　そしてこれらのうち「所蔵する、保管する、収容する」は、上の構文のほかに、空間性をそなえた組織を表す名詞を主語とする他動詞文をつくることもできることから、とくに「収容動詞」とよ

ぶ*4。

(13)「博物館が浮世絵を所蔵する」「図書館が秘密書類を保管する」「病院がけが人を収容する」

これらの他動詞文は、物や人を、一定の期間にわたって組織の所有とするあるいは組織の管理下におくために、組織の有する空間に存在させておくことを表す。

このような性質をもつ収容動詞は、空間性をそなえた組織を表す名詞をニ格補語とする使役文をつくることができ、そのニ格補語は存在場所性をもつ。

(14)複数の博物館に広重の浮世絵を所蔵させる。

(15)小学校の図書館に政府の秘密書類を保管させる。

(16)なにをしでかすか分からない者を……強制的にでも管理の行き届いた施設に収容させる、　　　　　　　　　　（野一面）

収容動詞を原動詞とするこのような使役文は、人が空間性をもつ組織に対して何らかの働きかけを行い、その組織の占める空間に物が存在する状態を引きおこすことを表現する。そして事態の結果面すなわち物がその組織空間に存在するようになることに注目するならば、その収容動詞あるいはその他の設置動詞をそのまま用いた他動詞文で表現することもできる。

(14′)浮世絵を博物館に{所蔵する／保管する／入れる／しまう}

(15′)秘密書類を図書館に{保管する／しまう／おさめる}

(16′)なにをしでかすか分からない者を施設に{収容する／入れる}

つまり、収容動詞を原動詞とする他動詞使役文は、広い意味での設置動詞による三項他動詞文に近い。

　　〈イ―1〉ニ格補語が存在場所性をもつ使役文・三項他動詞文
　　　　使役文：N［人］-ガ N［空間性組織］-ニ N［具体物］-ヲ
　　　　　　　Vt［収容］-(サ)セル

　　　　　（「博物館に浮世絵を{所蔵させる・保管させる}」「病院に怪我人を収容させる」）

　　　　他動詞文：N［人］-ガ N［空間性組織］-ニ N［具体物］

$$-ヲ \ Vt \ ［設置］$$

（「博物館に浮世絵を｛所蔵する／保存する／おさめる｝」
「病院に怪我人を｛入れる／おく｝」）

　ただし、他動詞文におけるニ格補語は空間性に注目したものになり、使役主体から動作主体に対して何らかの働きかけを行うことによって動作主体がその動作を行うという間接性（使役文でこそ表される間接性）を感じさせない。人（使役主体）から組織への関与の間接性を表現するには、使役動詞による表現がやはりふさわしい。

3.2　〈イ―2〉内在場所性　具体物を場所的にとらえる

　「吸う、吸いこむ、含む、吸いとる、吸収する」などの他動詞は、物や人がその内部に物をとりいれる動きを表し、構文的に〈N［具体物$_1$］-ガ N［具体物$_2$］-ヲ Vt〉という構造の他動詞文をつくって、主語である具体物$_1$がその内部に具体物$_2$をとりこむという事態を表現できる。これらを「吸収動詞」とよぶことにする*5。主語は、みずからの動きの結果として具体物$_2$が内部に存在するようになる所としての具体物である。

(17)「雑巾が汚れを吸う」「布が液を吸いとる」「粉末が油を吸収する」「ペン先がインキを含む」「集塵機が微粒子を吸いこむ」

　このような性質をもつ吸収動詞は、吸収される物（N［具体物$_1$］）をヲ格補語とし、吸収される先（N［具体物$_2$］）をニ格補語とする使役文をつくることができる。

(18)サンドイッチにはバターを塗るのがあたり前になっていますが、それは……中にはさむ素材の水気をパンに吸わせないためです。　　　　　　　　　　　　　　　（東畑朝子、死ぬまで元気！）

(19=4)それを布の上から軽く抑え、布に汗や膿を吸いとらせるより他にどうすることも出来ないのだ。　　　　　　　（黒い雨）

(20)こするとしみを広げることになるので、ティッシュペーパーやハンカチに吸収させるか、あて布をして叩いてしみを落とすかなどの応急処置をする。（佐々井啓他、新・家政学概論）

(21)彼はペンに赤いインキを含ませて読んで行くところの句の

202　　Ⅱ 使役文の構造

肩にいちいちアンダアラインをした。（佐藤春夫、田園の憂鬱）
これらの使役文は、人が具体物₁に何らかの操作をして、その物が内部に具体物₂をとりこんだ状態を引きおこすことを表現し、ニ格補語は内在場所性を帯びる。このような吸収動詞を原動詞とする使役文は、付着動詞「うつす」を述語とする他動詞文に近い性質をもっている。

〈イ―2〉ニ格補語が内在場所性をもつ使役文・三項他動詞文

　　使役文：N［人］-ガ N［具体物₁］-ニ N［具体物₂］-ヲ
　　　　　Vt［吸収］-(サ) セル

　（「布に水気を吸わせる」「脱脂綿に消毒液を含ませる」）

　　他動詞文：N［人］-ガ N［具体物₁］-ニ N［具体物₂］-ヲ
　　　　　Vt［付着］

　（「布に水気をうつす」「脱脂綿に消毒液をうつす」）

ただし、使役文のほうは、吸収動詞が（17）のように具体物を主語にする文をつくりその主語は動作主体とみなせるという性質をもつことからくる独自性ももつ。すなわち（18）〜（21）の使役文における人から具体物₁への関与の仕方は、具体物₁に対してその物の主体としての能力を発揮できる状況を作りだし、それによって具体物₁が自らの能力を発揮できるようにするというものである。つまりこの〈イ―2〉類の使役文には、使役主体から動作主体への関与の間接性という、意志動作の引きおこしを表す使役文にそなわる性質をいくらかはみとめることができ、その点で前節の〈イ―1〉類に近いといえる。一方、次節でみる構造とは異なる。

3.3 〈イ―3〉付着場所性　身体部位を場所的にとらえる

次に原動詞が身体付着動詞である他動詞使役文をみる。「身体付着動詞」とは、「（手に）もつ、握る、つかむ」「（両腕に）かかえる」「（背中に）背負う、かつぐ」「（足に）はく」「（肩に）羽織る」「（頭に）かぶる」「（胸に）だく」のような、人が物を自分自身の身体の一部分にとりつけることを表す動詞（第3章でみた「主体変化志向の他動詞」の一部）である＊6。身体付着動詞は、使役主体以外の人の身体部位をニ格補語とし、具体物をヲ格補語とする使役文

をつくり、その二格補語は付着場所性を帯びる。

　まず、「もつ」を原動詞とする次の2つの使役文について、二格補語が人名詞であるときと身体部位名詞であるときとで表現する事態およびその反映としての二格補語の性質がどのように異なるかをみてみる。

　(22)何事につけてもよく気の廻る亀雄が、どこから手にいれてきたのか、水をいれた一升と、線香の束を持ってきていて、それを交替で<u>下級生に持たせた</u>。　　　（井上靖、しろばんば）

　(23)奥さんはそう言いながら、さっき出した西洋菓子の残りを、紙に包んで<u>私の手に持たせた</u>。　　　（こころ）

このうち、二格補語が人名詞である（22）では、使役主体（「亀雄」）から「下級生」に対して、荷物をもつよう言葉や態度によって働きかけ、それを受けた「下級生」が「もつ」動作を行ったと考えられるので、この文の「下級生」は動作主体としての性質がはっきりしている。それに対して二格補語が「私の手に」である（23）では、この「私（の）」もむろん意志的存在としての人ではあるものの、この事態では、積極的に「もつ」動作を行う主体というよりも、「奥さん」が差し出すお菓子の包みを手に受ける人であり、二格補語「私の手に」はお菓子のおかれる箇所という性質のほうがきわだつ[7]。

　次の例も二格補語が身体部位名詞であり、使役主体が物を相手の身体部位に直接とりつけるという動作をしている。

　(24)先生は苦笑した。懐中から蟇口を出して、五銭の白銅を<u>子供の手に握らせた</u>[8]。　　　（こころ）

　(25)事務長は、物慣れた様子でポケットからいくらかを<u>水夫の手に掴ませて</u>おいて、上を向いて合図をすると、　　（或る女）

　(26)車の中で、俺は、予備の靴下を出して<u>多江の足にはかせた</u>。

　　　（時雨の記）

　(27){ボクシングの試合で相手を打ち負かした}内藤は、レフェリーの「テン」という声を聞くと、ほとんど喜びをあらわすことなく、自らのコーナーに歩んでいった。……エディがリングに駆け上がり、<u>肩に青いタオルを羽織らせた</u>。

〈一瞬の夏〉

前節で吸収動詞とした「含む」による使役文も、ニ格補語が身体部位名詞であると上例に類する使役文となる。

(28) 私は茶の間に寝かされ、じっとうつろな眼を見開いていた。薬売りはそんな私の眼を覗きこみながら、……黒い丸薬をとり出して<u>私の口にふくませ</u>、焼酎でそれを私の咽喉にながしこんだ。　　　　　　　　　　　　　　　　　　〈足摺岬〉

このように、身体付着動詞を原動詞とし、相手の身体部位をニ格補語とする〈N［人₁］-ガ N［人₂ノ身体部位］-ニ N［具体物］-ヲ Vt［身体付着］-(サ) セル〉型の使役文は、使役主体である人₁が相手（人₂）の身体部位に物をとりつけることによってそこに物が存在している状態を引きおこすことを表し、ニ格補語は物が付着する場所という性質を帯びる*9。そしてこの〈イ—3〉類の他動詞使役文も、典型的な使役文の表現する事態の複合性（使役主体から動作主体への関与と、動作主体の動作実行）が希薄であり、物を何かに取りつけることを表現する三項他動詞文の表す事態に近い。

　　〈イ—3〉ニ格補語が付着場所性をもつ使役文・三項他動詞文
　　　　使役文：N［人₁］-ガ N［人₂ノ身体部位］-ニ N［具体物］-ヲ Vt［身体付着］-(サ) セル
　　　　（「おばあさんが子供の手にお菓子を握らせる」「コーチが選手の肩にタオルをはおらせる」）
　　　　他動詞文：N［人₁］-ガ N［人₂ノ身体部位］-ニ N［具体物］-ヲ Vt［付着］
　　　　（「おばあさんが子供の手にお菓子を ｛渡す／のせる｝」「コーチが選手の肩にタオルをかける」）

3.4　〈イ—4〉出現場所性　心理部位を場所的にとらえる

「（喜びを）感じる、（気持ちを）起こす」のような、心理変化の出現を表すことのできる他動詞（「心理出現動詞」とよぶ）は、「胸、魂」のように人の心理の宿るところととらえられる名詞（第4章の《心理部位》）をニ格補語、人の心理の内容を表す名詞（《心理内容》）をヲ格補語とする使役文をつくる。

(29)大塚先生の講義はその熱烈な向学心をひしひしと我々の胸
に感じさせ、　　　　　　　　　　　　（和辻哲郎、和辻哲郎随筆集）

(30)この考えは、お俊の小さな胸に制え難い口惜しさを起こさ
せた。　　　　　　　　　　　　　　　　　　　　　　　　（家）

(31)……という大勢で、海岸の方へ繰り出して行った。何と云
ふ四月のいゝ天気、いゝ海、いゝ人達であらう。すべてが
輝かしく、爽かであつた。鬱積した、溷濁した、老廃した
私の魂にも、新鮮な悦びを感じさせた。　　　　（葛西善蔵集）

これらで主語（使役主体）に相当するのはそれぞれ、(29)「大塚
先生の講義は」、(30)「この考えは」、(31)「すべてが」であり、
これらは人をとりまく外的な事柄であったりその人自身の内的な状
態であったりするが、ここではいずれもその人の心理状態が出ずる
誘因となっている。こういった使役文は、人の外的内的な何らかの
事柄がその人に影響を及ぼし、その心理面に新たな状態を引きおこ
すことを表現する。ニ格補語である心理部位は心理状態が現れ出て
くる出現場所である。そして、これらの使役文は「引きおこす、よ
びおこす、もたらす」などの他動詞文による表現と近い。

　〈イ―4〉ニ格補語が出現場所性をもつ使役文・三項他動詞文
　　　使役文：N［事柄］-ガ N［人ノ心理部位］-ニ N［心理内
　　　　　　　容］-ヲ Vt［心理出現］-(サ)セル
　　　（「この考えが娘の胸に悔しさを起こさせる」）
　　　他動詞文：N［事柄］-ガ N［人ノ心理部位］-ニ N［心理
　　　　　　　内容］-ヲ Vt［出現］
　　　（「この考えが娘の胸に悔しさをよびおこす」）

　ただし、使役文のほうには「V-(サ)セル」の分析性（「V」＋「-
(サ)セル」）がうかがえることもある。たとえば上の(29)にお
ける「ひしひしと」という副詞は、"我々が向学心を感じる"その
感じ方、つまり、原動詞「感じる」についての修飾である。こうい
った修飾ができるのは「V-(サ)セル」形式の分析性ゆえである。

　ところで、心理部位をニ格補語とするこの〈N［人ノ心理部位］
-ニ N［心理内容］-ヲ Vt［心理出現］-(サ)セル〉型の使役文は、
ニ格補語が人である〈N［人］-ニ N［心理内容］-ヲ Vt［出現］-

（サ）セル〉型*10 とどのように違うのだろう。上の（29）〜（31）
の使役文は「N［人ノ心理部位］-ニ」のかわりに「N［人］-ニ」
としても、文としては自然な文であり、意味も大きく異なるわけで
はない。

(29′) 大塚先生の講義はその熱烈な向学心をひしひしと我々に感
じさせ、

(30′) この考えは、お俊に制え難い口惜しさを起こさせた。

(31′) すべてが……私にも、新鮮な悦びを感じさせた。

ただ、（30）では心理部位名詞を文中に示すことによってそれに連
体修飾成分のついた「お俊の小さな胸に」になっており、「お俊」
が幼い人あるいは気弱な人であることを表現できている。また
(31) では「私に」ではなく「私の魂に」となっているからこそ、
ふつう人名詞を修飾することのない「鬱積した、溷濁した、老廃し
た」という語によってそのときの「私」の心理状態を詳しく表現で
きている（たとえば「*鬱積した私に」vs.「鬱積した私の魂に」）。
このような表現面の豊かさは第4章の最後にまとめたことと同様の
性質である。

　以上、この3節では、ニ格補語の文法的な意味として場所性がみ
とめられる他動詞使役文をみてきた。この種の他動詞使役文は原動
詞のカテゴリカルな意味が偏っており、それは大きく、収容（「収
容する」等）、吸収（「吸収する」等）、身体付着（「握る・もつ」
等）、心理出現（「（悲しみを）感じる」等）であった。そしてそれ
ぞれを原動詞とする使役文のニ格補語には、存在場所性、付着場所
性、内在場所性、出現場所性がうかがえることを確認した。また、
これらの他動詞使役文はそれぞれある種の他動詞文と構文的にも意
味的にも類似性があることもみた。

4. 〈ウ〉状況性

　ニ格補語が人でない他動詞使役文のもうひとつの類は、「風、雨」
など自然現象を表す名詞をニ格補語とし、使役主体の身体部位をヲ

格補語とするものである。原動詞はそれぞれの自然現象が主体となりうる動きを表す動詞(「吹く、打つ、なぶる*11」など)にほぼ限られる。

(32) 彼は、乱れた<u>髪を微風に吹かせ</u>ながら、馬上に頭をめぐらして、後に罵り騒ぐ人々の群を、誇らかに眺めやった。

(偸盗)

(33) {代助は} そうして<u>頭を露に打たせ</u>ながら、また三千代のいる所まで遣って来たのである。 (それから)

(34) ほんの少しの<u>雨に</u>、わざと<u>頬を打たせ</u>ながら、私たちは那須の家を出た。 (宇野千代、残っている話)

(35) 透きとおるばかりのわかし湯にからだを浸しあたためて、しばらく<u>清流の響きに耳をなぶらせ</u>るその楽しさ。 (破戒)

これらの使役文が含意しているのは、それぞれ〈微風が彼の髪を吹く〉〈露が代助の頭を打つ〉〈雨が私たちの頬を打つ〉〈清流の響きが私の耳をなぶる〉という事態である。ニ格補語である「微風、露、雨、響き」は、それぞれの動きの主体という性質をもつと一応は考えられる。しかし、自然現象というのは、人がそれに働きかけたり何らかの影響を与えたりすることによって「(〜を) 吹く、(〜を) 打つ」といった動きを行わせるということはできない。したがって、「風に」「雨に」などには、人が他者に働きかけて「吹く」「打つ」といった動作を引きおこすことを表す使役文(「子供にろうそくの炎を一息で吹かせる」「生徒に鼓を打たせる」)におけるニ格補語と同様の動作主性をみとめることはできない。とはいえ、前節でみたような存在や付着や出現の場所という性質とも異なっている。本章ではこれらのニ格補語の文法的な意味は「状況性」、とくに原因的な状況性だと考える。

他動詞使役文におけるニ格補語の原因的な状況性という性質を考えるにあたって、まず「風に」「雨に」などが文成分となっている自動詞使役文をみてみる。自然現象を表す「なびく、そよぐ、輝く、光る」を原動詞とする自動詞使役文である。

(36) {ユキちゃんが} 長い<u>髪の毛を風になびかせ</u>、男三人従えてやってきたのはよかったけれど、 (サーカス放浪記)

(37) 葦が……幅広な葉を風にそよがせて、ざわざわと音をたて
　　ているのであった。　　　　　　　　　　（佐藤春夫、田園の憂鬱）

(38) 帰りの俥へ乗ろうとしていると、急に一台の相乗俥が幌を
　　雨に光らせながら、勢よくそこへ曳きこみました。
　　　　　　　　　　　　　　　　　　　　　（芥川龍之介、開化の良人）

(39) 兎口が半裸の躰を火に輝かせて鍬を造る手伝いをしている。
　　　　　　　　　　　　　　　　　　　　　　　　　　　　（飼育）

　これらはもちろん〈*風が髪の毛をなびく〉〈*雨が幌を光る〉〈*火
が躰を輝く〉ということはないので、「風」「火」には動作主体性は
ない。これらの自動詞使役文で表現されているのは、"風が吹いて
いる""雨がふっている""火がもえている"という状況のなかでそ
こから影響をうけて〈髪の毛がなびく〉〈葉がそよぐ〉〈幌が光る〉
〈半裸の躰が輝く〉ことが生じているということである。「風に」
「火に」などは、その"風が吹いている""火がもえている"という
原因的な状況をいわば一語に凝縮して表現した文成分といえる*12。

　これらのニ格成分は、奥田（1962）のいう「情勢的なむすびつ
き」と「原因のむすびつき」におけるニ格名詞の性質があわさった
ようなものである。奥田（1962［1983：319–323]）は、後者に
ついて、「自然現象や生理的な現象をしめす動詞が、現象をしめす
に格の名詞とくみあわさると、原因のむすびつきができる」
（p.322）として次のような例をあげる*13。

(40) よこしぶきの雨にびしょぬれにぬれながらも、若い細君の
　　ことを考えながらあるいた。　　（田山花袋、妻）（奥田の例288）

(41) 夜になると……まっかな丸い提燈がともされ、とおくから
　　みると、それが狐火のように海風にゆれていた。
　　　　　　　　　　　　　　　　　（石川達三、人間の壁）（奥田の例290）

　一方、情勢的とされるのは、現象性の名詞*14のニ格の形と動
詞との組み合わせが「動作のおこなわれるときの状況を表現してい
る」（p.319）ものである。こちらには、現象性の動詞に限らず
種々の動詞が現れる。

(42) まあお前、子どもをおぶって、この雨にやってきたの。
　　　　　　　　　　　　　　　　　（田山花袋、妻）（奥田の例260）

（43）雪にさす傘もやっかいだったが　　　（流れる）（奥田の例263）

奥田（1962）はこの2つをいったん区別したうえで、次のような例においては「原因のむすびつきは、情勢のむすびつきにちかく、状況的な性質をつよくもっている」（p.323）としている。

（44）湿気をおびたつめたい風にオーバーのえりをたてて、横田はぶらぶらあるいているが、

　　　　　　　　　　　（円地文子、秋のめざめ）（奥田の例299）

（45）はねあがるしぶきのはげしさに、わたしはとやかくいういとまもなく、うちへはいった。　　（濹東綺譚）（奥田の例297）

　自動詞使役文におけるニ格名詞のこのような状況性は、他動詞使役文のニ格補語にも通じるものである。先の（32）「（彼が）髪を微風に吹かせながら」、（33）「（代助が）頭を露に打たせながら」、（34）「（私たちが）雨に頬を打たせながら」、（35）「（私が）清流の響きに耳をなぶらせる」は、使役主体である「彼、代助」などが、「微風、露、雨、清流の響き」という状況に身をおき、自らの身体がその自然現象から影響を受けるままになっている事態を表現している*15。構文的にも、（32）～（35）の「V-（サ）セル」はいずれも複文構造の使役文において用いられ、このうち（32）～（34）では従属節述語、（35）では主節述語である*16。このように、他動詞使役文におけるニ格補語が自然現象であるとき、そのニ格補語は原因的な状況性をおびている*17。

　原動詞についてみると、先述のように「吹く、打つ、なぶる」などに限られている。これらのうち「打つ、なぶる」は物に触れることを表す接触動詞である。また「吹く」も「風が人の頬を吹く」というときには、「頬」に対する「風」の接触である（「子供がろうそくの炎を一息で吹いて消す」というときの「子供」と「炎」の関係とは異なる）。（32）～（35）の他動詞使役文が表現しているのは、人が自らの身体部位（ヲ格補語）を「風」「雨」などの自然現象（ニ格補語）に触れるままにしそれによって影響をうけているという事態である。先に3.3節で〈イ―3類〉として、原動詞が身体付着動詞である使役文をみた（「彼が子供の手に菓子を握らせる」）。これはヲ格補語（「菓子」）で表されるものをニ格補語（「子供の

210　　Ⅱ　使役文の構造

手」）で表されるものに付着させる事態である。付着は接触に通じる現象であり、その点で〈イ―3〉類と〈ウ〉類は似た性質がある。

このような〈ウ〉類の他動詞使役文の表現する事態は、原因的な状況性のニ格補語を伴う他動詞文による表現と似ている。

（32″）彼は、乱れた髪を微風に {吹かせながら ≒ さらしながら}

（33″）{代助は} 頭を露に {打たせながら ≒ ぬらしながら}

（34′）私たちは雨に頬を {打たせながら ≒ ぬらしながら}

（35″）{私が} 清流の響きに耳を {なぶらせる ≒ さらす}

したがって、ニ格名詞が自然現象である他動詞使役文と他動詞文とのこのような関係は次のようになる。

〈ウ〉ニ格補語が状況性をもつ使役文・三項他動詞文

　　使役文：N［人₁］-ガ N［自然現象］-ニ N［人₁身体部位］-ヲ Vt［接触］-(サ) セル

　　（「彼女が長い髪を風に吹かせる」「私たちが雨に全身を {打たせる／たたかせる}」）

　　他動詞文：N［人₁］-ガ N［自然現象］-ニ N［人₁身体部位］-ヲ Vt

　　（「彼女が長い髪を風にさらす」「私たちが雨に全身を {さらす／ぬらす}」）

5．ニ格補語が人でない他動詞使役文の3種6類

以上、2節から4節においてみてきたように、ニ格補語が人ではない他動詞使役文の構造は大きく3種6類に分けられる。それらを、文要素である単語のカテゴリカルな意味およびニ格補語の文法的な意味に注目し、文例として類義の三項他動詞文もあげながら整理すると、次のような表にまとめられる。

表　ニ格補語が人でない他動詞使役文の3種6類

	文要素である単語のカテゴリカルな意味				ニ格補語の文法的な意味		文例（使役文：他動詞文）
	主語の名詞	ニ格補語の名詞	ヲ格補語の名詞	述語の原動詞			
ア（2節）	人	組織／動物	種々	種々	動作主体性		「会社に入院費用を支払わせる」
イ－1（3.1節）	人	空間性組織	具体物	収容		存在場所性	「博物館に浮世絵を{所蔵させる：保存する}」
イ－2（3.2節）	人	具体物	具体物	吸収	場所性	内在場所性	「布に水を{含ませる：うつす}」
イ－3（3.3節）	人	（相手の）身体部位	具体物	身体付着		付着場所性	「母親が子供の手にお菓子を{握らせる：わたす}」
イ－4（3.4節）	事物	（相手の）心理部位	心理内容	心理出現		出現場所性	「この考えが娘の胸に悔しさを{起こさせる：よびおこす}」
ウ（4節）	人	自然現象	（使役主体の）身体部位	接触	状況性		「雨に全身を{打たせる：さらす}」

　これらについて、各類の特徴と相互の関係をあらためて概観してみる。

（1）ア類とイ～ウ類の相違

　ア類は、原動詞の種類が多様であり、擬人法的な用法も含め、人に準ずる種々の動きの引きおこしを表現できる。そして、ニ格補語は動作や活動の主体という性質がはっきりしている。それに対して、イ～ウ類は原動詞の種類が限定されており、ニ格補語は、動作主体としての性質よりも、場所性や状況性が顕著である。このようなことから、ア類はニ格補語が人である他動詞使役文に準ずるものとしてそれらの周辺に位置づけることがむしろふさわしい。それに対して、イ～ウ類は使役文らしくない使役文である。

（2）イ類とウ類の共通性—三項他動詞文との近さ—

　イ類・ウ類の他動詞使役文をつくる原動詞は、その下位類ごとに

限られており、それぞれ、本章において収容動詞（「絵を所蔵する」）、吸収動詞（「水分を吸う」）、身体付着動詞（「お菓子を握る」）、心理出現動詞（「疑問を起こす」）、接触動詞（「頬をたたく」）とよんだ類である。これらの動詞を全体としてながめてみると、いずれも物をあるところに存在あるいは接触するようにする動きを表すという共通性がある。そしてこのような他動詞が原動詞であることの反映として、イ類・ウ類の他動詞使役文は、全体として、ニ格補語が場所性・状況性をもつ三項他動詞文（「〜ガ 〜ニ 〜ヲ Vt」）に近い構造となっている。

(3) イ類とウ類の相違―引きおこし型と放任型―

　上のようにイ類とウ類の共通性を確認したうえで両者の違いを考えてみると、イ類の他動詞使役文（「博物館に浮世絵を収蔵させる」「布に水を含ませる」）は、使役主体からニ格補語であるものに対するなんらかの働きかけが存在し、それによってその動きを引きおこすという使役文である。これは、動作主体が人である場合の、他者に何らかの働きかけをしてその動きを引きおこすという性質と似ている。それに対してウ類（「雨に全身をうたせる」）では、使役主体はニ格補語である現象に対して積極的に働きかけるのではなくそれをそのまま状況として受けいれるという事態である。これは、動作主体が人である場合のいわゆる放任の使役（「先生は生徒に勝手にしゃべらせておいた」）と似ている。つまり、イ類とウ類には、引きおこし型と放任型という違いがある。

(4) 〈イ―3〉類と〈イ―4〉類の共通性
　　―人間と外界を媒介するものとしての身体部位・心理部位―
　〈イ―3〉類と〈イ―4〉類では、ニ格補語が人（使役主体ではない人）の「部分（身体部位・心理部位）」である。
　　・N［人$_1$］-ガ N［人$_2$ノ身体部位］-ニ N［具体物］-ヲ
　　　　Vt［身体付着］-(サ)セル
　　・N［事柄］-ガ N［人ノ心理部位］-ニ N［心理内容］-ヲ
　　　　Vt［心理出現］-(サ)セル

そして〈イ―3〉類の「子供の手に飴を握らせる」にみられる付着場所性および、〈イ―4〉類の「娘の胸に悔しさを起こさせる」にみられる出現場所性は、ニ格補語が人である使役文にもみられるものである（「子供に飴を握らせる」「娘に悔しさを起こさせる」）、このことは、ニ格補語が人である他動詞使役文とニ格補語が事物である他動詞使役文とが、人の身体部位や心理部位のかかわる事態を表現する使役文の構造を媒介・接点にしてつながっていることをうかがわせる。第4章において、人の無意志動作の引きおこしを表す自動詞使役文について、ヲ格補語が人であるか人の部分・側面であるか（「その物音が太郎をおびえさせた」と「その物音が太郎の心をおびえさせた」）による異同を考察した。そして、ヲ格補語が人の部分・側面である使役文は、人の無意志動作の引きおこしと事物の変化の引きおこしとの連続性をうかがわせると述べた。〈イ―3〉類と〈イ―4〉類にみられる現象は、それと通じることであり、身体が人間と外界との接触面であることの言語面への現れのひとつであろう。

(5) ウ類の使役文―再帰性―

ウ類の他動詞使役文（「太郎が雨に頬を打たせる」）は、動作対象（〜ヲ）が使役主体の部分（身体部位）であり、文の構造として再帰的な文である。

・N［人₁］-ガ N［自然現象］-ニ N［人₁ノ身体部位］-ヲ Vt［接触］-(サ) セル

第5章でみたように、自動詞使役文のほうにも、主語（使役主体）とヲ格補語とが人とその部分の関係にある再帰的なものがある（「太郎が胸をどきどきさせる」「花子が口をもぐもぐさせる」）。

・N［人₁］-ガ N［人₁ノ身体部位］-ヲ Vi-(サ) セル

先に4節で、ウ類の他動詞使役文の構文的な特徴として、「〜ヲV-(サ) セル」が複文構造の使役文における従属節述語あるいは主節述語として用いられることをみた（「太郎は雨に頬を打たせながら出かけた」「わかし湯で身体をあたため、清流の響きに耳をなぶらせる」）。この性質も第5章でみた再帰構造の自動詞使役文と共通

する（「子どもたちは目を輝かせながら話をきいていた」「そうねと
言って目をうるませた」）。このような複文構造の使役文においては、
主語である使役主体の主たる動作とそれと同時的に生じる身体や心
理の副次的な状態（姿勢や表情にあらわれる身がまえや身のこなし
や心のありよう）が、従属節と主節とで表しわけられている。

6. おわりに
ニ格補語が人でない他動詞使役文と三項他動詞文

　本章ではニ格補語が人でない他動詞使役文の性質について、まず
この類の他動詞使役が極めて少ないことを確認し、そのうえで3種
6類にわけられることをみた。最後に、5節で述べた第2の点と関
係して、ニ格補語が人に準ずるものでない他動詞使役文（イ類・ウ
類）について次のことを本章のまとめとして述べておく。使役文の
中心・基本は、人の意志動作の引きおこしを表現するものであり、
そこでのニ格補語は意志をもった存在としての人（動作主体）であ
る。そのような使役文においては、ニ格補語は動作主体という文法
的な意味をもち、また使役動詞「V-（サ）セル」の分析性（動作主
体の動作＋他者によるその引きおこし）も明瞭である。それに対し
て、本章でみてきた使役文（イ類とウ類）におけるニ格補語は、カ
テゴリカルな意味として、空間性をもつ組織、具体物、身体部位、
心理部位、自然現象を表す名詞である。このことは、原動詞のカテ
ゴリカルな意味（収容、吸収、身体付着、心理出現、接触）ともあ
いまって、ニ格補語の文法的な意味として人性ではなく場所性や状
況性を帯びさせる。そして、その構文的な構造のために、述語動詞
としての使役動詞「V-（サ）セル」は、「V」＋「-（サ）セル」とい
う形態的な分析性が本来もつはずの意味的な分析性を希薄にし、意
味的な一単位性を帯びて「保存する」「ひたす」「わたす」「よびお
こす」「さらす」などの他動詞に近くなるのだと思われる。
　つまり、人名詞であることこそがふさわしい他動詞使役文のニ格
補語として、人ではなく物や身体や自然現象などを表す名詞が現れ
る（「事物ニ　～ヲ V-（サ）セル」）ことによって、述語「V-（サ）セ

ル」の性質がそれにふさわしい方向にかえられて他動構文に近づく
ということである。このことは、述語の性質がそれと組み合わさる
補語の性質を規定するという基本的な構文面の性質 *18 とは逆に、
補語の性質が述語の性質を規定してかかるという現象だといえる。
要素の意味が構文の性質を決める（あるいは支配する）という方向
とは逆の、構文機能構造が要素の意味や形態論的特徴（語形変化の
しかたなど）を規定するという相関作用の現れは、第IV部でみる諸
現象にもみることができる。

7. 第II部のおわりに

　第II部を終えるにあたり、ここで第3章から第6章でみてきた使
役文の構造をあらためてふりかえり、使役文全体のなかでどの範囲
の使役文について本書が考察してきたのかを確認しておく。

　第3章「意志動作の引きおこしを表す使役文」では、人（使役主
体）が他の人（意志的主体としての動作主体）に対してある意志動
作を行うよう何らかの関与（勧め、命令、許可等）をし、それを受
けて動作主体が動作を行うという事態を表す使役文をみた。この使
役文は、原動詞の表す動作を行うのが文の主語でなく補語である人
だということが「V-(サ)セル」を述語とする文で表されており、
内容面（意味面）でも形式面（構文面）でも使役構造らしい使役文
である。原動詞は他動詞であることも自動詞であることもある。そ
れに対して第4章から第6章でみたのは、第4章と第5章は原動詞
が自動詞である使役文、第6章は原動詞が他動詞である使役文であ
る。そしてそれぞれ次のような性質がある。第4章でみた自動詞使
役文（〈人ノN［部分・側面］ヲVi［無意志］-(サ)セル〉型の使
役文―無意志動作の引きおこしを表すVi使役文―）は、動作主体
にあたるヲ格補語が人の部分・側面であり、その点でヲ格補語が事
物である自動詞使役文に近いと述べた。そしてこの使役文は、主語
である人がヲ格補語である事物に対して働きかけることを表すとい
う点で、それを主たる機能とする他動詞文の構造（いわゆる二項他
動詞のとる構造）と似ている。また、第5章でみた自動詞使役文

〈人₁ガN［（人₁ノ）部分・側面］ヲ Vi［無意志］-(サ) セル〉型の使役文―再帰構造の使役文―）は、主語とヲ格補語とが、人とその部分・側面という関係をなしており、副題にも示したように再帰構造をなしている。そして、第6章でみた他動詞使役文（〈事物ニ事物ヲ Vt-(サ) セル〉型の使役文―事物の変化を表す他動詞使役文）は、「事物ニ」というニ格補語と「事物ヲ」というヲ格補語を要する構造である点で三項他動詞のとる構造と似ている。

　次に、第4章（他動構造）と第6章（三項他動構造）にかかわって、本書で積極的には扱わなかった使役文について述べておく。他動構造の使役文の典型は第4章の冒頭にあげた（1）のタイプのようにヲ格補語が事物名詞であるもの（「果汁を凍らせる」「政情を安定させる」等）である。この類の使役文は用例数も多いのだが本書では考察対象としなかった。これについては、他動詞文（「果汁を固める」「政情を整える」等）との異同をあらためて別項で考察するのがよいと考える*19。また、同じく第4章の冒頭の（2）のタイプのようにヲ格補語が人名詞であるもの（「太郎が父を苛々させる」「激しい練習が選手を疲れさせた」）については、ヲ格補語が人の部分・側面であるもの（「父の心を」「選手の足を」）との対照についてのみ4.1節で考察した。一方、三項他動構造の文（第6章）のうちには、わずかではあるがニ格補語（動作主体に相当するもの）が非意志的な主体としての人である使役文（「親が赤ん坊に靴下をはかせる」「親（の不在）が子供に寂しさを感じさせる」）がある。前者については3.3節で、ニ格補語が身体部位名詞である他動詞使役文（「親が赤ん坊の足に靴下をはかせる」）の性質をみる際に、ニ格補語の付着場所性という点で少し触れた。後者については3.4節で、ニ格補語が心理部位名詞である他動詞使役文（「親（の不在）が子供の心に寂しさを感じさせる」）の性質をみる際に、ニ格補語の出現場所性という点でいくらか触れた。

　以上、第3章から第6章で述べたこと及び述べなかったことの概略を上のようにまとめた。このことを図式的に示すと次のようになる。表中で例文の前に「考察せず」「副」としたものがあるが、「考察せず」は上述のように本書で考察対象としなかった使役文である

表　第3章〜第6章の使役文の構造—使役構造・他動構造・再帰構造・三項他動構造—

動作主体を表す名詞　＼　原動詞		自動詞	他動詞
人	（意志的主体としての人）	【使役構造】（3章） 親が太郎を銀行へ行かせる 監督が選手を走らせる	親が太郎に荷物を運ばせる 先生が子供に入門書を読ませる
	（非意志的主体としての人）	【（二項）他動構造】（4章） ［副：太郎が父を苦しませる］ 激しい練習が選手を疲れさせる ［副：激しい練習が選手の足を疲れさせる］	【三項他動構造】（6章） 親（の不在）が子供の心に寂しさを感じさせる ［副：親（の不在）が子供に寂しさを感じさせる］ 親が赤ん坊の足に靴下をはかせる ［副：親が赤ん坊に靴下をはかせる］ 監督が選手の肩にタオルを羽織らせる
事物	部分・側面	太郎が父の心を苦しませる 激しい練習が選手の足を疲れさせる 【再帰構造】（5章） 太郎が目を輝かせる	
	事物	［考察せず：太郎が果汁を凍らせる］ ［考察せず：政府が政情を安定させる］	太郎が布に水を吸わせる 太郎が雨に全身を打たせる

ことを、「副」は第 4 章の 4.1 節と第 6 章の 3.3 節と 3.4 節のなかで
いくらか触れただけの使役文であることを示す。

　本書は、第 3 章から第 6 章の考察によって日本語の使役文（「V-
（サ）セル」を述語とする文）の構造の全体像をおおよそながめる
ことができたのではないかと考える。

＊1　本書で基本資料としている作品の中の使役動詞の用例約 8700 例（第 1 章
2.8 節）のうち他動詞使役は約 4600 例だが、そのうちニ格補語が人でないもの
は 197 例（他動詞使役の約 4.28 ％）である。しかもその中には、人に準じて
考えられるもの（組織や動物等）が 89 例あり、それ以外のものは、108 例（他
動詞使役の約 2.35 ％）にすぎない。自動詞使役（約 4100 例）のほうは、ヲ格
またはニ格の補語が人である例（「選手を（に）走らせる」「親を心配させる」）
とそうでない例（「モーターを回転させる」「事故が予定を狂わせる」）とにこ
ういった偏りはみられない。したがって、他動詞使役文におけるニ格補語がも
っぱら人に偏るというこの特徴は、自動詞使役との大きな違いである。ただし、
この偏りについては、基本資料としたもののテキスト的な性質すなわち、小説
やエッセイなどが多く論説文などが少ないことが影響しているかもしれない。
なお、本文中で引用した例文はこの基本資料以外から得たものも含んでいる。
＊2　「博物館」は、「博物館が新しい企画をたてる」「博物館が企業に財政援助
を求める」においては意志的主体である人が構成する組織として、「博物館で
至福のときをすごす」「博物館に行く」では空間としてとらえられている。
＊3　これら以外に、擬人法的な比喩表現（「小説に時間の餌を喰わせる」（聖少
女）、「琴に森の四季を思い出させる」（茶の本））や、さらに「札束にものをい
わせる」「眼にものいわせる」のように擬人法としてもいわば死んだ比喩
（frozen metaphors）であってかなり固定した言い回しとなっているものもある。
＊4　(12) のニ格名詞「土蔵、金庫、押し入れ、部室」は組織性のない空間名
詞である。収容動詞であっても、こういった名詞を主語とする他動詞文は非常
に不自然である。「? 土蔵が浮世絵を所蔵する」「? 金庫が秘密書類を保管する」。
＊5　これらのうち「吸う、吸いこむ、含む」は、「(肺に) 新鮮な空気を {吸う
／吸い込む}」「口にうがい薬を含む」のように、人が自身の内部（体内）に物
をとりいれ自身の状態を変化させる動きを表現することができる。したがって、
第 3 章の 4.1 節でみた「主体変化志向の他動詞」である。
＊6　身体付着動詞は、構文的性質として、物をとりつける身体部位をニ格補語
とする他動詞文をつくるという特徴がある。
　　○「子供が右手にお菓子を持つ」「太郎が両手に小銭を握る」「おぼれた人が
　　　弱った手にロープをつかむ」「妻が胸に赤ん坊をだく」「学生が両腕に荷物

をかかえる」「子供が小さな背中に大きなリュックを背負う」「弟が右肩にスキーをかつぐ」「太郎が素足に靴下をはく」「選手が肩にタオルを羽織る」「子供が小さな頭におとうさんの帽子をかぶる」

＊7　「もたせる」はさらに、具体物を表す名詞をニ格補語とし、使役主体の身体部位を表す名詞をヲ格補語とする文をつくることができ、人が自身の身体の一部を物に接触させ体重をあずける姿勢をとることを表す。

　　○葉子は壁に背をもたせ、眼を細めて眺めていた。　　　　　　　（或る女）

　　○明子は、ぐったりと疲れた身体を火鉢にもたせて、空ろな目を宙に浮かしていた。　　　　　　　　　　　　　　　　　　　　　　　　　　　（くれない）

このような「もたせる」文が含意する事態は、体重をあずける先である具体物を主語とする文で表現することはきわめて不自然である（「?壁が背をもつ」「?火鉢が身体をもつ」）。このような「もたせる」文については、ニ格補語が抽象物である「言葉に威厳をもたせる」「計画に余裕をもたせる」なども含め第10章で検討する。

＊8　「握る」対象が金やそれに準ずる物である場合、「N［人の手］-ニ N［金品］-ヲ 握らせる」は比喩的な表現であることもある。

　　○裕佐はつぶやくようにこういってちょっと外をのぞいたが、主婦のところへ行って茶代を払うふりをしながらそっとその手に銀貨を握らせた。
　　　　　　　　　　　　　　　　　　　　　　　　　　　　　　（青銅の基督）

　　○｛末造は｝世話をする婆あさんを片陰へ呼んで、紙に包んだ物を手に握らせて、何やら囁いた。　　　　　　　　　　　　　　　　　　　　　　（雁）

国語辞書においても、『岩波国語辞典』（第5版、岩波書店）、『広辞苑』（第4版、岩波書店）、『学研国語大辞典』（第2版、学習研究社）、『新明解国語辞典』（第6版、三省堂）、『大辞林』（第3版、三省堂）など、「にぎらせる」を立項している辞書が多い。そして、たとえば“（金を相手ににぎるようにさせて渡す意から）わいろのお金などを渡す。”（『学研国語大辞典』）という語釈をしている。このことは、「-(サ) セル」のついた使役動詞である「握らせる」の語彙的意味の一単位性をうかがわせるものであり、第12章（「V-(サ) セル」の語彙的意味の一単位性）で述べる現象の一例である。

＊9　さらに、身体部位（に相当するもの）がヘ格で表されると、もっぱら場所性である。

　　○母が死んだ時、中学生の真吾は誰にもみられないように、納棺された母のかたびらの袖のなかへハモニカを抱かせた。　　　　　　　　　　　（花霞）

　　○職人と喧嘩をして、相手の頭へ下駄で傷を負わせた……　　　（こころ）

＊10　佐藤（1990）では、他動詞のうち「感じる、思う、おこす、いだく、あじわう」などが、事物を主語とし人をニ格補語とする使役文をつくり、それが「あるできごとがひきがねになって、人間の心理的なうごきが発生することをあらわす」（p.152）ことがあるとして、「外燈が人々に敗戦のみじめさを思わせる」「水のにおいが伸子に新鮮な喜びを感じさせた」「私の東京弁が相手に反感を起こさせる」などがあげられる。そしてこれらは、「自動詞からつくられた使役構文ではおおいきれない多様な心理活動も、このような他動詞をもちいることで、因果的な連関のなかにとらえられている」（p.155）という。これらの構文は本章の〈N［人］-ニ N［心理内容］-ヲ Vt［心理出現］-(サ) セル〉

220　　Ⅱ　使役文の構造

型であって、佐藤（1990）では〈N［人ノ心理部位］-ニ N［心理内容］-ヲ Vt
［心理出現］-（サ）セル〉型の例には触れられていないが、この構文も佐藤の所
説のように、心理変化の引きおこしの表現を豊かにするものとしてはたらいて
いる。

＊11 「吹く」は「風が吹く」のように自動詞として使われることが多いが、次
のように、風などを主体とする他動詞用法もある。
　　○海の風はきびしく明子の頬を吹いた。　　　　　　　　　　　（くれない）
　　○雑木の梢を吹く風の音が、　　　　　　　　　　　　　　（あすなろ物語）
　　○台風は稲の花を吹くことによって人間の生活を脅かす。　　　　　（風土）
「打つ、なぶる」にも「雨、波、風」を主語とする他動詞文がある。
　　○雨は古い軒を打ち……古い家を閉じ籠めていた。　　　　　（武蔵野夫人）
　　○波は拍々として岸を打っている。　　　　　　　　　（田中正造の生涯）
　　○風が一段と鋭く、強くなって頬をなぶる。　　　　　　　　　　（北帰行）

＊12 次の自動詞文におけるニ格成分も情勢的でも原因的でもある。
　　○「白樺の木はやわらかな葉を茂らせて風にさやさやと鳴っていた」「小川
　　　の緑の草は露に光っていた」「白い霧に流れてぼんやり遠ざかって行く町
　　　家の灯」「青年たちの髪が強い風になびいていた」「風にそよぐ竹林」「十
　　　字形の花が風にわなないていた」「ユーカリは時々風にうごめいて」

＊13 生理的な現象を表す動詞のほうの例は「気分わるさにぐずる」「花のかお
りにむせぶ」などである。

＊14 奥田（1962）では、「雪、雨、風」などだけでなく、「光り、うすあかり、
秋日和、やみ、混雑、ざわめき、さわぎ、拍手」も現象性のものとされている。

＊15 このことは、長谷川（1969b：79-86）で助詞「す」「さす」の「随順
用法」とされる用法を思わせる。長谷川（1969b）は、土佐日記にみられる次
の「風に吹きならさせて」について、「「風が絶えず吹きつづけるそのママニナッ
テ」ということの表現である、とするのが、最も自然な解し方であろう。受
身とみるのは結果論的な見方にすぎない」とし、このような自発的用法が随順
用法とされる。後に第9章でも触れる。
　　○白散をある者夜のまとて舟屋形にさし挿めりければ風に吹きならさせて海
　　　にいれてえのまずなりぬ。　　　　　　　　　　（土佐日記：元日の条）

＊16 これは、第5章でみた再帰構造の自動詞使役文にもみられた特徴である。

＊17 朝山（1942-1943［1992：67］）に、受身文「松が嵐に吹き折らる」「月
が雲に隠さる」の「〜に」について次のように述べられている。
　　「「嵐に」「雲に」の「に」は未だ奪格的と言はんより、我等の意識には多
　　く地格的であり、「嵐」「雲」における、主動者としての行為の積極性が其
　　処に感ぜられないばかりでなく、又助詞「に」は、被動者「松」「月」に
　　おいて体験せられた「吹き折らる」「隠さる」なる事態の単なる原点を、
　　唯静的に指示して居るに過ぎないのである。」（下線は早津）
これは、「嵐に」「雲に」が「松が吹き折れる」「月が隠れる」ことにとって状
況的であることを示唆している。朝山（1942-1943）には、「電車に揺られる」
「母子に死なる」などの「〜に」をも含めて興味深い考察がなされている。

＊18 「述語の性質が補語の性質を規定するという基本的な構文面の性質」とは、
述語動詞の文法的な性質によってどのような補語が必要となるかが規定される

第6章　〈N［事物］ニ N［事物］ヲ Vt-（サ）セル〉型の使役文　　221

ということ、たとえば、「こわす、やぶる」等ならばヲ格の具体物名詞と組み合わさり（「N［具体物］ヲ Vt」）、「運ぶ、送る」等ならばヲ格の具体物名詞および移動の出発点や到着点を表す場所名詞と組み合わさる（「N［具体物］ヲ N［場所］カラ N［場所］ヘ Vt」）といった性質のことである。

＊19 早津・高（2012）はそれをめざしたひとつのノートである。

Ⅲ

使役文のヴォイス性

第7章

「ヴォイス」としての使役
主語が動きの主体か否か

1. はじめに

　日本語では、英語などの印欧語の場合と異なり「ヴォイス voice」として、能動・受動（受身）だけでなく使役をも含める立場が少なくない。日本語としてそうすることには十分な根拠と積極的な意義が認められる。本章では、まずそのことを確認したうえで、本章の立場として日本語における「ヴォイス」の規定をこころみ、そして、その立場にたつとき日本語のどのような現象をヴォイスの中心とし、どのような現象をヴォイスの周辺とみなせるのかを考える。個別言語としての日本語のヴォイスの性質を具体的な現象にもとづいて明らかにすることは、他の言語における「ヴォイス」と対照したり、諸言語に通じる「ヴォイス」の性質についてその有無も含めて考えたりする手がかりになるのではないかと思う。

2. ヴォイスについてのいくつかの捉え方

　何を「ヴォイス（voice、態、相、たちば）」の本質とするか、どのような観点からヴォイスを定義するかは先行の諸研究において一様ではないが、次の2つの面から述べられることが多い。
　（i）　述語動詞の形態と主語名詞・補語名詞の格との相関関係
　（ii）　文の要素の意味役割（文法的な意味）と文成分（構文的な機能）との相関、すなわち、動詞の表す動作の主体・対象・相手・関係者といった動作参与者のうち、どれを主語にしどれを補語にして述べるかという相互の関係
　諸説のうちには、文の表す意味の面から、同一の事態を表す2つの文ということがヴォイスの特徴として述べられるものがある

225

が*1、その場合にも上の2つのいずれかが前提となっていることが多い。これら2つはそれぞれ、形態論的な観点からの認め方、構文論的な観点からの認め方だといえるが、この2つの面は日本語においては相互に関係しあっており、諸論考にも両者を考慮に入れているものが多い*2（金田一1957、鈴木1972、1980、高橋1977、1985、1990、2003、寺村1982、益岡1987、影山1989、野村1990、村木1991、早津2000c、2005等）。英語などの印欧語についても、言語学の術語事典・辞典類や概説的な文献を調べた限りではあるが*3、観点としては、上述の意味面の取り上げ方も含めて、おおよそ同じである。

　一方、「ヴォイス」とみなす言語現象の範囲、ヴォイスのいわば射程については、このいずれを重視するにしろ、日本語の場合と英語などの印欧語の場合とでその認め方が異なることが多い。本章でとりあげる大きな違いは、はじめに述べたように、「使役causative」をヴォイスに含めるかどうかである。すなわち、英語などの印欧語については、使役はヴォイスに含めず、能動と受身をヴォイスの中心として、ときに再帰reflexive・相互reciprocal・中動middleなどにも触れられるという捉え方が一般的であるのに対して、日本語については、能動・受身だけをヴォイスとするのでなく使役も含めてヴォイスとし、そのうえで他のいくつかの現象についても言及されるというものが多い。

　（ア）使役をヴォイスに含めない立場
　言語学の術語事典・辞典類や概説的な論考では、英語など印欧語の現象を中心に述べられているものが少なくなく、そこでは、能動と受身がヴォイスとされ、使役には言及されていないことが多い（『ラルース言語学用語辞典』1980［原著1973］、『現代言語学辞典*4』1988、*Routledge dictionary of language and linguistics* 1996［原著1990］、*The linguistics encyclopedia* 1991、*An encyclopedic dictionary of language and languages* 1992、『言語学大辞典 第6巻 術語編*5』1996、*A student's dictionary of language and linguistics*6 1997、『オックスフォード言語学辞典』2009［原

226　　Ⅲ　使役文のヴォイス性

著1997]、*Encyclopedia of linguistics* 2005)。そして、能動文と受身文が同一事態を表現する*7 ということが注目され、ヴォイスを文の（論理的）意味を変えずに主語と目的語の関係を変更するものと特徴づける。そしてそのうえで、英語以外のいくつかの印欧語における中動・再帰・相互などもヴォイスに含めるとされることが多く、また、同一事態の表現という点に重きをおいて、「逆受身antipassive」や「適用applicative」などもヴォイスに含めるものもある（坂原2003）。

　一方、日本語については、使役をヴォイスに含めない（少なくとも形態論的なカテゴリーとしてのヴォイスには含めない）という立場もなくはないが（鈴木1980、高橋2003、須田2010）、積極的に能動と受身のみをヴォイスとするという立場はあまりない。

（イ）使役をヴォイスに含める立場

日本語については、上に述べたように、使役もヴォイスに含める立場が多い。ただし、能動・受身・使役を積極的にヴォイスとする立場（金田一1957、寺村1982、高橋1985、早津2005、『国語学辞典』1955、『国語学大辞典』1980、『日本語教育事典 新版』2005、等）だけでなく、能動・受身を中心あるいは基本とした上で、使役をも含めるという立場（益岡1987、野村1990、村木1991、高橋2003、『日本文法事典』1981、『日本語教育事典』1982、『日本語学キーワード事典』1997、『日本語文法大辞典』2001、『日本語学研究事典』2007、等）もある。さらには、ヴォイスとして能動と受身と使役を認めるとしつつも使役についてはほとんど論じられていない論考（柴谷2000、坂原2003）もある*8。なおもちろん、使役をヴォイスに含める諸論考もさらに再帰や相互などへの広がりを認めることが多い。

　言語学事典などの中にも使役をヴォイスに含めるとするものもあるが（『言語学百科事典』1987［1992］、*An encyclopedia of language* 1990、『言語の事典』2005、『言語科学の百科事典』2006）、いずれも詳しく説明されてはいない*9。

　さて、なぜこのような違い、すなわち、日本語については使役を

含めるものが多く、英語などの印欧語を中心とする研究では使役を含めないものが多いという違いがあるのだろう。おそらく次のようなことが関係しているものと思われる。まず、受身文と使役文の文法構造が、英語などでは形態論的にも構文論的にも大きく異なっているが、日本語では、動詞の形態論的な手続き（後にも触れるが接辞の付加）の点でも構文論的な手続きの面でも似ている。

(1) 英語の受身：Paul was hit by Jack.

　　英語の使役：John made Peter hit Mary.

(2) 日本語の受身：太郎が花子に（妹を）なぐられた。

　　　　　　　　　春子が子供に泣かれた。

　　日本語の使役：次郎が一郎に京子をなぐらせた。

　　　　　　　　　春子が子供を泣かせた。

したがって、先にあげた（i）（ii）いずれの観点に注目するとしても、日本語では、受身文と使役文の近さは英語に比べて顕著であり、両者をあわせてとりあげる意義や動機を認めやすい。また、日本語のいわゆる間接受身文と能動文は同一事態の表現ではなく、前者の表す事態と後者の表す事態とは、「「含み含まれる」という関係」（野村 1990：70）をなしている。

(3) a　受身：太郎が子供に泣かれる。

　　　　　　〈太郎ガ子供ニ泣カレル〉　⊃　〈子供ガ泣ク〉

そして、この包摂関係は次のような使役文の場合と似ている。

　　　b　使役：太郎が子供を歩かせる。

　　　　　　〈太郎ガ子供ヲ歩カセル〉　⊃　〈子供ガ歩ク〉

このことも、ヴォイスとして使役もとりあげる必要性と意義を認めやすくしているのだと思われる*10。なお、以下で事態間の関係を示す際には、受身文・使役文の表す事態に含まれているほうの事態だけを〈　〉内に示すことにする。

　伝統的なラテン語学における「voice（Lt.vox）」も、文法用語としては、動詞の形態についての術語である。そしてまた、それぞれの形態の表す意味が今日的な意味での能動と受動に限られていたわけではなく、表現される事態の同一性が問題にされるのではないことも、既によく知られている。日本語において「voice ヴォイス」

という文法カテゴリーを認めるとすれば、現代の英語をはじめとする印欧語における「能動と受動の対立」とする捉え方からいったん離れて、日本語なりの規定をしてもよいのではないかと思われる。それを考えるにあたって、まず日本語の受身文の多様性と本質を改めて確認しておく。

3．日本語の受身文の多様性と本質

　英語などの印欧語では、受身文は他動詞から作られるのがふつうであり、受身文の主語はふつう能動文（他動詞文）で目的語（直接補語）となる動作対象（被動者 patient）であることが多い。そして、受身文と能動文とは同一事態を表現するとされる。次の（4）は『言語学大辞典 第6巻 術語編』（1996）の「ヴォイス」の項の例である。なお、以降の〔　〕内は、主語の文法的な意味（意味役割）である。

（4）Paul was hit by Jack　vs.　Jack hit Paul
　　　〔動作対象〕

　一方、日本語では必ずしもそうではない。たしかに日本語にも、他動詞からの受身文で動作対象を主語とするものは存在する。

（5）a　太郎が花子になぐられる。vs. 花子が太郎をなぐる。
　　　　〔動作対象〕
　　　b　金庫が何者かに盗まれる。vs. 何者かが金庫を盗む。
　　　　〔動作対象〕

しかし、既によく知られているように、他動詞からの受身文も、主語は必ずしも動作対象とは限らず多様であり、また同一事態を表す能動文と対応するといえないものもある。

（6）a　太郎が明から切符を渡される。vs. 明が太郎に切符を渡す。
　　　　〔授受動作の相手〕
　　　b　次郎が徹から文句を言われる。vs. 徹が次郎に文句を言う。
　　　　〔発話動作の相手〕
（7）a　次郎が徹に足を踏まれる。vs. 徹が次郎の足を踏む。
　　　　〔動作対象の持ち主〕

b 明が徹に計画をつぶされる。vs. 徹が明の計画をつぶす。
　　　　〔動作対象の持ち主〕
　(8) a 山田氏が佐藤氏に新人賞をとられる。
　　　　〔第三者*11〕　　　　　　　　vs. 佐藤氏が新人賞をとる。
　　　b 天文学者が素人に新しい彗星を発見される。
　　　　〔第三者〕　　　　vs. 素人が新しい彗星を発見する。
　また、日本語では自動詞からも受身文が作られることも周知のことである。
　(9) a 選手たちが雨に降られる。vs. 雨が降る。
　　　　〔第三者〕
　　　b 警察が容疑者に自殺される。vs. 容疑者が自殺する。
　　　　〔第三者〕

　したがって、日本語では、受身文は動作対象を主語にした文であるとか、能動文と受身文は文の論理的意味を変えずに能動文の主語と目的語を入れかえたものだとか、いうことはできず、その観点からヴォイスを規定して能動文と受身文をそのメンバーとすることはできない。日本語についても、能動といわゆる直接受身の関係のみをヴォイスと認めることもできなくはないが、かりにその立場にたつとしても、それとは別に、直接受身と間接受身を合わせた受身文全体の共通性がさぐられる必要がある*12。

　では、日本語の種々の受身文に共通する、そして本質的な特徴は何だろうか。能動文と受身文とはどのような関係にあると考えればいいだろうか。それは、(5)〜(9) の文に伺えるように、素朴なことではあるが、能動文の主語は〔動作主体〕であるのに対して、受身文の主語は〔動作主体〕ではないこと（すなわち、〔動作対象〕であったり、〔動作の相手〕であったり〔動作対象の持ち主〕であったり、さらには、動作を直接には構成しない〔第三者〕であったりすること）である。

　このいわばあたりまえのことを、文の構造の2つのレベルすなわち、いわゆる「文の成分」をとらえる「構文機能構造」のレベルと、いわゆる「意味役割」をとらえる「構文意味構造」のレベル*13に意識的に分けて考えてみると次のようにいうことができる。すな

　　　　230　　　Ⅲ 使役文のヴォイス性

わち、能動文は主語が動作主体であって（主語＝動作主体）、文の構文機能構造と構文意味構造とが一致した文であるのに対して、受身文は、（5）〜（9）でみたように主語が動作主体ではなく（主語≠動作主体）、その点で文の構文機能構造と構文意味構造とがずれた文である。

　このような説明のし方が表している内実・言語実態は従来の研究でも実は気づかれていることであり、2節の冒頭に述べた先行研究の2つの観点（ⅰとⅱ）のうち特にⅱの構文論的な観点からの捉え方と同趣であり当然のことともいえる。しかしながら、主語が動作主体であるか否か、構文機能構造と構文意味構造が一致しているかずれているか、という点を日本語の能動文と受身文の本質的な特徴として、あらためて明確に確認しておくことは、日本語で「ヴォイス」として使役を含めることの根拠と意義を明らかにすることにつながり、それによって日本語の「ヴォイス」の性質が浮きあがってくると思われる。次節以降ではこの点に留意して考えてみる。

4. 文の構文機能構造と構文意味構造の一致とずれ

4.1 動詞の種々の形態論的な形と文の主語

　前節において、文の構文機能構造と構文意味構造という点から能動文と受身文との関係を考えると、能動文はそれが一致している文、受身文はそれにずれのある文だということをみた。このことを支えているのは、「V」と「V-（ラ）レル」という形態論的な形である。日本語の動詞の形態論的な手続きとしては、今それをできるだけ広くとるとすれば次のようなものがある（「書く」で代表させる）。

a　いわゆる原形：書く

b　-e-の挿入〈屈折的〉：書ける

c　接辞（助動詞・助詞）の付加〈膠着的〉：書かれる（受身・可能＊14・自発・尊敬）、書かせる、書いた、書かない、書きます、書くらしい、書くだろう、書くようだ、書きたい、書いて、書くなら、書くと、書けば、等

d　補助動詞との組み合わせ：書いている、書いてある、書いて

おく、書いてみる、書いてしまう、書いてやる、書いてくれ
る、書いてもらう、等

e　文法的な複合：書きはじめる、書きつづける、書き終える、
書き合う、等

f　文法的な組み立て：書くことができる、書いたばかりだ、書
こうとしている、等

これらの動詞語形には、それを述語とする文をつくるときに動作
主体を主語とするものとそうでないものがあるが、動作主体でない
ものを主語にするのが常であるのは、c類の「書かれる（受身の場
合）」「書かせる」とd類の「書いてもらう」のみである。

$$(10)太郎が書く \leftrightarrow \begin{cases} 太郎が書かれる \\ 太郎が書かせる \\ 太郎が書いてもらう \end{cases}$$

これら以外に、「書ける」や「書いてある」や「書きたい」も動
作主体でないものを主語（〜ガ）とすることがあるが（「ローマ字
が書ける」「警告が書いてある」「恋愛小説が書きたい」）、常にそう
とはいえず動作主体を主語とする文もつくる（「太郎は平仮名が書
けない」「太郎はまだ歩けない」「僕はもう年賀状を書いてある」
「私は恋愛小説を書きたい」）。これについては後述する。

つまり、動詞の形態論的な形を広くとったとしても、その文が常
に《主語≠動作主体》である文をつくるのは「V-(ラ) レル」「V-
(サ) セル」「V-テモラウ」のみである。これらはその点で共通し
ていて、かつこれら以外の形態論的な形と対立しているといえる。

原動文　主語＝動作主体　太郎が弟をなぐる。

受身文　主語≠動作主体　太郎が先輩に（弟を）なぐられる。

使役文　　　〃　　　　　太郎が後輩に弟をなぐらせる。

V-テモラウ文　〃　　　　太郎が父親に弟をなぐってもらう。

4.2　受身文・使役文・V-テモラウ文の近さ

受身文・使役文・V-テモラウ文は、文の主語が動作主体ではな
いという特徴に支えられて、このうち2つあるいは3つの文が、あ
るひとつの事態を、動作主体ではない人を主語として、それぞれ異

なる捉え方で描写するものとして働くことがある。

（11）a ぼくは花子をなぐさめようとしたのに結局｛泣かれて：
泣かせて｝しまった。

b 次郎は京子に食器を｛運ばせた：運んでもらった｝。

c 私は兄に作文を｛なおされた：なおしてもらった｝。

d おばあさんは孫に肩を｛もまれて：もませて：もんでも
らって｝、気持ちよさそうにニコニコしていた。

これらの文はそれぞれ、a〈花子ガ泣ク〉、b〈京子ガ食器ヲ運ブ〉、
c〈兄ガ私ノ作文ヲナオス〉、d〈孫ガオバアサンノ肩ヲモム〉という動きを、その主体ではない「ぼく」「次郎」などを主語にしてその立場から表現したものである。次の例は小説からの引用だが、文法的には｛　｝内のいずれの形でも間違いではなく、全体の流れから切り離してここだけを読むと、原文でいずれが使われていたのか判断するのはそれほど容易ではない。

〈「V-（ラ）レル」と「V-（サ）セル」*15〉

（12）そのために道は二つ。一つは今上が東宮に譲位して東宮位
をあけるようにすること、もう一つは現東宮を廃太子に導
くこと、である。だが前者の方がより賢明であることは考
えるまでもない。現東宮は一条帝より四歳の年上だから、
｛即位されても：即位させても｝短期在位で終わらせること
が出来る、無理に廃太子などという強硬手段に出ることは
ない。〈東宮ガ即位スル〉　　　　　　　　　　（大鏡の人びと）

（13）そこへ丁度岡田が通り掛かって、帽を脱いで会釈をした。
お玉は帯を持ったまま顔を真っ赤にして棒立に立っていた
が、何も言うことが出来ずに、｛岡田に行き過ぎられてしま
った：岡田を行き過ぎさせてしまった｝。お玉は手を焼いた
火箸をほうり出すように帯を棄てて、雪踏を脱いで急いで
上がった。〈岡田ガ行キ過ギル〉　　　　　　　　　　　（雁）

〈「V-（ラ）レル」と「V-テモラウ」〉

（14）かつて、タイチュウトの長タルクタイに捕まって逃亡を企
てたとき、鈴木真はこの老人に｛助けられ：助けてもらい｝、
老人の家で一夜をすごしたことがあった。〈コノ老人ガ鈴木

真ヲ助ケル〉　　　　　　　　　　　　　　　（井上靖、蒼き狼）

(15)「お前は行かないで可いよ。」「何故」「何故って訳もないが、この雨の降るのに御苦労千万じゃないか」「ちっとも」お延の言葉があまりに無邪気だったので、津田は思わず失笑した。「{来られるのが：来てもらうのが}迷惑だから断るんじゃないよ。気の毒だからだよ。高が一日と掛らない所へ行くのに、わざわざ送って貰うなんて、少し滑稽だからね。………」〈オ前ガイッショニ来ル〉　　　　（明暗）

〈「V-（サ）セル」と「V-テモラウ」＊16〉

(16)若いとき髪が大そう強く、ふつうの櫛では歯が折れてしまうところから、特に誂えて、黄楊の岩乗な櫛を{製らせた：製ってもらった}のだそうである。〈（職人ガ）櫛ヲツクル〉　　　　　　　　　　　　　　　　　　　　（宴のあと）

(17)私は運転手の吉さんに行李を{かつがせると：かついでもらうと}、酒屋の裏口の薬局みたいな上りばなに行李を転がしてもらって、今度は軽々と、時ちゃんと二人で自動車に乗った。「吉さん！　上野へ連れて行っておくれよ。」〈吉サンガ行李ヲカツグ〉　　　　　　　　　　　　　　　　　（放浪記）

〈「V-（ラ）レル」と「V-（サ）セル」と「V-テモラウ」〉

(18)こみいった事情らしいが、事がらよりも主に悪口で、悪口のほうは明けっぱなしな大声と笑いで話され、事がらのほうは聴きとりにくい。来たばかりの女中に{聴かれたくない：聴かせたくない：聴いてもらいたくない}話らしいとかんぐって、梨花は染香さんのしたくを手伝う。〈女中ガコミイッタ事情ヲキク〉　　　　　　　　　　　　　（流れる）

(19)何も硯箱を買ってもらわない以上は、見も知らぬ、堂谷の昔までさかのぼって、悪口を{言われたく：言わせたく：言ってもらいたく}はなかった。〈（人ガ）コチラノ悪口ヲ言ウ〉　　　　　　　　　　　　　　　　　　　　　　　（めし）

このような例をみると＊17、日本語の受身文・使役文・V-テモラウ文は、主語が動作主体ではないという特徴に支えられて、話し手が、

文の主語である人を、他者の動作にとってどのような関係（影響の受け手・引きおこし手・恩恵の受け手）にあると捉えて述べるかという捉え方の違いを反映するものとしてうまく機能しているといえる。

　また、動詞「V」はそれを述語とする文の主語が行う動作を、「V-（ラ）レル」「V-（サ）セル」「V-テモラウ」は主語ではない他者が行う動作を表す形であるということは、次のような言い方にも端的に現れており、このような文は、動作主体でない人を主語にする動詞語形（形態論的な形）があるからこそ可能である。

(20) 僕は人に<u>甘える</u>より人から<u>甘えられ</u>たり、<u>甘えてもらっ</u>たりするほうが好きだ。

(21) 太郎はユニホームを自分で<u>洗う</u>こともあるし、後輩に<u>洗わせる</u>こともあるし、母親に<u>洗ってもらう</u>こともある。

(22) 彼女は<u>おごる</u>のも<u>おごられる</u>のも<u>おごらせる</u>のも<u>おごってもらう</u>のもうまい。

$$彼女がおごる \quad vs. \quad 彼女が \begin{cases} おごられる \\ おごらせる \\ おごってもらう \end{cases}$$

　ところで、軍記物などで「武者詞」とされる「V-（サ）ス」による表現がある。

(23)「あまりに仰向きて内兜射さすな」「親は子を討たせ兄は弟を失ひ……」「敵に右を取らすべからず」「敵に内兜を射させて引退く」

これらは、主語である人が敵から攻撃を受けたことを表現するものであるにもかかわらず「射らる、討たる」という受身「V-（ラ）ル」でなく「V-（サ）ス」で表現されている。それは、「V-（ラ）ル」と「V-（サ）ス」がいずれも動作主体でない人を主語にした表現であることに支えられ、それを土台にした表現効果である[*18]。

4.3　受身文・使役文とV-テモラウ文との違い

　受身文・使役文・V-テモラウ文には上のような共通性（主語が動作主体でないこと）があるのだが、受身文・使役文とV-テモラ

第7章　「ヴォイス」としての使役　　235

ウ文とには、小さくない相違もある。

　まず、形態論的な手続きの違いである。4.1節でみたように、「V-（ラ）レル」「V-（サ）セル」は、動詞に接辞のついた形であるのに対して、「V-テモラウ」は動詞のテ形と「モラウ」との組み合わせである。この形は、「ほめてはもらったがあまりいい成績ではなかった」「あんな奴に教えてなんかもらうものか」のように、テ形と「モラウ」の間に取り立て的な助詞を入れることができ、それのできない「V-（ラ）レル」「V-（サ）セル」に比べて分離性が高い。またこの「V-テモラウ」は、主語である人と動作主体との待遇的な関係によって「V-テイタダク」との間で使い分けられるという点も文法形式としてやや消極的である。このようなことから、「V-テモラウ」は動詞の「形態論的な形」としてみとめるには、「V-（ラ）レル」「V-（サ）セル」に比べるとやや周辺的である。さらに、主語の性質についても、5.2.1節でみるように、いくつかの点でV-テモラウ文は、受身文・使役文と異なっている。

　このようなことから、日本語のヴォイスの本質や範囲を考えるにあたっては、まずはV-テモラウ文をのぞき、使役と受身について考えるのがよいと思われる。

4.4　原動・受身・使役のまとまり

　「-（ラ）レル」と「-（サ）セル」が4.1節でみたような性質をもつ点で他の接辞（助動詞）と異なっていることは、国語学の流れにおいては早くから気づかれていて、「-（ラ）レル／（ラ）ル」「-（サ）セル／（サ）ス」は他の助動詞と区別して[19]、「相[20] の助動詞」と呼ばれた。また、山田（1908）[21] や松下（1924）は、文の主語である人と動詞の形との関係において、「V」には直接性を、「V-（ラ）レル」と「V-（サ）セル」には間接性を認めて対立させ、さらに後者については、間接性という統一のうちに、「状態性」と「発動性」（山田）、「被動」と「使動」（松下）という対立をみていた。

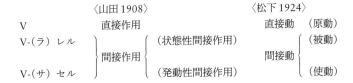

　山田や松下のいう直接性と間接性は、それぞれ本章でいう《主語＝動作主体》と《主語≠動作主体》にみられる性質にあたると考えられる*22。山田や松下の分析からも、構文機能構造と構文意味構造の一致とずれという点からみたときの原動と受身と使役との体系性（統一と対立）が認められる。

　ここであらためて、原動文・受身文・使役文の主語の文法的な意味を確認すると、それぞれ、「自ら動作を行う主体」「（自らは動作を行わず）他者の動作から何らかの影響を被る人」「（自らは動作を行わず）何らかの関わり方で他者の動作を引きおこす人」である。

(24) a 原動文：太郎が（自分で）弟をなぐる。
　　　　　〔自ら動作を行う主体〕
　　 b 受身文：太郎が先輩に（弟を）なぐられる。
　　　　　〔他者の動作から何らかの影響を被る人〕
　　 c 使役文：太郎が後輩に弟をなぐらせる。
　　　　　〔何らかの関わり方で他者の動作を引きおこす人〕

　諸論考において受身文や使役文を示すとき、それぞれの「もとの文」と対立させて次のような関係で示されることが多い。

(25) 能動文―受身文
　　　　太郎が花子をなぐる。―花子が太郎になぐられる。
　　 もとの文―使役文
　　　　太郎が花子をなぐる。―次郎が太郎に花子をなぐらせる。

しかし本章では、先述のように、〔能動文―受身文〕〔もとの文―使役文〕という二者同士の対立とはまずは捉えず、(24)の示し方のように、主語を同じにした原動文・受身文・使役文を考え、それぞれを、「主語が自ら動作を行う」ことを述べる文、「（主語自らは動作を行わず）主語が他者の動作から何らかの影響を被る」ことを述

べる文、「(主語自らは動作を行わず)主語が何らかの関わり方で他者の動作を引きおこす」ことを述べる文だとしてまとまりを捉える*23。

(26) 原動文―受身文―使役文
　　　太郎が（自分で）弟をなぐる。
　　　太郎が先輩に（弟を）なぐられる。
　　　太郎が後輩に弟をなぐらせる。

5. 日本語における「ヴォイス」の規定とその範囲

5.1　日本語における「ヴォイス」の規定

以上で述べてきたことをふまえ、本章では「ヴォイス」を次のように規定する。

> 【ヴォイス】文の主語が、動詞の表す動きの主体であるか、そうではなく、被り手や引きおこし手などであるかという、主語をめぐる文構造のあり方の体系。日本語においては、そういった構造が述語動詞の形態論的な形に支えられているという点でまずは動詞の形態論的なカテゴリーである。また、文の構文機能構造（主語・補語・述語など）と構文意味構造（主体・被り手・引きおこし手*24　など）との一致とずれの体系であるという点で構文論的なカテゴリーでもある。そしてヴォイスの中心は、原動・受身・使役である。

ヴォイス体系としての原動・使役・受身

既に述べたように、ヴォイスについては様々な規定・定義がなされており、上の規定も、諸説のさまざまと、何らかの重なりをもっ

ていて、部分的にはあれこれの説と重複している。ただ、全体として
ての本章なりの特徴は、主語が動作主体であるかそうでないかという
う点を重視しヴォイスを主語をめぐる文構造のあり方の体系だとすること、使役をヴォイスに含め原動・受身・使役を積極的にヴォイスの中心とすること、構文論的かつ形態論的なカテゴリーだとすること、という3つの面をともに考えようとする点である。

5.2 種々の文のヴォイス性

次に、上に述べた本章の立場にたつとき、原動文・受身文・使役文のほかにどのような文にヴォイス的な性質が認められるかを考えてみる。以下、主語が常に動作主体ではない文、主語が動作主体であることもそうでないこともある文、主語が動作主体ではあるものの別の性質も合わせもっている文、主語が常に動作主体である文、に分けて考えていく。

5.2.1 主語が常に動作主体ではない文

（ア）V-テモラウ文

既に述べたように、V-テモラウ文の主語は常に動作主体ではない。V-テモラウ文の主語の文法的な意味は多様であり、「太郎が先生にほめてもらう〔動作対象〕」、「太郎が親から小遣いを送ってもらう〔動作の相手〕」、「太郎が先輩に作文をなおしてもらう〔動作対象の持ち主〕」などのほかに、動作との直接の関係を見出しにくいものもある（「太郎が弟に庭を掃除してもらう」「太郎が花子に先に帰ってもらう」―ともに〔何らかの心理的な関与者〕）。そして、受身文や使役文と違ってV-テモラウ文の主語は、上のような文法的な意味をもちつつ、それらにいわばかぶさるようにして〔恩恵の受け手〕という文法的な意味が常につきまとっている。つまり、V-テモラウ文は、動作主体ではないものを主語とし、加えて、その主語である人を他者からの恩恵の受け手と捉えて述べる文である*25。受身文・使役文と違って主語が人に限られる（「*作文がほめてもらった」）のはそのためである。さらに、動作主体も人であるのがふつうであるため、受身文に比べて動詞の網羅性がかなり低いこと

（「*雨に降ってもらった（vs. 雨にふられる）」「*美しい絵に囲んでもらって生活する（vs. 美しい絵に囲まれて生活する）」）や、公の場で公式的見解を述べるときには用いにくいなど場面や内容の制約が強いことも V-テモラウ文の特徴である。さらに、日本語における定着の新しさの点でも、受身文・使役文は古代から用いられているのに対し、V-テモラウ文をはじめとする授受表現が文献に現れるのは中世末期以降だという（宮地 1975）。

　このようなことから、V-テモラウ文はヴォイスとしてはやはり中心ではなく受身文・使役文を補う性質のものである。ただし、日本語に V-テモラウ文があることは、日本語の受身文・使役文の性質に影響を及ぼさざるを得ない。体系としてヴォイスの中心である受身文・使役文の性質は、V-テモラウ文をはじめとする周辺的なヴォイスとの相互関係のなかにある。

（イ）自発文

　現代語の自発文は、「学生時代の事が思い出される」「故郷が偲ばれる」にうかがえるように、ガ格名詞は常に動作主体でなく動作対象である。したがって、使役文・受身文・V-テモラウ文と同じく、構文機能構造と構文意味構造がずれた文である。しかしながら、自発文を作れる動詞は現代語ではきわめて限られている。またこのガ格名詞を主語といえるかどうかに疑問もある。このようなことから自発文は現代語におけるヴォイスとして周辺的である。

5.2.2　主語が動作主体であることもそうでないこともある文

（ウ）可能文

「（太郎にも）納豆が食べられる」という可能文のガ格名詞は動作対象である。「このキノコが食べられることはあまり知られていない」「このキノコは食べられる」「この筆は布にもきれいに書ける」「この川は泳げない」「夜が眠れない」における「〜ガ／ハ」も動作対象、道具、場所、時間であって、いずれも動作主体ではない。しかし、「太郎が／は泳げる」「太郎が／は納豆を食べられる」の「〜ガ／ハ」は動作主体であってそれが主語になっている。「太郎は納

豆が食べられる」の「〜ハ」は主語とみなさないとしても、可能文の主語が常に動作主体でないとはいえず、本章の立場としてはヴォイスの中心ではない。

(エ) V-テアル文

V-テアル文にも、動作主体でないものを主語とする文（「壁に絵が飾ってある」「床は絨毯を敷きつめてある」）があり、受身文に近い面もある（「壁に絵が {飾ってある：飾られている}」）。しかしながら、動作主体を主語とする文もあり（「明はもうホテルを予約してある」「私はもう宿題をすませてある」）、その点で受身文と異なる。また、V-テアル文では動作主体を文成分として文中に表現しにくいこと（「誰かによって壁に絵が {*飾ってある：飾られている}」「床は業者によって {*絨毯を敷きつめてある：絨毯が敷きつめられている}」）、動作対象の所有者（持ち主）は主語にならないこと（「太郎は作文を {*ほめてあった：ほめられた}」）など、受身文とはやはり大きく異なっている。さらに、「V-テアル」はふつう、意志的でかつ結果として対象（あるいは主体）になんらかの変化をもたらす動きを表す他動詞からしか作ることができず（「僕は試合前によく寝てある」のような自動詞のV-テアル文はごく稀）、動詞の包括性という点でもヴォイス性は低い。

5.2.3　主語が動作主体ではあるものの別の文法的な意味も合わせもつ文

文の主語が、述語で表されている動作の主体ではあるもののそれ以外の文法的な意味を合わせもっているタイプの文がいくつかある。

(オ) 相互文

相互文は「V-アウ」という複合的な手続き（4.1節でe類としたもの）による形態を述語動詞とする（「太郎が花子と殴りあう」「太郎と花子が殴りあう」）。相互的な動作を表すので、主語は単に動作主体であるだけでなく動作対象でもあるという二重性をもっている。

（カ）使役受身文

「V-（サ）セ-ラレル」の形を述語とする使役受身文（「明が係員にスーツケースを開けさせられた」）の主語は、実質的には動作主体である。ただ自律的な動作主体ではなく、他者からの働きかけの被り手という性質を合わせもっている。

（キ）再帰文

日本語の動詞には再帰文をつくる特定の語形はないので形態論的なカテゴリーではないが、他動詞文のうち、動作主体の動作が、動作主体以外のものに向かうのではなく、動作主体自身（の身体部位）に向かって行われることを表す文を再帰文（再帰構造の文）とよぶことがある。「太郎が腰をかがめる」「太郎が首をかしげる」「太郎が目をつぶる」「太郎が顔を洗う（vs. 太郎が皿を洗う）」などである。再帰文は、動作が動作主体の身体部位に対して行われることによって動作主体自身の状態に変化が生じるという事態を表すものが多く、その場合、再帰文の主語は動作主体であるだけでなく変化の主体でもある。このようなことから、日本語の再帰文もヴォイスに含める立場がある＊26。しかし本書では形態論的性質も重視するので、ヴォイスとはいいにくい。

（ク）相互性を表す単語が共起した文＊27

「民主党と自民党が {互いに／相互に} 相手を非難する」や、「太郎と次郎が互いを尊重する}」は、動詞の形は「V」のままだが、文中に相互性を表す副詞や名詞があることによって、それのない文に比べて主語の性質が異なっている。つまり「＊民主党が {互いに／相互に} 相手を非難する」「＊太郎が互いを尊重する」のような単数の人や組織を主語にする文はなりたたない。このように、相互性を表す単語を要素にもつ文の主語は、動作主体であるとともに動作対象の性質ももつことがある。

　この小節（5.2.3 節）でみてきた相互文、使役受身文、再帰文、相互性を表す単語が共起した文は、主語が単に動作主体であるだけ

ではないという点でふつうの原動文とは異なる。ただ、主語が動作主体性をもっていることは確かなので原動のヴァリエーションということになろう。ヴォイス性を認めるとしても周辺的なものである。

5.2.4 主語が常に動作主体である文

ここでは、文の主語が常に動作主体である文のうち、従来の研究においてヴォイスの問題としてとりあげられることのあるものについてみておく。

(ケ) V-テヤル文・V-テクレル文

先に5.2.1節でV-テモラウ文をみたが、V-テモラウ文とともに授受表現としてまとめられるV-テヤル文・V-テクレル文*28 は、主語が常に動作主体である（「花子が後輩に辞書をゆずってやる」「太郎が私に辞書をゆずってくれる」）。したがって構文機能構造と構文意味構造が一致した文であり、その点で原動文と同じである。そしてそのうえで主語を、動作主体であるとともに他者への〔恩恵の与え手〕だと捉えて述べる文であり、その点においてV-テモラウ文（主語を〔恩恵の受け手〕と捉える文）と対称的である*29。

(27)a 太郎が {花子／私} を {手伝ってやる／手伝ってくれる}。
　　　〔恩恵の与え手〕
　　　　　　― {花子／私} が太郎に手伝ってもらう
　　　　　　〔恩恵の受け手〕
　　 b 太郎が {花子／私} のかわりに銀行へ {行ってやる／行ってくれる}
　　　　　　― {花子／私} が太郎に銀行へ行ってもらう

V-テモラウ文・V-テヤル文・V-テクレル文と原動文・受身文・使役文とを、主語が動作主体か否かという点からまとめると次のようになる。

　　　主語＝動作主体　原動文 //　V-テヤル文・V-テクレル文
　　　主語≠動作主体　受身文・使役文 //　V-テモラウ文

（コ）敬譲文

「V-(ラ) レル」を述語とする文であっても敬譲（尊敬）文の主語は原動文と同じく、常に動作主体である（「部長はもう会社を出られた」）。大槻（1897）、三矢（1908）などはこれを「相」としているが、本章の立場からはヴォイスとはいえない*30。

（サ）語彙的な手続きによって同一事態を表す2つの文

本章ではヴォイスの本質を同一の事態を述べる2つ（以上）の文だとする捉え方はしない。したがって、対称的な意味を表す動詞対によって同一事態を述べる2つの文は、原動―受身の対立と似た面があるものの、いずれの文の主語もそれぞれの述語動詞の表す動作の主体であるので、ヴォイスとは考えない*31。

(28) 太郎が明に辞書を {あげる／売る／貸す／預ける}
　　　　―明が太郎から辞書を {もらう／買う／借りる／預かる*32}
　　　AがBに {勝つ／まさる} ― BがAに {負ける／おとる}
　　　AがBに影響を与える―BがAから影響を受ける*33

また、いわゆる境遇性のある動詞（「行く、来る」など）による文や、2つの対象への働きかけを表す動詞（「まぜる、とりかえる」など）による文、対称的な意味を表す語（「先に、右に」など）を修飾語とする文などの対も、同一事態を表すものではあるが、もちろんヴォイス性はない*34。

(29) 太郎が東京から大阪へ行く ― 太郎が東京から大阪へ来る
　　　太郎がAとBを {まぜる／比べる／まちがえる}
　　　　― 太郎がAをBと {まぜる／比べる／まちがえる}
　　　太郎が壁を白いペンキで塗る
　　　　―太郎が壁に白いペンキを塗る*35
　　　太郎が花子より先に帰る ― 花子が太郎よりあとで帰る
　　　AはBの右にある ―BはAの左にある

5.3　対応自他動

現代語において、いわゆる有対他動詞と有対自動詞*36（「まわ

すmawasu：まわる mawaru」「きる kiru：きれる kireru」「うごか
すugokasu：うごく ugoku」）は、同一動詞の形態論的な形とはい
えないが、形態的な対応（語根の共通性）があることを重視すれば
形態論的な形に準ずるものとみなすこともできる。その場合には、
たとえば語根「maw-」のになう動きにとって主体であるものを主
語にするのが「太郎が独楽をまわす」、対象であるものを主語にす
るのが「独楽がまわる」だと捉えることによって、対応自他動をヴ
ォイスの広がりの最も語彙的なもの、あるいは、最も原初的なヴォ
イスと位置づけることができる。

　また、構文的・意味的な面では、形態的な対応をなす他動詞と自
動詞において、自動詞と他動詞受身、他動詞と自動詞使役との異同
が興味深い問題となる（「電柱が{倒れる：倒される}」「監督が選
手を家へ{帰す：帰らせる}」）。また、自他対応のない動詞（「腐
る」「なぎ倒す」など）においては、その「V-(サ)セル」形（「腐
らせる」）と「V-(ラ)レル」形（「なぎ倒される」）がそれぞれ対
応自他動を補うように使われることもしばしば指摘される（「野菜
を腐らせる─野菜が腐る」「木々をなぎ倒す─木々がなぎ倒され
る」）。つまり、日本語に対応自他動があることは、使役動詞と受身
動詞の意味・用法に体系的な影響を与えている。

　古く本居（1828）はその「詞の自他の事」において、現代語の
たとえば「進む、進める、進めさせる、（進ませる）、進まれる、進
められる」に相当する形を1動詞の語形と捉えて相互の統一と対立
をみていた。すなわち、現代語の感覚での自動詞・他動詞（「進
む・進める」）だけでなくそれに「-(サ)セル」や「-(ラ)レル」
のついた形も含めて1つの動詞の語形だとみなしていた*37。早津
（2005）でも述べたが、野村（1986：111）で「『通路』の「自他」
は、そのまま今日のボイスという文法カテゴリー（の二項対立的縮
約）と置き換えた方が適切であるとさえ思える」と述べられている
のは炯眼であり共感をおぼえる。このことも含め現代語のヴォイス
における対応自他動の位置づけについてはあらためて考える必要が
ある。

5.4　本章における「ヴォイス」の範囲

以上5.1節から5.3節において、主語が動作主体であるかそうでないかということを重視し、ヴォイスを主語をめぐる文構造のありかたの問題と捉えるという本章の立場を述べ、ヴォイスの範囲として次のように判断した。まず、原動文・受身文・使役文をヴォイスの中心とする。そして、V-テヤル文・V-テクレル文とV-テモラウ文とを、原動文と受身文・使役文の関係にモーダルな意味がかぶさった表現としてヴォイス体系を豊かにする文と捉え、自発文を現代語においてはヴォイスとして周辺的なものとみなす。また、可能文とV-テアル文は主語の多面性によりヴォイスとしての性質が曖昧であるもの、相互文、使役受身文、再帰文、さらには相互性を表す単語が共起した文はヴォイス性を認めるとしてもきわめて特殊なありかたのものだと考える。一方、主語が常に動作主体である敬譲文や語彙的な手段によって同一事態を表す2つの文はヴォイスとは考えない。

6.　おわりに

本章では、日本語におけるヴォイスの性質を考えるにあたり、文の主語が動詞の表す動きの主体であるかそうではないかに注目して、ヴォイスを主語をめぐる文構造のあり方の体系と捉えた。そして、原動・受身・使役を積極的にヴォイスの中心と認めることが日本語の言語事実を正確に捉えることになると述べた。

英語をはじめとする印欧語では、受身文と使役文の構造が形態論的にも構文論的にも大きく異なっていることから、両者を統一的にみるという捉え方はうまれにくいのだと思われる。しかし、日本語の受身文と使役文は、本章でみたように、文法構造（形態面・構文面）においても意味構造の面においても似寄りが顕著であり共通性を認めやすい。

本章では、他の言語について述べることはできないが、次のような事実があるようである。たとえば中国語について、木村（2003：64）は「ヴォイスというものを「動作者と主語の関係を中

心に、名詞表現の意味役割と格表示の対応関係の変更が何らかのか たちで明示的かつ規則的に反映される現象」と定義するなら、これ に該当する現象は中国語にも確かに存在する」としたうえで、中国 語のいわゆる使役文と受身文とに構文構造と意味構造において一定 の体系性をみている＊38。また、形態論的な手続きについては、言 語によってはあるひとつの形（形態素・語）がいわゆる使役の意味 も受身の意味も表せる、むしろ使役と受身の意味を形のうえで区別 しない・できない・する必要がないという言語もあるようである （ツングース諸語、タガログ語＊39）。このような指摘に触れると、 日本語以外の言語にも、いわゆる受身と使役に類似性がみられるも のも少なくないのではないかと思われてくる。種々の多様な言語を 「類型論」的に捉えるには諸言語間の共通性や一般性と各言語の個 別性をともに認めることが必要である。一部の言語にみられるひと つのモノサシで諸言語の現象をきりとり、そのモノサシで捉えうる ことのみをもって諸言語の共通性を「発見」したとすることはおか しなことである。どこまでが共通しどこが個別に異なっているのか を、個別言語の研究を通じて慎重にみていくことによってこそ、豊 かな類型論になるのではないかと思われる。

　個々の言語を離れて「一般的な言語」というのが存在しているわ けではないように、個々の言語における現象と離れて「一般的なヴ ォイス」という現象が存在しているわけではない。個々の言語の個 別の言語事実を確認しつつ、一般的普遍的なものとしての「ヴォイ ス」を規定・定義するのはむずかしそうである。しかしそのむずか しさに留意しつつ、ヴォイスの性質を探ろうとするとき、すなわち、 種々の言語の多様な現象をも含めて「ヴォイス」を捉えようとする とき、主語の文法的な意味（意味役割）と構文的な機能との一致・ 不一致に注目することはひとつの見方となるのではないだろうか。

第7章　「ヴォイス」としての使役　　247

＊1　たとえば、Quirk et al.（1972：801）においては、"Voice is a grammatical category which makes it possible to view the action of a sentence in two ways, without change in the facts reported." とされ、An Encyclopedic Dictionary of Language and Languages（1992：413）でも "...... to express the way a clause may alter the relationship between subject and object without changing the meaning of the sentence." とされている。また坂原（2003：26）も、「ヴォイスは、同一の事態の捉え方が複数あるときに、プロトタイプを大きく変えることなく表現できる概念化を一つの語で表現しようとする語彙の再利用である」とする。

＊2　どちらかに強く注目するものもあり、たとえば金田一（1957）は、「ヴォイス（相）」を「動詞の文法的な範疇」（p.224）とし、「主語がその動詞の表わす動作・作用に対してどのような関係に立つかを表わし分ける語形変化である」（p.235）としていて、形態論的な面をまず捉えている。また、その他の観点として、川端（1978：190–192）は、「相」に主語面における「関係的な意志の方向性」の相違という面をみとめ、使役には、使役の主体から行為の主体へ向かう関係的な意志の方向性が属し、受身には、行為の主体から受身の主体へ向かう関係的な意志の方向性がみとめられるとしている。本書の考察においても学ぶところが大きい。

＊3　調査した日本語学・言語学の事典類は29種であり、早津・中山（2010）で用いたものと同じである。これらの書誌情報は本書巻末の参考文献の「術語辞典・術語事典類」の一覧を参照されたい。

＊4　印欧語における「態」（能動態、受動態、そして、反照態、中間態など）について説明したのち、「文法範疇としての態は、他の文法範疇以上にその規定に関して理論上議論が分かれる」とされ、日本語の態を「補語の格と相関関係にある述語の形態の体系」と規定する立場にたてば、日本語には受身・可能・自発・使役の4種が認められるとして、使役を含めている。

＊5　『言語学大辞典 第6巻 術語編』の「態」の項目には、まず［本来の態］という節があり「態は、印欧語の動詞の文法範疇の一つであり、英語などでは、能動態と受動態の区別として表わされている」とされ、この節の中ではヴォイスに使役を含めていない。ただそれに続く節では興味深い知見が述べられている。まず［能格構文］の節では「態を、動詞とその主語との関わり合いであるとするならば、能格構文の問題が、当然考えられなければならない」として、能格構文にみられるヴォイス性が述べられる。続く［日本語の受身］の節では「レル・ラレル」による表現（受身・可能・自発・尊敬）について「その原型は、他動詞であれ、自動詞であれ、その動詞の示す動作が話し手に及んできて、その結果、ある状態になることである」という。さらに次の［使動態］の節では「態の一種として、もう一つ考えられるのは、使動態である」として、英語では「make や let などを助動詞的に用いて示す」、日本語では「セル・サセルを添加して示す」（I make him go.「私は彼に行かせる」）とされている。

＊6　説明のなかで、ヴォイスは英語では能動と受動の対立だが、他の言語ではより広い範囲にまたがる可能性があるとはされている。

＊7　ただし、能動文と受身文には、主体（agent）と対象（patient）のどちら

に焦点をあてるか、どちらを前景化するかといった述べ方の違いはあるとされることが多い。

*8　柴谷（2000）は、「太郎が次郎を殺した」と「次郎が太郎に殺された」とはいずれも「太郎」が動作主を、「次郎」が対象を表すという「意味関係」が同じであると述べたうえで、「ヴォイス（態）とは、このような意味関係の表出パターンにまつわる現象を指し、それは一方では動詞および文の基本形と派生形という形態的・構造的側面を、そして他方では統語範疇「主語」と動詞との意味関係という意味的側面をあわせ持つ、きわめて包括的な文法現象である。」（p.119）とする。そして、「使役構文がヴォイスの範囲に入るかどうかという問題は、ヴォイスの定義にかかわるものである。本章の立場に立てば、使役もヴォイスの一現象として取り扱えるが、紙幅の関係上、本章では使役を論じない」（p.119、下線は早津）とされ、全68頁にわたる論述であるにもかかわらず、使役について全くとりあげられていない。柴谷氏には 'causativity' についてのいくつかの論考があるが（Shibatani 1973、1974、1976a、1976b、1976c）、氏のいう上の「ヴォイス」の定義と使役 causative との関係はあまり探られていないようである。

　坂原（2003）でも、使役もヴォイスの現象と考えるとしつつも、「以下では、厳密な意味規定は考えず、ヴォイスは、単に同じ事態に対応する複数の概念化を一語で表現する統語現象と考え、使役を除き、主要なヴォイスを概観する」（p.28、下線は早津）として使役には触れず、「主要なヴォイス」として受身、逆受身（antipassive）、適用（applicative、applicative extension）についていくつかの言語の現象が紹介される。

*9　たとえば『言語学百科事典』（1987［1992：148］）では、「誰が行為をしたか、誰が行為を受けたか、何が行為を引き起こしたか」という点から、使役も含めて「能動態・受動態・中間体・使役」がヴォイスとされている。ただし、相（aspect）、格（case）、法（mood）、時制（tense）などの文法範疇とともに簡単な表に示されているだけで、それ以上の説明はない。

*10　英語の使役文も、動作主体を主語とする文（非使役文）との事態間の関係をみてみると、それは包摂関係になっているといえるのだが（〈He made Hanako walk to the park.〉⊃〈Hanako walked to the park.〉）、そもそもあまり問題にされないのだろう。

*11　鈴木（1972）でこの種の受身文が「第三者のうけみ」とよばれているのを参考にした。

*12　「V-(ラ)レル」による表現を受身に限らずひとつにまとめる捉え方、すなわち受身、自発、可能、尊敬をまとめる捉え方は国語学の中にはあり（4.4節）、むしろ当然ともいえる。また『言語学大辞典 第6巻 術語編』の「態」の項目の中の［日本語の受身］の節でもそのような見方が示されている。

*13　第1章の2.5節で述べたことと関係するが本章にかかわる点をあらためて説明すると、「構文機能構造」とは、文の要素を、主語、述語、補語、修飾語、状況語、のように、文中での機能の面から捉えたときの構造であり、「構文意味構造」とは、文の要素を、動作、動作主体、動作対象、動作の相手、動作の様子、動作の時間、のような文法的な意味（意味役割）の面から捉えたときの構造である。具体的には、たとえば次のように捉えることである。

第7章 「ヴォイス」としての使役　　249

```
きのう      先生が      花子を      やさしく   ほめた。
［状況語］   ［主語］    ［補語］    ［修飾語］  ［述語］   ── 構文機能
〔時間〕    〔動作主体〕〔動作対象〕〔動作の様子〕〔動作〕  ── 構文意味
```

＊14　五段活用動詞のいわゆる可能形は現代語では上のｂの手続きで作られるのがふつうであり、「-(ラ) レル」の付加によるのは一段活用動詞の場合である。したがって「書かれる」という形が可能の意味で使われることはほとんどなく、下一段活用動詞からの例をあげるべきだが、便宜的にこれをあげておく。

＊15　この現象については第９章であらためて考察する。

＊16　使役文とV-テモラウ文については楊（1985、1989）、中島（1994）にも指摘がある。また、V-テモラウ文と受身文の張り合い関係については村上（1986b）で詳しく述べられている。

＊17　それぞれの原文は、(12)「即位されても」、(13)「行き過ぎさせてしまった」、(14)「助けられ」、(15)「来て貰う」、(16)「製らせた」、(17)「かついでもらうと」、(18)「聴かせたくない」、(19)「言ってもらいたく」である。

＊18　こういった武者詞については従来、受身をきらった武士が受身の意味を使役の形で表した軍記物に特有の（ある場合には、負け惜しみの）表現であるとされることが多いが、長谷川（1969a、1969b）はそれに異を唱えている。その証左として長谷川（1969b）は、軍記物においても、「射させて｛引退く／ひるむ／落ち行く｝」のように、「射させる」を主体の弱さをうかがわせる動詞ですなおにうける例があること、また、「射させて」等の使役の形よりも「射られて」等の受身の形で表現される例がはるかに多いこと、さらに、そもそも軍記物が武士の手によって書かれた作品ではないこと、があげられている。そして長谷川（1969b）は、これらの用法を「随順」（長谷川1963では「随従」）とよぶべきだという。随順用法とは、自らの外なるなんらかの力の存在、その関与によって、その状態にナル、その状態のママニナル、といった「自然発動的な言い方」であり、それは軍記物に限らず、また現代の日常語においてもみられるという。第９章の２節も参照。

＊19　「-(サ) セル」「-(ラ) レル」は他の接辞（助動詞）と比べ、承接順位が高く互いの連続（「V-(サ) セラレル」「V-(ラ) レサセル」）以外には他の接辞のあとにはつかない、それ自身がテンス、アスペクト、ムードなどによって種々の語形をとる、といった特徴がある。

＊20　大槻（1889、1897）は、いわゆる「能動、受動、自発、使役、尊敬」をそれぞれ「能相、所相、勢相、使役相、敬相」とし、これらを「相」という範疇としてまとめた。その後、金沢（1903、1912）、三矢（1908）、橋本（1931）、時枝（1955）、金田一（1957）、森重（1959）、川端（1976）、北条（1977）などでも「相」という術語が用いられている。その他、次に述べる山田（1908）と松下（1924）および、橋本（1931）、時枝（1937、1950a）、川端（1959b、1983a、2004）、渡辺（1971）、尾上（2004）なども「-(サ) セル／ス」と「-(ラ) レル／ル」を他の助動詞とは異なる性質のものとみている。

＊21　山田（1908）は、「る・らる」「す・さす・しむ」を「属性の作用を劬くる複語尾」として、他の複語尾（「統覚の運用を助くる複語尾」）と区別している。

＊22　第１章、第２章において、使役文と原動文との「対応」について２つの

250　　Ⅲ　使役文のヴォイス性

観点があることを述べた。

A 花子が太郎に荷物を運ばせる。vs. 太郎が荷物を運ぶ。

「X ガ Y ニ／ヲ（Z ヲ）V-(サ) セル」vs.「Y ガ（Z ヲ）V」

B 花子が太郎に荷物を運ばせる。vs. 花子が荷物を運ぶ。

「X ガ Y ニ／ヲ（Z ヲ）V-(サ) セル」vs.「X ガ（Z ヲ）V」

山田や松下の捉え方は B の観点に相当するといってよいだろう。

*23　第2章の3.2.2節でみたように、鈴木（1972：284–289）にも使役についてこのような捉え方がうかがえる。また、金沢（1912：221）は受身について、「消防夫火事を消す」に対する受身文として、「火事消防夫に消さる」とともに「消防夫兵士に火事を消さる」もあげて、受身文として前者は穏当ではなく、後者がむしろ自然だとしている。（下線は早津）

*24　「被り手」「引きおこし手」の内実については第9章の4節で述べるが、「被り手」としては、物理的な働きかけの対象、物の授受の相手、情報の授受の相手、物理的な働きかけの対象の所有者、感情の向けられる対象、心理的な影響の受け手などをみとめることができ、「引きおこし手」としては、指示者、許可者、意図的な放任者、阻止者、不本意な放任者などをみとめることができる。

*25　したがって、たとえば「なぐる」「叱る」のようにふつうそれを受けることが喜ばしくない動作であっても、「僕は先輩になぐってもらった」「僕は先生に叱ってもらった」のように V-テモラウ文で表現されれば、それは、主語（話し手である「僕」）がその動作を受けることを恩恵と捉えていることを伝えている。なお、V-テモラウ文には、「（僕は）いま君に辞めてもらっては困る」のように主語である人が恩恵の受け手といえないものもあるが、V-テモラウ文として周辺的な用法である。

*26　高橋（1985、2003）は、「花子が足を折った」のような文について、ヴォイスとして消極的としながらも「再帰態 reflexive voice」としている。なお、高橋（2003：137）では、ヴォイス構文の述語をつとめる動詞を「語彙的ヴォイス動詞」とし、その下位類として、「語彙的うけみ動詞（「つかまる、みつかる、おそわる」など）、「語彙的相互動詞（「結婚する、たたかう、ぶつかる、約束する」など）、「語彙的再帰動詞（「かぶる、着る、浴びる」など）があるとする。なお、語彙的使役動詞はないとされる。

*27　(1)〜(7) の文は先行研究のいくつかにおいてヴォイス性が問題にされることがあったものだが、(8) はこれまでとりあげられることはなかった。しかし文の主語の性質としては問題にしうると思われる。

*28　「V-テモラウ文」および「V-テヤル文」「V-テクレル文」には、それぞれ「V-テイタダク文」および「V-テアゲル文・V-テサシアゲル文」「V-テクダサル文」も含む。なおこれらは早く松下（1924）で「利益態」としてまとめられている。

*29　村上（1986b：18）も、やりもらい構造がヴォイスのカテゴリーと接点をなしているとしながらも、「site-morau を voice のカテゴリーのなかにふくみこんでしまうわけにはいかない。site-morau 構文は、やはり基本的には、利益、恩恵を問題にする「やりもらい」のカテゴリーのなかで、site-yaru、site-kureru 構文と対立をなし、独自の体系をつくっていることを忘れるわけにはい

第7章　「ヴォイス」としての使役　　251

かない」とする。

＊30 金田一（1957：242）も、敬譲文を「受動態・使役態などといっしょに「相」に入れるのは適当ではない」としている。『日本文法事典』の「態（ヴォイス）」（執筆 仁田義雄）も同様。

＊31 対称的な意味を表す形容詞や名詞による文が同一の事態をさすことがある（「AがBより ｛大きい／先輩だ｝ ―BがAより ｛小さい／後輩だ｝」）。しかしこれらはそもそも動詞文ではないのでヴォイスとはいえないし、それぞれの文の主語はいずれも状態や性質の「主体」である。

＊32 川端（1986：28）は、受容の関係（「受ける、もらう」などを述語とする文で表現される関係）と与授の関係（「与える、譲る」などを述語とする表現）について「広義にヴォイスの転換と呼び得るような―むしろヴォイスの凝縮的な転換とでも呼ぶべき関連に結ばれており」（傍点は原文）としている。

＊33 村木（1982、1991）のいわゆる「迂言的なうけみ表現」である。

＊34 この（28）（29）にあげたもののいくつかは、国立国語研究所（宮島）（1972：689–708）において「2動詞間の構文機能の対応」「1動詞における構文機能のかさなり」とされているものに含まれる。

＊35 この対は、2節でふれた坂原（2003）でも紹介されている「applicative（適用）」の現象や、英語学で「spray-paint hypallage（壁塗り代換）」「Spray/Load alternation」（Levin 1993）とされる現象と似ている。

＊36 日本語の他動詞には、語根を共有する自動詞のあるものとそうでないものがあり、自動詞にも、語根を共有する他動詞のあるものとそうでないものがあることが古くから知られている。たとえば、他動詞「こわす」は自動詞「こわれる」と語根を共有するのに対して他動詞「たたく」には語根を共有する自動詞はない。また自動詞「育つ」は他動詞「育てる」と語根を共有するが、自動詞「老いる」には語根を共有する他動詞はない。他動詞と自動詞の形態的な対応のそのような有無によって、動詞を「有対他動詞」（こわす、育てる、等）、「有対自動詞」（こわれる、育つ、等）、「無対他動詞」（たたく、おす、等）、「無対自動詞」（老いる、死ぬ、等）とよぶことがある。有対他動詞と無対他動詞、有対自動詞と無対自動詞には、それぞれを特徴づける性質がある（早津1987、1989a、1989b などを参照）。

＊37 時枝（1950a）も、「す・さす」「る・らる」のついたものを「複合動詞或は全く一語として取扱ふことが出来る」（下線は早津）とし、さらに時枝（1955）では、そのように捉えることによって、動詞の「相（voice）」（自動・他動・受身・可能・敬譲・使役等）の問題が「全く動詞と動詞を作る接尾語の問題として語論的に解決される」としている（下線は早津）。森重（1959）にも類似の捉え方がうかがえる。

＊38 木村（2003）は、中国語の「有標ヴォイス構文」は次の5つのタイプに分かれるとし（X：主語名詞、Y：述語が意味する動作・変化・状態の主体を表す非主語名詞、A：スル的述語、S：ナル的述語）、使役文も受身文も同じく「XcYP」の構文で表せるという（c：Yをマークする文法形式、P：述語。なお、木村は、いわゆる受身文を主として意味的な特徴から「受影文」とよんでいる）。

　　指示使役文：X 叫 Y A

放任使役文：X 让 Y A
　　誘発使役文：X 使 Y S
　　受影文：X 被 Y AS
　　執行使役文：X 把 Y AS

また佐々木（1997）では、中国語の「叫 jiào・让 ràng・给 gěi」は「使役文と受動文のどちらをも構成することができる」ことから、一定の条件のもとでは「使役と受動の曖昧性が生じる」（pp.135–136）とし、その要因が探られている。

　英語について高見（2011：171–172）は、have が使われている次の文が日本語の 3 つ意味に解釈されることを述べている（下線は原文）。"I had my hair cut." もしばしばあげられる例である。

　　Mary had her letter read to the assembly.
　　・メアリーは自分の手紙をその集会で（誰かに）読み上げさせた。
　　・メアリーは自分の手紙をその集会で（読んでほしくなかったのに、誰かに）読み上げられた。
　　・メアリーは自分の手紙を（たとえば、手紙の書き方の見本として）誰かにその集会で読み上げてもらえた。

＊39　それぞれ風間（2002）、長屋（2011）を参照。

第8章

使役文と原動文の似通い
動きの主体か引きおこし手かの違いの弱まり

1. はじめに

　動詞に「-(サ) セル」をつけて派生させた使役動詞（「V-(サ) セル」）で表される内容と、「-(サ) セル」のつかない原動詞（「V」）で表される内容とはもちろん同じではない。たとえば次の (1) (2) において、使役動詞で述べるか原動詞で述べるかによって、原動詞（「読む」「行く」）の表す動作を誰が行うかが異なっている。

　(1) 話題になっている本を買ってきて {読ませる：読む}。

　(2) 電池が切れたのでコンビニまで買いに {行かせる：行く}。

　しかし、人の意志動作の引きおこしを表す使役文のなかには、使役動詞のかわりに「-(サ) セル」のつかない原動詞によって述べても、主語を同じに保ったまま、同一の事態を指すものとして不自然でないものがある。

　(3) 名刺はこないだ仲町で拆えさせたのがあるが、それを添えただけでは物足らない。〔≒拆えた〕　　　　　　　　　　(雁)

　(4) その土地は……李寿が、官吏という名目で、使用人をおくり、コプラを作らせていた。〔≒作っていた〕

　　　　　　　　　　　　　　　　　　　　　　(南太平洋の環礁にて)

　(5) ともかくこういう次第だから、読売の政治部としては松元を使って山本に接近させておけば、農林関係でも、鉄道や内務関係でも、海軍大臣から次官経由という他社に知られぬルートで、いいニュースが早くつかめる。〔≒接近しておけば〕

　　　　　　　　　　　　　　　　　　　　　　　　　(山本五十六)

　一方、人が主語である他動詞文のなかには、他動詞（「-(サ) セル」のつかない形という点で原動詞）のかわりにそれに「-(サ) セル」をつけた使役動詞にしてもそれほど不自然でなく同じ事態を指

255

すことができるものがある。

　(6)　枝広は、庄九郎が美濃守護職土岐頼芸のために建てた別荘
　　　のある地だ。〔≒建てさせた〕　　　　　　　　　（国盗り物語）

　(7)　{ユダヤ教の祭司長、律法学者、長老たちは} ユダを買収し、
　　　お雇いの群衆を差し向けてイエスを捕らえた。〔≒捕らえさ
　　　せた〕　　　　　　　　　　　　　　　　　　　　（死の思索）

　(8)　{両親は} 夏休みごとに帰郷しなくなった恭介の身辺を、人
　　　を使って内偵した結果、松恵の存在を知り、〔≒内偵させ
　　　た〕　　　　　　　　　　　　　　　　　（鬼龍院花子の生涯）

　このように、使役動詞による文と原動詞による文とが同一の事態
を指すものとしてはたらくことがあり、それは使役文と原動文の似
通い、使役と原動との対立の弱まりだといえる。本章では、このよ
うな現象がどのような文法的・語彙的条件のもとに生じやすいのか
を考察し、また使役文の表す文法的な意味タイプとの関係について
も考えてみる。

2. 文の「似通い」および、他動詞原動文にみられる間接性

　まず、本章のタイトル「使役文と原動文の似通い」の中の「似通
い」という言い方に関わって、宮地（1972）の所説をみておく。
宮地（1972 ［1979：164–174]）は、「類義文」の性質を論じるな
かで、「おなじことを言う文」と「おなじことを指す文」との違い
を重視し、おなじことを指していても「そのことがらを成りたたせ
ている要因」を同じ数だけ文中に表現していないものはおなじこと
を言う文ではないとする。たとえば「AがBに百万円やった」と
「BがAに百万円もらった」とは「たがいに対義語を述語としなが
ら、その主語と目的語とを交替させることによって、文全体として
は」おなじことを言う文であるのに対して、「AがBに百万円貸す」
と「AがBに貸す」とは、おなじことを指しているが文中に表現
されている要因の数が異なるので、おなじことを言う文ではない。
「これは三角形だ」と「これは三直線でかこまれた図形だ」も、同

じことを指しているが要因の表現のしかたが異なるので、同じこと
を言う文ではない。宮地（1972）ではその他種々の文が検討され
たうえで、「「同一指示対象」「同量要因表現」を持つという二条件
のもとに「おなじことを言う文」を、文に即して「類義文」と言
う」としている。本章でいう「似通い」のみられる使役文と原動文
は、「おなじことを言う文」ではなく「おなじことを指す文」である。

　さて、使役文と原動文との上述のような似通いの現象について、
使役文の側から考察された論考はなさそうである。原動文の側から
は「秀吉が大阪城をたてる」のような原動文（詳しくいえば他動詞
原動文）について、主語が動詞の表す動作の直接の主体ではないこ
とがしばしば指摘される。長谷川（1969b：86）は古語の「（帝
が）水無瀬といふ所に……院造りして屢通ひおはしましつつ」（増
鏡）の「院造りして」について、「従来も説かれるように、尊貴に
ついては、直接の動作でなくても、その意図に出たことなら、これ
を動作主と見なしうる」とし、つづいて現代語の用法についても、
「今日尊卑にかかわらず、「彼は家を新築した」など、同趣の言い方
が常用される」と述べている。また、井島（1988：120–121）で
は、「使役主が直接手を下さず、言外に第三者が介在してその第三
者に使役主が意向を伝えることによって、その第三者が直接に動作
を遂行する」ということに〈介在性〉をみとめ、「壊れた時計を修
理した」における「修理する」を〈介在性〉のある他動詞」とし、
「壊れた時計を<u>修理させた</u>」という「他動詞の使役形」との類似が
指摘されている＊1。もうひとつ稲村（1995）があるが、これにつ
いては4.4節で紹介する。

3．考察の対象とする使役文

　使役動詞による文と原動詞による文とが同じ事態を指す現象とい
っても、次のようなものは本章で考察する使役文と原動文の似通い
とは異なる現象なので扱わない。
（ア）異なる動詞によるもの
　「親が子供を使いに行かせる」と「親が子供を使いにやる」は同

じ事態を指しうるが、「行く」と「やる」とは全く別の動詞である。また、「生徒を家に {帰らせる：帰す}」や「子供にセーターを {着させる：着せる}」も、それぞれ同じ事態を指すことがあり得るが、「帰る」と「帰す」、「着る」と「着せる」は、形態的な共通性はあるものの単語としては別の動詞である。これらの対に見られる現象は、本章で考察する問題とは別の現象である。

（イ）サ変動詞の自他両用性・自他のゆれにかかわるもの

　サ変動詞の中には、他動詞としても自動詞としても使われる、あるいは自他が安定していないものがある*2。それらの動詞を用いて対象に対する働きかけを表す文を作ろうとするとき、その動詞を他動詞だとみなせば「～ヲ V」とし、自動詞だとみなせば「-(サ) セル」をつけて「～ヲ V-(サ) セル」とすることになる。

　　(9)「実現する」

　　　　a　自分の個人的な野心を実現することが許された。

　　　　　　　　　　　　　　　　　　　　　　　　（個人主義の運命）

　　　　b　とうとう自分の主張を実現させたのであるが、

　　　　　　　　　　　　　　　　　　　　　　　　　　（青い山脈）

　　(10)「一変する」

　　　　a　歴史を一変するような変化の時代であった。

　　　　　　　　　　　　　　　　　　　　　　（日本文化と個人主義）

　　　　b　電車は東京市の交通を一変させた。　　　　　　（蒲団）

こういった自他両用動詞の場合、使役動詞を原動詞にかえても不自然でなく同じ事態を指しうるが、この現象もやはり本章で考察する現象とは異なる問題である。なおもちろん、サ変動詞であっても自他の安定しているものは考察対象とする（後にあげる (11) の「建設する」など）。

　以下では、原動文との似通いがみられる使役文について、4 節でそれが表す事態の性質を 3 つに分けて用例を示しつつ確認し、5 節でそういった使役文の文構造における性質を考察する。そして、6 節で使役文と原動文との似通いという現象と使役文の意味的なタイプ（第 3 章）との関係を考察し、7 節で原動文とは異なる使役文の

258　　　Ⅲ　使役文のヴォイス性

独自性の一端を考えてみる。

4. 事態の性質　主語（使役主体）の文法的な意味

　原動文との似通いが生じる使役文は、それの表す事態の性質、そしてそれを反映するものとしての主語（使役主体）の文法的な意味（意味役割）において3つのタイプを特徴づけることができる。以下では、実際の用例をあげながら各類の特徴を述べていく。その際、使役文の例をあげるとともに、同じ事態を指す原動文の例も適宜あげる。

4.1　統括事業（使役主体が事業の統括者）

　原動文との似通いの生じる使役文のひとつの類は、ある人の統括のもとで、複数の動作者の複合的な動作が積み重なり組み合わさって大規模・総合的な事業が成し遂げられるという事態を指す使役文である。

(11)アレクサンドロス大王は、征服した東方世界に自分の名をとどめた都市をいくつも建設させた。〔≒建設した〕

(死の思索)

(12)父親は、村の誇りとしていた次男のために、渋谷の金王町に土地をもとめると、さる豪家の売物に出ていたのを買いとって、解体してはこばせ、そこに建てさせた。〔≒はこび、≒建てた〕

(羊の歌)

(13)このところ道三は……鷺山の廃城を改造してそこを常住の城館としていた。庭が、みごとであった。わざわざ運河を掘らせて長良川の水を城内にひき、さらに庭内にひき入れ、それを鴨川となづけた。〔≒掘って〕

(国盗り物語)

それほど大規模・総合的なものでなくても、ある人が複数の動作者による生産・運搬その他の活動を統括しその運営や進捗に責任をもって関わるという事態の叙述においても、使役文と原動文との似通いが生じることがある。

(14)それは本間家が五十年前まで自分の所有地の渓流で採集さ

第8章　使役文と原動文の似通い　　259

せていた砂金の見本なのであった。〔≒採集していた〕

(斎藤茂吉、最上川)

(15)花山院は、桜は花は結構だが幹や枝が不恰好だ、梢だけを
見るのが一番だ、と堀の外に植えさせた。〔≒植えた〕

(大鏡の人びと)

こういった事態においては、その事業を成り立たせている複数の
作業従事者が存在しているはずであるが、それは文中には示されて
いない。具体的に誰であるかを示すのがむずかしいからというより
も、そのことを問題にすることなく事業そのものの遂行や完成を述
べているのが上の使役文である。主語である使役主体は、複数の動
作主体に直接それぞれの動作を命じたり指示したりする人ではなく
事業全体をつかさどる「事業の統括者」である*3。

実際、こういった大規模・総合的な事業や活動は、動作従事者を
いわば不問にして、統括者といえる人を主語とした原動文で表され
ることがむしろ多い。

(16){観光バスの案内嬢}「大阪城は、今から、三百七十年ほど
前に、太閤さんが、築かれましたもので、……」 (めし)

(17)輝政は、姫路城を西国の重鎮たらしめるため、根本的に大
拡張を行い、慶長一八年に没するまでの間に、今の姫路城
のおおよそを造り上げました。 (水尾比呂志、城)

(18)京都の高瀬川は、五条から南は天正十五年に、二条から五
条までは慶長十七年に、角倉了以が掘ったものだそうであ
る。 (石田孝喜、高瀬川)

(19)江戸中期の豪商紀国屋文左衛門は……危険を冒して蜜柑を
江戸に運んだり、明暦の大火の際に木曾の材木を買占めた
りして、巨富を得た。 (家)

これらは事態の規模が大きいものであるため、具体的な作業従事者
を文中に示すことなく原動詞で述べたとしても、主語である人が実
際に個人でその動作を行ったとは受けとめられにくく、動作に対す
る主語の間接性は伝わるからだろう。このことは、後に述べる「代
行動作」と大きく異なる点である。

上の諸例は動作主体が文中に明示されていない使役文・原動文だ

が、複文の従属節中に「N［人］-ヲ／ニ V-テ」の形で出ているものもある（＿＿部）。

(20)ここには石浦という処に大きい邸を構えて、……金物、陶物、木の器、何から何まで、それぞれの職人を使って造らせる山椒太夫という分限者がいて、人なら幾らでも買う。〔≒造る〕　　　　　　　　　　　　　　（森鴎外、山椒太夫）

(21)恐らくこの場合は、道長が噂を流させたのであろう。本人の口からは責任ある言葉をはかず、周囲の者を使って噂を流させ、それが世論となって熟するのを待つ。〔≒流し〕
　　　　　　　　　　　　　　　　　　　　　　（大鏡の人びと）

(22)私は郷里のほうに売り物に出た一軒の農家を太郎のために買い取ったからである。それを峠の上から村の中央にある私たちの旧家の跡に移し、前の年あたりから大工を入れ、新しい工事を初めさせていた。〔≒初めていた〕　　（嵐）

一方、原動文のほうにも「N［人］-ヲ／ニ V-テ」を含む同様な例がある。

(23)まず護謨を植える為の地面を借り受けるのに大分な手数と暇が要る。それから借りた地面を切り開くのが容易の事でない。次に地ならし植付に費やすべき金高が意外に多い。その上絶えず人夫を使って草取をした上で、六年間苗木の生長するのを……凝と指を銜えて見ていなければならない……　　　　　　　　　　　　　　　　　　　　（彼岸過迄）

(24)十月の初めに、熊さんは、「家を一軒持ちますわ」と鮎太に言ったが、それから間もなく、大工を連れて来て、三日程で一軒のバラックを建てた。そこで熊さんは喫茶店を開いた。　　　　　　　　　　　　　　　　　　（あすなろ物語）

なお、これらの使役文・原動文において「N［人］-ヲ／ニ V-テ」として文中に明示されている「N［人］」には一定の偏りがあり、専門的な技術者や主語にとっていわば身近な存在であるものが多い。この点については5.3節であらためてのべる。

第8章　使役文と原動文の似通い　　261

4.2 専門的作業（使役主体が専門的作業の依頼主）

ある物を作り出したり変化させたりする動作が専門的な技術を必要とする作業であると、ふつうの人は自身ではそれを行わず、専門家に依頼してやってもらうことになる。そういった事態を指す使役文の場合にも原動文との似通いがみられることがある。これらの使役主体は「専門的作業の依頼主」だといえる（冒頭の（3）も）。

(25)｛<u>野口は</u>｝若いとき髪が大そう強く、ふつうの櫛では歯が折れてしまうところから、特に誂えて、黄楊の岩乗な櫛を<u>製らせた</u>のだそうである。〔≒製った〕　　　（宴のあと）

(26)<u>あたしの</u>着物、白地に寒牡丹。……ところどころ金の線描きの花も<u>入れさせた</u>の。〔≒入れた〕　　　（流れる）

(27)お種は……家に残った陶器なぞを<u>取出させて</u>、弟に見せた。薬の客に出す為に特に<u>焼かせた</u>という昔の茶呑茶椀から、達雄が食った古雅な模様のある大きな茶椀まで、大切に保存してあった。〔≒焼いた〕　　　（家）

これらでは事態が専門的なものなので、実際に動作を行ったその専門家を示さずに原動詞を用いても、主語である人が実際にその動作を行ったことを表現する文にはなりにくい。次の例のほか、井島（1988）のいう「壊れた時計を修理する」（2節）をはじめ「花子が｛印鑑をこしらえる／振袖をつくる／見合い写真をとる｝」や、「娘が｛手術をする／注射をする／虫歯をぬく／パーマをかける｝」のような動作も、原動詞による文であってもふつうは実際の動作主体は文の主語とは異なる人である。

(28)｛<u>庄兵衛は</u>｝人には吝嗇と云われる程の、倹約な生活をしていて、衣類は自分が役目のために著るものの外、寝巻きしか<u>こしらえぬ</u>位にしている。　　　（森鴎外、高瀬舟）

(29)｛<u>私は</u>｝それまでは船で甲板員の器用な男に髪を刈ってもらっていたのを、一度くらいは陸で<u>散髪しよう</u>と床屋を探したがなかなか見つからない。……駅のすぐ近くに見つけ、そこで髪を<u>刈った</u>が、　　　（北杜夫、どくとるマンボウ航海記）

動作主体は、上の諸例のように文中に示されていないことのほかに、「N［人］-ヲ／ニ V-テ」の形で従属節に示されていることもあ

る。

(30) その年の秋の除目に正道は丹後の国守にせられた。これは
遥授の官で、任国には自分で往かずに、椽を置いて治めさ
せるのである。しかし国守は最初の政として、丹後一国で
人の売買を禁じた。〔≒治める〕　　　　　　（森鴎外、山椒大夫）

(31) {その小冊子は} 春琴女の三回忌に弟子の検校が誰かに頼ん
で師の伝記を編ませ配り物にでもしたのであろう。〔≒編
み〕　　　　　　　　　　　　　　　　　　　　　　　　（春琴抄）

(32) これによって、民間人が泣き寝入りをしなくていい実例を
社会に示したい。星は弁護士に依頼し、この件の調査をは
じめさせた。しかし、うわさがどこからか伝わったとみえ、
衛生局から……という、おどしめいた意見がもたらされた。
〔≒はじめた〕　　　　　　　　　　　　　（人民は弱し官吏は強し）

原動文のほうにも、「N［人］-ヲ/ニ V-テ」が示されているもの
がある。冒頭の（8）の「人を使って」もそうであったが、他に次
のような例がある。

(33) 父は、ただそれだけの理由で {私たちの} 結婚を認めたわ
けではありませんでした。父は興信所に依頼して、あなた
という人間を徹底的に調べました。　　　　　　　　　（錦繍）

(34) 仏蘭西に居る頃から人に頼んで日本の髪に結ったというマ
ドマゼエルのことが、しきりと岸本の胸に浮んだ。　（新生）

(35) 彼の新調は、何処かのデパートメントストアの窓硝子の中
に飾ってある三つ揃に括り付けてあった正札を見付けて、
その価段通りのものを彼が注文して拵えたのであった。
　　　　　　　　　　　　　　　　　　　　　　　　　　　（明暗）

4.3　代行動作（使役主体が代行動作の差配者）

ふつうの人が自分でも行える動作を、何らかの理由で自身では行
わず、かわりに他者に行わせるという事態がある。こういった代行
的なつかいだての事態を表す使役文は、動作主体が文中に明示され
ていないと原動文との似通いが生じにくい。冒頭の（1）（2）もそ
うだったが、つぎの実例もそうであり、原動詞にかえると主語であ

第8章　使役文と原動文の似通い　　263

る人が自身でその動作を行ったように読みとれる。

(36)かづは立上って、すっとその部屋を出た。電話を自分の部屋に切り換えさせて、受話器を体でおおうようにして、もしもしと言った。〔≠切り換えて〕 （宴のあと）

(37)祖母はその日は廊下を隔てた隣りの部屋に床を延べさせ、自身はその床の側に座蒲団を敷いて坐っていた。〔≠延べ〕

（和解）

これらでは、動作の性質がふつうの人でも簡単に行えるものであるため、使役動詞を原動詞にかえるとその文の主語である人自身が動作を行うことを表すことになりやすく、文としては成り立つが元の使役文の表す事態とは別の事態を指してしまう。つまり、主語が動作主体ではなく自分の代わりに他者に動作を行わせる「代行動作の差配者」であることを文の構造として保証しているのは、「V-(サ)セル」という形態だけであり、「V-(サ)セル」という形態こそが動作の間接性にとって重要である。つまり「-(サ)セル」の機能がいかんなく発揮されているといえる。したがってその事態を表すとすれば「V-(サ)セル」を原動詞にかえることはできないのである。

しかしながら、ふつうの動作であっても、動作主体が従属節中に「N［人］-ヲ/ニ V-テ」の形で示されていれば、主語とは別に動作主体が存在することがこの形によって保証されるので、原動文との似通いが生じうる*4。

(38)学生に通知したいことは、いちいちセクレタリーをわずらわせて葉書を出させる必要があった。〔≒出す〕

（アメリカと私）

(39)その年に、治憲は国神の春日大社と白子神社に内使を送って、ひそかに誓詞を納めさせた。〔≒納めた〕 （夜の橋）

(40)甥が病んでいることを、せめて向島の女にも知らせて遣りたいと思った。言伝でもあらばと思って、人を通して、電話で伝えさせた。〔≒伝えた〕 （家）

原動文でも、次例のように「N［人］-ヲ／ニ V-テ」に支えられることで、大規模事業や専門的動作でないふつうの動作であっても実際の動作主体ではない人を主語にする文が可能となる。

264　　Ⅲ　使役文のヴォイス性

(41) 勘次は……戸も障子もない煤け切った仏壇はおつぎを使って仏器やその他の掃除をして、賽の目に刻んだ茄子を盛った芋の葉と、寂しいみそ萩の短い小さな花束とを供えた。

(土)

(42) 私は思案の結果、市に居る中学の旧友に頼んで、私の受け取ったものを、凡て金の形に変えようとしました。（こころ）

(43) 旅に出た頃は唯その人の面影にあこがれるという風で、僅かに岡見の妹を通して意中を伝えたに過ぎなかったが、それだけで彼は満足していた。

(春)

なお、使役主体とは別の動作主体の存在が、当該の文中においてではなく文脈的に何らかの現実世界の性質として保証されている場合にも原動詞で言いかえられることがある。たとえば次の例は、「鬼政」がヤクザの大親分で多くの子分や家人を抱えていた当時のできごとであり、その事実に支えられて、「押した」に言いかえても、同じ事態を指すことができそうである。

(44) 鬼政は {娘が} まだ赤子の頃から正式には「鬼龍院花子」と呼び、早くからこの名の印鑑を作って持物のすべてに押させたものであった。〔≒押した〕 （鬼龍院花子の生涯）

4.4 この節のまとめ

以上、使役文と原動文との似通いが生じる事態を３つに分けてみてきた。それぞれの主語（使役主体）の文法的な意味（意味役割）を、事業の統括者、専門的作業の依頼主、代行動作の差配者とよんだが、これらをいくらか一般化すれば、原動文との似通いが生じる使役文の使役主体は、ある事態を実現させようという意図をもって他者を利用し、他者の動作によって事態が成就するようとりまとめる主体、すなわち他者を利用する「主宰者」だということができる。

ところで、稲村（1995）は再帰構文の表現する内容を７つの類に分けた論考だが、そのなかの２つの類が本章の対象と重なる。ひとつは「他者に行わせた行為を、主語が意図し引き起こし、出来事全体を、主語の主宰・統括した行為として表現する文」（「信長は村重一族を京都六条河原で切った」「秀吉は二万の大軍で稲を焼き払

った」「太郎は電気器具店でラジオを修理した」）であり、いまひと
つは、「主語の主宰・統括した生産活動によってつくりだされた生
産物が、主語の作品・所有物として存在するとき、生産の出来事全
体を主語のつくりだし行為として、あらわす文」（「信長は新邸を建
てた」「角倉了以は高瀬川を掘った」「豊田左吉は自動織機で布を織
った」）である（pp.134–135、下線は早津）。これらは本章のいう
他動詞原動文だが、いずれも使役文と似通う文であり、稲村
（1995）でも上のうち最初の類について、「これらの「使役的再帰
構文」は「出来事の引き起こし手」を主語とする「使役文」に近い
表現となっている」（p.130）とされている。この指摘を含め2つ
の類についての稲村（1995）の説明は本章にとって学ぶ点が多い。
ただ、再帰構文についての論考である稲村（1995）は、使役文と
他動詞原動文がどのような条件のもとで似通うのかを解明しよう
する本章とはおのずと見方が異なっている。稲村（1995）で2つ
の類に分けられている全体が、本章の観点からは3つの類（4.1節
～4.3節）に分けられることになる。なお稲村（1995）は再帰構文
を「主語＋主語の所属物である補語＋述語」（p.122）という構造
のものとしているが、上の例にもうかがえるように、「主語の所属
物である補語」とみとめる範囲はかなり広そうである。その範囲は
必ずしもはっきりしないが広い意味で主語の側のものということだ
ろうか。本章で使役文と似通いのみられる原動文としてあげている
文についても再帰性という点から考えなおすこともできるかもしれ
ない。

5. 文構造の性質

次に、原動文との似通いのみられる使役文の文構造の性質を3つ
の点から考える。

5.1 原動詞の語彙的・構文的な性質

使役文のうち原動文との似通いが見られるものは、その原動詞の
語彙的・構文的な性質に特徴がある。まず、ほとんどすべてが他動

詞である。それも、物の生産、物の変化（状態変化、位置変化）、やりとり（物の授受、情報の伝達）を表す動詞に偏っている。以下に、原動文との似通いがみられた使役文の中で使われていた動詞のほぼ全例を、いくつかの類に分けてあげる。

【物の生産】

「（家／寺を）建てる」「（都市を）建設する」「（運河を）掘る」「（城下町を）形成する」「（城を）築く」「（城／商品としてコプラを）作る1」「（着物／墓石／櫛／薬客用の茶碗を）作る2」「（振袖／スーツ／名刺を）こしらえる」「（特殊な錐を）試作する」「（壺／茶碗を）焼く」「（日本髪を）結う」「（伝記を）編む」「（布地に線描きの花を）入れる」「（記念写真を）とる」（※「作る」および下の「運ぶ」に付した数字は以下で述べることと関係する）

【物の状態変化】

「（家を）解体する」「（離れ座敷を）建て直す／取りはずす」「（原子炉を）修理する」「（髪を）刈る」「（剃刀を）あてる［"ひげを剃る"の意］」

【物や人の位置変化】

・「（農家を）移築する」「（建物を）移す」「（資材／オルガン／引越し荷物／家財道具を）運ぶ1」「（洋酒を）運ぶ2」「（荷物を）運びこむ」「（庭に桜の木を）植える」「（町中にビラを）はる」「（棚から道具箱を）おろす」

・「（子供を）集める」「（客を部屋に）通す」「（運転手を）呼ぶ」「（客を店に）呼び込む」

【物の授与や情報の発信】

・「（誓詞を）納める」「（中元を）送る」「（見舞／花を）届ける」「（葉書を）出す」

・「（噂を）流す」「（様子を）伝える」「（礼を）いう」「（事件を）告げる」「（返事を）する」

【物の獲得や情報の入手】

・「（砂金を）採集する」「（商品として椰子を）集める」「（名馬を）盗む」

・「（被害の状況を）調査する」「（動静を）さぐる」「（人の素性

を）調べる」「（客室の様子を）うかがう」

【作業の進捗】

・「（式の準備を）進める」「（裳着の祝いを）する」「（工事／事件の調査を）始める」

【その他】

・「（任地を）治める」「（按摩を）する」「（自分の正しいことを）証明する」「（重要人物に）接近する」

　これらをみると、原動文との似通いが生じる使役文で使われている原動詞は、人が何らかの意図をもって、物を作り出したり、物や人に変化を生じさせたり、物や情報の授受をして保持者を変化させたり、作業を進めたりすることを表す他動詞、すなわち第3章でみた「対象変化志向の他動詞」がほとんどである*5。他動詞でないのは「接近する」だが、これも本章冒頭の（5）「山本に接近する」のようにニ格名詞と組み合わさり人との関わりの変化を表す動詞である。ほかには原動詞が自動詞であるものはなかった。他動詞のうち、摂食（「食べる、飲む」）、習得（「習う、学ぶ、覚える」）、思考（「考える、思う」）、知覚（「感じる」）、感情（「恐れる、喜ぶ」）などは、使役文全体としてはめずらしくないが、原動文との似通いの生じる使役文にはみられない。これら摂食などの動詞類は、動作を行うことによって動作主体自身になんらかの変化を生じるもの（第3章でみた「主体変化志向の他動詞」）である。

　そして、原動文との似通いが生じる使役文における使役主体と動作（動作主体の動作）との関係をみると、次のような特徴がみられる。すなわち、動作主体の動作によって作りだされたり変化したりする物が使役主体にとって必要なものであったり（本章冒頭の（3）自分に必要な名刺、（4）李寿が商売する商品としてのコプラ）、動作主体が得た情報が結局は使役主体にとって必要なものであったり（（5）新聞社の政治部が得たいと思っている情報）、使役主体でも動作主体でもない他者がある情報を保持するようになることが使役主体やその他者にとって都合のよいことであったり（（22）使役主体である道長にとって都合のよい噂、および（40）伝達相手で

268　　Ⅲ　使役文のヴォイス性

ある向島の女にとって有用な情報）といった事態である。大きくま
とめると、使役主体は、動作主体の動作をいわば利用し主宰者とし
てそれをとりまとめて自らが実現させたい事態をつくりだしている
といえる。こういった使役事態においては、動作主体による具体的
な動作そのものよりも、それによって生じた新たな状況のほうが使
役主体にとってもまた通達上も重要となりやすい。したがって、実
際の動作主体の存在は背後にしりぞき、あるいは動作主体の存在を
問題にする必要がなく、動作主体の動作によって生じた状況を、使
役主体自身の行為によるものとみなして原動詞で述べることが可能
となるのだと思われる。それに対して、先の摂食、習得、思考など
の動詞からの使役文（「親が子供に人参を食べさせる」「親が娘にピ
アノを習わせる」「先生が生徒に答を考えさせる」）や意志動作を表
す自動詞からの使役文（「監督が選手を走らせる」「先生が生徒を後
ろの席にすわらせる」）の表す事態は、上述のように動作主体に何
らかの変化や動きが生じるものであり、その動作主体自身がその動
作をすることがまさに重要である。したがって、動作主体の存在を
無視することはできず、動作主体の動作を使役主体の行為とみなす
ことはきわめて不自然であって、そういった使役文は原動文との似
通いが生じない。

　最後にこの節で述べた上のような原動詞の種類と4節でみた3種
の事態の性質との関係をみておく。統括事業（4.1節）の場合には、
もっぱら大規模な動作を表す動詞（「築く、解体する、移築する」）
が目立ち、「つくる」「掘る」「運ぶ」であっても「城をつくる」「運
河を掘る」「引越荷物を運ぶ」のように動作の対象が大きなもので
ある。また「町中にビラをはる」「金物、陶物、木の器、何から何
まで、それぞれの職人を使って造る」のように動作を行う範囲の広
さや動作対象の多様性などに大規模性がうかがえる例もある。専門
的作業（4.2節）の場合では、動詞そのものがもっぱら専門的な動
作を表すというのではないが、「振袖をこしらえる」「日本髪を結
う」「伝記を編む」のようにヲ格名詞と動詞の組み合わせから専門
性がうかがえる。それに対して代行動作（4.3節）の場合には「葉
書をだす」「電話で用事を伝える」のようにふつうの人が日常的に

第8章　使役文と原動文の似通い　　269

簡単にできるものである。このように、動詞（およびそれを含む連語）の語彙的な意味の性質がそれぞれの事態の特徴の土台となっている。

5.2　動作主体の文中での示され方

次に、動作主体が当該文中に明示されているか否か、また明示されているならばそれはどのように示されているのかをみていく。

5.2.1　動作主体の非明示

4節の諸例にうかがえたように、原動文との似通いのみられる使役文には、動作主体が文中に明示されていないものが少なくない。そしてそれは、誰であるかが明瞭であるにもかかわらず省略されているという場合もあるが、そうではなくて、その動作を行うにふさわしい人だろうという推測だけができたり、前後の文脈からも特定できないいわば不明・不特定の人である場合が多い。4節の例にも多くあったが用例を補うと次のような文である。

(45)いつか父親が、自分の隠居所にするつもりで、安く手に入れた材木を使って建てさせた屋敷も、それ等の土地の一つのうちにあった。〔≒建てた〕　　　　　　　　　（あらくれ）

(46)基一郎の血はどこか争えず、彼はなかなか外観を重んじた。………朴歯の鼻緒にしても、一般に売られているものではなく、わざわざあつらえて作らせた直径一寸もある代物であった。〔≒作った〕　　　　　　　　　（楡家の人びと）

5.2.2　従属節中での明示
他者利用をうかがわせる複文構造の使役文

動作主体の示され方のもうひとつは、複文構造の使役文の従属節に「N［人］-ヲ／ニ V-テ*6」で示されるものである（「課長は部下を派遣して原因を調べさせた」）*7。複文構造の使役文の全体としては、動作主体を示す「N［人］-ヲ／ニ V-テ」の「V-テ」として使われる動詞のタイプは様々であるが*8、原動文との似通いのみられる使役文におけるそれは比較的限られた動詞類である。以下

270　　　Ⅲ　使役文のヴォイス性

に、それらをいくつかに分け、各類ごとに（a）動詞例、（b）それが従属節述語である使役文の簡単な例、（c）使役文における「N［人］-ヲ／ニ V-テ」の文法的な意味を示す。

① 〈使う〉類（利用性）

  （a）（〜ヲ）使う、利用する、使役する、役する、頼む*9、使嗾（そう）する

  （b）「職人を使って器を造らせる」「友人を利用して自分の正しさを証明させる」「大工を頼んで茶室を作らせる」

  （c）使役主体が自らの望む事態を実現させるために動作主体を利用する。

② 〈動員する〉類（巻き込み性）

  （a）（〜ヲ）動員する、扇動する、指揮する、わずらわせる

  （b）「全員を動員して警備にあたらせる」「漁師たちを扇動して網を作らせる」「秘書をわずらわせて手紙を出させる」

  （c）使役主体が、自ら望む事態を実現させるために動作主体をその動作に巻き込む。

③ 〈派遣する・招集する〉類（派遣性・招集性）

  （a）（〜ヲ）派遣する、（代理に）やる、（使いに）やる、（使いを）送る、（駅まで迎えに）走らせる、（手伝いの人を）出す、差し向ける、遣わす（以上、派遣性）、よびつける、よびだす、連れてくる（以上、招集性）

  （b）「現地に係員を派遣して原因を調べさせる」「使用人をおくってコプラを作らせる」「後輩をよびだしてグラウンドを整備させる」

  （c）使役主体が、自ら望む事態を実現させるために、動作主体を原動作を行うのにふさわしい場所に派遣したり招集したりする。

④ 〈通す〉類*10（媒介性）

  （a）（〜ヲ）通す、通じる

  （b）「人を通して彼の病状を女に伝えさせる」「執事を通じて質問に答えさせる」

(c) 使役主体が、伝達動作や授受動作をするにあたって動作主体を媒介として使う。

⑤〈頼む〉類（依頼性）

(a) （〜ニ）頼む、依頼する、注文する

(b) 「旧友に頼んで時計を現金にかえさせる」「興信所に依頼して調べさせる」

(c) 使役主体が、自身の望む動作の実行を動作主体に依頼する。

⑥ その他

「{職} を置く」（「国守は任国に行かず椽を置いて丹後を治めさせる」）

これらの「N［人］-ヲ／ニ V-テ」は、使役主体が主宰者として動作主体をとりまとめる具体的な関わりかた（利用、巻き込み、派遣・招集、媒介、依頼など）を明瞭に表しうる形式であり、これらを従属節とする使役文では、動作主体が使役主体のためにその動作を行っていることが文構造としてよく表される。したがってそのような性質のない使役文、たとえば、5.1節でふれた摂食や習得などを表す動詞からの使役文にはなじまない。

(47)？子供を {使って／扇動して／派遣して／通して} 人参を食べさせる。

　　？子供に {頼んで} 人参を食べさせる。

(48)？娘を {使って／扇動して／派遣して／通して} ピアノを習わせる。

　　？娘に {頼んで} ピアノを習わせる。

今みてきた、動作主体の文中での表され方と、4節でみた3種の事態との関係をみると次のような特徴がある。まず、統括事業と専門的作業を表す使役文では、動作主体が文中に明示されていない文においても「N［人］-ヲ／ニ V-テ」の形で示されている文においても、使役動詞でなく原動詞で述べたとしても実際の動作主体の存在を十分に暗示した文となり、使役文と原動文の似通いが生じうる。そしてこの2つの事態のうち、統括事業では非明示であることがむしろ多く、「N［人］-ヲ／ニ V-テ」で明示されるときは、①〈使

う〉類、②〈扇動する〉類、③〈派遣・招集する〉類がほとんどである。次に専門的作業では、明示と非明示のどちらの場合もめずらしくないが、「N［人］-ヲ／ニ V-テ」による明示は⑤〈頼む〉類に偏るという違いがある。一方、代行動作を表す使役文では、動作主体が非明示だと原動詞への言いかえがむずかしく、動作主体の存在を「N［人］-ヲ／ニ V-テ」の形で表現して保証することによってはじめて可能となる。「V-テ」の種類は多様で①〜⑤いずれもみられる。

5.3　動作主体を表す名詞の語彙的な性質

　原動文との似通いのみられる使役文においては、先に述べたように、動作主体が文中に明示されていないものも「N［人］-ヲ／ニ V-テ」の形で示されているものもある。また、当該の使役文中に明示されていなくても前後の文脈から特定できるものもある。それらが実際の用例でどのような名詞であったかを以下にあげる。

（ア）　職人、大工、刀剣研師、仕立て屋、画家、機織女、車夫、工務部、経師屋、鉱山技師、床屋、女髪結、漁師、医者、内科の先生、看護婦、ナース、写真師、（おかかえの）運転手、馬力、興信所、新聞社、等

（イ）　内使、使い、急使、秘書、セクレタリー、部下、子分、弟子、使用人、店員、番頭、ボーイ、番人、従卒、当番兵、炊事係、給仕、橡、家政婦、女中、女給、侍女、召使、小使い、下女、下男、下婢、書生、等

（ウ）　細君、妻、子供、息子、娘、家人、家の者、生徒、社内の人、等

（エ）　孫三郎（刀剣研師）、松元（部下）、佐助（使用人）、つる（女中）、門野（書生）、シゲ子（妻）、お仙（娘）、松恵（養女）、幸作（息子）、彼ら（部下）、等

（オ）　誰か、人

（カ）　周囲の者

これらの名詞が表しているのは、（ア）は何らかの専門的な技能や知識をもった人、（イ）は社会的な役割として他者にかわって何か

を行ったり他者に仕えたりする人や組織、（ウ）は家族・学校・会社などを構成する人である。（エ）は人の固有名および代名詞だが、当該の使役文においては括弧内に示したようにいずれも（ア）～（ウ）にあたる人である。（オ）は不特定者、（カ）はその他である。

　これらをみると、原動文との似通いがみられる使役文の動作主体は、使役主体の立場からとらえたとき、自らの望む事態の実現に必要な動作を行うのにふさわしい人、あるいはそういった動作を頼みやすい人だといえる。4節でみた事態の性質との関係をみると、使役主体との関係からみた動作主体の性質は、統括事業の場合には、動作をすることによって使役主体の統括する大規模な事業を支えている不特定多数の人、専門的作業の場合には、特定の技術や知識といった専門性を発揮して使役主体のためにその動作を行う人、代行動作の場合には、使役主体が動作をまかせやすい身近な人であることが多いといえる。いずれの動作主体も、当該事態において自分自身のために動作を行うというよりも、使役主体のためにいわば奉仕者として動作を行う人という意味合いを帯びている*11。

5.4　この節のまとめ

　以上、5.1節から5.3節で、使役文と原動文との似通いが生じやすい文構造の性質をみてきた。ここでそれらの性質と4節でみた3つの事態との関係についてあらためてまとめておく。ごくおおざっぱに傾向を示すと次のようになる。

　統括事業：「X ガ（Y ヲ / ニ V_1-テ）V_2-（サ）セル」

　　　Y：不特定多数者

　　　「Y ヲ / ニ V_1-テ」：現れないことが多い

　　　V_1-テ：〈使う〉類・〈扇動する〉類・〈派遣する〉類が多い

　　　V_2：大規模な動作を表す動詞および、連語として大規模な
　　　　　動作を表す動詞

　専門的作業：「X ガ（Y ヲ / ニ V_1-テ）V_2-（サ）セル」

　　　Y：専門家（特定・不特定）

　　　「Y ヲ / ニ V_1-テ」：現れないこともある

　　　V_1-テ：〈頼む〉類に偏る

V_2：連語として専門的動作を表す動詞

代行動作：「X ガ　Y ヲ/ニ V_1-テ　V_2-(サ) セル」

　　　　Y：身近な人

　　　　「Y ヲ/ニ V_1-テ」：現れていることが必要

　　　　V_1-テ：種々（使役主体の他者利用性がうかがえる）

　　　　V_2：ごくふつうの動作を表す動詞

6. 使役文と原動文の似通いと使役文の意味的なタイプ

　以上、使役文のうちには原動文との似通いがみられるものがあることをみてきた。この節ではそのような使役文の特徴をまとめ、使役文の意味的なタイプとの関係を考察する。

　4節、5節でみてきたことから、原動文との似通いが生じる使役文は、使役主体が自ら企画し実現させたい状況を実現させるために動作主体を利用し、自らはその結果を享受するということがきわだつ使役文だといえる。そこでは、誰が動作を行うのかという具体的な動作過程よりも、その動作によってどのような状況が生じるのかという結果のほうに関心を寄せて（あるいは通達上の重要性をおいて）事態が述べられる。冒頭の3つの例について確認すると、(3)では、「名刺」ができあがってそれを使役主体が使えるようになっていることが重要で、どの店で誰が作ったかいつ作ったのかといったことは問題にならず文中に補うこともしにくい。(4)でも、「コプラ」が栽培され「李寿」がそれを手に入れて商売できるようになることが大切で、栽培する人は特定の「使用人」である必要はなく誰かが作ればよい。(5)では「松元」が動作を行うのは明らかだが、それは、「読売の政治部」がよいニュースを独自に入手するために「松元」を利用しているのであり、他にその任務を果たせる人があれば「松元」である必要はない。こういった事態では、原動作を行う動作主体の特定性は問われなくなったり背後にしりぞいたりして希薄になる。すると、生じた変化を、動作主体の動作による変化というよりも、動作主体を利用して事態を成就に導いた主宰者としての使役主体によって生じた変化だとみなせるようになり、使役

主体を主語に保ったまま、原動詞によってその事態を表現することが可能となる。動作主体の特定性が希薄になり、それによって使役主体から動作主体への他者利用性も明らかでなくなることが、使役文が原動文に似通うことを支えているといえる。

原動文との似通いが生じるこのような使役文は、第3章で「つかいだての使役（他者利用）」とよんだタイプの使役文である。もちろんつかいだての使役を表す使役文のすべてに原動文との似通いがみられるわけではないが、似通いが生じるのはつかいだての使役に限るのであり、使役文のもうひとつのタイプとした「みちびきの使役（他者誘導）」ではこのようなことは生じない。先にみた摂食、習得などの動詞からの使役文は基本的にみちびきの使役である。

(49) a 「子供をおだてて人参を食べさせる」「娘をアメリカへやってバレエを習わせる」「新入社員を倉庫に連れていって部品名を覚えさせる」「生徒に宿題をやらせる」

 b 「選手に命じて3キロ走らせる」「園児を公園へ連れていって遊ばせる」

みちびきの使役においては、その動作を行うことで動作主体自身に何らかの変化が生じることが重要であるので動作主体の存在を不明にすることはできない。また原動詞は、つかいだての使役と違って、他動詞のうちでは主体の状態に変化が生じることを表す動詞（第3章でみた「主体変化志向の他動詞」）がふつうであり（49a）、自動詞であるものも少なくない（49b）。このような事態は、動作主体を利用した使役主体の行為だとみなすことはしにくく、使役動詞のかわりに原動詞で述べることはできない。

7. 主宰者主語の原動文と主宰者主語の使役文

2節でも述べたように、他動詞文のうちに主語が実際の動作主体でない文があるのはよく知られている。「城をたてる」「振袖をこしらえる」のような大規模な事態や専門的な作業の例があげられることが多いが、他動詞文の主語が実際の動作主体でないものは必ずしもそういった事態を表す文ばかりではない。4.3節の例にもうかが

えるがここでやや詳しくみてみる。次の例文中には「返す」が４つ
使われており、このうちはじめの文（「波十郎は預かって帰り、
………、終わってから、奉行に返している」）の主語は「波十郎」
である。しかし後ろのほうの文（「自分の手で返したのではない。
返したのは、死んだ麻乃だ」）を読むと、実際に具体的な「返す」
動作を行ったのは「波十郎」ではなく「麻乃」であることがわかる。

（50）そのとき奉行は、いま惣兵衛が手にしている箱から、一振
りの短刀を出して、中身を改めた。鞘をはらい、慎重な検
分ぶりだった。波十郎も一緒に見た。そしてそのあと、奉
行はその短刀を、研ぎに出せと言って無造作に波十郎に預
けたのだ。波十郎は預かって帰り、城下で一番と言われる刀
剣研師孫三郎に研がせ、終わってから、奉行に返している。
そこまで思い出し、いくらかほっとしながら、波十郎は言
った。「間坂殿、その刀はいまお奉行が手もとに留め置かれ
ているかも知れません。」「牧殿が持っておると？」惣兵衛
は眉をひそめた。波十郎は手短にいきさつを話した。しか
し、話しながら何ともいえない不安が心を占めて来るのを
感じた。研ぎが仕上がって奉行に返したが、自分の手で返
したのではない。返したのは、死んだ麻乃だ。〔早津注：
「麻乃」は波十郎の妻〕　　　　　　　　　　（夜の橋）

したがって、はじめの文の主語「波十郎」は、「返す」動作を実際
に行ったという意味での主体ではなく、「麻乃が返す」ことによっ
て刀が奉行の手元に戻るように事を運んだ人であり動作主体性を含
みこんだ主宰者としての主体だといえる。

　また、次の例では「三吉が幸作に頼んで作った墓石」という構造
になっていて「Ｎ［人］-ニ Ｖ-テ」が示されてはいるが、「（墓石を）
作る」動作を実際に行ったのが「幸作」かどうかは実ははっきりし
ない。「幸作」は墓石職人ではないので、おそらく自分で作ったの
ではなく職人にまかせたのだと思われ、全体の依頼主（「三吉」）と
実際の製作者との関係は二重三重である。誰が実際の製作者である
にせよ、ここでは、「三吉」の主宰のもとに「墓石」ができあがっ
て「三吉」がそれを享受できるということが重要であり、この原動

第８章　使役文と原動文の似通い　　　277

文はそれを表しているのである。

(51) 三吉は独りで山腹の墓地へ廻って見た。……その眺望の好い、静かな一区域は、父母の眠っている場所だ。幸作に頼んで作った新しい墓石は墳の前に建ててあった。　　　　（家）

このように、原動文の中には他者利用の主宰者としての主体を主語とする文がある。原動文との似通いがみられる使役文は、このような性質の原動文と意味・機能の面で近いのだといえる。

次の例では、同じ人（「杜子春」）を主語とする文の述語として使役動詞も原動詞も使われている。いずれも実際の動作主体は別に存在していると思われるがそれは希薄化しており、使役文のほうも原動文のほうも主語は主宰者である。

(52) 大金持になった杜子春は、すぐに立派な家を買って、玄宗皇帝にも負けない位、贅沢な暮しをし始めました。蘭陵の酒を買わせるやら、桂州の竜眼肉をとりよせるやら、日に四度色の変る牡丹を庭に植えさせるやら、白孔雀を何羽も放し飼いにするやら、玉を集めるやら、錦を縫わせるやら、香木の車を造らせるやら、象牙の椅子を誂えるやら、その贅沢を一々書いていては、いつになってもこの話がおしまいにならない位です。　　　　（杜子春）

このようにみてくると、原動文と使役文の性質には、文として、個々の動作（行為）をミクロに描写・記述することをめざすか、全体の事態（出来事）をマクロに叙述・説明することをめざすか、というおおきな表現手法のちがいがうらにあるのだと思われる。

8. おわりに

本章では、使役文のうち、使役動詞を原動詞にかえても同じ事態を指すことができる使役文をとりあげ、どのような文法的・語彙的条件のもとにそういった現象が生じるのかを、事態の性質（4節）と文構造の性質（5節）の面から確認し、使役文の意味的なタイプとの関係（6節）も考察した。原動文との似通いがみられる使役文は、主宰者としての使役主体が自らの実現させたい状況をつくりだ

すために動作主体を奉仕者として利用し自らはその結果を享受するというつかいだての使役文である。そして7節では、原動文の中にも主語が直接の動作主体ではない文（本章で主宰者主語の他動詞文とよぶ文）があってそのことが使役文と原動文の似通いを支えていることを本章なりに確認し、そのうえで、使役文と原動文との叙述性の違いをみた。

　このように述べてきた4節から7節について、考察の観点をあらためて意識化すると、4節（事態の性質）は使役文の主語の文法的な意味（意味役割）への注目、5節（文構造の性質）は文の要素である単語、すなわち原動詞および動作主体を表す名詞のカテゴリカルな意味（第1章2.4節）という語彙・文法的な性質と、動作主体の明示／非明示という構文的な性質への注目、6節（使役文と原動文の似通いと使役文の意味的なタイプ）は似通いの要因についての文法的かつ表現論的な説明、7節（主宰者主語の原動文と主宰者主語の使役文）は主宰者を主語とする使役文と原動文にみられる事態の捉え方・述べ方の違いの確認だということができる。

　本章でみた似通いは、文の主語が動作を他者に行わせるか自分で行うかという対立（第1章の2.2節でみたBの捉え方の「対立opposition」）の弱まりである。したがってこれは使役と原動（「他動」ではなく「原動」）との文法対立（ヴォイス対立）の問題とみることができる。一方、3節で本章の考察対象とはしないとした次のような使役文と他動詞文の関係はこれとは異なる。

(53)「親が子供を使いに行かせる」と「親が子供を使いにやる」
　　「生徒を家に帰らせる」と「生徒を家に帰す」
　　「子供にセーターを着させる」と「子供にセーターを着せる」

　この使役文（「V_1-（サ）セル」による文）と他動詞文（「V_1」ではなく「V_2」による文）が同じことを指しうるというのは、使役動詞による文と他動詞による文の表す内容が重なるということであり、これは語彙文法系列（動詞の語彙・文法的な下位類）の指示範囲の問題である＊12。

　なお、受身文においては、受身動詞を原動詞に言いかえても同じ事態を指すということはなさそうであり、受身文と原動文との似通

いはみとめにくいように思われる。第7章において、原動に対立するものとして使役と受身とをみとめる立場を述べたが、原動と使役、原動と受身とはその「対立」のありようが異なっているかもしれない。V-テモラウ文、V-テヤル文、V-テクレル文も含めた全体像の探求は今後の課題である。

---

*1 金田一（1942［1992：268-272]）は随想風な小文だが、「限りある言葉で、限りない心を写そうとする」工夫・営みのひとつとして「さらりと軽くか・わ・したり、或はことさらに重く懸って行ったりすることがある」（傍点は原文）とし、前者（さらりと軽くかわす）のひとつに「使役相の代りに、単なる他動詞を用いる」ことがあるとして例があげられる。「洪水で畑を流した」「大震災では、蔵書を二千冊焼いた」「彼は書斎を建てた」「頭を刈った」「洋服をこしらえた」「歯を治療した」「入れ歯をした」等であり、金田一はこれらは「正面から、真直ぐに言う重苦しさを避けて、軽妙にはずす」言い方であり、誤用ではなく「文法のもひとつ奥へ出入りする」表現だという。そして、上の例のうちとくに「書斎を建てた」以降の例について、「専門家にやらしたことを自分の他動として普通に言うのである」と説明されている。また、佐藤（1994）では「山田さんが家を建てた」のような表現を「介在性の表現」とよび、いくつかの文をあげたうえでその成立の要因として、「（主語である人の）事態のコントロール」と「動詞の意味的焦点」が関与しているとされている。本章の考察にも参考になる。

*2 国立国語研究所（西尾・宮島）（1971）の「Ⅲ. 自動詞か他動詞か決めにくい語の用例」では、「辞典によって自動詞・他動詞の注記がまちまちなもの」が12種類の辞典について調べられ、辞書間の異同を示す表および問題となる具体的な用例があげられている。その「表」には832例の動詞があがっており、そのうち約74％がサ変動詞である。井口（1998）は漢語サ変動詞からの使役文について考察したものである。

*3 パーマー（1976［1978：173-174]）は、"General Leathwell won the battle."という他動詞文の主語について、ハリデーM.A.Kが〈行為者〉だとしているのに対して「この将軍は、いかなる意味で行為者なのだろうか。……意味論的には将軍は行為者ではなく、〈監督者〉だったということである」としている。本章でいう統括者はこの監督者に似ている。

*4 ただし動作の方向性に関わる問題がある。
　○鶴川は東京の生家にたのんで、ときどき甘いものなどを送らせた。夜が更けてから、私の枕許へやってきて一緒に食べた。〔≠送った〕　　（金閣寺）
それは、この使役文においては、原動詞の表す物の移動が、動作主体から使役

280　　Ⅲ　使役文のヴォイス性

主体に直接向かってくる移動〈東京の生家から鶴川に送る〉が表されていることによる。このような事態は、使役主体が動作主体の動作を利用して自身の行為として実現させた事態とはみなせないからである。一方、動作主体から第三者への移動ならば原動詞に言いかえうる（「鶴川は生家にたのんで、山田さんに歳暮を送らせた〔≒送った〕」）。使役主体による他者利用の事態とみなせるからである。

＊5　物の獲得や情報の入手を表す動詞はこの点で他とやや異なっている。

＊6　ほとんどが「V-テ」の形の連用形（「使って」等）でありいわゆる連用形（「使い」等）はごく少ない。

＊7　堀畑（1990）によると、平安時代の記録体の使役文において同様の構造の文がみられ、本章でいう「V-テ」にあたる動詞および原動詞の種類に限定があるといい、その偏りは本章に通じるところがある。

＊8　本文中の①〜⑤類のほかに「子供を抱いて牛乳を飲ませる」「子供にお菓子を与えて食べさせる」「娘に立派な先生をつけてピアノを習わせる」「太郎を励まして学校へ行かせる」「子供の手をひいて歩かせる」等がある（早津2015a）。

＊9　「頼る」は、「運搬のために人を頼む」「人に仕事を頼む」のようにヲ格・ニ格いずれの人名詞とも組み合わさる。

＊10　この〈通す〉類の「N［人］-ヲ V-テ」は「V-テ」の動詞としての独立性が希薄である点で他の類と異なっている。すなわち、他の動詞は「器を造るのに職人を使う」「網を作ろうとして漁師たちを扇動する」「調査のために係員を派遣する」「時計を現金にかえてくれと旧友に頼む」のように述語として用いることができるのに対して、「通す、通じる」はそれがしにくい（「?伝言するのに人を通す」「*質問に答えるのに執事を通じる」）。この「N［人］-ヲ 通して／通じて」は、使役文において動作主体を明示する機能をはたす後置詞のようになっている（早津2013bでは、このことを含め、主節述語が使役動詞である複文の従属節の「N［人］-ヲ V-テ」における種々の「V-テ」にみられる動詞性と後置詞性について考察した）。とはいえ、動作主体の存在の明示によって文の使役性を支えているという点では他の類と同じである。なお、〈通す〉類が用いられるときの主節の動詞は「伝える、渡す」など情報や物の発信を表すものに限られており、このことには「通す、通じる」の意味が生きている。花薗（2004、2007）は、「を通して」「を通じて」を複合助詞としてその性質がさぐられたものである。

＊11　先にみた摂食や習得を表す動詞（第3章で述べた「主体変化志向の他動詞」にあたるもの）からの使役文（「子供にミルクを飲ませる」「娘にピアノを習わせる」）における動作主体には、使役主体のための奉仕者という性質はふつう認めにくい。

＊12　早津・高（2012）では、この（53）のような共通の語基をもつ対だけでなく、自動詞からの使役動詞による文と二項他動詞による文（「子供を通いに行かせる」と「子供を通いにやる」）、二項他動詞からの使役動詞による文と三項他動詞による文（「相手に不審感を抱かせる」と「相手に不審感を与える」）のような語基に共通性のない対を含む関係もとりあげ、それぞれについて、広く用例を検討して両者が指す事態の重なりとずれを整理した。

第9章

使役文と受身文の似通い
動きの引きおこし手か被り手かの違いの弱まり

1. はじめに

　使役文と受身文とは、典型的には異なる事態を表現するタイプの文であり、使役文中の使役動詞（「V-(サ) セル」）を受身動詞（「V-(ラ) レル」）におきかえたり、受身文中の受身動詞を使役動詞におきかえたりすると、きわめて不自然な文になったり、もとの文とは異なる事態を表現するようになったりする。

(1) 【使役】かづは女中たちに命じて、提灯を用意させた。〔?用意された〕 (宴のあと)

(2) 【使役】伯母さんは私にも……鉢巻をさせて表へつれだした。〔?鉢巻をされて〕 (銀の匙)

(3) 【受身】鮎太はある夕方、冴子に、庭の隅の竹藪の前へ呼ばれた。〔?呼ばせた〕 (あすなろ物語)

(4) 【受身】自分は二度電車に乗せられて、二度下ろされた。〔?乗せさせて〕〔?下ろさせた〕 (行人)

　しかしながら、使役動詞による表現と受身動詞による表現とが、微妙なニュアンスの違いはあるものの同じ事態を指せる場合もある。たとえば次の (5)〜(9) は小説などからの一部分であり、それぞれに、使役動詞と受身動詞を対にして書いてある箇所があるが*1、原文でどちらが使われているかを判断するのは必ずしも容易ではない。

(5) ｛場面：盗人が、ある男を薮の中に連れ込んで縄で杉の木にくくりつけたことについて後日述べている｝縄ですか？縄は盗人の有難さに、何時塀を越えるかわかりませんからちゃんと腰につけていたのです。勿論声を ｛出させない：出されない｝ 為にも、竹の落葉を頬張らせれば、外に面倒はあ

283

りません。 (芥川龍之介、薮の中)

(6) 曽田は夕食後事務室へ週番士官が安西二等兵の処分をどう
するだろうかをうかがいにおりて行ったが、週番士官はむ
しろ安西を徒らに刺激して｛逃亡させる：逃亡される｝よ
うなことになっては、最初の学徒出陣に傷をつけることに
なるのでただそれをおそれているようだった。

(野間宏、真空地帯)

(7) ｛場面：新聞社内で、子供の自殺が続いていることが話題に
なっている｝それで……少年の自殺をとりあげてみようと
いうことになったんだ。うちの社の者のなかにだって、や
ばい親がいるだろう。｛子どもを自殺させぬうちに：子ども
に自殺されぬうちに｝、とりあげてみようという意見まであ
ってね。」 (藤原審爾、死にたがる子)

(8) 「ねえお前、卓ちゃんから悪い報せでもあったのかい。どう
したんだい、そんなこわい顔して。」私は急いで手紙を封筒
に入れると、大儀そうに立ち上がって大きく伸びをし、部
屋の隅に腰を下ろしてぼんやり外を見た。誰にも｛気づか
せてはならなかった：気づかれてはならなかった｝。(北帰行)

(9) 十八世紀半ば、………東トゥアモツの人々は流浪の状態に
近く、島嶼部での侵略と征服がくりかえされた。特に隣り
のタタコトがあちこちに征服の手を伸ばし、｛近隣の島々を
恐れさせた：近隣の島々から恐れられた｝。

(南太平洋の環礁にて)

これらについて日本語母語話者である大学生135人に簡単な調査
を行った*2。それは、上例を含めて30の用例を上と同じような形
で示し、使役動詞と受身動詞のどちらが自然だと感じられるかを選
んでもらうというものである（以下「小調査」とよぶ）。その小調
査で上例について使役動詞・受身動詞を選んだ人の数は、(5)［使
80人-受55人］、(6)［使55人-受80人］、(7)［使23人-受112人］、
(8)［使59人-受76人］、(9)［使82人-受53人］であった。(7)
は受身動詞を選んだ人が圧倒的に多いが、その他は両者の選ばれ方
にそれほど差がない。実際の原文では、上のうち(5)〜(7)は使

役動詞、(8)(9) は受身動詞が用いられている。(7) は、原文では使役動詞であるにもかかわらず、小調査の協力者の多くにとっては受身のほうが自然だと感じられている。なお、以下でも、この小調査に用いた用例を示す場合にはその結果を引用部分の最後に記す。

本章では、使役動詞による文と受身動詞による文とがある文脈において同じ事態を指すことができるという現象を使役文と受身文の「似通い」とよび*3、主として使役文の側から次のことを考える。

- 使役文と受身文の似通いを支えている両者に共通の性質はなにか。(3 節)
- 使役文の主語の文法的な意味（意味役割）はどのようなものか。(4 節)
- 使役文のうち受身文との似通いが生じるのは、主語にどのような性質があるときか。(5 節)
- 似通うとしても使役文による表現と受身文による表現とでどのような違いがあるか。(6 節)

2. 使役文と受身文の意味の関係についての諸研究

現代日本語の使役文と受身文（とくにいわゆる間接受身文）との間に相違とともに共通性があることは、これまでもしばしば指摘されている。たとえば寺村（1982：299–302）は、両者の違いとして、「息子二人ヲソノ戦場デ死ナセタ」と「息子二人ニソノ戦場デ死ナレタ」について、前者（使役）は、「客観的には、その事象を惹き起こしたわけでない、つまり息子に命じたのでもなく、死のうとする息子を引き留めなかったというのでもないが、主観的にその事態の出来に責任があるように感じている」（傍点は原文）のに対して、後者（間接受身）は「その事件の出来が、全く降ってわいたできごとで、それが我が身にふりかかってきた」という表現であってそこが「対称的」だとする。そしてそのうえで、「使役と間接受身とは、ある事象を、その事象の当事者でない第三者が、間接的に関わることを表す言い方である点で共通している」としている。森重（1959）と川端（1976）では、使役主体・受身主体と動作主体

の間の意志の方向性の違い（すなわち、使役では使役の主体から行為の主体に向かって、受身では行為の主体から受身の主体へ向かって、意志的な関係の方向が認められること）が積極的に説かれる。その他、阪倉（1974）、大鹿（1986–1987）、益岡（1987）、野田（1991b）、村木（1991）等にも現代語における現象について概ね同趣のことがのべられている。

　軍記物における、「あまりに仰向きて内兜射さすな」「親は子を討たせ兄は弟を失ひ」といったいわゆる武者詞にみられる「V-(サ)ス」についても論じられることが多く、これらは受身をきらった武士が受身の意味を使役の形で表した軍記物に特有の表現であるとする捉え方が広くなされている。たしかにこれも使役と受身が似通う現象である。ただし、軍記物に特有かどうかについては長谷川（1969b：79–86）の所説のほうがふさわしいと思われる。長谷川（1969b）はいくつかの証左をあげたうえで、これらは「随順」用法すなわち、自らの外なるなんらかの力の存在、その関与によって、その状態にナル、その状態のママニナル、といった「自然発動的な言い方」であり、それは軍記物に限らず『竹取物語』や『源氏物語』にもみられ、また現代の日常語において現れる用法にも通じるという*4。また、古代語の「知る」については、万葉集中の歌「春の野にあさる雉の妻恋に己があたりを人に知れつつ」（1446）の「人に知れつつ（人爾令知管）」をめぐって、“知らせる”ことと“知られる”ことが近くなることがしばしば論じられてきた（細江1928、永田1931、朝山1942–1943、浜田1955、高木他1959、近藤1972–1973など*5）。

　以上の研究は日本語の現象を対象にしたものだが、他言語との対照、他言語の現象も視野にいれた理論化・一般化が目ざされているものもある（池上1981、大江1983、鷲尾1997、中右・西村1998、福澤2000、2001、高見2011など）。なお、佐藤（1986）は現代日本語の使役文（とくに、人間の人間に対する働きかけを表現するもの）について包括的に詳しく論じられたもので、その中には受身との関係についても重要な指摘があり、それについては5節でふれることにする。

使役文と受身文の関係については、このようにさまざまな研究が
あり学ぶべき点が多い。ただし、現代日本語においてどのような文
法的・語彙的な条件のもとで使役と受身が似通うかを中心課題とし
た実証的な論考はないようである。分析の対象も、阪倉（1974）
をのぞき、ごく一部の動詞（「死ぬ、戦死する、知る」）を原動詞と
する使役文に限られ、文のタイプとしてもいわゆる間接受身と使役
の場合のみが対象とされるのがほとんどであった*6。本章では、
実際の用例を具体的に分析しつつ考察することで、動詞についても
文のタイプについても広くとりあげることになる。

3.　使役文と受身文の主語

　使役文と受身文の似通いについて考察するにあたっては、それぞ
れの主語の構文意味的な性質の把握が重要である。

3.1　両者の似通いを支える主語の共通性

　原動文の主語が原動作の主体であり、使役文・受身文の主語がそ
うではないというのはいわば当然のことではあり、またこれまでの
章でもふれてきたが、本章の問題にとって重要なことであるので、
あらためて確認しておく。使役文の主語は、他者に何らかの関与を
して動作を行わせる「引きおこし手」であるのに対して、受身文の
主語は、他者が動作を行うことによって何らかの影響を受ける「被
り手」である*7。

文	主語の文法的な意味
原動文「太郎が花子をなぐる」	：〈なぐる〉動作の主体
使役文「太郎が後輩に（花子を）なぐらせる」	：〈なぐる〉動作の引きおこし手
受身文「太郎が先輩に（花子を）なぐられる」	：〈なぐる〉動作の被り手

つまり、使役文と受身文は、主語の文法的な意味が「引きおこし
手」と「被り手」であるという点で対比的でありつつ、それは原動
作の「主体ではない」という点で共通している。両者の主語のこの
ような性質こそが、両者の似通いをささえる重要な特徴である。

原動文の主語：原動作を直接行う人。（主語＝原動作の主体）
使役文と受身文の主語：原動作を直接行うのではなく、他者が原動作を行うことに間接的に関わる人。（主語≠原動作の主体）

　使役文と受身文の共通性と、その両者と原動文との対立性についてのこのような捉え方は、第7章でみたように、早く山田（1908）や松下（1924）にうかがえる（下の図は、第7章4.4節の図の再掲）。

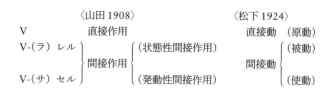

3.2　主語に注目した使役文・受身文の構文的なタイプ

　使役文と受身文は、主語の文法的な意味（意味役割）に注目すると次のような4つのタイプを見いだすことができる*8。

《対象主語の使役文・受身文》
　　太郎が次郎に自分（＝太郎）をなぐらせる
　　　　　　　　　　　　　⊃〈次郎ガ太郎ヲナグル〉
　　太郎が次郎に（自分（＝太郎）を）なぐられる

《相手主語の使役文・受身文》
　　太郎が次郎に（自分（＝太郎）に）口出しさせる
　　　　　　　　　　　　　⊃〈次郎ガ太郎ニ口出シスル〉
　　太郎が次郎に（自分（＝太郎）に）口出しされる

《所有者主語の使役文・受身文》
　　太郎が次郎に（自分（＝太郎）の）足をもませる
　　　　　　　　　　　　　⊃〈次郎ガ太郎ノ足ヲモム〉
　　太郎が次郎に（自分（＝太郎）の）足をもまれる

《第三者主語の使役文・受身文》――使役文の多くはこのタイプ
　　太郎が明子を死なせる
　　　　　　　　　　　　　⊃〈明子ガ死ヌ〉
　　太郎が明子に死なれる

┌ 太郎が次郎に明子をなぐらせる
│   ⊃〈次郎ガ明子ヲナグル〉
└ 太郎が次郎に明子をなぐられる

　このように、使役文にも受身文にも、対象主語、相手主語、所有者主語、第三者主語というタイプがある。しかし使役と受身の関係として従来とりあげられてきたのは、ほとんどが第三者主語の使役文と受身文であり、かつ原動詞が自動詞（多くが「死ぬ、戦死する」）の場合の関係であった。本章では広く似通いの現象を探ってみる。

4.　使役文の主語の文法的な意味（意味役割）

4.1　引きおこし手性

　3.1節で使役文の主語（使役主体）に引きおこし手性をみた。これには他者への関与のしかたによって、強く命じて動作をさせるという積極的な引きおこし手性から、心理変化や生理変化の誘因となるという消極的な引きおこし手性まで様々な段階がある。もちろん截然と分けられるわけではないが、ここでは次のようなものをみとめておく。

　a　太郎が後輩に命じて京子をなぐらせる。　　　　〈指示者〉
　b　太郎は子供が遊びたいというので遊ばせた。　　〈許可者〉
　c　太郎が子供が遊んでいるのをとめずに好きなだけ遊ばせた。

　　　　　　　　　　　　　　　　　　　　　　〈意図的な放任者〉

　d　太郎は後輩にラケットを使わせまいとする。　　〈阻止者〉
　e　親が目を離したすきに子供に怪我をさせてしまった。

　　　　　　　　　　　　　　　　　　　　　　〈不本意な放任者〉

　f　太郎が病気になって親を心配させた。　　　　　〈誘因〉
これらのうち、a〜d（指示者、許可者、意図的な放任者、阻止者）は意図的に動作主体の動作を引きおこす人、e〜f（不本意な放任者、誘因）は非意図的に動作主体の動作の要因になる人である。

4.2　被り手性

　3.1節ではまた、受身文の主語に被り手性をみとめた。しかしながら、使役文のほうにも、動作主体の動作によって主語（使役主体）が影響を被るという特徴がみられることがある。被り手性も段階的であるが次のような種々をみとめることができる。

a　太郎が次郎に自分（＝太郎）をなぐらせる。
〈物理的な働きかけの対象〉
b　太郎がやくざに自分（＝太郎）の金を奪わせてしまった。
〈物の授受の相手〉
c　監督が選手に欠席理由を（監督に対して）説明させる。
〈情報の授受の相手〉
d　おばあさんが孫に肩をもませる。
〈物理的な働きかけの対象の所有者〉
e　監督が選手たちを恐れさせる。　　〈感情の向けられる対象〉
f　太郎が息子を戦争で死なせる。　　〈心理的な影響の受け手〉

　もちろん、使役文のなかには主語に被り手性をみとめにくいものもある。次のような文である*9。これらの文の特徴については5.2節の（エ）で述べる。

g　「コーチが選手たちをしゃがませる」「親が子供に歯をみがかせる」「社長が社員全員に英会話を習わせる」「先生が生徒に朝顔の観察日記をつけさせる」

5.　受身文との似通いが生じる使役文

　この節では、受身文との似通いが生じる使役文にはどのような特徴があるのかを、4節でみた主語の性質、すなわち引きおこし手性と被り手性それぞれの点から考えてみる。考察に際しては、使役動詞の語形（形態論的な形）、原動詞のカテゴリカルな意味（第1章2.4節）、文の構造、文の意味的な種類（現象描写文か判断文か等）にも注目しながらみていく。なお、以下の例文中では、使役文の主語（使役主体）に相当するものを＿＿で示す。

290　　Ⅲ　使役文のヴォイス性

5.1 主語（使役主体）の引きおこし手性

まず、使役文の主語（使役主体）の引きおこし手性について、4.1節でみたa～fの種類を考えながらみていく。

（ア）　使役主体が積極的な指示者（4.1節のa）である場合、つまり使役主体から動作主体に対して、動作を行うよう指示や依頼をするといった関与がある場合には、その使役文はふつう受身文と似通わない。そもそも受身文が不自然であるのがふつうである。次の例のように、従属節述語として、使役主体から動作主体への関与のあり方がそれを表すのにふさわしい動詞類で表現されていると＊10、受身と似通わないことがはっきりする。

- 女中に {命じて／指示して／言いつけて} 膳を運ばせる〔≠ ＊運ばれる〕（命ジル類）
- 人に {頼んで／依頼して／誂えて} 振袖を縫わせる〔≠ ＊縫われる〕（頼ム類）
- 漁師たちを {扇動して／動員して} 網を作らせる〔≠ ＊作られる〕（扇動スル類）
- 部下を {派遣して／送って} 事故原因を調べさせる〔≠ ＊調べられる〕（派遣スル類）
- 職人を {使って／利用して} 器を造らせる〔≠ ＊造られる〕（使ウ類）

これらの動詞類が明示的に使われていなくても、前後の文脈のなかで使役主体から動作主体への積極的な関与がうかがえることがあり、その場合にも受身との似通いは生じない。

(10)「近ごろはお役人が物好きになって、死んだ人間の宗旨までしらべに墓をほじくらせる。」〔≠ ＊ほじくられる〕

(青銅の基督)

（イ）　使役主体が動作主体の望む動作が行えるよう積極的に許可してその状況を作りだしたり（許可者、4.1節のb）、あるいは、動作主体が行っている動作を意図的にそのまま放任しておいたり（意図的な放任者、4.1節のc）という場合にも似通いは生じにくい。次の（11）（12）がそうであり、それぞれ「病人の言う通り」「好きなように」に許可や放任という面がうかがえる。

第9章　使役文と受身文の似通い　　291

(11) {私たちは} 矢須子さんのお父さんとも相談して、病人の云う通りこのまま入院させることにした。〔≠ *入院されることにした〕

(黒い雨)

(12) {漱石は} 若い連中に好きなようにしゃべらせておいて、時々受け答えするくらいのものであった。〔≠しゃべられておいて〕

(和辻哲郎、和辻哲郎随筆集)

（イ´） ただし、使役主体が自身の身体に生じている影響（おもに好ましい影響）を受けつづけているという事態である場合には、それが使役主体から動作主体への積極的な関与（先の（ア）のような指示や依頼、（イ）のような許可など）によって生じたものであったとしても、似通いが生じることがある。

(13) かづは山崎の返事もきかずに、うしろ向きになって、按摩に腕を揉ませながら、更にこう言った。〔≒揉まれながら〕

(宴のあと)

この文の表す事態では、使役主体は自身の身体への働きかけをとめずに享受していることから、指示者や許可者（4.1 節のa、b）でありつつも物理的な働きかけの対象の所有者（被り手性のひとつ、4.2 節のdに相当）という性質もある。「揉まれながら」という受身動詞にするとそれがよりきわだつ。そして、事態が使役主体にとって好ましいものであるので「揉んでもらいながら」のように「V-テモラウ」で表現することもできる。

（ウ） 動作主体が動作を行うと使役主体にとって迷惑や不利益な状況が生じそうであって、使役主体がそれを阻止・回避したいという意向をもっている場合、似通いが生じることがある*11。使役主体には未実現の不本意な事態の阻止者（4.1 節のd）という性質がある。受身文と似通う使役文にはこういった事態を表す例が多くみられる。

(14) {私は} 米兵に曖昧な標識を持った敵兵として、私を射たせることなく、この距離を渡ることができるであろうか。〔≒射たれることなく〕[使 41 人-受 94 人]

(野火)

(15) 軍部に乱暴させないためには、日本の婦人たちがみんな避妊法を学ぶことだって〔≒乱暴されないためには〕

（野上彌生子、迷路）

(16) ｛空中ブランコのリハーサルを何度も繰り返したことについ
て｝「自分では大丈夫だと思ってたけど、お客さんに不安感
じさせるようじゃいけないっておもったのよ」〔≒感じられ
るようじゃいけない〕 　　　　　　　　　（サーカス放浪記）

(17) そのことばがかれの心を硬化させた。……あいつらに、お
れのいやらしい兄きどもに口出しさせてたまるものか。〔≒
口出しされてたまるものか〕［使51人-受84人］ 　　（鳥）

この類では、上述の事態の性質を反映して、使役動詞の語形が否定
の接辞（-ナイ、-ズ）を伴った形式およびそれに準ずるものがなじ
む。次のような形であり、(14)～(16) にもうかがえる。

- 「V-(サ) セルことなく 〜」「V-(サ) セないために 〜」「V-
(サ) セないように 〜」「V-(サ) セぬうちに 〜」「V-(サ) セ
ないで〜」「V-(サ) セずに 〜」

- 「V-(サ) セてたまるものか」「V-(サ) セまい」「V-(サ) セた
くない」「V-(サ) セやしない」「V-(サ) セルようじゃいけな
い」「V-(サ) セルようになったらおしまいだ」

(エ) 　使役主体が放任したために生じてしまった不本意な事態を、
使役主体が自責の念や後悔の念をいだきつつとらえているという場
合も受身と似通うことがある。使役主体は不本意な放任者（4.1 節
の e）であり、使役と受身が似通う例として従来とりあげられてき
たのはこの類が多い。「V-(サ) セてしまう」という語形はこの類
になじむ。

(18) あたしたちは………満州から引きあげて来た時……生まれ
て一年めの男の子を死なせてしまうし。〔≒男の子に死なれ
てしまうし〕 　　　　　　　　　　　　（岬兄悟、よき隣人）

(19) そこへ丁度岡田が通り掛かって、帽を脱いで会釈をした。
お玉は帚を持ったまま顔を真っ赤にして棒立に立っていた
が、何も言うことが出来ずに、岡田を行き過ぎさせてしま
った。〔≒岡田に行き過ぎられてしまった〕［使57人-受78
人］ 　　　　　　　　　　　　　　　　　　　　　　（雁）

(オ) 　感情の引きおこしを表現する使役文にも受身との似通いが生

第9章　使役文と受身文の似通い　　293

じるものがある。このとき使役主体（感情の引きおこし手）は、動作主体（感情の主体）の感情を引きおこす誘因（4.1節のf）であるとともに、感情の向けられる対象（4.2節のe）でもある。

(20)公任は、若い頃から万能の評が高く、同じ年頃の息子を持つ親をうらやましがらせた。〔≒親にうらやましがられた〕

（大鏡の人々）

(21)美夜はおそらくどんな男をもあきさせず愛されつづける女であろう。〔≒どんな男にもあきられず〕　（円地文子、女坂）

(22)ワープロもビデオもファクスも、いずれも便利な道具として人を喜ばせたが、〔≒人に喜ばれたが〕（日本文化と個人主義）

(23)彼女の立ちすぐれた眉目形は、花柳の人達さえ羨ましがらせた〔≒花柳の人達にさえ羨ましがられた〕　　　（或る女）

これらでは、主語が「〜は」「〜も」で取りたてられ、述語の「V-（サ）セル」が積極的なモダリティ形式ではない。これらの文は、特定の時間空間にアクチュアルに生じたことを述べる現象描写の文ではなく、主題―解説構造をなす判断文に近く、主語である人や事物の恒常的一般的な属性を述べている。

　ただし、原動詞が感情動詞であっても、「突然大学を辞めると言いだしてみんなを驚かせた〔≒みんなに驚かれた〕」のようにアクチュアルな事態を表現していてかつ似通いが生じるものもある。感情動詞については、動詞としてそもそも似通いが生じにくいものが少なくないこと（「いらだたせる（cf.?いらだたれる）、まどわせる（cf.?まどわれる）」等）さらに考察すべきことが残されている。

（カ）　以上（ア）〜（オ）で、使役主体の引きおこし手性を順にみながら考えてきた。受身と似通う使役文の使役主体には、指示者や許可者といった積極的な引きおこし手性はないものの不本意な動作の阻止者、不本意な事態の非意図的な放任者、誘因的な存在といった性質がみられた。すなわち、受身と似通う使役文は、主語（使役主体）に消極的ではあれ引きおこし手性がうかがえる事態を表しているといえる。

　人が他者の動作を一方的に被るといった事態は、受身文では表現できるが使役文にはなじまない。このような受身文の主語には引き

おこし手性をみとめにくいからである。

(24)【受身】{父は} 酔いにまかせて母にからんでは母を殴るの
　　　だった。母は物静かな人で……夫に暴言を<u>浴びせられても</u>、
　　　暴力を<u>振われても</u>、……じっと耐えていた。〔≠暴言を浴び
　　　せさせても、暴力を振わせても〕　　　　　　　（貧困の精神病理）

(25)【受身】この時も<u>私</u>は不意に<u>射たれる</u>かも知れなかった。
　　　〔≠射たせるかも知れなかった〕　　　　　　　　　　　　（野火）

この（25）には「不意に」という副詞が用いられていて、一方的
に動作を被らざるをえない状況であることが一層うかがえる。「不
意に」といくらか似た意味の副詞とともに用いられた「{だしぬけ
に／突然／いきなり} なぐられた」〔≠なぐらせる〕などの受身文
も使役と似通いにくい。

5.2　主語（使役主体）の被り手性

　次に、使役文の主語にもみられる被り手性について、4.2節でみ
た被り手性の種々を考えながらみていく。考察に際しては、3.2節
でみた使役文の構文的なタイプごとに、原動詞の意味的なタイプ、
動作と主語者との関わりという点から考える。

　対象主語の使役文と相手主語の使役文であって受身文との似通い
がみられるものは原動詞が次のようなものであることがほとんどで
ある。

　　対象主語の使役文の原動詞

　　　人への働きかけを表す動詞：（人ヲ）撃つ、手伝う、等

　　　判断動詞：（人ヲ〜ト）評価する、思う、感じる、等

　　　感情動詞a：（人・事物ヲ）こわがる、うらやましがる、恐れ
　　　る、喜ぶ、等

　　相手主語の使役文の原動詞

　　　物・情報の授受動詞：（人ニ）伝える、言う、（人カラ）まきあ
　　　　げる、等

　　　態度動詞：（人ニ）口出しする、乱暴する、等

　　　感情動詞b：（人・事物ニ）あきる、驚く、等

これらは「人ヲ」「人ニ／カラ」と組み合わさる動詞であり、広い

意味で人への働きかけ（感情も含む）を表しうる動詞である。これらを原動詞とする使役文のうち、その働きかけの向けられる先が主語であるものはその主語に、物理的な働きかけの対象（4.2節のa）や感情の向けられる対象（4.2節のe）、物や情報の授受の相手（4.2節のb、c）としての被り手性がうかがえる＊12。

「太郎が敵兵に自分を撃たせる」　　　⊃〈敵兵ガ太郎ヲ撃ツ〉
「夫が妻に自分を冷淡な人だと思わせる」

　　　　　　　　　　　⊃〈妻ガ夫ヲ冷淡ナ人ダト思ウ〉
「美夜が男たちをあきさせる」　　⊃〈男タチガ美夜ニアキル〉
「部長が部下に調査結果を伝えさせる」

　　　　　　　　⊃〈部下ガ部長ニ調査結果ヲ伝エル〉

所有者主語の使役文で受身と似通うのは、原動詞が接触動詞であることがほとんどである。

　　接触動詞：（人ノ）腕をもむ、髪を吹く、頬をうつ、等

動作主体が使役主体の身体に接触する事態を表しており、使役主体は自身の身体が物理的な働きかけを受ける（4.2節のd）という点で被り手性がある。

（13′）かづは……按摩に腕を揉ませながら、更にこう言った。

　　　〔≒揉まれながら〕⊃〈按摩ガカヅノ腕ヲ揉ム〉　（宴のあと）

第三者主語の使役文で受身と似通う用例の原動詞は次のような類である。

　　移動を表す自動詞：行く、逃亡する、行き過ぎる、等
　　死去を表す自動詞：死ぬ、戦死する、自殺する、等
　　他動詞：声をだす、関係をもつ、等

まず、「行く」など移動の自動詞の場合には、それがどのような移動かが関わっている。

（6′）週番士官はむしろ安西を徒らに刺激して逃亡させるようなことになっては、最初の学徒出陣に傷をつけることになるので、……

（19′）お玉は……何も言うことが出来ずに、岡田を行き過ぎさせてしまった。

これらでの移動は、移動の出発点や通過点が使役主体のところであ

る（「安西が週番士官の元から逃亡する」「岡田がお玉の前を行き過ぎる」）。

　また、「死ぬ、戦死する」は先行研究でしばしばとりあげられる動詞だが、これらには移動の自動詞と似た面がある。つまり、人の死はその人に近しい人にとっては自身の領域からその人がいなくなるということで、比喩的には使役主体の元からの移動といえる。したがって、移動の類もこの類も、使役主体は心理的な影響の受け手（4.2節のf）としての被り手性がうかがえる。

　第三者主語の使役文で受身と似通うものには他動詞の用例はほとんどみられない。本書で調査対象とした「基本資料」（第1章2.8節）のうちには、冒頭の（5）「私が男に声を出させない為に〔≒出されない為に〕」と次の1例のみだった。

(26) 僕はいやだ。……ここまできて、彼女をまた仁科に結び合
　　わせるのは厭だった。どんな関係も持たせたくはなかった。
　　〔≒持たれたくはなかった〕　　　　　　　　　　　　（花霞）

これらはまず、使役主体と動作主体が〔私のつかまえた男〕〔僕の恋人である彼女〕という関係であり、「山田さんが息子を戦争で死なせた」における〔山田さんの息子〕と同じく密接な関係にある。そして、〈男ガ声ヲ出ス〉こと、〈恋人ガアノ人ト関係ヲモツ〉ことは、動作として直接には主語（「私」「俺」）に向けられるものではないが、この場面ではいずれも主語者にとって迷惑な事態である。

　こういった例をみると、受身と似通う第三者主語の使役文は、「第三者」が主語だとはいえ実は主語者と原動作とが全く無関係とはいえないような事態である。自動詞使役であれ他動詞使役であれ、主語者と動作者との対人的な関わりが表現されており、主語者はそういった関わりを受ける存在としての被り手である。

　以上、使役文の主語の被り手性について、使役文の構文的なタイプごとにみてきた。受身と似通う使役文は、対象主語・相手主語・所有者主語の使役文はもちろん、第三者主語の使役文であっても、主語（使役主体）に被り手性のうかがいやすい事態を表す文だといえる。

　一方、主語に被り手性がうかがいにくい使役文は受身との似通い

は生じにくい。たとえば、次の（27）のように4.2節でg類とした使役文がその典型であり、「V-（サ）セル」を「V-（ラ）レル」にかえた受身文が成り立たないわけではないが、本章でみているような似通いは生じない。原動詞に特徴があり、アは自動詞であって動作主体自身の姿勢や生理状態の変化や身体運動を表すもの、イは他動詞ではあるが再帰的な動作であり動作を行うことで動作主体自身に何らかの変化が生じる動作を表すもの、ウは人の認識活動を表しておりそれによって動作主体自身の知的・精神的状態に変化が生じることを表す動詞である。

(27) ア 「親が子供を {しゃがませる／立ち上がらせる／着がえさせる／歩かせる}」〔≠親が子供に V-(ラ) レル〕

イ 「親が子供に {深呼吸をさせる／歯を磨かせる／目を閉じさせる／帽子をかぶらせる／薬を飲ませる／ランドセルを背負わせる}」〔≠親が子供に V-(ラ) レル〕

ウ 「先生が学生に {卒論のテーマを考えさせる／入門書を読ませる／詩を暗記させる／英会話を習わせる}」〔≠先生が学生に V-(ラ) レル〕

これらの使役文は、使役主体が動作主体に、動作主体自身の状態に変化が生じるような動作を行わせること（みちびきの使役）を表現している。したがって使役主体はふつう影響を受けることはなく被り手性がみとめにくい*13。

5.3 似通いの生じる条件および先行研究との関係

以上、5.1節、5.2節でみてきたように、使役文のうち受身との似通いが生じやすいのは、主語（使役主体）の性質として、消極的な引きおこし手性がみられ、かつ動作主体の動作によって何らかの影響（多くは迷惑や不本意な影響）を受けるという被り手性のうかがえるときであり、一方、使役主体に積極的な引きおこし手性がみられたり、被り手性がうかがいにくかったりする場合には似通いが生じにくい。

この節の最後に、先行研究で指摘されてきたことと、5.1節、5.2節でみてきたこととの関係を簡単に述べておく。まず、受身文

298　Ⅲ　使役文のヴォイス性

との似通いがみられる使役文を、原動作の実現と発話時との関係という観点から、未実現のものか、実現中のものか、既実現のものか、さらにはそういった時間性を超えたものか、というように捉えなおしてみると、受身との似通いが生じるのは主として次のような場合だといえる。

（ⅰ）未実現の不本意な事態に対してそれを阻止しようとする意向をもつ：5.1節の（ウ）

（ⅱ）自身が影響を被っている実現中の事態をそのまま享受する：5.1節の（イ´）

（ⅲ）既実現の不本意な事態をふりかえり、自責や後悔の念をもって把える：5.1節の（エ）

（ⅳ）事態を一般的恒常的なものとして把える：5.1節の（オ）

既述のように、使役文の主語（使役主体）は原動作を直接行うのではなく間接的に関与する存在である。その間接的な関与のありかたが上のようなものである場合に受身文との似通いがみられるといえる。人が事態に対して消極的な引きおこし手性と何らかの被り手性をともにもちうるのは、上のような場合（とくにⅰ、ⅱ、ⅲ）だということだろう。そして、先行研究でとりあげられてきた例文はほとんどがこのうちの第ⅲのタイプであった*14。しかし本章の調査資料では第ⅰのタイプがもっとも多くみられた。

また、使役文の構文的なタイプの点では、これまでとりあげられてきたのは第三者主語の自動詞使役文が主であった。しかし、第三者主語の他動詞使役文であっても、また対象主語・相手主語・所有者主語の使役文であっても、受身文との似通いは生じる（先の（12）（13）（14）（26））。ただし、その場合でも、5.2節でみたように主語に被り手性のうかがいやすい事態であるのが特徴である。

6. 使役文・受身文で述べることによる違い

使役文と受身文とが似通うとしても、いずれで述べるかによる違いもあるはずである。それについて5.3節でみた4つの事態ごとに、簡単にではあるが考えてみる。まず、先行研究のほとんどでとりあ

げられてきた第ⅲのタイプ（既実現の不本意な事態を自責や後悔の念をもって把える）からみていく。

（ア）既実現の不本意な事態の場合

　既実現の不本意な事態に対する使役主体・受身主体の心理としては、2節で紹介した寺村（1982）の所説（使役文ではその事象の出来に責任があるように感じ、受身文では全く降ってわいたように我が身にふりかかってきたように感じているという説）が、生じてしまった事態に対するその経験者の捉え方の違いをうまく述べていて納得できる。

(18´)　生まれて一年めの {男の子を<u>死なせて</u>しまう：男の子に<u>死なれて</u>しまう}

(19´)　お玉は {岡田を<u>行き過ぎさせて</u>しまった：岡田に<u>行き過ぎられて</u>しまった}

（イ）未実現の不本意な事態の場合

　次の例では、〈夫ガ死ヌ〉ことが「（妻である）環夫人」を主語にして「V-(サ)セル」で述べられている。

(28)「僕は今、女の虚栄心というものについて考えていたところだ。……。環夫人は亭主の死期をたとえ早めても、亭主を料理屋の一室ではなく病院のベッドで<u>死なせ</u>たいわけだ。……」〔≒亭主に……<u>死なれ</u>たいわけだ〕　　（宴のあと）

この「環夫人」は、自身の虚栄心のゆえに、夫の死が料理屋ではなく病院で生じることを強く望んでいて、料理屋での死を阻止しようと積極的に動いている。したがってここでの「環夫人」は、〈夫ガ料理屋ノ一室デ死ヌ〉ことの一方的な被り手というよりも、それを阻止しようと取りしきる者という性質が強い。「V-(ラ)レル」に言いかえて受身文で述べることはできるが、そうすると、生じてくる事態に対する「環夫人」の取りくみ方の積極性が伝わりにくい。先にあげた（14）〜（17）についてもそういった違いが感じとれる。

（ウ）実現中の事態の場合

　次の使役文・受身文は同じ小説からの例文で、いずれも〈風ガ私ノ頬ヲ吹イテイル〉という現在の事態を「私」を主語として述べたもので、「吹かせる」と「吹かれる」を言いかえられそうである。ただし、使役文のほうは自ら「窓を開けて」とあることにもうかがえるようにその事態を作りだし積極的に影響を受けているという感じが、受身文は消極的にそのまま風の中に身をおいているという感じが、いくぶん強い。

(29)【使役】神戸の駅は雑踏していた。降りる人が降りてしまうと、どやどやと入り込んできて、汽車は揺れるほどだった。<u>私</u>は疲れてきていて、窓を開けて冷たい風に頬を<u>吹かせた</u>。〔≒吹かれた〕　　　　　　　　　　　　　　　（素足の娘）

(30)【受身】外は可成り強い夜風が吹いている。が、肩をすぼめながら、もうその風に頬を<u>吹かれる</u>のも、そそられるような心よさがあった。〔≒吹かせるのも〕　　　　　　（素足の娘）

　以上みてきた３つの事態においては、総じて、似通うとはいえ、使役ならば事態に対する使役主体の積極性が、受身ならば消極性がうかがえるということだといえる。これは使役主体の引きおこし手性、受身主体の被り手性という性質の反映であろう。

（エ）一般的恒常的な事態の場合

　一般的恒常的な事態の場合には、使役と受身の違いがあまりなさそうである。ただ、先にあげた（20）（21）についてあらためて考えてみると、（20′）ではほとんど差がないのに対して、（21′）では「あきさせず」と「あきられず」にやや違いが感じられそうでもある。

(20′)<u>公任</u>は、<u>若い頃から万能の評が高く</u>、同じ年頃の息子を持つ親を<u>うらやましがらせた</u>。〔≒親にうらやましがられた〕

(21′)<u>美夜</u>はおそらくどんな男をも<u>あきさせず</u>愛されつづける女であろう。〔≒どんな男にもあきられず〕

(20′)のように、感情の誘因である使役主体について一般的になされている評価や判断が文中に示されている（＿＿部）ときには使役

第9章　使役文と受身文の似通い　　301

と受身の違いがあまり感じられない。一方それの示されていない（21´）では、使役のほうは「美夜」を、〈男ガ美夜ニアキル〉状況が生じないよう何らかの取りくみを意識的に行い続ける人と捉えているという印象を与えるのに対して、受身にすると「美夜」のそのような積極性は感じにくくなるのだと思われる。ふりかえって（20´）をみると、主語（使役主体）が人（「公任」）であっても、「親たち」の感情の誘因は彼に対する一般的な評価や判断だという述べ方になっているため「公任」の積極性は感じにくく、受身文との違いが生じにくいのではないか。

　また、（22）（23）は主語が人でなく事物であることとともに、ここでもそれに対する一般的な評価や判断が示されており（　　部）、それが影響しているのか使役と受身の差があまりない。

（22´）ワープロもビデオもファクスも、いずれも便利な道具として人を喜ばせたが、〔≒人に喜ばれたが〕

（23´）彼女の立ちすぐれた眉目形は、花柳の人達さえ羨ましがらせた〔≒花柳の人達にさえ羨ましがられた〕

　この節では、使役文と受身文が似通いつつも両者にはやはり違いもあることを、いくつかの用例をめぐって考えてみた。しかしながら似通いつつも独自性が発揮される諸相はこれで尽くされているわけではなく他にもさまざまな面があると思われる。文法論というより表現論の領域にはいりこむかもしれないがさらに考察の必要がある。

7. おわりに

　本章では、使役文と受身文の似通い、すなわち使役文と受身文がある文法的・語彙的な条件のもとで同じ事態を指すことができるという現象をめぐって、主として使役文の側から考察した。使役文と受身文は、主語が原動作の主体ではなくそれに間接的に関わる存在であるという点で共通性をもちつつ、その間接性の内実として、使役文の主語は引きおこし手性が、受身文の主語は被り手性が特徴的

であるという点で異なっている。本章でみたのは、この、文の主語が引きおこし手なのか被り手なのかという対立が弱まる現象である。

8. 第Ⅲ部のおわりに

この第Ⅲ部（第7章・第8章・第9章）では、まず第7章において、ヴォイスの範囲として少なくとも日本語においては、原動・受身・使役がその中心であること、そしてV-テモラウ文とV-テヤル文・V-テクレル文がそれらにモーダルな意味がかぶさった表現としてヴォイスの表現を豊かにしていると捉えた。そして、第8章では使役文と原動文の似通いについて、第9章では使役文と受身文の似通いについて考察した。ヴォイスの本質と射程については考察すべきことがまだ残されているが、日本語において原動・使役・受身を中心とするヴォイス体系をみとめることの意義を、先行諸研究の成果に加えて本書なりに明らかにできたと考える。

しかし、第7章で簡単に触れたV-テモラウ文と使役文・受身文との似通い（「太郎は後輩に荷物を運んでもらった〔≒運ばせた〕」「太郎は先生にほめてもらった〔≒ほめられた〕」）、第8章でみた使役文と原動文の似通い（「名刺はこないだ仲町で拵えさせた〔≒拵えた〕のがある」「そこは庄九郎が頼芸のために建てた〔≒建てさせた〕別荘のある地だ」）、そして本章でみた使役文と受身文の似通いを、同じく「似通い」とよんでいいのかは今後慎重に考える必要がある。

＊1　文中の｛　｝内には、使役動詞・受身動詞だけでなく、「子どもを自殺させぬうちに」「子どもに自殺されぬうちに」のように、動作主体を表す名詞を示したものがある。
＊2　東京外国語大学の大学生・大学院生を対象に行った。
＊3　前章（第8章）で、使役文と原動文が同じ事態を「指す」ことを使役文と原動文の「似通い」とよんだのにならう。

＊4　長谷川（1969b）では、現代語の「（相手チームに）先取得点をユルス」「（愛用車を電柱に）ブツケタ」といった表現との類似性が指摘されている。なお、三矢（1908）には「使役相と被役相との相通ずる例」として、本文であげたのと同じ2例（「射さす」「討たす」の例）のほかに「足ふましむな：ふまるな」などいくつかの例があげられている。これらも現代語の捉え方に通じるところがある。

＊5　たとえば高木他（1959：462）には、「ここに、或るＡという事態があって、人がそれを知るということが起ったとする。Ａという事態の当事者が、それを積極的に、人に知らせようとしたとすれば、人に知ラセタということになる。当事者が、それを人に隠そうとしていたとする。しかも人がそれを知ったとする。それは、人に知ラレタということになる。しかも、Ａがそれを人に知ラセようとしたか、あるいは隠そうとしたのに知ラレタかは、分らない場合がある。それを、傍から「知ラセタ」と表現しても、「知ラレタ」と表現しても、事実は、人がそれを知ったということで、同じことになる場合がある」（＿＿部は原文で白い○印が付されている）とある。

＊6　ただし阪倉（1974：195）には、「母が子に乳を｛飲ませる：飲まれる｝」「散髪にいって髪を｛刈らせる：刈られる｝」という例もあげられている。特に言及はないが、「飲む、刈る」は他動詞であり、この使役文・受身文の構文的なタイプは、3.2節でみる「所有者主語の使役文・受身文」にあたる。

＊7　原動作の主体は補語として、使役文ではニ格・ヲ格、受身文ではニ格・カラ格などで表される。

＊8　この4類は、鈴木（1972）において、受身文が主語の性質という観点から4つの類（「直接対象のうけみ」「あい手のうけみ」「もちぬしのうけみ」「第三者のうけみ」）に分けられているのを参考にしたものである。

＊9　ただしこれらもなお、動作主体の動作が使役主体（主語）に何らかの影響を与えるという状況を考えることが全くできないわけではない。

＊10　複文構造の使役文における従属節述語の動詞のタイプについては第8章の5.2.2節を参照。

＊11　佐藤（1986：135）に、「使役主体にとって不利益なできごとの出現をさけるためになんらかの処置をとること」を表す使役文では「不利益のこうむりさきが使役主体であるために、この「～させない」を「～（ら）れない」にかえて、受け身構造の文で表現することもできる」とあり重要である。本章の（15）の例文は佐藤のこの個所でも引用されている。

＊12　このことについては、福澤（2001）にいくらか指摘がある。

＊13　第3章で述べた原動詞の4種と使役文の文法的な意味タイプとの関係でみると、（27）のア類は主体変化志向の自動詞、イ類とウ類は主体変化志向の他動詞であり、みちびきの使役である。

＊14　2節で紹介した軍記物の例は第ⅱのタイプである。

IV

「V-(サ) セル」の使役動詞性とその変容

第10章

「もたせる」における使役動詞性と他動詞性

1. はじめに

「もたせる」は、形態的には「もつ」に接辞「-(サ) セル」のついた使役動詞であり、第11章でみる「知らせる」「聞かせる」とちがって、他動詞だとされることもあまりない。「もつ」は人の意志的な動作を表す動詞なので、人（使役主体）が他者（動作主体）に言語的あるいは態度的に働きかけることによって、動作主体がみずからの意志でその動作を行うようにすることができる。こういった事態は、使役主体から動作主体へ働きかける事態と動作主体が動作を行う事態が合わさったものとして、使役らしい複合的な事態である。

（1）そのくせ彼女は僕と街へ出ると、きっと沢山買物をして、
　　　それを僕に持たせるのだ。　　　　（安岡章太郎、ジングルベル）

しかし、「もたせる」の種々の用法のなかには、そういった複合性があまりみられない事態を表現するものもある。

（2）{保母さんが園児たちに}「じゃ、みんな一つずつだよ。一つずつ。夕飯が食べられなくなるで、お家へ持って帰るだよ。」保母さんは、……とっておいた柿を出してきて一つずつ持たせている。　　　　　　　　　　　　　　（「待ち」の子育て）

この例で表現されている事態は、使役主体（「保母さん」）が動作主体（「園児たち」）に言語的・態度的に働きかけて「園児たち」自身によって「もつ」という動作を行わせたというよりも、「保母さん」が「柿」を直接「園児たち」に"手渡した"ということであろう。さらに次のように使われている「もたせる」は、「もつ＋-(サ) セル」という意味的な透明性がいっそう希薄になり、ひとつの他動詞としての語彙的意味の一単位性・独立性を帯び始めている。

（3）明子は、ぐったりと疲れた身体を火鉢にもたせて、空ろな

307

目を宙に浮かしていた。　　　　　　　　　　　　（くれない）

　この章では、「もたせる」が複合的な事態を表す使役動詞らしい使われ方だけでなく、使役動詞らしからぬ、時に独立の他動詞のような使われ方がなされることを、使役主体や動作主体にあたる単語のカテゴリカルな意味や、文の構文的な特徴を考慮しながらみていく。

2.「もたせる」の特色

　「もたせる」は使役動詞のうちで使用頻度が高いもののひとつである。本書で調査対象とした「基本資料」（第1章2.8節）の中の使役動詞約8200例のうち、「もたせる」は延べ168例であり、これはひとつの動詞の用例数としては、「させる」約350例（「勉強をさせる」のように「させる」が独立に使われている例であり、「勉強させる、ハラハラさせる」のようなサ変動詞は含まない）、「合わせる」約280例、「知らせる」約200例、「きかせる」約180例（別に「言ってきかせる、話してきかせる、等」約140例、「言いきかせる、語りきかせる、等」約90例）に次いで多い。他には、「思わせる」がほぼ同じ約160例、「震わせる」約130例（「肩を震わせる、唇を震わせる」等）、「感じさせる」約120例などがある*1。

　また、用例数が多いというだけでなく、「もつ」が多義的であることもかかわって、「もたせる」を述語とする使役文「〜ニ〜ヲをもたせる」はニ格補語・ヲ格補語である名詞のカテゴリカルな意味が多様であり、その構文・意味的な性質がバラエティーに富む*2。

　　〈人-ニ 物-ヲ もたせる*3〉（3.1節）
　　　「後輩に荷物をもたせる」「子供に弁当をもたせる」
　　〈人-ニ 抽象-ヲ もたせる〉（3.2節）（3.3節）
　　　「息子に所帯をもたせる」「学生それぞれに責任をもたせる」
　　　「子供たちに希望をもたせる」「若者に夢をもたせる」
　　〈物-ニ 身体部位・物-ヲ もたせる〉（4.1節）
　　　「欄干に身をもたせる」「壁に銃をもたせる」

〈抽象 - ニ 抽象 - ヲ もたせる〉（4.2 節）
　「言葉に威厳をもたせる」「死に特別な意義をもたせる」

　そして、これらの「もたせる」文の中には、「もつ」による原動文
「〜が〜をもつ」が不自然であるものもある（「*欄干が身をもつ」）。
こうしたことは、「もたせる」には使役動詞としての性質において
幅がみられるのではないかと思わせる。
　また、国語辞書のかなり多くに立項されていることも「もたせ
る」の特徴である。1956 年〜2006 年に刊行された国語辞書 26
種 *4 についてみると、『岩波国語辞典』（1994 第 5 版）以外の 25
種には「もたせる」が立項されている。「もたせる」の意味や用法
が、「もつ」の語彙的な意味と「-(サ) セル」の表す文法的な意味
とから推して考えうるいわば透明（transparent）なものだけであ
るならば、項目として立てる必要はないだろうから、立項されてい
るのはやはりそれなりの意義あるいは必要性があると判断されたか
らだろう *5。「もたせる」以外にも「V-(サ) セル」の形が辞書に
立項されているものがいくつかある。立項されるのにはいくつかの
事情があるようである。
　（ア）　もとの動詞が現代語としてはほとんど使われないもの
　　　　（「くゆらせる」「こじらせる」など）
　（イ）　「知らせる」「聞かせる」「合わせる」のように、他動詞と
　　　　みなされることの多いもの *6
　（ウ）　使役動詞の形で独特の意味やニュアンスをもっていて、原
　　　　動詞の意味と「-(サ) セル」からはそれがわかりにくいも
　　　　の（「（犯人を）泳がせる」「泣かせる（話）」「（ペンを／視
　　　　線を）走らせる」「気をもたせる」など）
　「もたせる」の立項は、もちろん（ア）によるのではない。「もた
せる」が立項されているのは、「もたせる」には、「もつ + -(サ) セ
ル」からなる、たとえば"もつようにさせる"といった意味だけで
はない意味とそれなりの用法があり、なかには独立の他動詞に近い
もの、すなわち、語彙化された単位とみなされるものがあるからで
はないかと思われる *7。

以下では、先にあげたような種々の構文の性質、すなわち動作主体（ニ格補語）が人であるか否か、動作対象（ヲ格補語）が具体物か人か抽象物かといった点にまずは注目して「もたせる」の使役動詞性のあり方を考えてみる。

3. ニ格補語が人名詞である「もたせる」文

3.1　ヲ格補語が物名詞　〈人₁-ガ 人₂-ニ 物-ヲ もたせる〉

　ニ格補語（動作主体）が人でありヲ格補語（動作対象）が物名詞である使役文〈人₁-ガ 人₂-ニ 物-ヲ もたせる〉は、人が相手に命じたりすすめたり頼んだりといった働きかけをして、その相手に「もつ」動作をさせる、という事態を表現することができる。このような場合には、使役主体から動作主体への働きかけと、それによって動作主体が「もつ」という意志動作を行うという２つの事態が表現されていて、「もたせる」は、「もつ」の語彙的な意味と「V-(サ)セル」の文法的な意味とが合わさった意味を表している。つまり、使役動詞らしい使い方であり、それには、第３章で述べた「つかいだての使役」であるときと「みちびきの使役」であるときがある。「もつ」は第３章で動詞の類として「主体変化志向の他動詞」としたものであり、みちびきの使役になじむ動詞であるが、つかいだての使役としての用法もある。まずそちらの場合をみてみる。

3.1.1　つかいだての使役としての「物をもたせる」

　人が他者に対して、つかいだての使役として物をもたせるというのはたとえば次例のような事態である。使役主体である「雪枝」「亀男」は自身が行うのがふつうである、あるいは自身が行うべき「もつ」動作を、自身では行わずに「鮎太」「下級生」に代わりに行わせている。

　　(4)　雪枝の着ている水着は、住職も母親も知らなかった。彼女は家を出る時はそれを風呂敷に包んで、いつも鮎太に持たせた。　　　　　　　　　　　　　　　　　　　　　（あすなろ物語）

　　(5)　何事につけてもよく気の廻る亀男が、どこから手に入れて

来たのか、水をいれた一升壜と、線香の束を持って来ていて、それを交替で<u>下級生</u>に<u>もたせた</u>。その役を受け持たされた下級生だけが、神妙な顔をして、<u>上級生の背後からついて来た。</u>

（井上靖、しろばんば）

つかいだての使役の用例をみると、動作主体は単に物を「もつ*8」だけでなく、運ぶべき物をもった状態で移動するという事態が多い（先の（4）（5）の　　部、以下も同様）。使役主体が自身の側の物（使役主体の所有物や使役主体にとって必要な物、使役主体が第三者に届けようとする物、等）をどこかに移動させたいと思い、しかしそれを自分で行うのではなく動作主体を利用して運ばせるという事態である。動作主体の移動というこの特徴は、（4）（5）にもうかがえるが、（6）のような複文構造の使役文（「もたせる」が従属節述語となり、主節述語が人の移動を表す動詞である使役文）としてもよくあらわれる。

(6) 〈人 -ニ 物（使役主体側の物）-ヲ <u>もたせて</u>……（<u>場所ニ／ヘ</u>）　<u>V-スル／V-(サ) セル（移動）</u>〉

(7) 二人の方は間もなく<u>初年兵</u>に巻脚絆と帯剣と<u>編上靴をもたせて上機嫌でかえってきたのに、</u>

（野間宏、真空地帯）

(8) お島は、大きな<u>菓子折りなどを小僧に持たせて</u>、紋付の夏羽織を着こんで、挨拶のために<u>ある晩方その宿屋を訪ねたが、</u>

（あらくれ）

また、このような構文になっていなくても、前後の文脈から物をもたせた状態での移動であることがうかがえるものもある。次の（9）は、「祖父」が移動先で行う動作（「竹に印を書きつける」）を実現するために必要な物を「安吉」にもたせて一緒に移動している。

(9) <u>墨壺を安吉に持たせた</u>祖父が<u>藪</u>へはいって行って、新竹の腹に丑の三十とか寅の三十五とか書きつけて行く。（むらぎも）

(10) 夕刻、やっぱりかづは「<u>我家</u>」へ帰った。……供の<u>女中</u>にはその日の献立の<u>重箱を山と持たせて。</u>

（宴のあと）

以上の例は、使役主体が、物をもった動作主体を伴って自らも移動する場合であるが*9、次のように、使役主体は移動せずに物（使役主体がある人に届けたいもの）を託された動作主体だけが移

第10章　「もたせる」における使役動詞性と他動詞性　311

動する場合もある。

(11) 私は……お関さんにお金を持たせて、こっそり上原さんの
アパートにとどけさせたものだが、　　　　　　　　　（斜陽）

(12) 梓は、……あらかじめ家で認めてきた手紙を富美子に持た
せて秋篠のところに使いにやった。　　　　　　　　（恋の巣）

(13) 最初に考えたのは、何か品物を持たせて礼に遣ろうかと云
うことである。　　　　　　　　　　　　　　　　　　（雁）

　また、次の「もたせてやる」も、動作主体だけが移動する事態だ
が、この「やる」は恩恵の授受を表す補助動詞としての「やる」
（「花子に辞書を貸してやる」）ではなく、むしろ移動動詞としての
「やる」（「子供を使いにやる」）であり、「もたせてやる」が“もっ
ていかせる”という意を表している。

(14) 彼は……再び先を訳しはじめた。訳し終って原稿をボーイ
にもたせてやり、椅子の背に身体をもたせかけると、

（広場の孤独）

(15) 変った菜でも拵えた時は、……右隣の裁縫のお師匠さんの
所へ、梅に持たせて遣るようになった。　　　　　　　（雁）

　もたせる物が、使役主体が動作主体に行わせたい仕事にとって必
要な道具であることもある。次の例で「木刀」をもたせるのは防犯
のための道具としてであり、それを持った「書生」が家の周囲を見
回るという事態である。

(16) ｛殺人事件の新聞記事が出ると｝臆病だった父は、女中のほ
かに屈強な書生までやとい、木刀を持たせて、毎晩家の周
囲をまわらせました。　　　　　　　　　　（指と耳でよむ）

もたせる物の道具性や用途がはっきりしている場合には、たとえ続
いて行われる動作が明示的に表現されていなくても、「物をもたせ
る」はその物を用いた動作を行わせることを暗示的に表し、メトニ
ミー的な表現になる。

(17) 「こんなもんおれたちがちょっと手を動かせば、三分間で、
床も廊下もぴかぴか塵一つなくしてみせるんだ。しかしな、
おれたちに、雑巾をもたせたら、もうそれでおしまいやぞ
……ええか」　　　　　　　　　　　　　（野間宏、真空地帯）

312　　　Ⅳ　「V-（サ）セル」の使役動詞性とその変容

cf.［雑巾〈掃除道具〉をもたせる⇒掃除をさせる］

(18)「あの坊さんをここに呼んできて、竪琴をもたせて、合唱し
たいものだなあ」　　　　　　　　　　　　　　　　　（ビルマの竪琴）

cf.［竪琴〈楽器〉をもたせる⇒演奏させる］

　以上この節では、つかいだての使役としての「もたせる」文をみ
てきた。「もつ」は主体変化志向の他動詞ではあるが、動作主体に
単に物を「もつ」動作をさせるのでなく、物をもった状態で使役主
体の代わりとしてそれを運んだり（代行性）、それを使って使役主
体のために動作を行ったり（奉仕性）するという事態を表すときに
はつかいだての使役である（第3章6.2節）。そのような場合の
「もたせる」は、「もつ」の語彙的な意味と「-(サ)セル」の文法的
な意味からなる合成性が明瞭であり、使役動詞らしい用法である。
なお、物をもった状態で何かを行うという面は「もたせる」文の他
の用法にも関係しており、それについては以下で折にふれて述べる
ことにする。

3.1.2　みちびきの使役としての「物をもたせる」

（ア）経験、体験

　みちびきの使役の場合のひとつは、「物をもつ」動作そのものの
体験が重要であったり、「もつ」ことが動作主体自身にとってその
物の重さや手触りなどを確認することになったりする場合である。

(19){次郎は} すっかり荷ごしらえのできた時計をあちこちと持
ち回った。「どれ、わたしにも持たせてみて。」と、末子は
兄のそばへ寄って言った。　　　　　　　　　　　　　　　（嵐）

(20)「どっちが手になじむかためしてみてごらん」といって、両
方の手に順にラケットをもたせてやった。　（早津による作例）

ただしこのような用例はあまり見られず、みちびきの使役として目
立つのは、次の所有状態のつくりだしといえる用例である。

（イ）所有状態のつくりだし

　所有状態のつくりだしのひとつは、動作主体にとって必要になる

だろうと使役主体が考える物を、予め所持させておくことを表す「もたせる」である。動作主体が使役主体の元から空間的に離れていくときに、移動の途中あるいは移動先で必要・有用な物（衣服、飲食物、金、道具、等）を携行させる事態を表す用例が多い。ここでは、単に「物をもつ」動作そのものが重要なのではなく、動作主体が移動する際にそれを携行・所持した状態であることが重要である。構文的にも、（21）のような複文構造になっていて主節に動作主体の移動が表現されている。これは、複文構造という点で3.1.1節でみた（6）の構造と似ているが、動作主体がもつ物が使役主体側の物か動作主体側の物かが異なっている。

(21)〈人-ニ 物（動作主体側の物）-ヲ <u>もたせて</u>……（場所ニ／へ） V-スル／V-（サ）セル（移動）〉

(22)彼女は息子の<u>テアミ</u>にとっておきの<u>石油ランプ</u>を<u>持たせて</u><u>えび</u>をとりに<u>行かせた</u>。　　　　　　　　　　（南太平洋の環礁にて）

(23){<u>青木氏に</u>} <u>水泳パンツとケープ</u>を<u>持たせて</u><u>家から出させた</u>のは夫人の力だった。　　　　　　（庄野潤三、プールサイド小景）

(24){<u>米子は</u>} 人の応対ができず、電話を怖がり、<u>地図</u>を<u>持たせ</u><u>て</u>すぐ近くの<u>商店街</u>まで<u>使いに出す</u>と、迷子になっていつまでも帰って来ない。　　　　　　　　　　　　　　　（思い歳月）

　次の例はこのような文構造にはなっていないが、動作主体が移動することが文脈から伺え、「もたせる」自体が"もっていかせる"の意に近い＊10。

(25)二泊三日の移動教室がおこなわれる。……まず親を集めて説明会が開かれる。どんなところへ行くか、<u>どんなものを</u><u>持たせる</u>か説明がある。着替え、パジャマ、水筒……

　　　　　　　　　　　　　　　　　　　　　　（男だって子育て）

　これらの「物をもたせる」は動作主体の移動の際の携行という意味合いだが、移動にかかわる必要物をもたせるという面が希薄になり、もつ動作の具体性も稀薄になると、「物をもたせる」は使役主体から動作主体への授与という意味合いを帯びてきて、「与える、あげる（やる）、くれる」や「分ける、わたす」などの表す意味に近くなり、「V-（サ）セル」の意味の一単位化・他動詞化といえそ

314　　　Ⅳ 「V-（サ）セル」の使役動詞性とその変容

うなものである。次の（29）では、「持たせてやる」とその前の
「分ける」とが同じように授与を表している。

(26)「工場長が……この慰問品を持って行けと私に持たせまし
た。」　　　　　　　　　　　　　　　　　　　　（黒い雨）

(27＝2)｛保母さんが園児たちに｝「じゃ、みんな一つずつだよ。
一つずつ。夕飯が食べられなくなるで、お家へ持って帰
るだよ。」保母さんは、……とっておいた柿を出してき
て一つずつ持たせている。　　　　　　　（「待ち」の子育て）

(28)｛念仏の人が帰り始めると｝寺のじさまはいちいち礼を言い、
お返しの割り箸の束を持たせてやったりしていたし、（月山）

(29)｛貧困者がやってくると｝、私は……蝦蟇口を取り出して金
を分けることもあり、自分の部屋の押入れから古本を取り
出して来て持たせてやることもある。　　　　　　（嵐）

ただし、授与とはいっても、使役主体の元から動作主体が離れてい
く状況での授与が多く（上の例の　　　部にうかがえる）、たとえば、
親が同居の子供に対して「？お年玉をもたせる」というのはやや不
自然である。「もたせる」は、与える相手の移動に関わる授与を表
すという点で「あげる（やる）、与える、わたす」などの授与的な
動詞とは異なる独自の意味を表す一単位化した他動詞として、これ
らとの張り合い関係のなかで存在しえている＊11。

さらに、使役主体から社会的関係として離れていく動作主体に対
して、そなえていくべき物を与えるという事態もある。もたせる物
は必ずしも動作主体自身が実際に手にもてる物やその量であるとは
限らず、したがって、「もつ」動作の具体性が希薄になり、本人の
ものとして所有した状態になるということが重要となる。したがっ
て、授与の面がよりきわだち、「もたせる」の他動詞性が強くなる。

(30)姑は……夫の姉の嫁ぐ際、娘の肩身が狭くないよう、一所
懸命で蚕を飼い、自家製の着物をたくさんに持たせた……
　　　　　　　　　　　　　　　　　　　　　（女のこよみ）

(31)｛伊勢音頭の一節にある嫁いでいく娘に向けておくる歌詞｝
箪笥、長持、挟み箱、これほど持たせてやるからは、必ず
戻ると思うなよ。　　　　　　　　　　　　　　　（潮騒）

第10章　「もたせる」における使役動詞性と他動詞性　315

(32)三郎を郊外のほうへ送り出すために、私たちの家では半分
　　引っ越しのような騒ぎをした。……持たせてやるものも、
　　ないよりはまだましだぐらいの道具ばかり、それでも集め
　　て荷物にして見れば、……一台の自動車で運ぶほどであっ
　　た。　　　　　　　　　　　　　　　　　　　　　　　（嵐）

このように、移動に際しての与えを表現するものが多いのが「もた
せる」の特徴であり、それは、「もたせる」の授与の意味が、「物を
もたせてV-スル（移動）」（先の（6）や（21））という構造のなか
で獲得されてきたものであることをうかがわせる。

　なお、動作主体の所有状態のつくりだしといっても、動作主体を
一時的にある物を所持する状態に変化させるという事態もある。こ
れらの用例でも、物を所持した状態になった動作主体に対して、使
役主体がさらに働きかけを行っていることが表されている（
部）。

（33）行友は自分の猪口を美夜に持たせると、なみなみ注いでや
　　った。　　　　　　　　　　　　　　　　（円地文子、女坂）
　　cf. 美夜に猪口を持たせ、ソレニ酒をつぐ
（34）オオバコの茎をむしってきて、ノンちゃんに持たせ、「ノン
　　ちゃん、こうするだよ」と教えて、ひっぱりっこをしたり
　　する。　　　　　　　　　　　　　　　　（「待ち」の子育て）
　　cf. オオバコの茎をノンちゃんに持たせ、ソレデひっぱりっ
　　こする

　以上この節では、みちびきの使役としての「もたせる」文をみて
きた。この類も、つかいだての使役の場合と同じく、「もたせる」
には、「もつ」と「-(サ)セル」からなる合成性がみとめられる。
ただ、動作主体が物を所有・所持した状態に変化することを表す
「もたせる」文では、「もたせる」が「あたえる、あげる（やる）、
わたす」などの他動詞に近く、かつそれらにない独自の意味を表し
て張り合い関係をなしており、意味的には他動詞としての一単位性
もいくらかうかがえる。

3.2 ヲ格補語が権利や社会関係を表す抽象名詞

〈人₁-ガ 人₂-ニ 抽象（権利・社会関係）-ヲ もたせる〉

ヲ格補語が権利や社会的な関係を表す名詞である例が、多くはないがみられる。たとえば次のような例であり、「〜ヲもたせる」は、動作主体がその権利をもった状態になる、それらを身におびた社会的立場に変化することを表していて、社会的な状態変化の引きおこしを表現している。

(35) そのことが口惜しかった。……誰も知らない私というものを、彼だけが知っているその権利を持たせた、ということで、彼を憎悪するものがあった。　　　　　　（素足の娘）

(36) あのおかみさんにでも権をもたせて、みんながお辞儀をするところをこしらえとかなきゃ、ほかに権式をもたせてさしつかえないような女は今んところいないのだと云う。

（流れる）

また、ヲ格補語が運営の対象となる事物を表す名詞（「店、所帯、家庭、家、学級」等）であるときも上に準ずるものである。「〜ヲもたせる」は、動作主体にそれを運営する恒常的あるいは一時的な責任あるいは統括権を与えることを表している

(37) こういう客が葉子に通い出したのは、戦争前、若い葉子に店を持たせてくれた川崎の工場主以来のことだった。（花影）

(38) 母親は深いため息をつきながら、「家をもつのはまだはやい。持っていい時期がくれば、お前が黙っていたって、親の方で持たせる。……」

（島崎藤村、春）

人名詞のうち「妻、嫁、亭主、友だち」のように人を他者との社会的な関係においてとらえた名詞があり、これらをヲ格補語とする「もたせる」文は、動作主体をそういった人間関係（他者との社会的関係）を結んだ状態に変化させることを表現しており、これも社会的な状態変化の引きおこしである。

(39) せめて道雅にも妻を持たせ、子を生ませて男並みの生活だけは与えてやりたい。　　　　　　　　　（円地文子、女坂）

(40) たった一人の妹に、亭主を持たせてやりたいのです。

（太宰治、走れメロス）

第10章　「もたせる」における使役動詞性と他動詞性　　317

（41）いっさい友だちを持たせずに子供を育てることの……

（おさなごを発見せよ）

　このような、社会的な状態変化のひきおこしを表す「もたせる」文は、動作主体（ニ格補語）を主語にした対応する原動文が基本的には成り立ち（（35′）「彼がその権利をもつ」、（37′）「葉子が店をもつ」、（39′）「道雅が妻をもつ」等）、「もたせる」文はこの状態を引きおこすことを表現している。その点では「もたせる」の使役動詞性（「もつ＋-（サ）セル」という分析性）が明白だといえるのだが、これらの「もたせる」にも「あたえる」と言いかえられそうなものがある。このようなことを考えるとこの類の「もたせる」にも他動詞としての語彙的意味の一単位性がいくらかみとめられるといえる。

3.3　ヲ格補語が心理内容を表す抽象名詞

〈事物・人₁-ガ 人₂-ニ 抽象（心理内容）-ヲ もたせる〉

　ヲ格補語が人の心理や認識の状態を表す名詞、すなわち、第4章および第6章でみた「心理内容」を表す名詞であるとき、「人-ニ抽象（心理内容）-ヲ もたせる」は人に心理面・認識面の変化をもたらすことを表現する*12。心理変化の引きおこしという事態なので、この類の使役文の主語は人だけでなく事物であること（￣￣部）も多く、第4章でみた性質と同じである。「もたせる」と組み合わさるヲ格補語として資料中には次のような名詞があった。aは動詞連用形名詞、bはサ変動詞としての用法（「期待する」等）もある漢語、cはそれら以外の語である。

（42）a　あきらめ、あこがれ、感じ

　　　b　期待、自覚、信頼、希望、意識

　　　c　夢、興味、自信、精神、わがままな心、緩慢な心

そしてそれぞれ次のような「もたせる」文の用例がある*13。

（42a）1 ｛子どもに読み書きの力をつけさせるべき｝理由は、その子どもたちに「人間らしい生活へのあこがれ」をとげさせてやるために。また、そのあこがれを、もたせ、もえたたせてやるために。

（障害児と教育）

2 セップン映画といい、ダンス・パーティーといい、それが当事者のみならず、はたの者にも楽しい感じをもたせる……　　　　　　　　　　　（青い山脈）

(42b) 1 彼には農家の経営について、鋭い問題意識があった。これは単に素質の問題だけでなく、意欲的な青年に、そういう意識をもたせるものが、環境の中にあったのではないか。　　　　　　　　　　（田中正造の生涯）

2 この現実的な心の葛藤は、やがて彼を哲学的な意味でも自他関係について敏感にし、自我の本質的な存在に関して鋭い自覚を持たせたことは、疑いない。

（日本文化と個人主義）

(42c) 1 そのような経験がその子に自信を持たせ、自分の弱さをのり越えていくきっかけになるのだ。

（「待ち」の子育て）

2 海はつながっていても日本から一万キロ以上ある距離が夢をもたせてくれない。　　　（南太平洋の環礁にて）

3 親たちが息子に気をつけて、その成長に合わして辞典を選んでやったり、スポーツに興味を持たせてやったりする……　　　　　　　　　　　　（むらぎも）

　これらの「もたせる」文には、ニ格補語（心理の主体）を主語とする原動文がなりたつ（(42a-1´)「子どもたちがあこがれをもつ」、(42b-1´)「意欲的な青年がそういう意識をもつ」、(42c-1´)「その子が自信をもつ」）。そしてこの場合の「もつ」は村木（1991）のいう機能動詞*14 に近い働きをしており、実質的な意味が希薄である。「もたせる」のほうも、ヲ格補語が動詞連用形名詞である(42a) では、「あきらめをもたせる≒あきらめさせる」「楽しい感じをもたせる≒楽しく感じさせる」、ヲ格補語が動詞用法もある漢語である（42b）では、「意識をもたせる≒意識させる」「自覚をもたせる≒自覚させる」のような意味であり、「もたせる」自身の使役動詞性は希薄である*15。(42c) ではこのような言いかえはできないが、「もたせる」が「あたえる」に近い（「自信をもたせる≒自信をあたえる」「夢をもたせる≒夢をあたえる」）。

こういったことから考えると、これらの「もたせる」にも、典型的な使役動詞のもつ意味的な分析性が希薄になっているのをみることができる。

4. ニ格補語が人名詞ではない「もたせる」文

3節ではニ格補語すなわち動作主体が人である「もたせる」文をみてきたが、この節ではニ格補語が人ではない「もたせる」文について考える。

他動詞使役文は全体として、動作主体が人であることが圧倒的に多く、そうでないものは極めて少ない。第6章で述べたように、他動詞使役約4600例のうち動作主体が人及び人に準じるもの（組織・動物など）でないのは108例（約2.35％）に過ぎない。ところが「もたせる」文では動作主体が人であるもの（3節でみたもの）とそうでないもの（この4節でみるもの）との用例数の比は7：3程度である。人であることの方が多いのではあるが、他動詞使役文全体に比べれば人でないものの割合がずいぶん高い。このことも本章の最初に述べた「もたせる」文の構文的な多様さをつくりだしている。

4.1 ニ格補語が物名詞

〈人 - ガ 物₁-ニ 身体部位・物₂-ヲ もたせる〉

この類は、使役主体が自身の身体の一部や物（ヲ格補語）を他の物（ニ格補語）に接触させたり付着させたりする事態を表す*16。ヲ格補語が身体部位名詞であるのは次のような例である。用例からうかがえる文の構造は、これも3.1節でみたのと似て、「もたせる」が従属節述語になって「人ガ 物₁ニ 身体部位ヲ もたせて、……V-スル」という構造になっているものが多い。従属節は、使役主体が主節に表されている動作（____部）を行っているときの副次的な動作（ここでは自身の身体の一部がある物によりかかっているという姿勢）を表している*17。

(43) 代助は吸口をくわえたまま、椅子の背に頭を持たせて、寛

いだように、「……」と聞いた。 (それから)

(44) 明子は、ぐったりと疲れた<u>身体</u>を<u>火鉢</u>に<u>もたせて</u>、空ろな
目を宙に浮かしていた。 (くれない)

(45) 葉子は<u>壁</u>に<u>背</u>を<u>もたせ</u>、<u>眼</u>を細めて<u>眺めていた</u>。 (或る女)

(46) 人々は……あるいはうつむき、墓地の<u>灌木</u>に<u>身</u>を<u>もたせ</u>、
あるいはのけぞって嘆き悲しんでいる。

(ルーマニアの小さな村から)

(47) 二人はいつか外套に身を包んだまま、<u>背</u>を<u>貨車の囲い</u>にも
<u>たせた</u>まま眠った。 (あすなろ物語)

これらの「もたせる」文は、使役主体が自身の身体の一部を物に接
触させ体重をあずける姿勢をとることを表しており、ニ格補語は、
使役主体が自身の身体を接触させ体重をあずける先としての具体物
である。

また、ヲ格補語が物名詞であるのは次のような例である。

(48) 赤いシャツの少年が寝ころんでいた。かたわらの低い<u>楓の</u>
<u>柵</u>には、<u>熊手</u>が<u>凭せて</u>あった。 (金閣寺)

(49) 永松の<u>銃</u>は<u>土</u>に<u>もたせて</u>、そこへ照準をつけてあった。

(野火)

これら (43) ～ (49) の「もたせる」文が含意する事態は原動詞
「もつ」による原動文で表現することがきわめて不自然である (「?
椅子の背が頭をもつ」「? 火鉢が身体をもつ」「? 楓の柵が熊手をも
つ」)。さらに、ニ格補語が「～の上に」のような空間化された名詞
であると、原動文が成りたたない (「*猫板の上が肘を持つ」)*18。

(50) {葉子は} 可なり強い疲れを一時に感じながら、<u>猫板の上</u>に
<u>肘</u>を<u>持たせて</u>居住いを崩して<u>凭れかかった</u>。 (或る女)

以上のような「もたせる」文が表現している事態は、他動詞「つ
ける、あずける」「たてかける、もたせかける」などによる文が表
現する事態に似ている。

〈物₁-ニ 身体部位・物₂-ヲ もたせる〉

「壁に背をもたせる」「身体を火鉢にもたせる」「熊手を柵に
もたせる」

〈物₁-ニ 身体部位・物₂-ヲ Vt (接触・付着)〉

「壁に背をつける」「身体を火鉢にあずける」「熊手を柵にた
てかける」

　このように、この節でみてきた「もたせる」は、意味的に「もつ
＋-（サ）セル」という分析性は希薄で、すでに一単位として独立し
た他動詞に相当すると考えてよさそうである。先述の国語辞書のう
ち９種ではこの意味の「もたせる」を「荷物をもたせる」等の意味
の「もたせる」とは別の独立の見出し項目としてたてている（７種
は全く触れず、他は「もたせる」の複数の下位のひとつとする）。
先の（48）のように「凭せる」という漢字表記がなされることも
あるのは、少なくとも素朴な意識として一単位（単純語）としてと
らえられているということの現れだろうし、このような表記がまた
一単位意識を支えているのだろう*19。また、「V-（サ）セル」は一
般に複合動詞の要素になることがほとんどないが、「もたせる」に
は「もたせかける」という複合動詞があることも一単位性のひとつ
の傍証となろう*20。

　なお、ヲ格補語が身体部位名詞である文（「物-ニ 身体部位-ヲ も
たせる」）について「もたれる*21」による文との関係を簡単にみ
ておく。上の（44）（46）のように身体部位名詞が「身体、身」と
いう全身を表すものである「もたせる」文は、身体部位名詞を示さ
ずにニ格の物名詞と自動詞「もたれる」との組み合わせによっても
同じ事態をさせることがある（「(44) 身体を火鉢にもたせる≒火
鉢にもたれる」「(46) 灌木に身をもたせる≒灌木にもたれる」）。
ただし、身体のどの部位を物に接触させているのかを文中に示すこ
とができるのは「もたせる」であって、「もたれる」ではそれがで
きない（「壁に背をもたせる」「*壁に背をもたれる」）。また「もた
せる」文のほうは、身体部位名詞が文中に示されることによってそ
れを修飾する成分を添えることができるようになり（「(44) ぐっ
たりと疲れた身体を」）、より詳しい描写が可能になっている。この
ことは、第４章で考察した〈人ノN［部分・側面］ヲ Vi［無意志］
-（サ）セル〉型の使役文にも見られたことである。

322　　Ⅳ　「V-（サ）セル」の使役動詞性とその変容

4.2　ニ格補語が抽象名詞

　　〈人・事物-ガ 抽象（事物）-ニ 抽象（属性）-ヲ もたせる〉

　ニ格補語が抽象名詞である「もたせる」文は本書の基本資料中には、広くとっても 15 例のみであった（考察対象である 168 例のうち約 8.9 パーセント）。一般化はむずかしく以下には気づかれる点を簡単に述べる。実例からは大きく 2 つの類がうかがえる。

　ひとつは、ニ格補語が言葉や言葉遣いを表す名詞であって再帰的な構造になっている類である。この場合、「もたせる」が従属節述語となり、主節に使役主体の発話事態（＿＿＿部）が表現される（51）のような複文構造で用いられている例が多く、複文構造であるという点で 3.1 節でみた（6）や（21）の構造と似ている（3.1 節のほうでは主節の事態が移動を表現していた）。なお、下の（53）は発話内容を直接引用節で受けていて文中にニ格補語は現れていないが「言葉に」などにあたると考えられるので広くこの類とした。

（51）〈人₁-ガ 事物（人₁の言葉遣い等）-ニ 抽象（属性）-ヲ もたせて Ｖ［発話］-スル〉

（52）言葉だけにも何処までも冷静な調子を持たせ続けて葉子は総てを語り終ってから、cf.〔冷静な調子で〕　　　（或る女）

（53）「……」と少し剣を持たせて云ってやると、cf.〔険しく〕

（花影）

　これらにおいて従属節は、使役主体が発話する際の言葉遣いや話しぶりにある調子や感情や雰囲気が込められていることを表しており、それは上例の〔　〕に示した表現に似た修飾的な成分になっている

　次の例は、ニ格補語が「〜の中に／〜の間に」「そこに」となっていてやや空間的な捉え方であるが、上の類に準ずるものだろう。ニ格補語が表しているのは、人が属性を込める先としての言葉遣いや話しぶりである（このとき原動文はなりたたない（「*ことばの中が重みをもつ」「*そこがゆとりをもつ」）。

（54）大番頭は柔らかいことばの中に、重みを持たせて、主人のむすこに注意した。cf.〔重々しく〕　　　（路傍の石）

（55）「お須賀さん」という呼び名の間に女中や出入りの者が微妙

な感じを持たせて話している。cf.〔微妙な感じで〕

(円地文子、女坂)

(56) はっきりしていると云えばこの上もなくはっきりしたかけあい、早いといえばちゃっかりした早い交渉だが、そこにゆとりをもたせてふわりとした持ちかけかたをする。誰もが口上手なのだ。cf.〔ゆったりと〕　　　　　　　(流れる)

特徴的ないまひとつの類は、ヲ格補語が「意味、意義」という名詞である類である。ニ格補語は何らかの概念や語その他さまざまである。

(57) サルトルは……と違って、死に何ら有効な意味を持たせようとしない。　　　　　　　　　　　　　　　　　(死の思索)

(58) プシュケー（という語）に、心とか、精神とか、自己とか、人格という意味を持たせ、　　　　　　　　　　(死の思索)

(59) 女は自分の見る夢などに意味を持たせたくなかった。(彼方)

(60) イエスの死と復活にパウロはどんな意義を持たせているかをみて　／　ソクラテスがプシュケーに個別的な自己あるいは個別的な人格という意味を持たせたとき

これらでは、人がニ格補語で表されるものに対して外側から何らかの属性を与える・もたらす・こめる・付与するという、いわば意義付けのような関係を表しているといえる。

以上この節でみてきた「もたせる」文は、ニ格補語がいずれも、属性の付与先であり、かつ新たな属性を帯びる主体でもある。このような「もたせる」文の構造は、他動詞「こめる、あたえる」などがとりうる構造と類似する。

〈抽象（事物）-ニ 抽象（属性）-ヲ もたせる〉

「言葉に威厳をもたせる」「夢に意味をもたせる」

〈抽象（事物）-ニ 抽象（属性）-ヲ Vt（付与）〉

「言葉に威厳をこめる」「夢に意味をあたえる」

このように考えてくると、この類の「もたせる」も文法的にも意味的にも、分析性のある使役動詞というよりも一単位の他動詞に近いといえる*22。

さてここで、こういった〈抽象（事物）-ニ 抽象（属性）-ヲ も

たせる〉の「もたせる」は、「ある」に対する使役動詞「*あらせる」がないための、その代用としての（体系のあきまをうめる）機能を果たしているのではないかということを考えてみる。ある物にある属性が内在している・備わっている状態を表す表現として「物ニ属性ガアル」という自動詞表現がある。

（61）言葉に威圧感がある　／　夢に意味がある

したがって、ある属性をもっていない物をその属性をもった状態にするという事態を表現するには、（61）に対する何らかの他動・使役的な表現がふさわしいはずである。しかし「ある」には形態的に対応する他動詞はなく、また、「ある」を原動詞とする「*あらせる」によって表現することもできない。

（62）*言葉に威圧感をあらせる　／　*夢に意味をあらせる

したがって、〈抽象（事物）-ニ 抽象（属性）-ヲ もたせる〉型の文における「もたせる」はこの「*あらせる」に代わるものとして補充法的な（suppletion）機能をはたしているように思われる。

（63）言葉に威圧感をもたせる　／　夢に意味をもたせる

5．おわりに

この章では、「もたせる」を述語とする使役文について、実際の用例を検討し、また辞書の記述なども参考にしながら考察してきた*23。1節で、「もたせる」文には構文・意味的なバリエーションが豊かであると述べて簡単な構造を示したが、本章全体の考察の結果をもとに「もたせる」文の文法的な意味の種類とそれぞれの文構造とを示すと次のようになる。イ類とウ類は1節ではひとつにまとめて示していたものである。

　ア　人の意志動作の引きおこし

　　　〈人$_1$-ガ 人$_2$-ニ 物-ヲ もたせる〉（3.1節）

　　　　「後輩に荷物をもたせる」「子供に着替えをもたせる」

　イ　人の社会的変化の引きおこし

　　　〈人$_1$-ガ 人$_2$-ニ 抽象（権利・社会関係）-ヲ もたせる〉（3.2節）

「息子に所帯をもたせる」「娘に亭主をもたせる」

ウ　人の心理変化の引きおこし

〈事物・人₁-ガ 人₂-ニ 抽象（心理内容）-ヲ もたせる〉（3.3節）

「新しい政策が若者に夢をもたせる」「親が子供に希望をもたせる」

エ　物の位置関係の変化の引きおこし（接触・付着）

〈人-ガ 物₁-ニ 身体部位・物₂-ヲ もたせる〉（4.1節）

「欄干に身をもたせる」「壁に銃をもたせる」

オ　事物の属性変化の引きおこし（属性付与）

〈人・事物-ガ 抽象（事物）-ニ 抽象（属性）-ヲ もたせる〉（4.2節）

「言葉に威厳をもたせる」「死に特別な意義をもたせる」

　このように、「もたせる」を述語とする使役文は、人の意志動作の引きおこし、人の社会的変化の引きおこし、人の心理変化の引きおこし、物の位置関係の変化の引きおこし（接触・付着）、事物の属性変化の引きおこし（属性付与）、といった様々な使役事態を表現している。

　最後に、これらの「もたせる」文における「もたせる」の使役動詞性と他動詞性について考えてみる。人の意志動作の引きおこし（ア類）、とくに動作対象が手にもてる大きさと量の具体物であって、使役主体から動作主体に対して「もつ」動作を行うよう積極的な働きかけのある事態を表現する「もたせる」文であるとき、「もたせる」は、文法的にも意味的にも使役動詞性が明瞭である。しかし、具体的な「もつ」動作がうかがいにくかったり（「嫁ぐ娘に桐箪笥をもたせる」）、使役文の複合性（使役主体から動作主体への働きかけとそれによって引きおこされる動作主体の動作）が希薄であったり（「客に土産をもたせる」「子どもに夢をもたせる」）、使役主体と動作主体の一方または両方が人でなかったり（エ類、オ類）すると、「もたせる」は「もつ＋-（サ）セル」という分析性が希薄になり、一単位としての他動詞に近くなってくる。すべての「もたせる」が

この点で一直線上にならぶわけではないが、本章で考察してきたように、上のア類〜オ類のうち下のほうの類ほど、使役動詞性が希薄になって他動詞に近づいているようである。「もたせる」には、使役動詞らしい性質から他動詞に近い性質への幅をうかがうことができる。

＊1　本章の考察には、この「基本資料」のほかに、「補充資料（電子化）」（第1章2.8節）のうち、「明治テクスト」「大正テクスト」「昭和テクスト」とした作品からの「もたせる」の用例約280例も補助的に用いた。ただし、統計には加えていない。なお、「冷凍して魚をもたせる」のような、自動詞「もつ」からの「もたせる」については本章では考察から除く。

＊2　用例数の多い「知らせる」「聞かせる」「合わせる」についてみると、「合わせる」は、基本的に動作主体が人ではなく物であるという性質のためもあって構文・意味的に多様でなく、また「知らせる」「聞かせる」は、〈人 -ニ 事柄 -ヲ V-スル〉という伝達動詞（発話動詞）的な構文にほぼ限られる。これらに比べると「もたせる」の多様さは特徴的である。

＊3　構文の示し方として、第4章や第5章にならって、〈N［人］ニ N［物］ヲもたせる〉とすることもできるが、この章では「N」を用いずに示すことにする。

＊4　この国語辞書26種は巻末の文献一覧の最後にあげた辞書である。

＊5　和英辞典でも立項されることがしばしばあり、たとえば『新和英中辞典』（増田綱（編）1995第5版、研究社出版）は「もたせる」を立項し、"与える""運ばせる""保たせる""負担させる"の4つの意味に分けて説明している。

＊6　「知らせる」「合わせる」は26種の辞書すべてに、「聞かせる」は『光村国語学習辞典』以外のすべてに立項されている。

＊7　「もたせる」を立項する25種の辞書のうち、16種では「もつようにさせる」といった語釈の柱をたてたうえで、さらに2〜5の柱をたてている。

＊8　「もつ」動作は、たとえば『岩波国語辞典』（1994第5版）では「手に取る」と、『新明解国語辞典』（2005第6版）では「その人自身の手でつかみ、離さないようにする」と説明されている。

＊9　「もつ」のほかにも「背負う、しょう、かつぐ、さげる、抱く」のように、人が物を自身の身体の一部にとりつけるという動作を表していて「もつ」と同じく主体変化志向の他動詞である動詞からの使役動詞にも、同じような用法がみられる。

　　○お島は、仕上げた物を小僧に背負わせ勘定を受取って来た／乳母は浅田飴を一打とタオルなどを小僧にかつがせて、見舞に来た／兄は例の通りびく

をさげさせて私を近所の川へつれていった／自分達は赤児を三造の家内に抱かせて医者の家を出た

*10 「もたせる」を立項する25種の辞書のうち23種で、語釈のひとつとして"もっていかせる。もってこさせる"や"運ばせる"の意をあげている。前者は動作主体だけが移動するときによりふさわしい。

*11 「もたせる」はまた、「もつ」に似た意味のある「握る、つかむ、とる」を原動詞とする使役動詞とも張り合い関係を保っている。

○警官に金を握らせる／業者に大金をつかませる／家来に褒美をとらせる
この「握らせる」等には離れていく人への授与という面はない。

*12 「人-ニ抽象（心理内容）-ヲもたせる」という表現は比較的新しく、またそれほど自由な表現ではなさそうである。調査資料中に用例が29例あるが、現れる作品は『青銅の基督』（大正12年）の1例以外は昭和20年代以降のものである。調査した26種の辞書のうち、この意味を独立の柱としているものは1つもなく、3つの辞書（『旺文社詳解国語辞典』『三省堂現代新国語辞典』『新明解国語辞典』：巻末の国語辞書一覧を参照）で「もつようにさせる」という語釈の用例の一部として「自信／期待をもたせる」があげられているだけであるのはこういったことのためだろう。

*13 人の心理や認識の変化は、他者からの意識的な働きかけによって生じることもあろうが、むしろ人の外的・内的な事柄のもつ何らかの属性が誘因となってそれに接する人の認識や心理状態に変化が引きおこされるというのが普通である。したがってこの類の使役文は主語が人である文だけでなく、事物であることも少なくない（42a、42b、42c）の諸例の＿＿部にもうかがえる）。この性質は、「抽象（心理内容）-ヲもたせる」に限らず、一般に心理変化の引きおこしを表す使役文に同様にみられる性質である。

○僕は二度も落第して親を困らせた／私は病気がちで親を心配させた
○ワープロは便利な道具として人々を喜ばせた／彼女の美しい眉目は花柳の人達さえ羨ましがらせた

*14 村木（1991：205）は「機能動詞」を次のように規定し例をあげている。
「実質的な意味を名詞にあずけて、みずからはもっぱら文法的な機能をはたす動詞」
例：さそいをかける、連絡をとる、考慮にいれる、においがする、かかわりをもつ、期待をもつ

*15 ただし「〜ヲもたせる」のヲ格補語が連体修飾を受けている例も少なくない（「楽しい感じをもたせる」）。このことは、第4章の4.1.3節で、(22)「{木部の}鈍感なお坊ちゃん染みた生活のしかたが葉子の鋭い神経をいらいらさせ出した」という〈人ノNヲV［無意志］-（サ）セル〉型の例においては、「葉子をいらいらさせ出した」という〈人ヲV［無意志］-（サ）セル〉型とは違って「N」に修飾語をつけること（この例では「鋭い神経」）が可能になり、表現性が豊かになっていることをみたのと同趣である。

*16 ヲ格補語は身体部位名詞であることがほとんどであり、物名詞はごく少ない（資料中では身体部位名詞が64例、物名詞が4例）。

*17 このことは、自動詞使役のうち使役主体の身体部位を動作主体とするいわば再帰的な使役文において、「太郎は目を輝かせて幼稚園のことを話し出し

た」「花子は胸をドキドキさせながら先生に尋ねてみた」のように、「身体部位-ヲ Vi-（サ）セテ」が、使役主体が主節動作を行うときの姿勢や様子を表現しているものが多いこと（第5章）と似ている。

＊18 「三面鏡へ背中をもたせて」のように、へ格名詞が用いられる例もあり、そのときの「もたせる」はさらに使役動詞らしくない。

＊19 「掌（vs. 手の平）」「茸（vs. 木の子）」「筍（vs. 竹の子）」等もそうである。

＊20 「知らせる、聞かせる、合わせる」を要素とする複合動詞はある（「告げ知らせる」「言い聞かせる」「つなぎ合わせる」等）。「知らせる」等は使役動詞というよりもすでに他動詞として独立している。「知らせる」と「聞かせる」については第11章で述べる。

＊21 「もたれる」も形態的には「もつ＋-（ラ）レル」という分析性をもつ。

＊22 「もたせる」も含め、広く「V-（サ）セル」の一単位性については、第12章で考察する。

＊23 単語の語彙的な意味と文法的な構造とのかかわりについては、奥田（1967a）、高橋（1994）などに、また、使役文の文法的な構造と"使役"の意味の種々、あるいは、使役（動詞）と他動（詞）との交渉については、高羽（1957）、Lyons（1968）、中西（1975）、佐藤（1986）、大鹿（1987）などに学んだところが多い。高羽（1957）には、古語の「持たす」をはじめ「知らす、聞かす、取らす」などについての個別の検討もある。

第11章

「知らせる」「聞かせる」における
使役動詞性と他動詞性

1. はじめに

　「知らせる」「聞かせる」は、形態的には「知る」「聞く」に
「-(サ)セル」のついた形であるが、他動詞的な面があるとされる
ことが多い。たとえば、鈴木（1972：287）では、「〈つたえる〉
の意味の「しらせる」、〈はなす〉の意味の「きかせる」は形の上で
はつかいだて*1 とおなじであるが、つかいだての意味からずれて
いる」とされている*2。高羽（1957）は、「俳諧の用例によって、
使役「す」の用法を具体的に見ようとする」（p.1）論考であるが、
使役の助動詞「す」が、使役主体、動作主体、原動詞の表す動
作*3 の性質によって、他動詞語尾と解されるものとなり、「V-ス」
を述語とする文は構文的にも使役文としての性質から他動詞文とし
ての性質にまで広がることが述べられている。その中で「聞かす、
知らす」もとりあげられ、「若党に内証聞かする恋」「雲に聞かする
きじの声」「親に知らせぬ涼み」「我馬に拍子知らする」などにおけ
る「聞かす、知らす」について、「「甲が導き——乙が聞く（知る）」
の両面*4 を比較すると、乙の比重が軽いのである。若党が聞くか
聞かないか、あるいは親が知るか否かは大きな問題ではない。かえ
って主語の人について述べる部分の主張が強まっている」と述べ、
これらの「聞かす、知らす」は、「語る、うちあける、告げる、教
える、注意する」に近い意を表していて、そこでは「「聞かす」「知
らす」は他動詞化し、……（動作主体は）与格客体へ転ずる傾向を
見せるのではなかろうか」（p.9）と述べられている。また、「知ら
す」については、三矢（1908［1926：193］）において、「使役相
なるを他動の義に用うる「知らす」あり。是は「報ず」と全く同意
なり」とされ、「友に近況を知らせやる」の「友に」を「友をして」

といえないのは、これが「他動詞の副目的にて使役の標的にあらざれば」だとされる。ここでも「〜ニ」が使役文における動作主体ではなく、三項他動詞のとる与格に近いことが述べられていて、上の高羽（1957）と同じである。さらに、中西（1975: 20）も、「知らす」は「報知する」の意の他動詞で「－す」は下二段活用の他動詞語尾だとしている。国語辞書や和英辞書などにも、「知らせる」と「聞かせる」は他動詞として立項されていることがほとんどである*5。

　この章では「知らせる」「聞かせる」について、他動詞としてのこれらはどのような意味を表すのか、どんな点が使役動詞らしくないのか、使役動詞としての性格はないのか、また、鈴木（1972）のいう「つかいだての意味からずれている」とは具体的にどういうことなのか、こういったことを実際の使われ方をみながら考察する。

2.　「知らせる」

2.1　他動詞的な「知らせる」

2.1.1　「伝える」に近い意味

「知らせる」は、先行の諸研究の指摘のように「伝える、報じる」といった伝達動詞的な意味で用いられることが多い。それはまず、既定の事柄や事実、事態の発生、物事の状況などについて、それを知っている人がそれを知らない人に伝えようという意識をもって伝える場合にみられる。「知らせる」主体は人である。

(1)　「じゃ、また」とおれたちは両方で言ったが、住所を<u>知らせ</u><u>あった</u>わけでもなく、　　　　　　　　　　　（むらぎも）

(2)　囲炉裏のクリが焼けたことを<u>知らせ</u>に来た笹井和子は、

（青い山脈）

(3)　おきくは別れるとき、この店で働くことになった、と<u>知らせ</u>、　　　　　　　　　　　　　　　　　　　（夜の橋）

(4)　それは父に、食卓の準備が出来上がった旨を<u>知らせる</u>ためであった。　　　　　　　　　　　　　　　（それから）

これらの例では、対面の発話によって相手に伝えている状況であ

るが、次のように対面なのか手紙や電話で伝えるのかがはっきりしないものももちろんある。

(5) 僕にそういう目算があったことを、いつか君が{多江に}言ってくれてもいいし、知らせなくてもかまわない、

（時雨の記）

(6) 帰ってくるとすれば何日頃になるか知らせてくれ、とも書き、

（くれない）

(7) かづは……不安がる雇人たちにも真相を知らせず、

（宴のあと）

人の表情によって相手に何かを伝えることもあり、次の例ではそれがデ格の名詞で示されている。

(8) 二人は坂をのぼりつめていた。安吉が目で知らせて二人はそこのゆで小豆屋へはいってゆで小豆を注文した。

（むらぎも）

次の例では、人が他者に伝えたいことを、合図としての音や通信手段としての手紙などを手段として用いて伝える場合である。

(9) 親分がベルを鳴らすと、遊廓じゅうの一軒々々にひびき渡り、お尋ね者に危険を知らせるのだそうである。　（金閣寺）

(10)号外発行を知らせるブザーの音がして……　（広場の孤独）

(11)留学した息子から無事に着いたことを知らせる通知が届いた。

(12)N先生からの手紙で、精神鑑定書は先生のところにあると知らせてきたんです。

（死刑囚の記録）

人が伝える意識をもって他者に伝える内容は、上の諸例では、既定の事柄や事実などその人にとって外的なことであるが、次のように、人が自身の内面すなわち意向や気持ちなどを、伝えようという意識をもって、他者に伝える場合もある。

(13)アユミちゃんは、……必死になって字を覚え、字を覚えたことの喜びを、……保育園の担任だった保母さんに知らせてきたのである。

（「待ち」の子育て）

(14)私は自分の後悔していることを知らせる機会がないのを心から残念に思った。

（銀の匙）

第11章　「知らせる」「聞かせる」における使役動詞性と他動詞性　333

(15)そんなに家庭が嫌なら、嫌でよし、その代わり細君を奪っちまうぞと判然（はっきり）知らせたかった。　　　　　　　　（それから）

「知らせる」主体の伝えようという意識についていうと、上にみてきた例はいずれも、人が伝える意志をもって相手に伝える場合であった。それに対して、その人としてはその事（事実や自身の気持ち）を積極的に他者に伝える意図はない、むしろ伝えたくないかもしれないにもかかわらず、相手が知ってしまうような事態を表現するものもある*6。発信行為をしていないのに他者が「知ってしまう」という状況である。

(16)軍医は……ごった返している軍の収容所の内幕を、一般人に知らせたくなかったのかも分らない。　　　　　　（黒い雨）

(17)手紙には何も人に言われぬような事を書く積りではないが、とにかく岡田さんに手紙を遣ると云うことを、誰にも知らせたくない。　　　　　　　　　　　　　　　　　（雁）

(18)こなな私の心は、私にも合點がまゐりませぬ。ほんのいまのいままで、あのやうに思うてたことでござりますのに、そのわが胸の中の思ひを、一ときの間でもこのおかよに知らせずにすむためには、私はそのとき、もうわれから飛びついて、どななことでもしてのけたやろと思ふのでござります。　　　　　　　　　　　　（宇野千代、おはん）

さらに、「知らせる」主体にあたるものが人ではなく事物を表す名詞（＿＿部）であることもある。それには、(19)の「時計」のように、人に何かを（ここでは時刻を）伝えることを本務とする物であることもあるが、(20)～(22)のようにとくにそのようなことを役割とするのではない事物であることもある。後者の場合、「知らせる」は一方から他方への伝達というのではなく、その事物がある様子を示している、現している、呈していることによって、その事物に接した人がそこからあることを感じとるという事態である。

(19)その時計は……半時間ごとに時を知らせ、　　（寿岳文章集）

(20)新治は、……少女の姿が舟のかげから現れないのに気づいた。しかし砂の上に描かれた影法師が、艫に隠れているのを知らせた。　　　　　　　　　　　　　　　　　（潮騒）

(21) いくら世間から見捨てられたこの路地にも、秋は知らず知らず、夜ごとに深くなって行く事を知らせていた。(濹東綺譚)

(22) 透き徹るように青白い顔は貧血症状にあることを知らせていた。　　　　　　　　　　　　　　　　　　(黒い雨)

2.1.2 「知らせる」の文法的な性質

以上のように「知らせる」は、意味的に「伝える、連絡する、報じる、告げる」「示す、現す、呈する」といった他動詞に似た意味で用いられ伝達動詞的である。「知らせる」の、意味におけるこのような他動詞的な面、使役動詞らしからぬ面は、次のような文法的な性質にもうかがえる。

(ア) 「知る」主体、「知らせる」主体を表す名詞の格

「知らせる」は、伝える相手や伝達先つまり「知る」主体をニ格名詞で表せるだけでなく（「人に知らせる」）、「｛人へ／人の方へ／人のところへ／組織へ｝知らせる」や、「どこへ知らせる」のように、人や組織（あるいは組織としての場所）を表す名詞のへ格や、さらには「人まで知らせる」とマデ格で表されることがある（下の＿＿部）。使役文における動作主体はふつうニ格、ヲ格で表されることがほとんどであり、へ格、マデ格というのはみられないのでこの「知らせる」文は使役文らしくない。

(23) 心細さのあまり和田の叔父様へ、お母さまの御様子の変った事を葉書にしたためて知らせてやった。　　　　　(斜陽)

(24) 「満州の父親さんの方へは知らせたものでしょうか…」　(家)

(25) その人たちが細川のところへ様子を知らせて下さったという話です。　　　　　　　　　　　　　　　　　　(黒い雨)

(26) そのうちSさんの娘さんが交番へ知らせて逮捕されてしまいました。　　　　　　　　　　　　　　　(死刑囚の記録)

(27) 「その病人さんに、どこへ知らせたらいいか訊いてみましたら、……」　　　　　　　　　　　　　　　(あすなろ物語)

(28) お心当りでも出来ました際は、……羽村二喜男まで電話でなりと知らせて頂きたく御願い申上げます。　　(寿岳文章集)

また、「知らせる」主体を表す名詞が、ガ格の主語としてだけでなく、カラ格の補語として「人（の口）から 知らせる」のように示されることがあるのも、伝達動詞的（「私（の口）から先生に言う」）である。

(29) このベルは信鈴と呼ばれ、運転手にとって死角となっている後ドアでの乗降が終ったことを車掌から運転手に<u>知らせる</u>。 　　　　　　　　　　　　　　　　　　　　（朝日新聞社編、下町）

(30) その次にはこちらから<u>知らせる</u>までは来るに及ばんという挨拶であった。 　　　　　　　　　　　　　　　　　（それから）

(31) 「なぜあなたの口から<u>知らせて</u>下さいませんでしたの」 　　　　　　　　　　　　　　　　　　　　　　　　（宴のあと）

(イ)「V-テクル」「V-テヨコス」の形

伝達動詞「伝える、言う、連絡する」などは、そのV-テ形に「くる」「よこす」が補助動詞的に組み合わさって「V-テクル」「V-テヨコス」となり、「人₁ガ 人₂（ノトコロ）ニ……ト（ヲ）V-テクル／V-テヨコス」のように用いられることがある。この文は、連絡や情報などが話し手側の領域に届くことを表す（「息子が（私に）金を送れと言ってきた」「営業マンが（我社に）訪問日を連絡してよこした」「秘書が（我々に）来週の予定を伝えてきた」）。「知らせる」もこの形がしばしば用いられ、情報が話し手に伝わる（話し手側に移動する）ことを表現する。

(32) 午前十一時半。ようやく砲声に切れ目が出はじめた。街にいるベトナム人の記者仲間が、空港の完全陥落を電話で<u>知らせてきた</u>。 　　　　　　　　　（近藤紘一、サイゴンのいちばん長い日）

(33) 時間をはっきり<u>知らせて来ない</u>ので、私は駅へ迎えに出ようがない。 　　　　　　　　　　　　　　　　　　（素足の娘）

(34) ここにも宴会があるけれど、昨夜になって<u>しらせてよこす</u>んだもの。よそを受けちゃった後で、来れやしない。（雪国）

(ウ)「お〜する」など待遇にかかわる表現

使役文はそもそも、待遇的に目上の人に何らかの働きかけをして

その意志的な動作を引きおこすような事態を表現するのになじまず、そのような事態は使役文ではなく「V-テイタダク」文などで表現することになる（「貴賓席にすわっていただく」「推薦状を書いていただく」）。しかし「知らせる」は先の（23）（24）のように「知る」主体が目上の人である場合にも使うことができる。さらに、使役動詞は「お〜する」「お〜申しあげる」などの形で用いることもしにくいが（「*推薦状をお書かせする」「*貴賓席におすわらせ申しあげる」）、「知らせる」は、「お知らせする」が可能である*7。これは、「知らせる」があくまで話し手側の動作を表すものだからだろう*8。

（35）そのお庭の蛇の事を、お母さまにそっとお知らせしたら、

(斜陽)

（36）「{症状は} 明日、またお知らせいたします」　　(時雨の記)

(エ)「知らせる」を修飾する副詞的な要素

　人の動作の様子を表す副詞が「知らせる」を修飾する場合、それは、「知らせる」ことのありさまを詳しく述べるのであり、「知る」ことのありさまではない。上の（35）の「そっと」がその例であり、先の（8）「目で知らせる」の「目で」も「知る」ではなく「知らせる」を修飾している。一方、使役動詞らしい「V-(サ) セル」の場合には、そういう場合もあるが、下の「cf.」の文のように原動詞の表す動作の様子を詳しく述べることも可能である。

（37）a　蛇の事を友だちにそっと知らせる

　　　　cf. 子供を連れてきて蛇にそっとさわらせる（vs. 子供が
　　　　へびにそっとさわる）

　　　b　まがる方向を {目で／身振りで} 知らせる

　　　　cf. 生徒に壺を両手で運ばせる（vs. 生徒が壺を両手で運
　　　　ぶ）

(オ)「知らせる」を後項とする複合動詞

　最後に複合動詞についてみてみる。「知らせる」を後項とする複合動詞として「告げ知らせる」がある。しかし「*告げ知る」とい

う動詞はないので、「告げ知らせる」は「*告げ知る」に「-(サ) セル」がついて派生したものではなく、「告げる」と「知らせる」とが複合したものだと考えられる。それに対して使役の意味を明確に表す使役動詞が複合動詞の構成要素になっている例はなさそうである。たとえば「書きなおさせる」は「書きなおす」に「-(サ) セル」がついたものであり、「書く」と「なおさせる」との複合ではない。とすると「告げ知らせる」という複合動詞があることも、他動詞的（一単位的）な「知らせる」があることの傍証となるだろう*9。

2.2　使役動詞としての「知らせる」

以上のように、「知らせる」には他動詞としての性質をみとめてよさそうである。しかしながら、「知る＋-(サ) セル」からなる使役動詞と考えることのできそうな「知らせる」の例もなくはない。次の「人₁ガ人₂ニ……ヲ／ト 知らせる」が表現しているのは、人₁が自身のもっている情報や自らの意向を人₂に対して"伝える、連絡する、報じる、告げる"という伝達の意味ではない。つまり、ヲ格名詞や〜ト引用節の内容（＿＿＿部）は人₁のもっている情報や抱いている気持ちではない。

(38)正門を出たとき、柏木のまことに独特な歩き方が、ふいに私の注意を喚起し、恥かしいというのに近い感情を起させた。自分がそういう風に、世間並の感情に加担して、柏木と一緒に歩くのが恥かしいと思ったりするのは奇異なことであった。柏木は私に私の恥の在処をはっきりと知らせた。同時に私を人生へ促したのである。　　　　　（金閣寺）

(39)母親はもっと注意して、この時代において、克己して正しいことをすることの楽しみを知らせることに、骨を折らなければならないでしょう。　　　　　（おさなごを発見せよ）

(40)……と柏木は嘲笑した。「俺は君に知らせたかったんだ。この世界を変貌させるものは認識だと。……」　　　（金閣寺）

次の文は主語が人ではなく事物であるが（「事物ガ人ニ……ヲ／ト 知らせる」）、これらも先の（19）〜（22）とは違って、主語であ

る事物（＿＿部）がヲ格名詞やト引用節の内容を "示している、現している、呈している" というのではない。

(41) {金閣は} 私の人生への渇望の虚しさを知らせに来たのだと思われる。　　　　　　　　　　　　　　　　　　　　　　　（金閣寺）

(42) いま一つの本能は、人間の真の幸福は、休息のうちにのみあるのであって、騒ぎや忙しさのうちにあるのではないということを、それとなく知らせてくれる本能である。
　　　　　　　　　　　　　　　　　　　　　　　　　　　　　　（死の思索）

(43) 越後の在俗生活は、親鸞に〈僧〉であるという思い上りが、じつは〈俗〉と通底している所以を識らせた。
　　　　　　　　　　　　　　　　　　　　（吉本隆明、最後の親鸞）

これら（38）〜（43）での「知る」は、"気づく、わかる、意識する" といった意*10 であり、ヲ格名詞、ト引用節の内容は、人₁がもっていたものではなく人₂の内部に生じる心理内容である。そして「知らせる」による文「人₁・事物ガ 人₂ニ ……ヲ／ト 知らせる」には、主語である人₁や事物が人₂の精神面に何らかの影響（意図的な働きかけであることもそうでないこともある）を与えること、そしてそれによって「人₂」の心理の内部にあった認識や感情に気づくようにすること、という複合的な事態が描かれている。その点でこれらの「知らせる」文は使役文としての性質をそなえているといえる*11。

3.「聞かせる」

3.1　他動詞的な「聞かせる」
3.1.1　「話す、教える、言う」に近い意味
先述の鈴木（1972）や高羽（1957）のいうように、「聞かせる」は「はなす、語る、おしえる」といった意の他動詞のように用いられることがある。主語である人が、自身は知っていて相手はまだ知らない事柄について、相手に話し、相手がそれを聞くという事態である。

(44) 安吉は法律のことは知らなかった。……しかし安吉は、と

にかく経験したことだけを平井に聞かせた。　　　（むらぎも）

(45){女中は}自分のところの家族や商売の繁昌やおかみさんの
　　気象まで内容豊富に聴かせてくれる。　　　　　（流れる）

(46)こんなに急に父の満州行が来ようとは、お俊も思いがけな
　　かった。{父は}家のものにそう委しいことも聞かせず、快
　　活らしく笑って、　　　　　　　　　　　　　　　　（家）

(47)「うちの奴の頬のひきつれは、荘十郎お前にもきかせておく
　　が、あの海舟の野郎が江戸を売った時にな…」

　　　　　　　　　　　　　　　　　　　（佐川一政、霧の中）

(48)「私がもし、死病だと言われたような場合ね、まさか、お医
　　者さんもそれを私に言わないし、周囲のものだって、きかせ
　　たがりはしないでしょう。でも私はそれでは困るの。」

　　　　　　　　　　　　　　　　　　　　（円地文子、女坂）

　　cf.「きかせる」の少し前に「言う」が使われている。

　前節でみた「知らせる」と同様、主語である人自身の意見・気持
や心理状態など、相手は当然知るはずのない事柄を相手に話すよう
な事態もある。

(49)君が受けた印象は？　率直なところを聞かせてくれ。

　　　　　　　　　　　　　　　　　　　　　　　（青い山脈）

(50)若しあなたが誤解の中にいるんなら聞かせて下さい。

　　　　　　　　　　　　　　　　　　　　　　　　（或る女）

(51)今ならば菜穂子がどんな心の中の辿りにくい道程を彼に聞
　　かせても、何処までも自分だけはそれについていけそうな
　　気がした。　　　　　　　　　　　　　　　　　（菜穂子）

　また、ヲ格の補語が「聞いた話」のように連体修飾のついた
「話」であったり、「世間話、愚痴話」など話の具体的な内容を示す
名詞であったりすると、「聞かせる」は実質的な意味の希薄な「す
る」と言いかえてもほとんど意味がかわらない。

(52){風呂の焚き方について}近所の人たちが耳よりな話を聞か
　　せてくれた。cf.〔≒耳よりな話をしてくれた〕（女のこよみ）

(53)S氏は……いろいろ珍しい話を聞かせてくれた。

　　　　　　　　　　　　　　　　　　　（和辻哲郎、古寺巡礼）

340　　Ⅳ　「V-（サ）セル」の使役動詞性とその変容

(54){二階では}主人がおもしろおかしく世間話を聞かせていた。

(流れる)

(55)彼が家計のことからついそんな愚痴話を僕に聞かせた時の、

(庄野潤三、プールサイド小景)

「講義、講演、演説、発表、自慢」などサ変動詞にもなりうる名詞で、言葉によってある内容を伝えるような動作およびその内容を表す名詞がヲ格の補語であると、「聞かせる」はさらに形式化・抽象化して村木（1991）のいう機能動詞のようになる。

(56)ほんとうは、こういう者にこそ、いい講義を聞かせてくれなくっちゃばちが当たると思うのだが、cf.〔≒いい講義をしてくれなくっちゃ〕

(路傍の石)

(57)清はおれを前へ置いて、色々おれの自慢を甥に聞かせた。

(坊っちゃん)

　以上のような先行研究で言われている「はなす、語る」に近い意のほかに、「聞かせる」が他動詞的になることはないだろうか。

　人が歌ったり演奏したりし他者がそれを聞くという事態を、歌ったり演奏したりする人を主語にし、「歌、音楽、楽器」など音や詞によって何らかの内容を伝えうるものを表す名詞をヲ格補語にして「聞かせる」によって表現することがある。こういったときの「聞かせる」は（相手に向けて、相手のために）歌う、演奏する、といった意味に近くなる。後にも述べるが「聞かせる」は、単に話し手側の歌ったり演奏したりする動作を表現するだけでなく、その動作が誰か聞き手に向けて行われることをも表現していると思われる。

(58)「新子さんにわが部の歌を聞かせようかな…」とことわって、……目をつぶって、いい気持そうにうたい出した。(青い山脈)

(59){ピアノをひくことをすすめられたが}代助は人に聞かせるほどの上手でないのを自覚していた。

(それから)

(60)一座は、また派手やかな曲をきかせて、賑やかに座敷を出てゆきました。

(時雨の記)

(61)直樹の父親が来て、「木曾のナカノリサン」などを歌い出せば、達雄は又、清しい、恍惚とするような声で、時の流行唄を聞かせたものだった。

(家)

「歌う、演奏する」という動詞は、そのままでは相手を表すニ格名詞をとりにくいのだが、上の例にもうかがえるように、「聞かせる」を用いることによってその状況をはっきりと表現することができるようになる *12。

（62）a 「?新子さんに歌を歌う」「?人にピアノをひく」「?私たちに曲を演奏する」

　　　b 「新子さんに歌を聞かせる」「人にピアノを聞かせる」「私たちに曲を聞かせる」

さらに、ヲ格名詞が「音」や「声」であって、「聞かせる」相手が不特定な人であると、伝達性が弱くなり、「（音／声を）聞かせる」はもっぱら発信側に注目した「（音／声を）たてる／だす」のような意味になる *13。

（63）牧師は靴音を聞かせて廻廊をまわって遠のいた。　（おとうと）

（64）時々房子が岡部の部屋にはいりこんで張りのある笑い声をきかせていた。　　　　　　　　　　　　　　　　（梅花抄）

このように、「聞かせる」が表す意味は、「はなす、教える、（話を）する」や「（歌／楽器を）演奏する、歌う」、さらには、「（音／声を）だす／たてる」といった他動詞のそれに近くなることがある。

3.1.2　「聞かせる」の文法的な性質

「聞かせる」が使役動詞らしくないことは次のようなところにもうかがえる。いずれも、「知らせる」にみられたのと似た特徴である。

（ア）「聞く」主体を表す名詞の格

「聞かせる」にも「人に聞かせる」だけでなく、「聞く」主体をヘ格（　　部）であらわす「人へ聞かせる」という言い方がある。

（65）そして｛医者は｝そばに立っているげんへも聴かせた。この性質の炎症はしつこいから気長に療治をするように、と。

　　　　　　　　　　　　　　　　　　　　　　　　　　　（おとうと）

（66）父も母も、問題の子へ心構えというものを聴かせてやってはいないのだ。　　　　　　　　　　　　　　　　　（おとうと）

(67){図書館への寄付に}何らかの動機、ご縁があれば、<u>私ども</u>
<u>へお聞かせ願いたい</u>などと思うことがあります。

（指と耳で読む）

（イ）「お〜する」の形

「お〜する」「お〜申しあげる」の形も成りたつ。この場合も"はなす"の意に限らない。

(68)こうして皆さんのおたのしみを拝見しているうちに、すっかり嬉しくなって、拙い唄を<u>おきかせする</u>気になりました。

（宴のあと）

(69)その日は、先生のお好きなショパンを<u>おきかせする</u>ことになっていた。

（早津による作成）

（ウ）「聞かせる」を修飾する副詞的な要素

先にあげた（54）「おもしろおかしく世間話を聞かせる」の「おもしろおかしく」は、「聞く」ではなく「聞かせる」を修飾している。「{堂々と／自信たっぷりに}聞かせる」もそうである。

（エ）「聞かせる」を後項とする複合動詞

「聞かせる」を後項要素とする複合動詞に次のようなものがあるが、いずれも対応する原動詞がない。したがって、「V-聞く」という複合動詞に「-(サ)セル」のついたものではなく、前項動詞の連用形と「聞かせる」との複合である。

(70)語り聞かせる（*語り聞く）、話し聞かせる（*話し聞く）、
　　教え聞かせる（*教え聞く）、申し聞かせる（*申し聞く）、
　　読み聞かせる（*読み聞く）、説き聞かせる（*説き聞く）、
　　言い聞かせる（*言い聞く）

3.1.3　発信と受信とを表現する他動詞としての「聞かせる」

上でみてきたように、「聞かせる」には、伝達動詞、情報発信を表す動詞に近い性質がある。ただ、そうであるとしても、「聞かせる」は、単に話し手側の「はなす、いう、歌う」などの「発信」動

作を述べるだけでなく、聞き手の側の「聞く、耳を傾ける、きいて理解する」という「受信」の面をも合わせて伝える性質があるように思われる。

「聞かせる」は、「話す」「語る」など伝達動作を表す動詞のテ形と組み合わさって「V-テ聞かせる」という形をとることがある。

(71)話して聞かせる、語って聞かせる、説いて聞かせる、説明して聞かせる、しゃべって聞かせる、（話を）して聞かせる、自慢して聞かせる、言って聞かせる

これらによる文では、「話す」「語る」などだけでも表現しうるような事態を「V-テ聞かせる」で表現することによって、話し手側の発信する動作といわば表裏一体の、聞き手側の受信の面が明瞭に表現されている。

(72)男たちは、まるで熊を射止めた冒険譚を話して聞かせるように、自慢げに戦争の手柄話をして聞かせた。cf.〔≒冒険譚を話すように〕〔≒手柄話をした〕　　　　　　　（北帰行）

(73){彼は} 良家の坊ちゃんという感じの美青年で、昔の生活を面白おかしく語って聞かせた。cf.〔≒おもしろおかしく語った〕　　　　　　　　　　　　　　（死刑囚の記録）

(74)僕は君達に不動の秘訣を説いて聞かせたが、cf.〔≒秘訣を説いた〕　　　　　　　　　　　　　　　　　　（雁）

(75)「今晩からは食堂にして下さい」葉子は嬉しい事でも云って聞かせるようにこう云った。cf.〔≒嬉しい事でも云うように〕　　　　　　　　　　　　　　　　　　（或る女）

「聞かせる」はさらに、先述の「読む」「歌う」のような、それ自身は相手を表すニ格名詞をとりにくい動詞とも組み合わさって「V-テ聞かせる」という形をとることがある。

(76)読んで聞かせる、歌って聞かせる、弾いて聞かせる、吟じて聞かせる、朗詠して聞かせる、まねて聞かせる

これらが「人ニ」というニ格名詞と組み合わさると、「V-テ聞かせる」は「V-テ」によって発信側の「読む」とか「歌う」とかの動作を、そして「聞かせる」によってそれが「相手に向かって」なされることを、それぞれはっきりと表現する役目をも果しているよう

である。

(77) 主人公が昔の恋人に「ファースト」を読んで聞かせる段を
講釈する時……　　　　　　　　　　　　　　　　　　（蒲団）

cf. 恋人に「ファースト」を {?読む：読んで聞かせる}

(78) {交通宣伝の映画をもって小学校に} やって来た人たちが、
「道は左を通るもの。茶碗を持つほう通るもの。」というよ
うな歌を歌って聞かせた。　　　　　　　　　　（子どもの民俗）

cf. 小学生に～という歌を {?歌った：歌って聞かせた}

(79) お種は……父が吟じたという古歌を……力を入れて吟じて
聞かせた。　　　　　　　　　　　　　　　　　　　　　（家）

cf. 私たちに古歌を {?吟じた：吟じて聞かせた}

これらの「V-テ聞かせる」は、「V-テ」と「聞かせる」との間に
ポーズや修飾要素を入れることができず、複合動詞に準ずる一語的
なものだが、「V-テ聞く」という組み合わせがあるわけではないの
で（「*読んで聞く、*歌って聞く」等）それからの派生ではなく、
「V-テ」と「聞かせる」との組み合わせである*14。そして、一方
の人が話したり読んだりし、相手がそれを聞くという、1つの事態
の2つの側面をふたつながら表現している。

(72′) 男たちが子供らに冒険譚を話して聞かせる。

cf. 男たちが子供らに冒険譚を話し、子供らがそれを聞く

(73′) その美青年が私に昔の生活を語って聞かせる。

cf. その美青年が私に昔の生活を語り、私がそれを聞く

(77′) 主人公が恋人に「ファースト」を読んで聞かせる。

cf. 主人公が「ファースト」を読み、恋人がそれを聞く

(78′) 大人たちが小学生に歌を歌って聞かせる。

cf. 大人たちが歌を歌い、小学生がそれを聞く

先に3.1.1節で、(44)「経験したことだけを聞かせる」、(52)
「耳よりな話を聞かせる」、(58)「わが部の歌を聞かせる」、(59)
「ピアノを聞かせる」などの表現をみたが、ここでみたことを考え
あわせると、これらは各々、(44′)「経験したことだけを話して聞
かせる」、(52′)「耳よりな話を言って聞かせる」、(58′)「わが部の

歌を歌って聞かせる」、(59′)「ピアノをひいて聞かせる」などの下線部が省略された、あるいはその意味が「聞かせる」に含みこまれた表現とみることもできるだろう。

　複合動詞についても似たことがみられる。先に3.1.2節で述べたように、「聞かせる」は伝達動作を表す動詞だけでなく「読む」などをも前項要素として、「読み聞かせる」「語り聞かせる」などを作るのだが、これらも「V-テ聞かせる」と同様、一方の人が話したり読んだりし、相手がそれを聞いているという、1つの事態の2つの側面を表現している。

（80）養父は稀に……その頃のことを想出して、お島に語り聞かせ<u>たが、</u>
　　　　　　　　　　　　　　　　　　　　　　　　　（あらくれ）
　　　cf. 養父がその頃のことをお島に<u>語り</u>、お島がそれを<u>聞く</u>

（81）{姉は} 茶畑の横手に養鶏所ができたことまで正太に<u>話し聞かせた。</u>
　　　　　　　　　　　　　　　　　　　　　　　　　（家）
　　　cf. 姉が……ことを正太に<u>話し</u>、正太がそれを<u>聞く</u>

（82）あのころは、毎晩ベッドに入った子どもに絵本をすこしずつ<u>読み聞かせていた。</u>
　　　　　　　　　　　　　　　　　　　　　　（早津による作成）
　　　cf. 僕が絵本を<u>読み</u>、子どもがそれを<u>聞く</u>

3.2　使役動詞としての「聞かせる」

　一方、「聞く＋-(サ) セル」という使役動詞とみなしてよさそうな「聞かせる」もある。

　まず、「聞かせる」が「（何かについて）たずねる」という意味の「聞く」から派生したものの場合がある。下の例は、「老人」が「木垣」に命じるなり頼むなりしたという働きかけと、「木垣」がその意をうけて運転手にたずねたという動作とからなる複合的な事態を表現していて使役動詞としての「聞かせる」である。

（83）老人は通りがかった外人用タクシーを止め、木垣に東京行終電に間に合うかどうかを<u>聞かせた。</u>　　（広場の孤独）

　「いうことをきく」は慣用的に“（他者からの言葉に）従う、承知する”といった意味を表すが、それからの「いうことをきかせる」は、他者に何らかの働きかけをすることよってその他者が「いうこ

とをきく」状態を引きおこすことを表していて使役的である。

（84）自覚のできかけた子供は、幼児にたいするのと同様の仕方
では、<u>いうことを聞かせる</u>ことはできないでしょう。cf.子
供がいうことを聞く　　　　　　　　　（おさなごを発見せよ）

その他、次のような「聞かせる」も使役動詞である。これらの例
では、テープを流したり演奏をしたりするのは「教師」や「親」で
はない。「学生がテープを聞く」「息子が生の演奏を聞く」という事
態は、「教師」や「親」の存在とは無関係に独立に成り立ちうるも
のである。これらの文では、「教師」「親」が、「学生」「息子」に対
して、「テープを聞く」「生の演奏を聞く」ように言語的・態度的に
つまり間接的に働きかけるという事態と、それを受けた「学生」
「息子」が「聞く」事態とが複合的に表現されていて、これらは使
役表現である。

（85）教師がいないときは、学生に指示をして自習室で英会話の
テープを<u>聞かせる</u>。cf.学生が英会話のテープを聞く

（86）息子をコンサートに行かせ、オーケストラの生の演奏を<u>聞
かせる</u>。cf.息子が生の演奏を聞く

4.「知らせる」「聞かせる」の他動詞性・使役動詞性

4.1　使役事態の二重性

「知らせる」「聞かせる」それぞれについて、使役動詞的なものと
他動詞的なものとをみてきたが、人に対する使役的な表現と他動的
な表現との違いとは結局どのようなことなのだろう。上でみてきた
ことからいいうる限りで少し考えてみる。

（87）教師が学生に荷物を運ばせる。

（88）母親が息子を買物に行かせる。

（89）教師が学生に試験の範囲を知らせる。

（90）母親が息子に戦争中の話を聞かせる。

このうちはじめの2例は、使役主体（「教師」「母親」）が動作主
体（「学生」「息子」）に対して何らかの働きかけを行い、それによ
って動作主体が「荷物を運ぶ」「買物に行く」という動作を行うと

いう事態を表現している。

　(87′) 教師が学生に {命じて／頼んで／いいつけて／……}、荷
　　　　物を運ばせる。

　(88′) 母親が息子を {叱りつけて／おだてて} 買物に行かせる。
これらでは、使役主体から動作主体への使役という働きかけと、動
作主体の動作という2つの独立した事態が複合的に表現されていて、
典型的な使役表現といってよい。ここでは、使役主体からの働きか
けの有無とは無関係に、〈学生ガ荷物ヲ運ブ〉〈息子ガ買物ニ行ク〉
という動作は成り立ちうるものであって、使役主体はあくまでこれ
らの動作の成立を外側から促す・ひきおこすものでしかない。

　それに対してあとの2例では、「教師」「母親」から「学生」「息
子」に向けての情報の直接的な伝達がなければ、〈学生ガ試験ノ範
囲ヲ知ル〉〈息子ガ戦争中ノ話ヲ聞ク〉ということは成り立たない。
ここでは、「教師」「母親」の行う発信的な動作と「学生」「息子」
に生じる受信的な動作とは分かちがたく結びついた1つの事態であ
り、両者の間には独立性はみとめられない。本章の初めに紹介した、
鈴木（1972）のいう「つかいだての意味からずれている」とはこ
ういった意味においてではないだろうか。

　一方、2.2節、3.2節で述べたように、多くはないにしろ、「知ら
せる」「聞かせる」による文が、2つの独立した事態から成る複合
的な事態を表現することがある。そこでの「知らせる」「聞かせる」
は使役動詞とみなすことができる。

4.2　抽象的な発信動作としての「知らせる」「聞かせる」

　発信と受信といった意味での「知らせる」と「知る」、「聞かせ
る」と「聞く」に類似した意味関係を表す他動詞の対として、「話
す―聞く」「教える―教わる」「貸す―借りる」「売る―買う」「やる
―もらう」「預ける―預かる」「授ける―授かる」などがある。これ
らは、ある人から他者へ物や情報が移動するという1つの事態を、
与え手・受け手それぞれの立場から述べる一組の他動詞という関係
である*15。いずれも、どちらか一方のみの動作が独立に成り立つ
ことはなく、それぞれの動詞で表現される動作にはやはり独立性は

ない。

このうち「話す─聞く」に代表される伝達すなわち発信受信活動は、言語音以外の音を媒介とした伝達も含めると、その発信側の動作を表す動詞のヴァリエーションが豊かである。発信を表す次のような様々な動詞があり、「どんな内容を」「どのように（どんな手段で）」「誰に対して」発信するかを、個別的・具体的に表し分けつつ表現している。

(91) 話す、教える、語る、伝える、説明する、説く、述べる、言う、申しあげる、しゃべる、等

(92) 歌う、吟じる、うなる、（声を出して）読む、演奏する、（楽器を）ひく／たたく／吹く／鳴らす、（音を）たてる、等

「知らせる」「聞かせる」はこれらのヴァリエーションの１つとして、「知る」「聞く」という受信動作を含意しつつ、発信側の伝達動作を、その個別性・具体性を捨象したレベルで表現しうる他動詞として機能しているのではないだろうか。

5. おわりに

以上、「知らせる」「聞かせる」について考えてきた。両者はいずれも、使役動詞としての用法、すなわち使役主体から動作主体への働きかけと動作主体の動作という複合的な事態を表現する用法を少なからずもつものの、その複合性が希薄になって伝達動詞に準ずる他動詞としての性質をそなえた用法がむしろ多くなされることをみた。また「聞かせる」には「〜話を聞かせる（≒する）」の場合に機能動詞のような性質もみられた。

動詞が「-(サ) セル」によって派生された「V-(サ) セル」は、本来は「V」の語彙的な意味と「-(サ) セル」の文法的な意味（使役）の合わさった形式である。しかしこの章でみた「知らせる」「聞かせる」は、その分析的な性質を希薄にし全体がひとつの語彙的な意味を表す一単位（語彙項目）としての性質をかなり獲得しているといえよう。

＊1　鈴木（1972）では、「ヴォイス」が「たちば」とよばれ、「使役」のこと
が「つかいだて（のたちば）」とされる。本書では、第3章で使役文の意味とし
て「つかいだて」と「みちびき」を提案しているので、「つかいだて」の指す
内容が異なっている。

＊2　鈴木（1972：287）はこれに続けて、「また「合わせる」は自動詞「合う」
に対する他動詞である」と述べている。「合わせる」については「他動詞であ
る」としているのに対して「しらせる、きかせる」についてはそうしておら
ず「他動詞的な面がある」とされる。鈴木（1972）は、「しらせる」「きかせ
る」の使役動詞としての性質を全く否定するのではなく、あくまで〈つたえ
る〉〈はなす〉の意味において「つかいだての意味からずれている」というこ
となのだろう。

＊3　高羽（1957）ではそれぞれ「使役者」「被使役者」「実動作」とよばれて
いる。

＊4　使役事態の複合性（使役主体から動作主体への働きかけと動作主体の動
作）が捉えられている。

＊5　第10章で述べたように、国語辞書26種（書誌情報は巻末の文献一覧を参
照）のうち、「知らせる」はそのすべてに、「聞かせる」は『光村国語学習辞
典』以外の25種に立項されている。

＊6　こういった場合の「知らせる」は受身動詞「知られる」による表現に近く
なることが多い。本文中の引用例もそうである。「知らせる：知られる」を含
め、使役表現と受身表現との似通いについては、第9章で考察した。

＊7　感情変化を引きおこす事態は、目上の人でも使役動詞を用いうるが（「上
司を困らせる」「先生を心配させる」）、それでも「お～する」という形にはで
きない（「＊上司をお困らせする」「＊先生をご心配させる」）。

＊8　1節で紹介した高羽（1957）に、「人に聞かせる」「人に知らせる」などに
ついて、ニ格補語である人が「聞く、知る」ことよりも「かえって主語の人に
ついて述べる部分の主張が強まっている」とされているのはこのことの指摘だ
といえる。

＊9　第10章で、「もたせる」にも「もたせかける」という複合動詞があって使
役動詞らしからぬ特徴であることを述べた。なお、「思い知らせる」は「思い
知る」という複合動詞から派生した使役動詞であり、「書きなおす」から「書
きなおさせる」がつくられるのと同じである。

＊10　次の例文中の「知る」はこういった意味であろう。

　　○どこへ向って急いでいるのか、私自身わからなかった。電車が徐々に紫野
　　にさしかかるころから、私は自分のせきたつ心が金閣を志しているのを知
　　った。　　　　　　　　　　　　　　　　　　　　　　　　　　　（金閣寺）

＊11　使役接辞「-シメル」によって派生された「V-シメル」は、現代語ではほ
とんど使われないが、「知らしめる」は、文体的にかたい文章のなかでは用い
られることがある。それは、「知らせる」が「V-（サ）セル」としての分析性を
希薄にしていることを補って、使役動詞的な（「知る」＋（サ）セルという）
ニュアンスを伝えるためかもしれない。

　　○お雪はいつとはなく、わたくしの力によって、境遇を一変させようという

心を起している。……お雪はわたしの二重人格の一面だけしか見ていない。わたくしはお雪の窺い知らぬ他の一面を曝露して、その非を知らしめるのは容易である。それを承知しながら、わたくしがなお躊躇しているのは……

（濹東綺譚）

ただし、次の「知らしめる」の意味はやはり伝達動詞的である。「広く」が「知る」ではなく「知らしめる」を修飾していることにもうかがえる。

○「社会を欺く企業を許しておくわけにはいきません。人々に広く知らしめて警鐘を鳴らすのがジャーナリストの使命なのです。」 （貧困の精神病理）

＊12 「シテヤル／シテアゲル／シテクレル」などの形をとった場合も、ニ格名詞をとることができる（「新子さんに歌を歌ってやる」「人にピアノをひいてあげる」「私たちに曲を演奏してくれる」など）。

＊13 動作主体の不特定性がさらにすすみ、かつ連体修飾で用いられた「祖父はなかなか聞かせる喉をしていた」「いいジャズを聞かせる店」という用法では、「聞かせる」は被修飾名詞の表すものの性質や状態を表している。

＊14 この点で、「持って行かせる」「走って帰らせる」「見て回らせる」などが、「持って行く」「走って帰る」「見て回る」からの派生であるのと性質が異なる。

＊15 高橋（1985）は、「おしえる―おそわる」「かす―かりる」「うる―かう」「やる―もらう」「かつ―まける」「あずける―あずかる」などについて、「おなじデキゴトの、どの動作メンバーを主語にし、補語にするかということによって、述語になる動詞が語い的レベルでとりかえられるもの」としている。「話す―聞く」はあげられていないが、これらに準ずるものだと思われる。

第12章

「V-(サ) セル」の語彙的意味の一単位性

1. はじめに

第1章の2.2節において、本書では使役文と原動文の対応に2つの側面をみることができるとした。

A 包摂関係

「XガYニ/ヲ（Zヲ）V-(サ) セル」⊃「Yガ（Zヲ）V」

（花子が太郎に荷物を運ばせる ⊃ 太郎が荷物を運ぶ）

（花子が冷凍庫で果汁を凍らせる ⊃ 果汁が凍る）

B 対立関係

「XガYニ/ヲ（Zヲ）V-(サ) セル」⇔「Xガ（Zヲ）V」

（花子が太郎に荷物を運ばせる ⇔ 花子が荷物を運ぶ）

これらのうち、Bの対応〈対立関係〉は意志動作の引きおこしを表す使役文についてのみみとめられるが、Aの対応〈包摂関係〉は原動詞の意志性にかかわらずみとめられる。つまり、Aの対応は基本的にはすべての使役文にそなわるものである。

（1） 先輩が後輩に荷物をもたせる。⊃ 後輩が荷物をもつ。

（2） 監督が太郎と次郎を戦わせる。⊃ 太郎と次郎が戦う。

（3） 太郎が就職して親を喜ばせる。⊃ 親が喜ぶ。

（4） 係員がモーターを回転させる。⊃ モーターが回転する。

（5） 激しい練習が選手たちを疲れさせる。⊃ 選手たちが疲れる。

しかしながら、「V-(サ) セル」を述語とする文であっても、それと包摂関係にある事態を表す原動文が成りたたないあるいは成りたちにくいものがある。

（1′） 後輩が先輩に花をもたせる。⊃ *先輩が花をもつ。

（2′） 参加者が文学論を戦わせる。⊃ *文学論が戦う。

（6） 太郎が懐にナイフを忍ばせる。⊃ *懐にナイフが忍ぶ。

353

このような「V-(サ) セル」には、名詞との組み合わせが固定し組み合わせ全体で慣用的な意味を表すものもあるが（上の（1′）「花をもたせる」）、一方で、名詞との組み合わせが比較的自由なものもある（上の（6）「{懐にナイフを／引き出しに写真を／カメラをバッグに} 忍ばせる」）。本章では、対応関係（包摂関係）をなす原動文をもたない「V-(サ) セル」について、名詞との組み合わせの固定度・自由度を考え、自由な組み合わせをつくりうる「V-(サ) セル」の中にも、文法的な派生動詞というよりも、語彙的意味の一単位性をもつ他動詞相当の語彙単位としての性質をもつものがあるのではないかということについて考察する。

2.「V」と「V-(サ) セル」との対応が成りたつかどうか

本章は、原動詞「V」による表現との対応をなさない「V-(サ) セル」について考察するのだが、「V」と「V-(サ) セル」が対応をなすかどうかの判断は必ずしも簡単ではない。対応の成否の判断に関わっていくつかの問題を考えておく。

（ア）原動詞が現代語にないもの

「（葉巻を）くゆらせる」「（本心を）けどらせる」「（金に）あかせて（買い集める）」のように、対応する「V」が現代語ではほとんど使われなくなっていて（「*くゆる」「*けどる」「*あく」）、対応が成りたたない「V-(サ) セル」がある。

（イ）組み合わさる名詞の種類と対応の成否

同じ「V-(サ) セル」でも、組み合わさる名詞の意味的な性質によって原動詞との対応の成否が異なることがある。

人名詞との組み合わせならば対応が成りたつが物名詞や事名詞の場合は成りたたないという類がある。「太郎を物陰にひそませる⊃太郎が物陰にひそむ」はよいが、「懐に包丁をひそませる⊃ *懐に包丁がひそむ」は不自然だというものである。「満足させる」も、「消費者を満足させる」に対しては「消費者が満足する」が対応す

るが、「食物の量を確保することとその種類を満足させることとは別だ」や「文学が私の空想のすべてを満足させていたわけではない」については、「*その種類が満足する」「*私の空想のすべてが満足する」という原動文はおかしい。

　人名詞と事物名詞という関係以外のものとして、「おどらせる」は、「{胸／心}をおどらせる」なら「{胸／心}がおどる」と対応するが「身をおどらせる」は対応しない（「*身がおどる」）。また、「ゆるがせる」は、抽象名詞と組み合わさって感情的な状態変化を表す「{決心／信頼}をゆるがせる」には対応する原動詞表現があるが（「{決心／信頼}がゆるぐ」）、「山から吹き下ろしてくる風が倉庫の扉をがたがたとゆるがせていた」「ドラムが激しい音でサバンナをゆるがせていた」のように物名詞や場所名詞と組み合わさる場合は原動詞表現がきわめて不自然である（「??倉庫の扉がゆるいでいた」「??サバンナがゆるぐ」）。「とどろかせる」も、音や名前を表す名詞と組み合わさる場合は対応するが（「雷鳴を空にとどろかせるっ雷鳴が空にとどろく」「世界中に名をとどろかせるっ世界中に名がとどろく」）、「大地をとどろかせる」や「胸をとどろかせる」の場合には対応する原動文がない（「??大地がとどろく」「??胸がとどろく」）。「騒ぐ」も、「{世間／世の中／新聞紙上}を騒がせる」に対しては、「世間が騒ぐ」はよさそうだが「??世の中が騒ぐ」「??新聞紙上が騒ぐ」は不自然である。このような現象は、「V-(サ)セル」の多義性とも関わることであり、他の「V-(サ)セル」にもしばしばみられる。

（ウ）修飾要素の有無や語形の種類による不自然さの程度

　副詞や名詞による修飾要素の有無が対応の不自然さに関わることもある。たとえば「(筆が)走る」は、「太郎は一心に筆を走らせていた」に対する「??筆が走っていた」は不自然に感じられるが、「この隠れ家では周囲のことがまったく目にはいらず、すらすらと筆が走った」「興奮しているときは、思いのほか筆が走るものだ」などならば不自然ではない。「すらすらと」「思いのほか」という修飾語があることで、「筆を走らせる」の表す"よどみなくすらすら

第12章　「V-(サ)セル」の語彙的意味の一単位性　　355

と書く”という意味に対する“すらすらと書ける”という意味が浮きたちやすいからかもしれない。

　また、「（周囲に）目をひからせている」に対する「*目がひかっている」はおかしいが、「目」に修飾語をつけた「監視の目をひからせている」に対しては「監視の目がひかっている」などということができそうである。「すむ」も、たとえば、「綺麗ごとですませる」に対して「*綺麗ごとですむ」はおかしいが、「綺麗ごとではすまない」という否定形や「綺麗ごとですむと思うとおおまちがいだ」のような言い方ならば使われる。「部下に事情を含ませる」も「*部下が事情を含む」はおかしいが、「事情を含んでおいてくれ」というような使い方はありそうである。

　　(エ)　「V-(サ) セル」表現と「V」表現の意味のずれ

　「（人に）金を握らせる」が、“わいろとして人に金を与える”といった比喩的な意味で使われるとき、それに対応する意味の原動詞表現として「（人が）金を握る」がふつうに使えるかどうか必ずしもはっきりしない。「金にものをいわせる」と「金がものをいう」、「世間を騒がせる」と「世間が騒ぐ」なども、単純な対応関係ではなく意味的に微妙なずれがある。

　以上のような問題をふまえたうえで、本章では「V」との対応が成りたたないまたは不自然な「V-(サ) セル」を広くとって考察の対象にする。

3.　名詞と「V-(サ) セル」との組み合わせの固定度・自由度

はじめに述べたように、原動詞表現と対応しない「V-(サ) セル」表現には、名詞などとの組み合わせが固定して慣用句となっているものが少なくないが、一方で、名詞との組み合わせがかなり自由なものもある。

3.1 「単語のふつうの組み合わせ」と「慣用句」

単語はふつうその語彙的な意味にみあうかぎりで、他の単語と自由に組み合わさる。たとえば「やく」は、"火や熱源に直接当て、少し焦げたり部分的に変化を生じたりするまで十分に熱を加える"*1 といった意味において、「魚をやく」「餅をやく」「ごみをやく」や「ゆっくりやく」「てばやくやく」「こんがりやく」など種々の組み合わせをつくる。「ふむ」も「小石をふむ」「人の足をふむ」や「思いきりふむ」「うっかりふむ」「わざとふむ」などは「単語のふつうの組み合わせ」である。それに対して「慣用句」は、「いつでも二つ以上の単語が一続きに、または相応じて用いられ、その結合が、全体として、ある固定した意味を表わすもの」*2 である。そして奥田（1967a［1985：16–17]）では、要素の単語の意味と慣用句全体の意味との関係から、慣用句がさらに、「慣用的ないいまわし」と「慣用的な組み合わせ」とに分けられている。「慣用的ないいまわし」とは、「手をやく、はらをたてる、口火をきる、だだをこねる」のように、「形式的には二単語からなりたっていても、意味的には分割できない」慣用句であり、「慣用的な組み合わせ」とは、「手つづきをふむ、うそをつく、愚痴をこぼす」のように、「くみあわさっている二単語のうちのひとつが自由な意味を保存し、もうひとつが慣用句にしばられた意味になっている*3」慣用句である。ただし高木（1974）にも述べられてように、慣用的ないいまわしと慣用的な組み合わせとを截然と分けられるわけではない。

3.2 名詞と「V-（サ）セル」の組み合わせのありかた

対応する原動詞表現をもたない「V-（サ）セル」にも、名詞と「V-（サ）セル」の組み合わせに上のような種々を見いだすことができ、以下に例をあげる。（この節で例示する「V-（サ）セル」に付した「●」は、『新選国語辞典』*4 において、当該の意味において「V-（サ）セル」または「V-（サ）ス」*5 の形で立項されていることを示す。）

（ア）慣用的ないいまわし

　慣用的ないいまわしには次のようなものがある。(7) は、「N ヲ V-(サ) セル」の「N」が身体部位名詞及びそれに準ずる名詞であって、「N ヲ V-(サ) セル」全体で主語である人の動きや心理状態を比喩的に表現する自動詞相当の意味を表すものであり*6、(8) は、「N ヲ V-(サ) セル」がさらにニ格の人名詞と組み合わさって相手の心理状態を変化させたり相手に心理的にかかわっていく態度を表現したりするものである。その他 (9) のようなものもある。

　　(7) 肩をいからせる●、身をおどらせる●、身をくねらせる、身をおののかせる、身を忍ばせる●、{頭／心／神経} を悩ませる●、胸をとどろかせる●、目を光らせる●、耳をすませる●、(集まりに) 顔をのぞかせる、目を走らせる●

　　(8) (人ニ) 気を持たせる●、花をもたせる、有無をいわせない、指一本触れさせない、ひとあわ吹かせる●、いっぱいくわせる●、{先輩風／役人風} をふかせる●

　　(9) ひとはな咲かせる●、あっと言わせる●、綺麗ごとですませる●、目に物いわせる、(他者ノ) 目をくらませる●、{ペン／筆} を走らせる●

このうちとくに (7) のようにヲ格名詞が身体部位名詞であるものの中には、その名詞のもとの意味が生きていて慣用的な組み合わせのように思えるものがある。たとえば「耳をすませる」「顔をのぞかせる」の表す意味は、身体部位としての「耳」「顔」に何らかの関わりをもっていそうにも思える。しかし、慣用句としての意味（"精神を集中させて聞く"　"(会合などに) 出席する、姿をあらわす"）は、「耳」「顔」の意味と「V-(サ) セル」の意味が組み合わさったものとはいえず、やはり慣用的ないいまわしである。ただし、「目を走らせる（"ある方向をさっと見る"）」においては、「目」が派生的な意味として "視線" を確立させているともいえ（「音のしたほうに目をむける」）、そうだとすれば、次の慣用的な組み合わせの「視線を走らせる」に近くなる。

　(9) の「{ペン／筆} を走らせる」も、物としての「ペン／筆」の意味が保たれているように思われるが、「{ペン／筆} を走らせ

る」は、書記動作と関係なく単に“ペンや筆をすばやく動かす”ことを表すことはできず、ペンや筆を用いて紙に文字や絵などを描くことを表しているのであり、やはり慣用的ないいまわしである。

(イ) 慣用的な組み合わせ

慣用的な組み合わせといえるものに、次のようなものがある。(10) は身体部位名詞及びそれに準ずる名詞との組み合わせ、(11) はその他のものである。

(10) 視線を走らせる●、{足音／声} を忍ばせる●、神経をとがらせる●、{姿／行方} をくらませる●

(11) {議論／意見} を戦わせる、{想像／想い／策} をめぐらせる●、条件を満足させる、{車／タクシー／馬} を走らせる●、{金／ひま} にあかせて●

これらの慣用句は、ある限定された名詞と「V-(サ) セル」との組み合わせが独自の意味を表すのだが、名詞のほうの意味は保たれており、「V-(サ) セル」の意味が特殊（3.1 節でみた奥田 1967a のいう「慣用句にしばられた意味」）になっている。「視線を走らせる」についていえば、「走らせる」はこの慣用句において“(視線を) ある物のほうにさっと向ける”という意味を表している。「{足音／声} を忍ばせる」の「忍ばせる」は“(自分の足音や声を) 小さくする、目立たなくする”という意を、「神経をとがらせる」の「とがらせる」は“(神経を) 過敏にする”という意を表している。つまり、これらの「V-(サ) セル」は文法的な派生動詞としての意味（すなわち、原動詞の語彙的意味と「-(サ) セル」の文法的意味とが合わさった意味）ではなく、独自の語彙的意味の一単位性を有している。

なお、ここで慣用的な組み合わせとした「{姿／行方} をくらませる」については、身体部位名詞に準ずる「姿」のほうはもとの意味が薄れてしまい、「姿をくらませる」全体で“居場所をわからなくする”という意味を表す慣用的ないいまわしとみるべきかもしれない。

（ウ）組み合わせがかなり自由なもの

　対応する「Ｖ」をもたない「Ｖ-(サ) セル」のなかには、上で見たような慣用句ではなく、一定の範囲の名詞とかなり自由に組み合わさって種々の組み合わせ（＝連語）をつくるものもある。たとえば「忍ばせる」は、上でみた「{足音／声} を 忍ばせる」とは別に、ヲ格の物名詞・ニ格の物名詞と組み合わさって、「懐にナイフを忍ばせる」「バッグに匂い袋を忍ばせる」「ポケットにお守りを忍ばせる」「スーツケースに妻の遺影を忍ばせる」「巻煙草を着物の間に忍ばせる」「マグロの腹の中にビニール入りの短銃を忍ばせる」「ピストルを外套の下に忍ばせる」のような様々な連語をつくる。

　この「忍ばせる」をはじめ、種々の名詞と自由に組み合わさる「Ｖ-(サ) セル」には次のものがある。(12) はヲ格・ニ格の物名詞との組み合わせ、(13) はニ格の人名詞・ヲ格の事物名詞との組み合わせ、(14) はヲ格の人名詞（相当）との組み合わせ、(15) はヲ格の事物名詞との組み合わせである。

(12)（懐にナイフを）忍ばせる•、（バッグに包丁を）ひそませる•、（野菜を熱湯に）くぐらせる、（ポケットにハンカチを）のぞかせる•

(13){（人にナイフを）／（相手に武力行使を)} ちらつかせる•、（人に金を）握らせる•、（人に金を）つかませる•、（部下に事情を）含ませる、（両親に家出の決心を）匂わせる•、（相手に本心を）けどらせる

(14)（容疑者を）泳がせる•、{（2人を）／（娘を好きな人に)} 添わせる•*7、（2人を）めあわせる•、（玄人を）うならせる、（新聞紙上を）騒がせる•、{（人を）／（人の手を)} わずらわせる•

(15){（パイプを）／（紫煙を)} くゆらせる•、{（大地を）／（扉を)} ゆるがせる•、（森を）とどろかせる•、（縫物針を）急がせる

　この類の「Ｖ-(サ) セル」は名詞との組み合わせがかなり自由ではあるが、これらもまた、原動詞の語彙的な意味と「-(サ) セル」の文法的な意味からなる合成的な意味を表すのではなく、「Ｖ-(サ)

セル」が独自の語彙的意味を表している。慣用的な組み合わせにおける「V-(サ)セル」の独自の意味は当該の慣用句の中でだけ発揮される慣用句にしばられた意味であったが、こちらのように種々な組み合わせをつくりうる「V-(サ)セル」がもつ独自の語彙的意味は、そういった限定のないものである。この節であげた「V-(サ)セル」には、「●」が示すように国語辞書に立項されているものが多く、このことも語彙的意味の独自性を傍証するものだろう。

4. 「V-(サ)セル」の語彙的意味の一単位性

　この節では、慣用的な組み合わせや自由な組み合わせにおける「V-(サ)セル」のうちには文法的な派生動詞ではなく独自の意味を表す語彙的な単位（語彙項目 lexical item）として成立し、日本語の語彙体系の中に位置づいているとみなせるものがあることを具体的に考えてみる。その際、当該の意味で類義の他動詞のあるものについては、それらとの異同（張り合い関係）も考えあわせることにする。

4.1　語彙的意味の独自性　新たな語彙的意味の成立

　たとえば、先の（12）にあげた「懐にナイフを忍ばせる」の「忍ばせる」は、次の（16）と（17）の「忍ばせる」を「入れる」で言いかえてもほぼ同じ事態を表せることにうかがえるように「入れる」と類義である（（16）と（17）に分けたことについては後述）。

（16）九津見容疑者はバッグに六本組みのドライバーセットを忍ばせ、搭乗ゲートの手荷物検査をクリア。空席の目立つ二階スーパーシートの座席に着いてから、柄にアイスピック状のドライバーを装着した。　　　（毎日新聞 1995.07.01）

〔他の例：「男はバッグに忍ばせたカメラで客室乗務員を盗撮していた」「マグロの腹の中に短銃を忍ばせて密輸入する」「女は胸に懐刀を忍ばせていた」「彼女がポケットにそっと紙幣を忍ばせるのをみた」〕

(17)三好さんは医学博士で産婦人科の専門医であり、幼い長女
　　の写真を常に胸に<u>しのばせている</u>。　　　　　　　（黒い雨）

　〔他の例：「晴れた日の外出には折りたためる帽子をバッグ
　　に<u>忍ばせておく</u>と便利です」「女どもはそれを袋に入れてふ
　　ところに<u>忍ばせ</u>香袋にするものだ」「彼は整腸剤を机の中に
　　<u>忍ばせて</u>仕事をしていた」「星野は妻の遺影をポケットに<u>忍</u>
　　<u>ばせて</u>ナゴヤドームにいった」〕

　しかし、「Nを忍ばせる」は“Nがはいっていることを人に気づ
かれないように入れる（入れておく）”という場合に使われるのが
ふつうであるのに対して、「入れる」にはそういった制限がないの
で、両者はその点で異なる。また“人に気づかれないように”とい
う点で同様の制限をもつ複合語「隠しもつ」とも異なる面がある。
すなわち「隠しもつ」は“もっていてはいけない物をもっている”
ことを表すのがふつうなので、(17)のようにそういった意味合い
のない「忍ばせる」を「隠しもつ」に言いかえるのは不自然である。
このように、「忍ばせる」は「入れる」とも「隠しもつ」とも異な
る独自の意味“物を、それがそこにあることを人に気づかれないよ
うに何かの中に入れておく”ことを表すのにふさわしく、他動詞の
語彙体系の中でそれらと張り合い関係にある。また、「忍ばせる」
と同じく（12）の類である「（野菜を熱湯に）くぐらせる」は、
「とおす」の意味に近いが、何かの中をさっと移動させるという動
きの様子を生き生きと表現するのにふさわしく、「（ポケットにハン
カチを）のぞかせる」は、「出す」に比べ、狭いところから中の何
かの一部分が見えているという様子を表すのにふさわしい。

　（13）にあげた「{（人にナイフを）／（相手に武力行使を）}ち
らつかせる」は、「（人にナイフを）みせる」や「（相手に武力行使
を）ほのめかす」に比べて、いちどに全貌を示すのではなく少しず
つちらちらと示すというやりかたを感じさせる。また「（人に金を）
{握らせる／つかませる}」「（部下に事情を）含ませる」は、原動詞
「握る／つかむ」「含む」の表す動きの結果状態としての、自身の手
中に把持されている、自身の体内に取り入れられている、という状
態をつくりだすことを表すものとして、「与える／やる」「いう／伝

える」よりもふさわしい。また、「（両親に家出の決心を）匂わせる」には、"ある事情がまわりの人にそれとなく伝わるようにする"という感じがうかがえる。

　（14）の「（容疑者を）泳がせる」は、"〔犯罪の被疑者などから、さらに証拠を集めるなどのために〕（警戒心を起こさせないようにして）自由に行動させる。"（『新明解国語辞典』）と語釈されるような独特の意味をもつが、ここにも原動詞「泳ぐ」の意味が反映している。「泳ぐ」という動きは、「歩く」や「走る」に比べると、手足を存分に使っての動きという面があり、かつ動く方向の限定もあまりなく、さらに水中での浮遊感も感じさせる。こういった特徴をもっているため、「泳がせる」は"自由に行動させる"というのにふさわしいのだと思われる。また、「2人を添わせる」「娘を好きな人に添わせる」は、「結婚させる」「嫁がせる」と比べて"そばを離れずにいる、ぴったりついている"という状態をつくりだすという感じがある。

　（15）にあげた「（葉巻を）くゆらせる」は、「（葉巻を）吸う／ふかす」と違って、ゆったりとたしなむ感じをもっぱら表現しており（「葉巻を｛ゆったり：??すぱすぱ｝くゆらせる」）、「｛（大地を）／（扉を）｝ゆるがせる」は「ゆらす／ゆする」とは違って、大きな音が発するほどゆらすことを表現する。「（縫物針を）急がせる」は「動かす」と類義であるが、はやる気持ちを感じながらの急ぎの作業であることをうかがわせる。

　慣用的な組み合わせのほうでも、「視線を走らせる」は「視線を動かす」よりも早さや直線性を感じさせ、「議論を戦わせる」は、「議論をする」「議論をかわす」に比べてやりとりの激しさがうかがえる。

　このように、ここでみてきた「V-（サ）セル」表現は、当該の組み合わせにおいては原動詞表現が成りたたないものの、その原動詞で表現される具体的な動きの様子を髣髴とさせるような、ときに限定・精密化された意味を表している。「V-（サ）セル」によるこういった表現は、もともとは形象性（主としてメタファー的な形象

第12章　「V-（サ）セル」の語彙的意味の一単位性　　363

性）に支えられた臨時的な使用だったものであろう。それが一定の名詞との組み合わせがくりかえし使用されることで慣用的な組み合わせとなって独自の意味を発達させ、さらには、組み合わさる名詞の範囲がひろくなって種々の組み合わせをつくれるようになり、「V-(サ) セル」が慣用句から解放される。すなわち、「V-(サ) セル」がその形象性を生かした臨時的・比喩的な使用のつみかさねによって次第に慣用句にしばられた意味を成立させ、そして、さらなる使用のなかでこんどは慣用句から解放されてふつうの他動詞と張り合い関係をなす独自な意味を確立させていく、そのようなプロセスが考えられる。

　そして、そのようなくりかえしの使用と独自の意味の定着をうながす動機・要因として働いたのは、その「V-(サ) セル」が類義の他動詞と張り合う独自の意味を表しうるものであり、既存の語彙体系のなかで価値ある存在として機能しえたことによると思われる。

　「V-(サ) セル」は形態的には「V」と「-(サ) セル」からなる合成的な単位である。そういった性質をもつ「V-(サ) セル」にみられる語彙的意味の独自性は、「-(サ) セル」が本来もつ文法的な意味［動きや変化の引きおこし］が、当該の「V」の語彙的な意味の発現・発露を表現するという方向に働いた結果つくりだされたといえるのではないだろうか。そして、新たな語彙的意味を確立した他動詞がうみだされることによって、既存の他動詞群のつくりだす語彙的意味の体系はより豊かなものになる*8。

4.2　連語論的な性質の独自性

　文法的派生動詞としてではない独自の一単位としての語彙的意味をもつようになった「V-(サ) セル」は、その反映として、連語論的な性質、すなわち、他の単語との組み合わせのあり方にみられる性質において、文法的派生動詞としての「V-(サ) セル」とは異なる性質を示すことがある。

　たとえば「泳がせる」は、人の移動様態を表す動詞としての「泳ぐ」からの「泳がせる」ならば、移動の出発点や到着点、移動距離、移動場所、移動の様態などを表す名詞や副詞などと組み合わさるこ

とができ、原動詞表現と包摂関係をなす。

（18）「選手をA地点からB地点まで泳がせる（⊃選手がA地点か
らB地点まで泳ぐ）」「学生を20キロ泳がせる（⊃学生が
20キロ泳ぐ）」「子供をプールで泳がせる（⊃子供がプール
で泳ぐ）」「ゆっくり泳がせる（⊃ゆっくり泳ぐ）」

それに対して、「犯人を泳がせる」の「泳がせる」は移動表現のも
つこのような組み合わせをつくることができない。「犯人を泳がせ
る」は［人ヲ Vt（ほうっておく、自由にする、あやつる、等）］の
ような、人への態度的なかかわりを表す組み合わせに近い。

　3.2節の（12）であげた「バッグに包丁をひそませる」「野菜を
熱湯にくぐらせる」は、ニ格・ヲ格の物名詞と動詞からなる［物ニ
物ヲ Vt（入れる、しまう、通す、等）］という付着型の組み合わせ
であり、同じ「ひそませる」「くぐらせる」であっても「竹藪に捜
査員をひそませる（⊃竹藪に捜査員がひそむ）」や「子供に門をく
ぐらせる（⊃子供が門をくぐる）」とは組み合わせのタイプが異な
っている。4.1節で具体的な組み合わせの例を示した「懐にナイフ
を忍ばせる」も付着型である。また、（13）であげた「人にナイフ
をちらつかせる」「相手に武力行使をちらつかせる」は、ニ格の人
名詞・ヲ格の事物名詞と動詞からなる［人ニ事物ヲ Vt（みせる、
しめす、ほのめかす、等）］のような提示型の組み合わせであり、
「冷気がふもとに雪をちらつかせる（⊃（冷気のせいで）ふもとに
雪がちらつく）」とは異なっている。

　このように、対応する原動詞表現をもたない「V-（サ）セル」が
それをもつ「V-（サ）セル」と異なる独自の連語論的性質を示し、
類義の他動詞に相当する特徴をもつものもあることは、そのような
「V-（サ）セル」が、「V」と「-（サ）セル」からなる合成的な単位
ではなく単一の単位として独自の語彙的意味を発達させていること
の現れである。

4.3　構文論的な機能の独自性

「V-（サ）セル」の独自の意味はまた、文中での構文論的な機能
にも反映されることがある。まだ調査が充分とはいえないが、今後

への足がかりとして、「忍ばせる」を例にして考えてみる。「忍ばせる」は3節で、慣用的な組み合わせとして（10）「{足音／声}を忍ばせる」を、組み合わせがかなり自由なものとして（12）「（懐にナイフを）忍ばせる」をあげた。この2つは文中での機能においても異なる性質を示す。ここでは、第1章で述べた電子化資料の調査結果にもとづいて両者の違いを考えてみる。

　まず、「{足音／声}を忍ばせる」類は50例あるが*9、構文的な機能をみると、「人が足音を忍ばせて{やってくる／廊下を出た／近づいていった}」のように、「忍ばせる」がいわゆるテ形をとり独自の主語をもたずに連用的な機能をはたす［忍ばせて……移動］という例が37例、同様な構造でシ形およびそれに準ずる形をとる［{忍ばせ／忍ばせながら／忍ばせつつ／忍ばせるように}……移動］という例が6例である。すなわち50例中43例の「忍ばせる」が、主体の移動が表現される文において連用修飾機能をはたすものであり、人が移動をするときの様態が"自身の足音や声が目立たないよう小さくした状態"であることを表している。慣用的な組み合わせである「{足音／声}を忍ばせる」は、文中での機能がかなり限定されているといえる*10。

　一方、名詞との組み合わせがかなり自由で「入れる、隠しもつ」と張り合う独自の意味をもつ「（懐にナイフを）忍ばせる」のほうをみると、例が78例あるがこちらには上のような偏りはない。［{忍ばせ／忍ばせて}……移動］は9例にすぎず、連用修飾機能であっても、「乾し小魚をポケットに忍ばせて暇なときに食べる」「整腸剤を机の中に忍ばせて仕事をする」「上履きの中に画びょうを忍ばせ、女子生徒にけがをさせた」のように述語は様々である（9例）。連体修飾の例（「懐に忍ばせた札入れ」）も12例ある。その他は終止述語の例であり（48例）、人の具体的な動作の様態を詳しく述べたもの（「片手を湯の底にそろそろ忍ばせた」「苦心しながら忍ばせた」）、動作の結果の状態を述べたもの（「ピストルを胸ポケットに忍ばせていた」）、いわゆる準備性を表すシテオク形（「忍ばせておいたのだ」）など多様である。このように、名詞との組み合わせがかなり自由な「忍ばせる」は、種々の構文論的な機能をはたす

ものとして使われており、慣用的な組み合わせである「{足音／声}
を忍ばせる」とはずいぶん異なっている。

　以上みてきたように、対応する原動詞表現をもたない「V-(サ)
セル」の中には、原動詞の表す意味の何らかの反映を含みつつも新
たな独自の語彙的意味を獲得し、それにふさわしい文法的性質をそ
なえた他動詞として成立しているものがあるといえる。

5．おわりに

　本章ではまず、原動詞と対応をなさない「V-(サ) セル」につい
て、名詞との組み合わせの自由度・固定度の点で大きく 3 つに分け
た。
　・慣用的ないいまわしをつくるもの：「気をもたせる」
　・慣用的な組み合わせの要素になるもの：「視線を走らせる」
　・組み合わせがかなり自由なもの：「ポケットに財布を忍ばせる」
そして、慣用的な組み合わせの要素となる「V-(サ) セル」、およ
び組み合わせがかなり自由な「V-(サ) セル」には、文法的な派生
動詞としてではない独自の語彙的意味をもつものがあることをみた。
そしてその語彙的意味の反映としての独自の構文論的性質について
も考えた。
　「V-(サ) セル」は、形式的には「V」と「-(サ) セル」からなり、
多くの場合、使用の場面で自由につくりだされて、「V」の語彙的
な意味に「-(サ) セル」の文法的な意味が合わさった合成的な意味
を表す。しかし、「V」との対応を失った「V-(サ) セル」は、個々
の言語活動に先立って（文をつくるのに先立って）既成品として話
し手に与えられているものとしての語彙的な単位（語彙項目
lexical item）であり、内容的（意味的）にも、現実のある断片を
独自にさししめす一単位としての単語となっていると思われる。た
だし、独自の意味を成立させているといっても原動詞の語彙的な意
味と全く無関係な意味になるのではなく、たいていの場合、原動詞
の表す意味の発露・発現というニュアンスをもった意味、つまり意

味的な透明性（transparency）をある程度残した意味となっていることが多い。こういった「V-(サ) セル」には類義の他動詞（「-(サ) セル」を含まない他動詞）が存在するものもあるが、成りたちゆえの独自の意味をもつ動詞としてそれらと張り合い関係をもち（「忍ばせる」と「入れる、隠し持つ」等）、語彙体系の中に位置づいている。「V-(サ) セル」にみられるこの現象はいわゆる「語彙化（lexicalization)」の一種と言いうるものかもしれないが、それについては改めて考えたい。

　最後にこの問題についての今後の考察の方向を示すならば、本章では対応する原動詞表現のない「V-(サ) セル」を考察対象としたのだが、それをもつ「V-(サ) セル」についても考える必要がある。対応する原動詞表現のある「V-(サ) セル」については、その一部のものにのみ語彙的意味の一単位性がみとめられるのか*11、あるいは「V-(サ) セル」はすべて語彙的な単位とみなせるのかが問題となる。青木（1977［1995：118–120]）では、まず動詞の意志性が問題にされ、「もとになる自動詞（以下原自動詞と称する）に意志的性格が濃厚である場合には、一般に使役として受取られ、原自動詞に全く意志性が見られない場合には、「す」型は勿論「せる」型でも殆ど問題なく他動詞と見なされる」とされ、「V-(サ) セル」について、「(「-(サ) セル／ス」の付加である点では）文法的な問題であるが、付加されて出来た全体はやはり動詞という詞であり、原動詞とは異なった意味の動詞が成立するものである点において、あたかも単語と複合語との関係の如くそれは全く詞的な意味の問題である」（圏点は原文）とされていて、「詞」としての「V-(サ) セル」に語彙的意味の独自性を認めている*12。鈴木（1980）も、「V-(サ) セル」を「使役性というカテゴリカルな意味特徴のくわわった複合的な語い的な意味をもつ動詞の種類」だとし、「-(サ) セル」の付加は「(形態論的な）形づくり form formation」ではなく、「単語つくり word formation」だとする。ただし「V-(サ) セル」の意味に独自の他動詞としての特殊性をみとめているわけでは必ずしもないようである。

　「V-(サ) セル」は、「V」と対立する形態論的な形なのか、語

彙・文法的な単位としての独立の動詞（語彙項目）なのか。おそらく、文法的な生産性の高いものとしての前者が多い一方で、後者のように語彙的な既成性の高いものもあるということではないだろうか。

---

*1 『新明解国語辞典』（書誌情報は巻末の文献一覧を参照）。

*2 『国語学大辞典』（書誌情報は巻末の文献一覧を参照）の「慣用句」の項目（執筆、永野賢）。宮地（編）（1982）のなかの「慣用句概説」（pp.237–265）では、慣用句の概念ははっきりしているわけではないとしたうえで、「単語の二つ以上の連結体であって、その結びつきが比較的固く、全体で決まった意味を持つ言葉だという程度のところが、一般的な共通理解になっているだろう」（p.238）としている。

*3 この例では、「手つづき、うそ、愚痴」が、「留学の手つづきを始める」「巧妙なうそにだまされる」「上司の愚痴を言う」のようにふつうの組み合わせであるときの意味を保っており、「ふむ、つく、こぼす」のほうが慣用句にしばられた意味である。

*4 『新選国語辞典』を調べたのは編者の1人に佐伯梅友氏が入っていることによる。氏は、佐伯（1960）において、「（さ）せる」と「（ら）れる」について「助動詞を付けて、させる意味（使役）にしたり、される意味（受身）にしたりすると、全体が新しい一つの動詞のようになって」とされており、小型の国語辞書のなかでは「V-(サ) セル」「V-(サ) ス」を比較的多く立項しているのではないかと考えたことによる。ただしこの辞書の解説などにそういったことが書かれているわけではない。なお、同規模の他の辞書として『新明解国語辞典』も調査したところ、立項の様子がほぼ同様であった。なお、これらの辞書の書誌情報は巻末の文献一覧を参照。

*5 青木（1977［1995：118]）は、「「せる」型が頻用され、一語意識が強くなると五段活用の「す」型に転ずる傾向はある」としている。

*6 佐藤（1986：109）にも同様の指摘がある。ただし佐藤（1986）では、「V」表現との対応の有無はとくに問題とされずに例があげられている。

*7 「2人を添わせる」に対応する表現としての「*2人が添う」は現代語で使われないのでここでの例である。ただし複合動詞「2人が添いとげる」には化石的に残っている。

*8 慣用的ないいまわしの場合には、たとえば、「（会合に）顔をのぞかせる」は「出席する」と、「肩をいからせて（歩く）」は「いかめしそうな様子で」と類義であり、いいまわし全体が一単語相当になって語彙体系を豊かにしている。

＊9 「足音を」「跫音を」「靴音を」「足を」「息を」「声を」がそれぞれ、40例、1例、1例、6例、1例、1例ずつ。

＊10 3.2節の（イ）の（11）であげた「{金／ひま}にあかせて」は常に連用修飾語として用いられ、述語用法はない。

＊11 「知らせる」はその最たるものであり、「聞かせる」「もたせる」も、単に「V」＋「-(サ)セル」ではない意味を発達させている（第10章、第11章）。

＊12 これは、時枝（1950a）等が「せる・させる」を「れる・られる」とともに「語形成の接辞」と扱っていることをうけてのことと思われる。

第13章

使役動詞条件形の後置詞への近づき
使役主体の不特定性と使役文の性質

1. はじめに

　使役動詞（「V-(サ) セル」）は、使役文の主節述語として用いられる（「部長が部下に命じて荷物を運ばせる」）だけでなく、従属節すなわち連用節や連体節内の述語としても用いられ、その連用節・連体節は文中で一定の機能をはたす。そしてその際に、述語以外の文要素の有無やそれらの語彙的・文法的な性質によって、当該の節やそれを含む文の文法的な性質も異なったものになる。本章では、そのひとつとして、使役動詞が条件形をとって条件節（連用節の一種）の述語となっているものをとりあげ、そこにおける、文の諸要素の意味的機能的性質と文の意味との関係を考察する*1。

　　（1）彼は子供たちを座席に<u>すわらせると</u>、弁当を買いにホームにでた。

　　（2）子供に皮をむいたりんごを<u>持たせると</u>おいしそうに食べた。

　　（3）光秀は、天下を<u>語らせると</u>誰よりも明晰だ。

　考察に際しては、文要素としての使役主体、すなわち、当該の使役動詞の表す使役動作の主体（使役の引きおこし手）が特定者であるか不特定者であるかにまず注目して（上の（1）（2）では特定者、（3）では不特定者）、両者における複文の性質の違いを確認する。そして次に、後者（使役主体が不特定者であるもの）について、条件節述語である使役動詞、その条件節、さらにはその条件節を含む複文がどのような文法的性質をもつかを考える。使役動詞が（3）のように、使役主体が不特定者である条件節における述語という機能をはたすとき、その使役動詞および条件節は典型的な使役構造のものではなくなり、そういう条件節をもつ複文には、（3）のような、動作主体（「光秀」（Y））を主題とし、主節でその性質を叙述

371

する文〔Yハ V-(サ) セ-条件形 … (性質) …〕、およびそれに準ず
るものが多くなる。このことを手がかりにして、使役文における使
役主体が不特定者であることの意義についても考えてみる。

2. 分析の対象と方法

　本章で分析の対象とするのは、使役動詞の条件形が条件節述語と
なっている（1）〜（3）のような複文である。使役動詞の条件形と
は、使役動詞（「V-(サ) セル」）が「V-(サ) セレバ」「V-(サ) セ
ルト」「V-(サ) セテモ」「V-(サ) セタラ」「V-(サ) セルナラ／
V-(サ) セタナラ」の形になったものをいう（「読ませれば」「読ま
せると」「読ませても」「読ませたら」「読ませるなら／読ませたな
ら」）。これらを条件節述語とする用例を、第1章の2.8節で紹介し
た「基本資料」からの手作業収集および「補充資料（電子化）」と
したものからの文字列検索によって収集した。該当する用例は前者
から9例、後者から216例収集され、これを合わせた計225例を
分析の対象にする。

　なお、後者（電子化資料）について少し説明を加える。この「補
充資料（電子化）」から文字列検索によってまず収集された「V-
(サ) セ-条件形」に相当する形は963例であったが、次のものは
今回の調査対象からのぞいた。（a）第11章で考察した「知らせる、
聞かせる」、および同じく他動詞相当の性質のある「合わせる」
「（用事を）すませる」の条件形、（b）「（ヒトに）言わせると、（ヒ
トに）言わせれば」のような、高橋（1983a）のいう「条件形から
発達した後置詞」になっているもの（後述）、（c）「〜サセルトイイ、
〜サセテハイケナイ」のように、条件形と「いい、いけない」など
とが組み合わさって慣用表現となったもの、（d）翻訳作品中の用
例*2、である。手作業で収集したものにも、もちろんこれらは含
まれない。

（ⅰ）使役主体の特定・不特定
　考察にあたってまず、使役主体が特定者であるか不特定者である

かに注目するのだが、特定者か不特定者かは必ずしも常にはっきり判断できるわけではない。先の（1）（2）のように使役主体が特定者であることが明白なもの、（3）のように使役主体が不特定者であることが明白なものもあるが、使役主体が特定者であるか不特定者であるかがはっきりしないものもある。次の（4）の使役主体は、「大宮」という特定者だとも考えられるし、特定の誰かだということを問題としていないとも考えられる。また、（5）では、「お宅さんの会社」の特定の人（1人でも複数でも）なのか、社員一般という不特定者なのかどちらとも考えられる。

（4）大宮は、考えた。熟練工でも手に負えない作業ならば、素人工を訓練して<u>従事させても</u>同じことではないか。

（戦艦武蔵）

（5）「{彼らは} 何しろ、ここ何年て、もっぱらヘルメットかぶって、角材もちなれてるんですから。お宅さんの会社で、すぐ山奥の現場へ叩き込んで、保安帽かぶらして測量の棒<u>もたせても</u>、役に立つと思いますよ。　（太郎物語・大学編）

本章では、このようなものは特定性が不明なものとしておく（特定であるもの137例、不特定であるもの64例、どちらか不明なものなど24例）。

（ⅱ）**主節で述べられる事態の性質**

使役主体が特定者である複文と不特定者である複文とでどのように性質が異なるかを考えるにあたっては、主節の内容すなわち、主節において使役主体の動作が述べられているのか、動作主体の動作が述べられているのか、動作主体の性質が述べられているのか、といったことを手がかりにする。先の（1）（2）（3）の主節では、それぞれ、使役主体の動作、動作主体の動作、動作主体の性質が述べられている。

（1´）彼は　　子供たちを　　座席にすわらせると、
　　使役主体　　動作主体　　弁当を買いにホームにでた。
　　　　　　　　　　　　　　　　使役主体の動作

第13章　使役動詞条件形の後置詞への近づき　　373

(2´) (私が)　　子供に　皮をむいたりんごを持たせると、
　　　使役主体　動作主体　　　　　　　　おいしそうに食べた。
　　　　　　　　　　　　　　　　　　　　　　動作主体の動作

(3´) 光秀は、天下を　語らせると　誰よりも明晰だ。
　　　動作主体　　　　　　　　　動作主体の性質

　なお、以下で用例を示す際、使役主体・動作主体にあたるものが前後の文も含め文中に示されている場合には、使役主体を＿＿で、動作主体を＿＿で示す。そして、主節に述べられている使役主体の動作、あるいは動作主体の動作や性質を＿＿で示す。例：「太郎は子供たちを座席に座らせると外に出ていった」

3. 使役主体が特定者である使役動詞条件節を含む複文

　使役主体が特定者である文は上述のように137例あるが、使役動詞条件節を含む複文の主節は、使役主体についての叙述であるもの（先の（1´）のタイプ56例）のほうが動作主体についての叙述であるもの（（2´）のタイプ25例）よりも多い。そしてその他に、新たな事態の出現や事実の判明などを述べるもの（56例）もある。

3.1　主節が使役主体についての叙述であるもの

　主節が使役主体についての叙述であるもの（56例）には、使役主体の動作が述べられているものと変化が述べられているものがあるが、動作が述べられているものが52例と圧倒的に多い。

（ア類）使役主体の動作

　主節に使役主体の動作が述べられている文（52例）では、条件節における使役主体が主節事態の主体でもあって、条件節では動作主体に対する使役主体の使役動作が述べられ、主節では使役主体自身の（動作主体に関わらない）動作が述べられるものがほとんどである。

(6) 山本太郎は、新幹線の席におやじとおふくろを並んで坐らせると、自分は数列前の席へ行った。　　　　（太郎物語・大学編）

374　　Ⅳ　「V-（サ）セル」の使役動詞性とその変容

（7）兵士たちは殴りたおした男たちをひとりずつたたせて綱に
　　そって一列にならばせると、今度は一軒一軒家に入ってい
　　ってベッドのしたから物置のなかまで、徹底的に捜索した。
　　　　　　　　　　　　　　　　　　　　　（開高健、流亡記）

（8）奉行は通辞に命じて、白湯を司祭のために運ばせると微笑
　　を頬に浮べたまま、自分の赴いた平戸の話をゆっくりとし
　　はじめた。　　　　　　　　　　　　　　（遠藤周作、沈黙）

　またわずかだが、条件節で動作主体に対する使役主体の使役動作
が述べられ、主節でもその同じ動作主体に対する使役主体の動作が
述べられるものもある。

（9）私はお父さんに、二升の米と、半分になった朝日と、うど
　　んの袋をもたせると、汗ばんでしっとりとしている十円札
　　を一枚出して父にわたした。　　　　　　　　　　（放浪記）

　このア類は、上例のように条件形が「〜ト」であり条件節にも主
節にも具体的な動作が述べられていて、2つの独立した動作が継起
的に生じたことの表現となっているものが多いことが特徴的である。
　条件形が「〜ナラ」のものは3例のみでいずれもこのア類なのだ
が、上の諸例と違って継起的な動作が述べられているのではなく、
次の（10）のように、条件節の事態が成立するのを仮定し、成立
した際には使役主体にこういう動作を望むという動作主体（「柳」）
の意向が主節に述べられている。

（10）「柳が絶対に厭だと言うんだよ。厭なのに無理に引退させる
　　　なら、それだけの金をよこせと言うんだ」　　（一瞬の夏）

（イ類）使役主体の変化

　主節に使役主体の変化が述べられているのは4例のみであった。
（11）の主節では使役主体の心理的な変化が述べられ、（12）の主
節では、使役主体の財産の状態の変化が述べられている。

（11）こう云う意味を書いて、すぐ速達便でださせると、信之は、
　　　やっと少し落ちつくことが出来た。　　　　　（多情仏心）

（12）（本家が）……二男三男に分家をさせれば、本家の田畠を減
　　　らすことになるからである。　　　　　　（楡家の人びと）

第13章　使役動詞条件形の後置詞への近づき　　375

3.2 主節が動作主体についての叙述であるもの

（ウ類）動作主体の動作

使役主体から動作主体への使役動作が条件節で述べられ、それを受けてなされる動作主体の具体的な動作が主節で述べられるものが19例ある。

(13) 私は右の、<u>エディ</u>は左のグローブをはずしにかかった。力をこめて<u>脱がせる</u>と、<u>内藤が眼を開けてこちらを見た。</u>

（一瞬の夏）

(14) 私が声を出して抱き上げ、あぐらをかいている膝のあいだに<u>坐らせる</u>と、<u>極めて自然に私の胸に体をもたせかけてきた。</u>

（一瞬の夏）

(15) 一番味の好さそうなのを<u>お米</u>は選んで、半分にさいて、皮を剥いて、小さく割って、そのまま手に<u>持たせる</u>と、<u>病人</u>は秀雄の顔を飽かず見ながら、それをさも旨そうにサクサクと音させて食った。

（生）

これらはいずれも「〜ト」節であって2つの動作は継起的でアクチュアルなものである。「〜バ」節、「〜タラ」節の場合には、継起的ではあるものの必ずしもアクチュアルな動作ではない（ただし「〜バ」「〜タラ」節は少なく、それぞれ3例、2例）。

(16)「尾島を取り調べている<u>連中</u>も、夫人に<u>会わせれ</u>ば、気持ちをほだされて<u>尾島が自白するんじゃないか</u>と期待してるようです」

（女社長に乾杯）

（エ類）動作主体の変化

主節に、使役主体から動作主体への働きかけによって動作主体に生理的あるいは心理的な状態変化が生じることが述べられるものが、多くはないがある（6例）。

(17) 八カ月目に風邪をひき、熱さましを<u>のませる</u>と、今度は<u>下痢がつづいて、伸子はみた目にはっきり痩せおとろえ、</u>

（野坂昭如、死児を育てる）

(18) 薬の調合は総て<u>青洲</u>がひとりでやっている。魚の出し汁で煮た米の雑炊の中に様々な煎じ薬を混ぜて<u>犬や猫</u>に<u>食べさ</u>

せると、数時間たたないうちに彼らはそれぞれ変化を見せ始めた。 　　　　　　　　　　　　　　　　　　　（華岡青洲の妻）

3.3　主節が使役主体や動作主体についての叙述でないもの

主節が、使役主体についての叙述でも動作主体についての叙述でもないものとして次のような類がある。

（オ類）新たな事態の現出

条件節の事態が実現したことをきっかけとして使役主体や動作主体のまわりに新たな事態が生じることが主節で述べられるものが30例ある。（20）では、動作主体の変化を内に含んだ大きな事態の新たな現出が述べられている。

(19) そのころまで鷹ケ峰といえば盗賊の巣で、京の治安上、数百年来問題の土地であることを家康は知っている。光悦ほどの名望家にここを与えて住まわせれば、かれの名を慕う連中が多く移住するようになり、土地もひらけ、盗賊も棲まなくなるであろう、とみたのである。　　（国盗り物語）

(20) {講師である私が} 聴衆たちに唱和させると、会場の雰囲気が盛りあがり、なごやかになった。　　（人民は弱し官吏は強し）

（カ類）事実の判明（および、それによる使役主体の知識・認識の変化）

条件節で述べられている使役事態が生じた結果として、ある事実が判明することが主節に述べられているものが12例ある。

(21) 空襲のあった翌日の朝、柴田助役が登庁して黒瀬収入役を粟屋市長の自宅へ様子見舞に行かせると、粟屋さんの居間であったと思われる焼跡に、大人の半焼死体と幼児の半焼死体が互に寄添うようにして倒れていた。　　（黒い雨）

(22) 杉は生駒と共に二隊の兵を随えて大和橋を扼して待っていた。そこへフランスの兵が来掛かった。その連れて来た通弁に免状の有無を問わせると、持っていない。　　（堺事件）

ここで使役主体は、「粟屋市長」「フランスの兵」の状況を知りた

第13章　使役動詞条件形の後置詞への近づき　　377

くてそのために必要な行動を動作主体にとらせている。主節で述べられていることは、条件節事態の実現によって新たに生じた事態なのではなく、それ以前から既にそうであった事態である。新たに生じたのはむしろ、主節で述べられている事実が判明することによって生じた使役主体の知識や認識の変化である。上例の主節は各々「……倒れていたことがわかった」「……持っていないことを知った」というのに近く、その点で3.1節の「(イ類) 使役主体の変化」に通じるところがある。

　(キ類) 条件節で述べられている事態についての使役主体や話し手の評価
　次の例のように、主節述語が「もったいない」「かまわない」「おしまいだ」のような評価的な形容詞 (及びそれに準ずるもの) であると、これらの主節は条件節事態が成立すること (〔この男がフウチョウボクを食べることになる〕〔おれたちが雑巾をもつようになる〕) 自体についての、使役主体や話し手の評価を述べるものになっている (14例)。
　(23) しかし、フウチョウボクなどというものを、<u>睨み鯛に食べさせたってもったいない</u>ので、それは省き、あとはこの男を驚かすために、レバー・ステーキとキャベツのバター煮を作ることにした。〔「睨み鯛」は「この男」のあだ名〕

　　　　　　　　　　　　　　　　　　　　　　　　　(太郎物語・大学編)
　(24) 「止せ、止せ、<u>河合</u>が心配するから。……」……「なあに、<u>ちっとぐらい心配させたって構わん</u>さ。」　　　　(痴人の愛)
　(25) 「こんなもんおれたちがちょっと手を動かせば、三分間で、床も廊下もぴかぴか塵一つなくしてみせるんだ。しかしな、<u>おれたちに、雑巾をもたせたら、もうそれでおしまい</u>やぞ」

　　　　　　　　　　　　　　　　　　　　　　　　　(野間宏、真空地帯)
　これらの用例は、使役主体が文中に明示されてはいないもののそれぞれ「僕」「僕たち」「おまえたち」だとみなせるので、使役主体が特定者である類としているが、実は次の点でここまでにみたア類〜カ類とは異なる。すなわち、このキ類は上述のように主節の述語が形容詞相当のものであり、それは、条件節の事態が成立すること

を想定しての、それについての評価を述べるものである。そしてここでの条件節と主節は節としての独立性が希薄になっていて、(24)の「心配させたって構わん」は「心配させてもいい」（「〜テモイイ」）に近く、本章での考察対象からのぞいたモーダルな慣用表現（2節で述べたc類）に近くなっている。さらに、このように非アクチュアルな事態であることと関わって、使役主体も実は特定性をやや減じているともいえる。つまり、最初の例でいえば、〔この男がフウチョウボクを食べる〕ことは、「僕」ではなく誰が引きおこすとしても〔もったいないことなのだ〕ともいえる。このようなことから、これらの主節は「条件節で述べられている使役事態についての、使役主体または話し手の評価」という面だけでなく、(23)「この男は、〜を食べさせてももったいない奴だ」、(24)「河合は、心配させたって構わないんだ」のような、動作主体に対する、評価者の個別性の減じた評価という面も併せもっているといえる。このキ類は、主節述語の形容詞性、使役主体の特定性の希薄化、複文全体が表現する意味などの点で、4節の類に近い面をうかがわせる。

なお、ここでのキ類とは別に、主節で動作主体の性質を述べるもの（次節のA類にあたるもの）があってもよさそうに思われるが（「僕が太郎に絵本を読ませたら、とてもうまかった」）、調査資料にはなかった。

4. 使役主体が不特定者である使役動詞条件節を含む複文

使役主体が不特定者であるとき、使役動詞条件節を含む複文の主節は、動作主体についての叙述であるものがほとんどであり（59例）、そうでないもの（新たな事態の現出が述べられているもの）は5例である。

4.1 主節が動作主体についての叙述であるもの

主節が動作主体についての叙述である場合、それは動作主体の性

第13章　使役動詞条件形の後置詞への近づき　　379

質とくに動作主体の能力の発揮や能力のなさの露呈とでもいえる表現であるものが圧倒的に多い。このことは、主節述語の性質に窺えることなので、まず、主節述語の具体的な例をみておく。主として品詞によって分け、用例中の形に近い形で列挙すると次のようなものである。

《形容詞・形容動詞（およびそれに準ずるもの）》

・面白かった、いちばん強い、〜よりも強い、記憶が悪い、深切だ、素敵だ、中途半端だ、小器用だ、へただ、強そうだ、強かったろう、ひどいもんだ、器用なものだ、（〜するのは）何でもない、始末におえない

《名詞》

・〔評価的な意味を含んだ名詞〕　美人だ、作家はだしだ
・〔形容詞で修飾された名詞〕　ゆゆしきお顔だ

《動詞（およびそれに準ずるもの）》

・〔性質や状態を表すもの〕　役に立つ、役に立たない、わかっていない、音吐に力がある、しびれる（"すばらしい"の意）、（〜することが）できない、愚鈍に見えない、安心して任せておける、なりたがる、ほしがる

・〔変化や推移を表すもの〕　天才的才能を発揮する、上達しそうだ、（才能が）伸びる、（気持ちが）しゃんとする、治る、調子づいてくる、（〜に／〜く）なる、なれない

・〔動作を表すもの〕　明晰そのものの判断を加えてみせた、大人も及ばぬような巧いことをやる、旨いことをいう、投げつけるだろう、おつゆをこぼす、茶碗のふちを欠いてしまう

　これらをみると、全体として、プラスにしろマイナスにしろなんらかの評価的な意味合いをもつものが主節述語になっていることがわかる。このことをふまえたうえで、主節に動作主体の性質が述べられているものと動作主体の動作が述べられているものに分けて具体的な用例をみていく。

（A類）　動作主体の性質

主節が動作主体の性質についての叙述（能力の発揮や能力のなさ

の露呈など）であるのは、次のような用例である。

（A―1）　形容詞（およびそれに準ずるもの）によって表すもの

　上にあげたように、形容詞（およびそれに準ずるもの）はいずれも評価的な意味をもつものであり、それによって動作主体の性質が叙述されている。

(26)松井のおっさんだって、昔は酒のませたら会社で一番つよくってさ、絶対に崩れたりしなかったんだ。……」

(新橋烏森口青春篇)

(27)小夜さんは何を為せても深切で、……　　　　　　(其面影)

(28)(彼は)顔はあんなにきびだらけで汚いけれど、歌を唄わせるとほんとに素敵よ。　　　　　　　　　　　(痴人の愛)

　そして、この(27)もそうだが他にも「何をやらせても器用だ／中途半端だ」「碁を打たせると強い」のように主節が形容詞1語だけから成っていて「節」らしくないものが少なくない。また以降の類にもみられるが、条件節が「何をさせても」「何をやらせても」というやや慣用的な表現であるものに多い。

（A―2）　名詞によって表すもの

　名詞といっても、評価的な意味を含みこんだ名詞や、評価的な意味の形容詞に修飾された名詞であり、それが動作主体の性質を述べている。

(29)「お銀ちゃん栗栖君を何と思ってるんだい。あれは却々偉いんだよ。小説を書かせたって、この頃の駈出の作家跣足だぜ」　　　　　　　　　　　　　　　　　　　　(縮図)

(30)母は火鉢でおからを煎りつけていた。……鍋を覗くと、黒くいりついている。何をさせても下手な人なり。　　(放浪記)

（A―3）　性質や状態を表す動詞によって表すもの

　動詞であっても、動作を表すのではなく性質や状態を表すものであると、意味的には形容詞に近い。

(31)赤兵衛が、ごろごろ荷車をひいてきた。「お前はそういうものをひかせるとよくうつるようだ」　　　(国盗り物語)

(32){光秀は}山伏の作法や修法をさせても、本物の山伏よりも達者で音吐に力があり、　　　　　　　　(国盗り物語)

第13章　使役動詞条件形の後置詞への近づき　　381

(33) この人の病ばかりはお医者の手でもあの水でも復りませな
んだ、……、何を覚えさしましても役には立ちません。

(泉鏡花、高野聖)

(34) 歌をうたわせればこれがまたしびれる。　　　(ブンとフン)

(A—4)　変化や推移を表す動詞によって表すもの

主節述語が変化や推移を表す動詞であると、その主節は、条件節
事態が実現したときに動作主体に生じるであろう変化を述べていて、
それを通してうかがえるその動作主体の性質の表現となっている。

(35) とても頭のいい子で、一を言うと十まで気がつくような子
だった。内藤はそうほめたあとで、こう言った。学校にち
ゃんと行かせたら、きっと伸びるだろうな。　　(一瞬の夏)

(36) その前に一人の芸者がいる。………顔も美しい。若し眼窩
の縁を際立たせたら、西洋の絵で見る Vesta のようになる
だろう。　　　　　　　　　　　　　(ヰタ・セクスアリス)

(37) 絵を描かせるとこれも天才的な才能を発揮する少年

(冬の旅)

(A—5)　動作を表す動詞によって表すもの

主節述語が動作を表す動詞であっても、単に動作主体の動作を述
べるというのではなく、そのことを通してその動作主体の性質が述
べられているものがある。次の例で主節述語は「加えてみせた」
「遣りおった」であるが、それぞれが組み合わさるヲ格補語は「明
晰そのものの判断を」「大人も及ばぬような巧いことを」のように、
人の性質をうかがわせる形容詞相当の修飾語のついた名詞である。
そしてそのことによって、主節全体としては「光秀」「男」の性質
を評価的に述べるものになっている。

(38) なぜといえば、光秀は諸国をくまなく歩いており、人物、
交通、城郭、人情にあかるく、天下の情勢を語らせると、
豊かな見聞を材料にして明晰そのものの判断を加えてみせ
た。　　　　　　　　　　　　　　　　　(国盗り物語)

(39)「何でも神戸では多少秀才とか何とか言われた男で、……説
教や祈祷などを遣らせると、大人も及ばぬような巧いこと
を遣りおったそうです」　　　　　　　　　　　(蒲団)

（A—6）　直接には動作主体についての叙述ではないものの、主節
全体として動作主体の性質を浮き立たせるもの

　（A—1）〜（A—5）では、主節が動作主体について叙述するも
のであった。それに対して、主節が直接には動作主体についての叙
述ではないものの、主節で述べられている内容を通して、動作主体
の性質を浮き立たせるようなものも、わずかだがみられた。次の例
で、主節（「公卿も（庄九郎に）およばない」「藤孝ほどの者は……
玄人にもいない」）は動作主体（「庄九郎」「藤孝」）についての叙述
ではない。しかし主節のこの述べ方は、他者（「公卿」「玄人」）に
ついて動作主体と比べながら表現しているのであり、それによって
動作主体の性質を浮き立たせるものになっている。したがって、こ
ういった主節も動作主体の性質の叙述になっているといえる。

(40) 庄九郎は、学は内外（仏典、漢学）をきわめ、兵書に通じ、
　　武芸は神妙に達し、舞、音楽をやらせれば、公卿もおよば
　　ない。これほどの才気体力があって天下をとれぬことがあ
　　ろうか、とおもっている。　　　　　　　　　（国盗り物語）

(41) 藤孝には、歌道、茶道などの余技が多いが、そのなかでも
　　きわだってみごとなのは、庖丁芸といわれていた。とくに
　　鯉を料理らせれば藤孝ほどの者はその道の玄人にもいない
　　といわれている。　　　　　　　　　　　　　（国盗り物語）

（B類）動作主体の動作

　主節が動作主体についての叙述であるとき、それは、A類でみた
ような動作主体の性質を述べるものが多く（53例）、主節が動作主
体の動作を表すものはわずかである（6例）。

(42)「なんだって、いくらでも働くって、おまえにいったいどん
　　な働きができるんだい。おぜんを運ばせれば、おつゆをこ
　　ぼすし、茶ワンを洗わせれば、ふちを欠いてしまうし、
　　……」　　　　　　　　　　　　　　　　　　　（路傍の石）

(43) 私と一緒に疲れきっている壁の銘仙の着物を見ていると、
　　全く味気なくなって来る。何も御座無く候だ。あぶない
　　ぞ！　あぶないぞ！　あぶない不精者故、バクレツダンを

第13章　使役動詞条件形の後置詞への近づき　　383

持たせたら、喜んでそこら辺へ投げつけるだろう。（放浪記）
ただし主節で述べられている動作はいずれも非アクチュアルなもの
であって、同じく動作主体の動作の表現だとはいっても、3.2節の
ウ類でみた、使役主体が特定者である場合とは異なっている。そし
て、（42）の主節述語（「おつゆをこぼす」「ふちを欠いてしまう」）
は、この文脈のなかで「うまくできない、粗忽ものだ」というのに
近い。（43）の主節も、ここでの条件節を受けて「危険だ、何をす
るかわからない」といった「私」の精神状態・心情を比喩的に述べ
ている。したがって、述語が動的な動作を表す動詞ではあるものの、
主節全体としては動作主体の性質を述べるものになっているといえ
よう。

　4.1節の最後に、この類の複文における動作主体の文中での現れ
方に簡単に触れておく。あげてきた諸例に窺えるように、動作主体
は、「～ハ」等の形で複文の文頭に主題として現れていたり、明示
されていなくても主題であることが前後の文脈から明らかだったり
する用例が多い。これは次の4.2節と異なる点である。

4.2　主節が動作主体についての叙述でないもの

　主節が動作主体についての叙述でないものは少なく、5例のみで
ある。それらの主節には、条件節事態が成立したあとに生じる新た
な事態が述べられている。

（C類）新たな事態の現出

(44) ミロのヴィナスにパリ街頭を歩かせたらどんな事になるか
　　 というロダンの言葉を考えながら、　　　　（小林秀雄、真贋）

(45) 物理学者と小説家を協力させたら、なにか科学的でそのう
　　 え読物としてもおもしろいものができると思う。

　　　　　　　　　　　　　　　　　　　　（開高健、巨人と玩具）

(46) 「そんなものを成功させたら、社会はめちゃくちゃだ。おい
　　 そうだろう」　　　　　　　　　　　　（夏目漱石、二百十日）

(47) 「大畑さんが大きな権力を持っているということは事実です。
　　 逆らって怒らせたら、それこそ取り返しのつかないことに

なりますよ」　　　　　　　　　　（女社長に乾杯）

動作主体は、（44）〜（46）のように条件節中にニ格・ヲ格の補語として明示的に現れている例が4例、（47）のように当該の文には現れていないものが1例（ただしここでも「大畑さんを怒らせたら」という補語の関係）である。つまり、複文の主題になっている例はなく、このことは、4.1節の最後に4.1節の類（動作主体についての叙述であるもの）の特徴として述べたことと大きく異なる特徴である。主節には、条件節事態が実現したときにその帰結として生じてくるであろう事態が表現されているが、これは、条件節事態が成立すること（あるいは、成立した条件節事態）についての話し手の評価にもなっている。これについては5節で改めて触れる。

　以上この4節では、使役主体が不特定者であるときには主節で動作主体について述べられる用例がほとんどであり、その他ごくわずかだが、新たな事態の現出が述べられるものがあることをみた。こういった偏りは、3節でみた使役主体が特定者であるときと大きく異なっている。

5.　使役主体が不特定者であることの意義

　述語動詞の表す動きの主体が不特定者であると、特にテンス・アスペクトの分化しない文において、その文で表現される事態が、主体が特定者であるときと違って、アクチュアルなものでなくなり、非アクチュアル（ポテンシャル）なものになる（「酒は米からつくる」「左沢と書いてアテラザワと読む」「西門を入るとすぐ池がある」）ことが知られている。このことは、本章でみている使役動詞を条件節述語とする複文においても同じである。3節、4節でも使役主体がアクチュアルか非アクチュアルかという点にいくらか触れたが、この節であらためて、使役主体が不特定者であることの意義についていくつかの点から考えてみる。

5.1 主節に表現される事態の種類

3節と4節で、使役動詞が条件節述語である複文において主節にどのようなことが述べられるかを、使役主体が特定であるか不特定であるかに分けてみてきた。用例数も示しつつ述べるなかで両者に違いがあることがわかってきたが、ここであらためて各類の用例数を表に示す。各行の左端の「ア」～「キ」、「A」～「C」はそれぞれ3節と4節で用いた分類の記号である。なお、この用例数は、対象とした225例から、使役主体の特定性が判断できないものや内容の分類ができないもの24例をのぞいた201例のものである。

表　使役動詞が条件節述語である複文の主節で述べられている内容の分布

		使役主体が特定者	使役主体が不特定者
ア	使役主体の動作	52	—
イ	使役主体の変化	4	—
ウ B	動作主体の動作	19	6
エ	動作主体の変化	6	—
A	動作主体の性質	—	53
オ C	新たな事態の現出	30	5
カ	事実の判明	12	—
キ	使役主体や話し手の評価	14	—
	計	137	64

　本章の調査資料の限りではあるが、使役主体が特定者か不特定者かによって、主節で述べられる内容にかなりの偏りがあることがわかる。使役主体が特定者であるものでは、使役主体についての叙述（ア・イ）が4割ほど（137例中56例、約40.9％）を占めるものの、動作主体についての叙述（ウ・エ：25例、約18.2％）や、使役主体・動作主体ではない事態についての叙述（オ・カ・キ：56例、約40.9％）もかなり多い。一方、使役主体が不特定者であるものでは、動作主体についての叙述（A・B）が9割強（64例中59例、約92.2％）を占め、とくに動作主体の性質を述べるもの（A）だけで8割強（64例中53例、約82.8％）を占めている。

　使役主体が不特定者である複文において使役主体についての叙述がないのは、不特定である使役主体について何か述べるということ

が考えにくいことから当然ともいえるが、動作主体についての叙述のうち、動作ではなく性質についての叙述が多数を占めるのはなぜだろう。使役主体が不特定者であると、使役主体から動作主体への働きかけが現実性・具体性・個別性を欠き、たとえ「V-(サ) セル」という「-(サ) セル」の形で使役性（引きおこし性）が表現されたとしても、動作主体の動作は、特定の具体的な時間・空間において成立することとしては描きえない*3。特定の使役主体から動作主体への具体的個別的な働きかけが、条件節において仮定的にではあれ設定されないと、それを受けての・それに続いて生じるものとしての動作主体の動作をとりだすことがしにくいということではないだろうか。そしてまた主節事態のこの特徴には、次節で述べる複文の構造もむしろ強く関係している。

5.2 使役主体が不特定者であることによる条件節の独立性の弱まり　品定め文の領域の設定・機会の設定

　使役主体が不特定者である複文について、その構造を整理してみる。主節が動作主体の叙述（4.1 節）であるか新たな事態の叙述（4.2 節）であるか、そして前者については、動作主体（「Y」）の現れ方にも注目して構造を分けると、次の 4 つの類にほぼまとめられる。

Ⅰ：〔Y ハ　V-(サ) セ-条件形　〜（動作主体についての叙述）〕
　「Y」が、主題として複文の文頭に現れるか、文脈から明らかである。
　・光秀は、天下を語らせると誰よりも明晰だ。
　・この子は、学校へ行かせれば伸びるだろう。

Ⅱ：〔V-(サ) セ-条件形　〜（動作主体についての叙述）Y〕
　「Y」が、「Y」の現れない条件節を含む複文で修飾される被修飾語である。
　・絵を描かせると天才的な能力を発揮する少年。

Ⅲ：〔V-(サ) セ-条件形　Y ハ　〜（動作主体についての叙述）〕
　「Y」が、主節中に主語として現れる。
　・ああいうことをやらせると、あの子は器用なものだ。

Ⅳ：〔（Y ニ／ヲ）V-（サ）セ - 条件形　〜（新たな事態の叙述）〕

「Y」は、現れるとしたら条件節中に補語として現れる。

・物理学者と小説家を協力させれば、面白いものができるだろう。

　主節が新たな事態の現出の表現である用例（4.2節）はⅣ型の構造である。ここでは、条件節で述べられる事態と主節で述べられる事態が、因果関係はあるものの独立した別の事態であり、条件節の事態が成立すればその結果として主節の事態が現出するという関係である。それに対して、主節が動作主体についての叙述であるときには（4.1節）、そのほとんどがⅠ型〜Ⅲ型のいずれかとなる（Ⅰ型が多い）。このとき、条件節事態と主節事態とは独立の別の事態というのではなく、条件節事態が成立する状態のなかで主節事態（動作主体の性質）が成り立つという関係である。

　このⅠ型〜Ⅲ型の構造は、質的にも量的にも、Ⅰ型に代表させることができ、動作主体「Y」の性質を叙述するものである。そしてこれは、佐久間（1941）で「品定め文」（「物事の性質や状態をいひあらはす」）とされる文〔（何々）は（かうかう）だ〕（p.155）に近い。条件節は挿入成分的になっていて*4、それは「Y」がその性質を発揮したり露呈したりする領域、あるいは「Y」がその性質を発揮できる機会を、いわば設定している。

〔領域の設定〕

・栗栖くんは、小説を書かせると作家はだしだ。

・あの人は、恋の歌を歌わせるととっても素敵よ。

・彼は、酒を飲ませたら会社で一番つよい。

〔機会の設定〕

・彼女は、きちんと盛装させれば美人には違いない。

・この子は、ちゃんと学校へ行かせればきっと伸びるだろう。

・馬鹿は、金をもたせるとたちまち暴君になってしまう。

この、品定め文における領域や機会の設定ということにおいては、使役動詞条件形は次のような機能を果たしている。たとえば「花子は上手だ」「太郎は成長するだろう」という文のように、述語の意味が広くて品定め文としてやや不安定なものである場合に、使役動

詞条件形を述語とする条件節において品定めを受ける範囲（領域や機会）を具体的に示すことによって、品定め文を実質的な表現にすることができる。

(48) 花子は {ワルツを踊らせると／パイを焼かせると／何を歌わせても} とても上手だ。

(49) 太郎は {大学に行かせれば／いい監督につかせれば／経験をつませれば} 成長するだろう。

使役動詞条件形のこのような性質は、高橋（1983a）が「動詞の条件形から発達した後置詞」にみられる性質としてあげているものに似たところがある。高橋（1983a）は、「後置詞*5」として、中止形から発達した「（～に）おいて」「（～を）めぐって」等だけでなく、条件形から発達したもの（「（～と）いうと」「（～から）みれば」等）もみとめ、後者を、それらのはたす機能の面から、〔話題をさそいだすもの〕と〔観点をひきだすもの〕との２種に大きく分けている。各類の例文は高橋（1983a）のものである。

〔話題をさそいだすもの〕
・新聞記事といえば、先日小林秀雄氏が逝去された記事をみた。

（小林秀雄、同姓同名）

・君江さんときたらじつにのんきだからな。

（永井荷風、つゆのあとさき）

〔観点をひきだすもの〕
・匈奴の風習によれば父が死ぬと、長子たるものが、亡父の妻妾のすべてをそのままひきついでおのが妻妾とするのだが、……

（中島敦、李陵）

・これに比べると近代文学などはよほど淡泊だ。

（阿部知二、冬の宿）

このうち〔観点をひきだすもの〕の下位類の１つに〔側面のぬきだし〕というのがあり、次のような例があげられている*6。

・性質からいうと、Ｋは私より無口な男でした。　（こころ）
・繊維の工業用の用途をかんがえると、事情はまったくべつである。

（桜田一郎、新しい繊維）

これらはそれぞれ「Ｋ」「事情」について、条件節に示されている

第13章　使役動詞条件形の後置詞への近づき　　389

側面における性質を述べる文である。本章でいう〔領域の設定〕という機能は、高橋（1983a）の分類の中ではこれに近い。一方、〔機会の設定〕に近いものは高橋（1983a）の分類にはみられない。領域の設定のほうは、その領域を表すような名詞（先の例では「小説」「恋の歌」「酒」）で代表させることがしやすく、それによってその名詞に続く動詞（「書く」「歌う」「飲む」）は意味が希薄であってもよくなり後置詞に近いものと捉えうるのに対して、機会の設定のほうは名詞ひとつでは表しにくく句的なもので表現するのがむしろ自然であるため、「名詞＋後置詞」という形では表しにくいのだと思われる。

　高橋（1983a）は、中止形から発達した後置詞と条件形から発達した後置詞には「はたらき」に違いがあるとして、前者（中止形由来の後置詞）は「文や連語の名づけ的な意味（現実反映の側面）により多くかかわっている」のに対して、後者（条件形由来の後置詞）は「文の陳述的な側面（通達的な側面）により多くかかわっている」としている（pp.102–103）。このことは、文中での要素（成分）の構文的機能という点からみて、中止形由来の後置詞は補語的であり、条件形由来の後置詞は状況語的であると捉えなおすことができる。本章のⅠ型～Ⅲ型の条件節は、事柄（性質）が成り立つ範囲を設定しているという点で状況語的であり、中止形からの後置詞「教育について語る」「講堂において行われる」が補語的である（それぞれ「教育を語る」「講堂で行われる」と近い）のと機能分担しているようにみえる。

5.3 「V-（サ）セ-条件形」と「V-条件形」との対立の弱まり

　先に5.2節でみたⅠ型～Ⅲ型の構造（上述のようにⅠ型で代表される）においては、「V-（サ）セ-条件形」を使役動詞ではない原動詞のままの条件形「V-条件形」に言いかえてもほとんど同じことが表せる場合が少なくない。

　(50)栗栖くんは、小説を {書かせると／書くと} 作家はだしだ。

　(51)あの人は、恋の歌を {歌わせると／歌うと} とっても素敵

よ。

(52) 彼女は、{盛装させれば／盛装すれば} 美人には違いない。

(53) この子は、学校へ {行かせれば／行けば} きっと伸びるだ
　　　ろう。

　原動詞の条件形（「V-条件形」）を使っても、Ⅰ型の構造で述べ
れば、動作主体のその領域における性質や才能や、その機会を与え
られた時の性質や才能を評価的に述べることができるとすれば、な
ぜ「V-(サ) セ-条件形」が使われるのだろうか。また、使役主体が
特定者としてはっきり存在していないにもかかわらず、わざわざ使
役動詞の形すなわち、原動詞の表す動作の主体ではないものを主語
にして述べる形を用いて表現するのだろう。

　使役動詞ではなく原動詞の条件形によって表現した文、たとえば
「栗栖くんは小説を<u>書くと</u>作家はだしだ」「彼女は<u>盛装すれば</u>美人
だ」は、単に「栗栖くん」「彼女」についてその性質や能力をいわ
ば淡々と述べる文、たとえば「{栗栖くん／彼女} は30歳だ」「{栗
栖くん／彼女} は横浜に住んでいる」「{栗栖くん／彼女} は足が長
い」などと同じような性質の文となる。それに対して、使役動詞
（「V-(サ) セル」）という、動作主体に関与するものとしての使役
主体が潜在的にではあれ想定される動詞を用いることによって、動
作主体（「栗栖くん／彼女」）の性質を、≪周りの人がその人のそう
いう領域に注目すれば／周りからそういう観点に光をあてられれば
／周りの人がその人に適切な機会を与えれば　⇒ 実はその性質を
もった人なのだ／気づかれていなかった性質が顕在化するのだ≫
という意味合いの述べ方にすることが可能になっているのだと思わ
れる。

5.4　品定め文の領域設定・機会設定のしかたの多様性

　5.2節でみたように、使役動詞条件形を述語とし使役主体が不特
定者である条件節は、Ⅰ型～Ⅲ型構造で用いられると、主語と述
語を備えてアクチュアルな事態を表現する節（冒頭の (1) (2) に
代表される類）という独立性が希薄になり、動作主体の性質が顕在
化する領域や機会を設定する挿入句のような機能をはたすようにな

る。これは、単なる用法ではなく、文の「構造にしばられた文法的な意味（機能）」である。そうだとすれば、このようなことが起こるのは、この種の条件節が非アクチュアルな性質だということが重要なのであって、述語は必ずしも使役動詞条件形である必要性はなく、前節でみた原動詞条件形であっても同様な機能をはたすことができる。そしてさらに、領域の設定の場合には、5.3節で述べた領域を表す名詞の性質とも関わって「名詞 {-ニオイテハ／-ニツイテハ／-ダッタラ／-ナラ}」等の形であっても、一方、機会の設定の場合には受身動詞やV-テモラウ・V-テヤル等の条件形であっても同様である。たとえば、「太郎は玄人はだしだ」「花子は伸びる奴だ」という、品定めの範囲のはっきりしない文に対して、次の「P」に様々な形式を入れた品定め文をつくることができる。

〔領域の設定〕

(54) 太郎は {　　　　P　　　　} 玄人はだしだ。

・演歌を {歌わせれば／歌えば／歌わせると／歌うと}

・恋愛小説 {-においては／-については／-だったら／-なら／-では}

〔機会の設定〕

(55) 花子は {　　　　P　　　　} 伸びる奴だ。

・むずかしいことを {やらせると／やると}

・優しい監督の下で {育てれば／育てられれば／育ててもらえば／育ててやれば}

・{ほめれば／ほめられれば／ほめてもらえば／ほめてやれば}

その際、それぞれの形式にふさわしい特徴がほのめかされ、独自の条件づけになるはずであり、使役動詞条件形と原動詞条件形については5.3節でみたとおりである。受身動詞やV-テモラウの条件形が条件節に使われた場合の独自性についても見出すことができると思われる。

6. おわりに

　本章ではまず、使役動詞を条件節述語とする複文は、使役主体が特定者であるか不特定者であるかによって主節に述べられる内容に違いがあることを確認した。そして、使役主体が不特定者であるときの文は、動作主体を主題とした〔動作主体ハ V-(サ) セ-条件形～（動作主体についての叙述）〕という構造をとることが多く、この種の文は、条件節において人（動作主体）の才能が発揮される領域やそれが可能となる機会の設定をし、主節において動作主体の性質を述べる文となることをみた。これは品定め文のひとつの下位タイプすなわち、条件節に示される領域や機会における動作主体の品定めを述べる文となっている。

　使役文の意味的な構造は構文意味的な要素としての使役主体、動作主体、動作主体の動作、そして使役主体から動作主体への働きかけ（使役性）から成り立っていて、それぞれの要素の文中での構文的機能、形態論的な形、単語のカテゴリカルな意味などの総体として、使役文の意味や機能が現れてくる。したがって、ある使役文における要素の性質が典型的な使役文におけるそれと異なってくると、その使役文の意味や機能も典型的なものではなくなる。本章はそういったもののひとつとして、使役動詞が条件節の述語という構文的機能をはたしている複文について、要素の性質と文の意味や機能との関係を考察した。

---

*1　工藤（2005：9）で述べられている「文の中での「位置」のちがいや、他の部分との「きれつづき（断続関係）」にもとづく「機能」のちがいといった、〈構造〉的な〈条件〉を精密に規定」するということを、使役動詞・使役文において考えてみる。

*2　翻訳作品の場合、日本語に訳された文の構造が原文の構造の影響を受けて日本語の表現としてやや不自然な言い回しがみられることがあるので、本章での分析の対象とはしなかった。

*3　単文の使役動詞文では、使役主体が不特定者であることは、一般的な事態

を述べる文（「この保育園では園児をいつも裸足で遊ばせる」）以外ではみられ
ないのはこのためだと思われる（この文でも全くの不特定者とはいいにくい）。

＊4 川端（1958：53）で、「今の状態から見て将来は有望ですねえ」「君を加
へて三人、信州のどこかで一夏暮らさないか」などの下線部が、その主語が
「普遍者」であることによって、「句資格を失って語格資格を帯びた」ものにな
っているとされるのと通じるところがある。

＊5 高橋（1983a［1994：102］）は、「後置詞」を「単独では文の部分となら
ず、名詞の格の形とくみあわさって、その名詞に一定の構文的な機能をはたさ
せる役わりをになう補助的な単語」としており、本書もそれに従う。

＊6 〔観点をひきだすもの〕の下位類には他に〔たちばのえらびだし〕という
のもあり、その例の中に「（～に）いわせると／いわせれば／いわせたら」と
いう使役動詞の条件形からの後置詞があげられている。本章の2節において、
これらをすでに後置詞になっているものとして考察対象からのぞくとしたのは
このためである。なお、高橋（1983a）で使役動詞条件形からの後置詞として
あげられているのはこの3例のみである。

第14章

「感じさせる」「思わせる」の判断助辞への近づき
動作主体の不特定性と使役文の性質

1. はじめに

　使役文らしい使役文は、「太郎が弟に荷物を運ばせる」「母親が子供を買物に行かせる」のように、"人が他者に対してある動作を行うよう命じたり頼んだりという働きかけをし、それを受けた他者がその動作を行う"という事態を表現するものであり、動作を行うよう働きかける使役主体としての人（上の文における「太郎」「母親」）を主語とし、働きかけの相手であり動作の主体でもある人（「弟」「子供」）を補語とし、意志動作を表す動詞に「-(サ)セル」のついた「V-(サ)セル」を述語とするのが典型的である。しかし、使役文の要素である使役主体・動作主体・使役動詞などの性質が典型的な使役文のそれと異なるものであると、使役文の性質が様々に異なるものとなる。この章ではそのひとつの事例として、動作主体が不特定の人であることによって使役文の性質が変容し、「V-(サ)セル」の使役動詞性が希薄になって判断助辞（話し手の判断を表す補助的な形式）に近づくことがあることを、「感じさせる」「思わせる」を述語とする使役文について考えてみる*1。

　次の「感じさせる」文・「思わせる」文において、それぞれの「感じる」「思う」の主体は、aでは特定者であり（「三原」「島村」）、bでは不特定者である。「感じさせる」「思わせる」が判断助辞に近づくというのはこのbにみられる現象である。

　(1) a 偶然を疑いだしたらきりがない。しかし四分間という枠の中の偶然が、三原にもっと複雑なものを<u>感じさせた</u>。

（点と線）

　　　 b 薄化粧をした頬は僅かに丸みを帯びて、女らしさを<u>感じさせていた</u>。

（北帰行）

(2) a 手鞠歌の幼い早口で生き生きとはずんだ調子は、ついさ
　　っきの葉子など夢かと島村に思わせた。　　　　　（雪国）
　　b 明るく輝く陽の光の下では、ユーカリの並木は銀色に輝
　　く大海原を思わせる。　　　　　　　　　（花のある遠景）

aの使役文に対しては、対応する原動文として、動作主体を主語と
し、原動詞（「感じる」「思う」）を述語とする文をつくることがで
きる（「三原が複雑なものを感じた」「島村がついさっきの葉子など
夢かと思った」）。それに対してbの使役文では、「感じる」「思う」
の主体が不特定者であるため、対応するものとしての原動文をつく
ることがしにくい。そして、ヲ格の名詞（「感じる」「思う」の対象、
以下「Z」と記すことがある）と使役動詞との組み合わせ「女らし
さを感じさせる」「大海原を思わせる」がそれぞれ全体として"女
らしい"、"大海原のようだ、大海原みたいだ"という意味に近くな
っている。

　また、次のようにト節（「Pト」と記すことがある）と組み合わ
さった「Pト思わせる」は、"そのうまさからすると、何も心配す
ることはないヨウダ"といった推定判断を表すものに近い。

(3) あいかわらずのうまさだった。それを見ている限りは、<u>何
　も心配することはない、</u>と<u>思わせる</u>ほどのうまさだった。

　　　　　　　　　　　　　　　　　　　　　　（一瞬の夏）

　このように、動作主体が不特定者である使役文における「感じさ
せる」「思わせる」は、形態的には動詞に「-(サ) セル」のついた
分析的な形であるが、その分析性が希薄になり、「Z ヲ {感じさせ
る／思わせる}」「Pト思わせる」というかたちで「Z デアル、Z ノ
ヨウダ、Z ミタイダ」「P ヨウダ」といった意味に近くなっている。
本章では、このような「V-(サ) セル」は使役動詞性を希薄にし判
断助辞に近づいているのではないかということを考えてみる。

2. 分析の対象と方法

　広い意味での認識活動を表す代表的あるいは基本的な動詞*2 と
して、「感じる」「思う」「考える」がある。このうち「考える」は

命令・勧誘・意向などを表す形態論的な形がふつうに用いられる（「よく考えろ」「くよくよ考えるな」「みなで考えよう」「しばらく考えるつもりだ」）のに対して、「感じる」「思う」はそういった表現がしにくい。「考える」はより意志的な動詞であり「感じる」「思う」はより無意志的であることの現れである。本章ではこの無意志的であるという点で似ている「感じる」と「思う」を対象にして考察する。

　本章の考察では動作主体が不特定者である文を対象にするのだが、それぞれの文において「感じる」「思う」の主体が特定の人であるか否かは、必ずしも常に明瞭なわけではない*3。たとえば次の文において、「感じる」のが「私」という特定者なのかどうかは判断しにくい。

(4)　十七歳の江美子はたしかに抜群の美少女だった。……鼻は
　　　やや高すぎるようにもおもえたが、全体のバランスを崩し
　　　てはいない。江美子という名前も、彼女のものであるとお
　　　もうと、外国風の洒落たひびきを感じさせた。

（砂の上の植物群）

もし、「感じる」のが「私」個人ならば、「私が江美子という名前に外国風の洒落たひびきを感じた」という原動文が成り立つということになるが、この（4）が必ずしもそうだとはいいにくい。以下では、不特定者であることが明瞭だと判断できる用例について考えていくことにする。考察対象とする用例は、第1章の2.8節で紹介した「基本資料」から手作業で収集したものと、「補充資料（電子化）」から文字列検索によって収集したものである。検索に用いた文字列は、［感じさせ］と［思わせ］であり、これによって「感じさせる、感じさせない、感じさせた、感じさせて、……」等すべての語形変化のものを収集することができる*4。以下では、種々の語形を「感じさせる」「思わせる」という書き方で代表させる。

　この検索によって得られた「感じさせる」「思わせる」の総数および、動作主体が特定者であるか不特定者であるかによる用例数の分布は次のようになる*5。

第14章　「感じさせる」「思わせる」の判断助辞への近づき　　397

	「感じさせる」	「思わせる」
動作主体が特定者であるもの	79例	81例
動作主体が不特定者であるもの	85例	224例
計	164例	305例

　用例数全体としては「思わせる」が「感じさせる」の2倍近くある。しかしそのうち動作主体が特定者であるものの数にはあまり差がなく、全体数の差は、「思わせる」のほうに動作主体が不特定者である例が多くある（特定者の場合の3倍弱）ことから生じている。本章では以下、この「感じさせる」85例、「思わせる」224例を考察の対象とする。

3.「感じさせる」「思わせる」を述語とする使役文の性質

　動作主体が不特定者である「感じさせる」文・「思わせる」文について、まず、どのような機能的な構造をなしているかをみてみると、使役主体にあたる主語と述部（「……感じさせる」「……思わせる」）とが、［主題―解説構造］になっているものと、［修飾―被修飾構造］になっているものがほとんどである。

［主題―解説構造］
　　・薄化粧をした頬は……女らしさを感じさせている。（冒頭の
　　　(1b)）
　　・ユーカリの並木は……銀色に輝く大海原を思わせる。（冒頭の
　　　(2b)）

［修飾―被修飾構造］
　　・ぎこちなさを感じさせる動き。
　　・白い陶器を思わせる肌。

　次に、これらの使役文の構文的な構造をみると、大きくは、使役動詞とヲ格名詞とが組み合わさったもの（「Z ヲ V-(サ) セル」）と、使役動詞がト節を受けるもの（「P ト V-(サ) セル」*6）とがある。そして前者には、「Z」が抽象名詞であるもの、具体名詞であるも

の、形式名詞（「コト、ノ」）であるものがある。さらに、「Zヲ」と「Pト」の両方をとるものもある（「ZヲPトV-（サ）セル」）。対象とする「感じさせる」文・「思わせる」文をこれらの点で分けてA〜E類とすると、それぞれの用例数は次のようになる。表の下にそれぞれの簡単な例を示す。

表　「感じさせる」「思わせる」を述語とする使役文のタイプと用例数

	「感じさせる」	「思わせる」
A類：［Z（抽象）ヲV-（サ）セル］	69　(81.2)	61　(27.2)
B類：［Z（具体）ヲV-（サ）セル］	5　(5.9)	60　(26.8)
C類：［Z（〜コト／ノ）ヲV-（サ）セル］	5　(5.9)	38　(17.0)
D類：［PトV-（サ）セル］	3　(3.5)	53　(23.7)
E類：［Z（具体・抽象）ヲPトV-（サ）セル］	3　(3.5)	12　(5.4)
	85　(100.0%)	224　(100.1%)

「感じさせる」

A類：「薄化粧をした頬は女らしさを感じさせる」

B類：「芭蕉の句は山の空気を感じさせる」

C類：「選び抜かれた調度が小さいけれども凝った店であることを感じさせる」

D類：「その声は人間は他人に無関心でいられるのだなと感じさせる」

E類：「上手な筆づかいがその絵をいかにも原画通りだと感じさせる」

「思わせる」

A類：「彼女の話しぶりが生活のみじめさを思わせる」

B類：「赤煉瓦の建物は貴族の城館を思わせる」

C類：「大霜が山国の冬が近づいたことを思わせる」

D類：「諸大名の歓呼は東照宮の覇業が内部から崩れかけていると思わせる」

E類：「そのことが彼の才能を天賦のものだと思わせる」

　用例数の分布をみると、「感じさせる」のほうは、A類すなわち、ヲ格の抽象名詞と組み合わさっているものだけで5分の4強（81.2

％）を占めている。それに対して「思わせる」のほうは、A類・B類・D類の3つがそれぞれ約4分の1ずつを占め、C類も6分の1強である。そして、後に述べるようにC類・D類・E類は機能的な性質としては1つにまとめることができるので、それを合わせて考えると、「思わせる」はC類・D類・E類の3つで半数近く（17.0+23.7+5.4=46.1％）を占めている。一方、「感じさせる」のほうではこの3つの計は約4分の1に過ぎず（5.9+3.5+3.5=12.9％）、両者に違いがうかがえる。

　以下では、このような構文的な特徴を考慮しつつ「感じさせる」文・「思わせる」文の性質を考える。

4. 動作主体が不特定者である「感じさせる」

　前節でみたように、動作主体が不特定者である「感じさせる」の例では、ヲ格の抽象名詞と組み合わさっているもの（A類）が5分の4強を占める。ここで抽象名詞としたのは、いくつかのタイプがある。(a)「冷たさ、すさまじさ、神聖さ」のような〈形容詞 -サ〉、(b)「暖かいもの、強いもの」のような〈形容詞＋形式名詞〉、(c)「哀れ、安易」のような〈形容動詞語幹〉、(d)「美、悲哀」のような〈性質を表す名詞〉、(e)「登場、おとずれ」のような〈動きを表す名詞〉、そして他には（f）「時間、水量、薄紅色、人柄、体重」などがあり、対象とする用例は次のような分布となる。「思わせる」のほうの数も一緒に示しておく。

表　[Z（抽象）ヲV-（サ）セル] の「Z」の種類と用例数

	「感じさせる」	「思わせる」
a 〈形容詞 -サ〉	26 (37.7)	17 (27.9)
b 〈形容詞＋形式名詞〉	6 (8.7)	0 (0)
c 〈形容動詞語幹〉	4 (5.8)	2 (3.3)
d 〈性質を表す名詞〉	10 (14.5)	5 (8.2)
e 〈動きを表す名詞〉	6 (8.7)	10 (16.4)
f 〈その他の抽象名詞〉	17 (24.6)	27 (44.3)
計	69 (100.0%)	61 (100.1%)

これをみると、「感じさせる」のほうは、広く形容詞性の名詞（a、b、c、d類）が約3分の2（37.7＋8.7＋5.8＋14.5＝66.7％）を占めているのに対して、「思わせる」は約3分の1（27.9＋0＋3.3＋8.2＝39.4％）にすぎず、分布が異なっている。これについては5.3節で触れる。

3節でみたA類の「XハZヲ 感じさせる」「Zヲ 感じさせるX」における「Zヲ 感じさせる」は、Xについて、"Xは、不特定の人に対してZで表されるような印象を想起させる性質をもっている"、すなわち、Xという［本体］にZという［属性］がそなわっている（XハZデアル）と述べるものになっている。冒頭の（1b）がそうであった（「薄化粧をした頬は女らしさを感じさせる」）。

（1b′)X（薄化粧をした頬）：［本体］─　Z（女らしさ）：［属性］

次の用例においても、（5）「Xは寒々としたものを感じさせる」は「Xは寒々しい」、（7）「ぎこちなさを感じさせるX」は"ぎこちないX"と似た意味を表している。

(5) 積雪はそう多くないので、かえって寂寥とした浜辺に並ぶ家々のたたずまいは、寒々としたものを感じさせている。〔≒寒々としている〕 　　　　　　　　　　　　　　（北帰行）

(6) 喧嘩していなくても"聖母達"はどこか「男っぽさ」を感じさせる。〔≒男っぽい〕 　　　　　（貧困の精神病理）

(7) きまじめでどことなくぎこちなさを感じさせる動き。〔≒ぎこちない〕 　　　　　　　　　　　（二十歳の原点）

(8) 暗さを感じさせる人間にも二通りあったが、大塚は暗すぎた。〔≒暗い〕 　　　　　　　　　　　　（冬の旅）

次の（9）に、資料中にみられたその他の用例のいくつかについて、X（本体）とZ（属性）だけを［X─Z］の形であげる。たとえば［彼─冷たさ］は、実際の文として「彼は冷たさを感じさせる」あるいは「冷たさを感じさせる彼」という構造になっているということである。

(9) ［彼─冷たさ］［彼女の目─妖しさ］［視線─冷酷さ］［丸みを帯びた太い指─人柄の暖かさ］［ボクサーの仕草─厳粛な神聖さ］［神の言葉─悦ばしさ］［彼の決心─すさまじさ］

［小説―固苦しさ］［光り―暑苦しさ］［日本髪―時代錯誤の
みすぼらしさ］［女の挙措―つよいもの］［全身を甲冑で固
めた兵の行列―迫力］

XとZが［本体―属性］の関係になっているこういったA類の
「感じさせる」文は、"XハZダ"という判断を下す品定め文に近
いといえる。

　　　【X｛物（・事柄）｝-ハ　Z｛抽象｝-ヲ　感じさせる】

　　　　　　　　　　　　　　　　　　　　　　［X：本体―Z：属性］

ただし、「感じさせる」文のすべてがこうだというわけではなく、
それについては5節のいくつかで触れることにする。

5．動作主体が不特定者である「思わせる」

「思わせる」については、A〜E類のうち、B類と、先に3節で1
つにまとまるとしたC・D・E類との2つのタイプが、「感じさせ
る」とは異なる性質を示すものなので、まずこれらを観察しそのあ
とでA類をみる。

5.1　ヲ格の具体名詞と組み合わさる「思わせる」

「XがZ（具体）を思わせる」「Z（具体）を思わせるX」（B類）
は、その多くが"XハZノヨウダ""ZノヨウナX"という比喩的
な表現になっていて、XとZが［本義］と［喩義］の関係になっ
ている。冒頭の（2b）がそうであった。

（2b）′X（〜の並木）：［本義］―Z（銀色に輝く大海原）：［喩義］
他に次のような例がある。

　（10）船長の顔は黒色が深く沈み、やや紫色を帯びていて、<u>唇の
　　　紫</u>は<u>日陰のバナナの花を思わせ</u>た。〔≒唇の紫は日陰のバナ
　　　ナの花のようだ〕　　　　　　　　　　　　　　（花のある遠景）

　（11）<u>赤煉瓦の建物</u>は、明るくあかぬけしていて刑務所というよ
　　　りは<u>貴族の城館を思わせ</u>たが、〔≒赤煉瓦の建物は貴族の城
　　　館のようだ〕　　　　　　　　　　　　　　　　（死刑囚の記録）

　（12）｛十二歳の美しいトルコの少年の｝<u>白い陶器を思わせる肌</u>は、

あくまでも冷たくなめらかで、〔≒白い陶器のような肌〕

(コンスタンティノープルの陥落)

(13) 彼の顔は過労のため傷のような皺に荒らされ、目のしたには打撲傷を思わせるくまがついていた。〔≒打撲傷のようなくま〕

(開高健、巨人と玩具)

このタイプについても、資料中にみられた他の例のいくつかについて〔X（本義）—Z（喩義）〕という形で簡単に示す。

(14) 〔遣唐使船—長方形の箱〕〔人の顔—幽霊の顔〕〔子供の端正な顔立ち—紳士〕〔少年の苦しげな表情—興福寺の阿修羅像〕〔卑しげな女の顔—蟇の顔〕〔彼らの目—深い湖〕〔壮大な山門—城門〕〔化膿した粒々に腫れ上った粘膜—苺の表面〕〔美しいカップ—紫リンドウ〕〔1本の長い角—固定されてしまった骨の破片〕〔当年型のシボレー—金属製の応接室〕〔絵葉書—微細なペン画〕〔彼の歩きぶり—優雅な熊〕

　XとZが〔本義—喩義〕の関係になっているこのようなB類の「思わせる」文は次のような構造である。こういった関係は「感じさせる」にはほとんどみられない*7。

【X｛物（・事柄）｝-ハ　Z｛具体｝-ヲ　思わせる】

〔X：本義—Z：喩義〕

5.2　ヲ格の形式名詞と組み合わさる「思わせる」、およびト節をうける「思わせる」

　Zが形式名詞である「XガZ（〜コト／〜ノ）ヲ　思わせる」（C類）においては、「〜コト」「〜ノ」で述べられているのは物ではなく事態である。そして主語Xは、物であることもあるが事柄である例も多く、XとZとの関係は、"Xを根拠として考えると、Zという事態が想起・推定される、Zのようだ"といったものである。

(15) 十一月三日はめずらしい大霜。長い長い山国の冬が次第に近づいたことを思わせるのはこれ。その朝、丑松の部屋の窓の外は白い煙に掩われたようであった。〔大霜⇒長い長い山国の冬が近づいたようだ〕

(破戒)

(16) 桃子は部屋を出たり入ったりしていた。そろそろ梅雨の季

節も近いことを思わせるような空模様の日で、何となく母屋の二階もさみしかった。〔空模様⇒梅雨の季節が近いようだ〕

（ある女の生涯）

(17)やがて道中奉行が中津川泊りで、美濃の方面から下って来た。一切の準備は整ったかと尋ね顔な奉行の視察は、次第に御一行の近づいたことを思わせる。〔奉行の視察⇒御一行が近づいたようだ〕

（夜明け前）

(18)じっさい、外は明るい陽が降りそそいでいた。強い光は初夏が来たのを思わせた。〔強い光⇒初夏が来たようだ〕

（点と線）

(19)〔青空⇒春が近い〕〔竹の葉にそそぐ音⇒この山里へ冬がやって来る〕〔蕭条とした日⇒十一月が近づいた〕〔構内の様子⇒さっきの押しあいへしあいがどんなものであったか〕〔尊大な答え方⇒なみな人間ではない〕〔役人衆の通行の連続⇒雲行きが急だ〕

　次に、ト節を含む「XガPト思わせる」文（D類）について考える。この類でも、Xは物である例だけでなく事柄である例が多い。そしてXとPとの関係も上の場合と同じように、"Xを根拠として考えると、Zという事態が想起・推定される、Zのようだ"というものである。冒頭の（3）がそうであった。

(3′) X（あいかわらずのうまさ）⇒P（何も心配することはない）

他に次のような例がある。

(20)その声は――解放された諸大名の家族が揚げるその歓呼は――過去三世紀間の威力を誇る東照宮の覇業も、内部から崩れかけて行く時がやって来たかと思わせる。〔その歓呼の声⇒……崩れていく時がやってきたようだ〕

（夜明け前）

(21)フロイトは一九三〇年にゲーテ賞を受けている。それはようやくドイツ国内にみなぎる彼の学説への憎悪の衰退を告げる現象かと思わせたが、ヒットラーの擡頭はふたたびこの老人の晩年をおびやかした。〔フロイトがゲーテ賞を受けたこと⇒……憎悪の衰退を告げる現象のようだ〕

404　　IV 「V-（サ）セル」の使役動詞性とその変容

（楡家の人びと）

(22) ［封筒の様子⇒紙幣は入っていない］［快活な話しぶり⇒た
　　しかに面白い人だ］［ある忌しい予感⇒自分の一生の危機が
　　近づいた］［論理に明るい頭脳を持ちながら友情にもすなお
　　に優しい⇒温かい家族の団欒からか］［無表情にパンチを振
　　う姿⇒相手を半殺しの目に合わせてしまうのではないか］

　そして、E類の「XガZヲPト 思わせる」は、文の意味的な構
造として、「Xガ〈ZガPデアルコト〉ヲ 思わせる」とも「Xガ
〈ZガPダ〉ト 思わせる」ともみなしうる。つまり、〈ZガPデアル
コト〉がC類におけるZ相当であるとも、〈ZガPデアル〉がD類
のP相当だとも考えられいずれかに分ける必要もない。

(23) 瞑想には条件がない。条件がないということがそれを天与
　　のものと思わせる根本的な理由である。〔瞑想には条件がな
　　い⇒瞑想は天与のもののようだ〕　　　　（人生論ノート）

　以上みてきたことから考えると、C類・D類・E類の「思わせ
る」文は、Xと、ZあるいはPで表現されている事態とが「根拠
（判断の材料）」とそれにもとづく「想起・推定」の内容という［根
拠⇒想起・推定］の関係になっていると考えられる。

　　　【X{事柄・物}-ハ／ガ　{Z{事態}-ヲ／P{事態}-ト}　思わせる】
　　　　　　　　　　　　　　　　［X：根拠⇒Z／P：想起・推定］

5.3　ヲ格の抽象名詞と組み合わさる「思わせる」

　最後に、「XガZ（抽象）ヲ 思わせる」というA類の「思わせ
る」について考える。主語Xは5.2節でみたC・D・E類の使役文
におけるXと同じく、物だけでなく現象や事柄的なことが多い。

　「感じさせる」は、4節でみたように、A類が8割以上を占めほ
とんどがXとZの間に［本体―属性］という関係であった。それ
に対してA類の「思わせる」には［本体―属性］となる用例はほ
とんどない。次の例にはいくらかうかがうこともできそうだがはっ
きりしない。

(24) 夕方から橋本の家でも皆な盆踊を見に行くことを許された。
　　涼しい夏の夜の空気は祭の夜以上の楽しさを思わせる。（家）

第14章　「感じさせる」「思わせる」の判断助辞への近づき　　405

A類の「思わせる」はＺが形容詞性の名詞でないものが半数以上を占めている（4節の表におけるｅとｆの計37例、約60.7％、動きを表す名詞、時間や時期を表す名詞、雰囲気を表す名詞など）*8。これらのうちには、［本義―喩義］の関係とみなせるものもあるが（たとえば次の（25）における［夏のような初夏の一日］）、それほど多いわけではない。

（25）五月の十日、夏を思わせる初夏の一日、　　　　　　　　（花埋み）

　Ｚが形容詞性の名詞でない場合の多くは、ＸとＺが"Ｘを根拠・きっかけにして考えると、Ｚが想起・推定される"という［根拠⇒想起・推定］の関係である。

（26）蔵王山はのっそりとその宿命づけられた姿を土俵上に現わした。ひとしきり、国技館の鉄傘の下はざわめいた。まだ一階の桟敷はまばらながら、それは人気力士の、少なくとも大関横綱級の力士の登場を思わせるざわめきであった。
　　　［ざわめき⇒大関横綱級の力士の登場］　　　（楡家の人びと）

（27）我々は曇り空の下を川沿いに東に向けて歩いた。まるで春の到来を思わせるような暖かい朝だった。［暖かい朝⇒春の到来］　　（世界の終わりとハードボイルド・ワンダーランド）

（28）葬式には、さすがに多くの来会者があった。花輪の数はおびただしく、……、火災まえを思わせる楡病院の法被を着た職人たちがきびきびととびまわっているのが目に立った。［楡病院の法被を着た職人たち⇒火災前（の勢力）］
　　　　　　　　　　　　　　　　　　　　　　　　　（楡家の人びと）

（29）こう番頭が言って、橋本の家風を思わせるような、行儀の好い、前垂を掛けた膝を長火鉢の方へ進めた［行儀のよさ⇒橋本の家風］　　　　　　　　　　　　　　　　　　　　　　（家）

（30）［寒い日⇒冬のおとずれ］［雨の季節⇒川の氾濫］［舞台上の子役⇒息子との長い別れ］［梯子のような渡り廊下⇒中世の城の攻防戦］［娘らしい手⇒女のさかり］［表情や態度⇒昔の乱暴者だった頃］［寒い寂しい雨⇒冬の名残］［理智的で蒼白い顔⇒法の威厳］

　次に、Ｚが形容詞性の名詞（4節の表におけるａ～ｄ）である例を

406　　Ⅳ　「Ｖ-（サ）セル」の使役動詞性とその変容

みてみる。下の例にもうかがえるが、この場合のZは、その属性の主体を表す名詞で修飾されていることがほとんどであり（次の(31)「外海の波のあらさ」、(32)「雪国の夜の冷たさ」）、その主体がその属性をもっているという「事態」（"外海の波があらいコト""雪国の夜が冷たいコト"）がZに相当する。そして、Xとそのようなズとはやはり［根拠⇒想起・推定］の関係になっている。

(31) あらしをふくんだ風が、じゃけんにほおをなぐり、潮っぽいかおりをぞんぶんにただよわせている。岬の山のてっぺんが、かすかにゆれうごいているようなのは、外海の波のあらさを思わせて、ちょっと不安にもなった。〔岬の山のてっぺんがかすかにゆれうごいている⇒外海の波はあらそうだ、あらいようだ〕
（二十四の瞳）

(32) 女がふっと顔を上げると、島村の掌に押しあてていた瞼から鼻の両側へかけて赤らんでいるのが、濃い白粉を透して見えた。それはこの雪国の夜の冷たさを思わせながら、髪の色の黒が強いために、温かいものに感じられた。〔女の瞼から鼻の両側へかけて赤らんでいる⇒雪国の夜は冷たそうだ・冷たいようだ〕
（雪国）

(33) ［執達吏・高利貸・古道具屋といった言葉⇒生活のみじめさ］［寒い晩⇒翌朝の霜の烈しさ］［煙草の煙を吐き出す勢い⇒若々しい肺の広さ］［漢詩の完成度⇒作者の才の非凡］［川向うの煙⇒その下で燃やされる物の大きな量］［目指す病院の屋根が見えながらいくら歩いても近くならないこと⇒私を取り巻く原の広さ］

なお、「感じさせる」文の中にもXとZの関係が［根拠⇒想起・推定］の関係になっているものがわずかながらみられる。そしてそれは、次例のように「Zヲ」が上と同じ構造すなわち、Zがその属性の主体を表す名詞で修飾されているもののときである。

(34) 地味のうすい土を丁寧に耕し、古い石垣で区わけした山畠は信徒たちの貧しさをはっきり感じさせます。〔山畠の様子⇒信徒たちは貧しいのだろう、貧しいようだ〕
（沈黙）

以上のように、A類の「思わせる」は、［X：根拠⇒Z：想起・

推定］の関係である用例が多く、その点でA類の「感じさせる」
（［本体―属性］がほとんど）と異なっている。そして、「思わせる」
の他の類との関係でいうと、C・D・E類の「思わせる」と似ている。

【X {事柄・物} -ハ / ガ　Z {抽象・事態} -ヲ　思わせる】

［X：根拠 ⇒ Z：想起・推定］

6. 動作主体が不特定である「感じさせる」文と「思わせる」文の性質

6.1 「感じさせる」文・「思わせる」文の構文・意味構造

以上、「感じさせる」「思わせる」を述語とし、動作主体が不特定
者である使役文について考察してきた。それらの構文・意味構造は
大きく次のような3類にまとめることができ、XとZ／Pとの関係
をみると、「感じさせる」では［本体―属性］であることが、「思わ
せる」では［本義―喩義］と［根拠 ⇒ 想起・推定］であることが典
型的であった。

① ［X：本体―Z：属性］（A類の「感じさせる」に特徴的、4
　節）
　【X {物（・事柄)} -ハ　Z {抽象} -ヲ　感じさせる】
　（「薄化粧をした頬は女らしさを感じさせる」「ぎこちなさ
　を感じさせる動き」）

② ［X：本義―Z：喩義］（B類の「思わせる」に特徴的、5.1
　節）
　【X {物（・事柄)} -ハ　Z {具体} -ヲ　思わせる】
　（「唇の紫は日陰のバナナの花を思わせる」「白い陶器を思
　わせる肌」）

③ ［X：根拠 ⇒ Z／P：想起・推定］（A・C・D・E類の「思わ
　せる」に特徴的、5.2節（C・D・E類）、5.3節（A類))
　【X {事柄・物} -ハ ／ ガ　Z {事態・抽象} -ヲ　思わせ
　る】

（「立ち上る煙は燃やされるものの多さを思わせる」「冬の
到来を思わせる寒さ」）

【X｛事柄・物｝-ハ／ガ　P｛事態｝-ト　思わせる】

（「快活な話しぶりはたしかに面白い人だと思わせた」「優
勝が確実だと思わせるうまさ」）

　そして、これらの使役文における「感じさせる」「思わせる」は
使役動詞らしさが希薄になり、①～③類それぞれに次のような性質
が気づかれる。まず、①類の「X［本体］ハZ［属性］ヲ感じさせ
る」は、「XハZデアル」といった品定め文に近く、「(Zを) 感じ
させる」が「(Z) デアル」に相当する判断助辞に近づいている。
また、②類の「X［本義］ハZ［喩義］ヲ思わせる」は「XハZ
ノヨウダ」に近く、「(Zを) 思わせる」が比喩あるいは類似性を表
す「(Zノ) ヨウダ*9」に近い判断助辞といえる。これについては
森重（1965）で述べられている次のことが示唆的である。森重
（1965）は、主語の「消去」（表現上の「省略」ではなく文法的な
「消去」）に伴って述語の質が変わることのひとつの例として、「草
庵になぞらえた住いは、中世をしのばせる」という文をあげ、それ
について「「なぞらえた」「しのばせる」は、「に」「を」と結びつい
て、ほとんど「草庵のような」「中世のようだ」に等価である。「―
に似る」が「―のごとし」に等価なのもこれと同様である。このよ
うな意味では、「草庵に／なぞらえた」「中世を／しのばせる」と分
節することは無意味である」（p.129、下線は原文）と述べている。
つまり、これらの文においては「なぞらえる」「しのばせる」こと
の主語は消去され（本章の捉え方でいえば、不特定者であるため非
明示）、それによって「草庵になぞらえる」「中世をしのばせる」の
質が変わって「～ノヨウダ」に近くなっているということであ
る*10。そして、③類の「X［根拠］ハ／ガZ／P［想起・推定］
ヲ／ト思わせる」は、「Xニヨルト｛Z／P｝ノヨウダ」という推定
判断の文に近く、「(Zを) 思わせる」が推定や婉曲な断定をあらわ
す「(Zノ) ヨウダ」に相当する判断助辞といえる。

　さて、この③類の［X：根拠⇒Z／P：想起・推定］という関係
は、実は②類に連続するものと捉えることができる。すなわち、②

類の［X：本義―Z：喩義］という関係は、結局"Xのさす対象が
Zのさす対象を想起・連想・喚起させたり推定させたりする"とい
う関係を土台にしており、②類はZが具体名詞であることによっ
て比喩性がよりおもてだってくるのだと思われる。②類・③類の
「思わせる」が、比喩・類似性であれ，想起・推定性であれ、いず
れも同じく「ヨウダ」に近い判断助辞性を帯びてくるのは、「ヨウ
ダ」のほうのもつ多義性と呼応しているのだろう。

　このようなことから、①〜③の３つの類は、「感じさせる」に特
徴的である①類の［X：本体―Z：属性］と、「思わせる」に特徴的
である②・③類の［X：根拠（本義）⇒ Z／P：想起・推定（喩
義）］という、大きく２つに分けることができそうである。

6.2　「感じる」「思う」の語彙的意味と「感じさせる」　「思わせる」の判断助辞としての性質

　動作主体が不特定者である「感じさせる」文と「思わせる」文の
性質に上のような違いがあり判断助辞としての性質も異なることに
ついては、原動詞である「感じる」と「思う」の語彙的な意味の違
いが反映しているのだと思われる。

　両者はいずれも広義の認識活動を表す動詞であるが、奥田
（1968–1972［1983：92–108］）では、「感じる」は感性的な経験
を表す動詞であるのに対して、「思う」は思考活動を表す動詞であ
るとされている。この違いは、本章の問題と関係することとしては
次の２つの点に現れる。まず、「感じる」は、「春のおとずれを感じ
る」「光を感じる」「先輩のやさしさを感じる」のように、人の外部
にあるものを認識の対象（「〜ヲ」）とする表現ができるだけでなく、
「悲しみを感じる」「後悔を感じる」「眠気を感じる」のように、自
身の内部にある感情や感覚を認識の対象とした表現もできる。それ
に対して、「思う」は、前者の表現はできるが（「｛故郷／先輩のや
さしさ／母親｝を思う」）、後者の表現はふつうできない（「｛*悲し
み／*後悔／*眠気｝を思う」）。そして次に、このことは、「私は彼
の小説に悲しみを感じる」と「私は彼の小説に故郷を思う」におけ
るニ格名詞の性質の違いにも現れる。すなわち、「私は彼の小説に

悲しみを感じる」における「彼の小説に」は2つの読みができ、ま
ず「悲しみ」の存在している〈ありか〉が「彼の小説」であると捉
えうる。つまり「彼の小説の中に悲しみがあることに私が気づいた、
悲しみの存在を発見した」のように表現できる内容で、この場合の
「悲しみ」は「私の悲しみ」ではなく、「彼」なり小説に描かれてい
る他のだれかの悲しみである。これが第一の読みだが、加えてもう
ひとつ、「彼の小説」は、「私」が「悲しみを感じる、悲しいと感じ
る」ようになる〈きっかけ・誘因〉だという読み（「彼の小説を読
んで私は悲しいと感じた」のように表現できる内容）もできなくは
ない。それに対して「思う」のほうは、「私は彼の小説に故郷を思
う」における「彼の小説に」は、「故郷を思う」ことの〈きっか
け・誘因〉である（「彼の小説を読んだことがきっかけで故郷を思
う」）という読みしかしにくい*11。このようなことから、「感じ
る」と「思う」には次のような構造を認めることができる。

(35) 人ガ　X ニ　　　　　　　　　Z ヲ　感じる
　　　　　〈ありか（・きっかけ）〉〈内在物・外在物〉

(36) 人ガ　X ニ　　　　Z ヲ　思う
　　　　　〈きっかけ〉〈外在物〉

このように考えてくると、「X ハ／ガ Z ヲ 感じさせる」文・「X
ハ／ガ Z ヲ （P ト）思わせる」文は、原動文との対応を次のように
捉えられるのではないかと思われる。つまり、先に1節で、(1) と
(2) の b の使役文では、「感じる」「思う」の主体が不特定者である
ため対応する原動文をつくることがしにくいと述べたが、実は次の
ような関係をみとめることができるともいえる。「φ」は不特定者
である主体を示すものである。

(37) X ハ／ガ（φ ニ）　 Z ヲ　 感じさせる
　　　 ［本体］　　　　［属性］

　　　　　　　　　　　　　 vs. φ ガ X ニ Z ヲ 感じる

(38) X ハ／ガ（φ ニ）　 Z ヲ （P ト）思わせる
　　　［根拠（・本義）］［想起・推定（喩義）］

　　　　　　　　　　　　　 vs. φ ガ X ニ Z ヲ 思う

第14章　「感じさせる」「思わせる」の判断助辞への近づき　　411

そして、「(Zを) 感じさせる」「(Zを) 思わせる」が判断助辞に近づいてそれぞれ「Zデアル」「Zノヨウダ (想起、推定、喩義)」に近づくというのは次のようなことであろう。まず、(37) の「Xハ／ガ (φ二) Zヲ 感じさせる」の方は「不特定の人がそのXにZが内在していることを感じるということは、そのXがZの性質をもっているのだ」ということになり「XガZデアル」に近くなる。一方、(38) の「Xハ／ガ (φ二) Zヲ (Pト) 思わせる」の方は、「不特定の人がそのXをきっかけにしてZを想起したり推定したりするということは、そのXはZに類似していたり、Zという推定の根拠となりやすいものなのだ」ということを媒介にして「XガZ (ノ) ヨウダ」に近くなる。こういったことが両者の違いをもたらしており、また、判断助辞に近づいた「(Zを) 感じさせる」「(Zを) 思わせる」が、そうではありつつも単なる「(Z) デアル」「(Zノ) ヨウダ」と異なる表現性を帯びていることを支えているのだろう。

7. おわりに

この章では、「感じさせる」「思わせる」を述語とする使役文のうち、動作主体 (「感じる」「思う」の主体) が不特定者であるものについて考察した。典型的な使役文においては、使役動詞の原動詞は意志動詞であり、動作主体は特定者である。使役文の要素である使役動詞と動作主体の性質がそれぞれ、意志動詞でなく無意志動詞 (「感じる」「思う」) であり、特定者でなく不特定者であるということは、その使役文の文法的な性質を典型的な使役文のそれとは異なるものにする。本章では、そういった使役文の意味構造に大きく 3 つのタイプがあり、そこには「感じる」と「思う」を原動詞とする使役文であることによる違いが見いだせること、そして、「感じさせる」「思わせる」が使役動詞性を希薄にして「デアル」や「ヨウダ」に近い判断助辞に近くなっていることを述べた。

8. 第Ⅳ部のおわりに

この第Ⅳ部（第10章〜第14章）では、使役動詞「V-(サ) セル」の使役動詞らしさがときに希薄になり、一単位の他動詞のようにふるまったり、さらに動詞性も希薄になって、後置詞や判断助辞のようになったりする現象を観察した。まず第10章と第11章では「もたせる」と「知らせる、聞かせる」をとりあげ、それぞれについて、「V-(サ) セル」の形態的な特徴である「V」＋「-(サ) セル」という分析性のうかがえる使役動詞らしい用法と分析性が希薄になって一単位の他動詞のようにふるまう用法とを観察した。「知らせる」は分析性の希薄な用法がほとんどであるのに対して、「もたせる」は、「もつ」の多義性もかかわって、分析性の明瞭な使役動詞らしい用法も分析性のほとんど感じられない用法もあって多様であるのが特徴であった。第12章ではさまざまな「V-(サ) セル」を広くとりあげて語彙的意味の一単位性のめばえをさぐった。一単位性を獲得することによって、「V-(サ) セル」ならではの語彙的な意味を成立させてレキシコンのなかに既存のものとして存在するようになること、そして、成立した語彙的な意味がその「V-(サ) セル」の連語論的な性質の独自性、構文論的な機能の独自性をうみだしていることも見いだした。

続く第13章と第14章では、使役主体・動作主体の不特定性がもたらす使役動詞および使役文の性質の変容をみた。第13章では条件節（従属節）の述語である「V-(サ) セル」に対する使役主体が不特定者であるときに「V-(サ) セル」が後置詞的な性質を発揮し使役文が品定め文の性質をおびることを示し、第14章では動作主体が不特定者である「感じさせる」文、「思わせる」文において、「V-(サ) セル」が判断助辞に近くなる現象を観察した。

なお、この2つの章ではとりあげなかったものとして、わずかではあるが、主節の述語である「V-(サ) セル」に対する使役主体が不特定者であるもの、および、使役主体も動作主体も不特定者である使役文もある。それらについてここで簡単にみておく。前者は次のような例であり、（39）（40）のような「(z を) V-(サ) セル N」

という連体修飾構造か、(41)(42)のような「Nは……V-(サ)セル」という主題―解説構造に準ずる例がめだつ。

《「(zを)V-(サ)セルN」》

(39) 東京のなかで、朝からたべさせるたべもの屋はいたってかずがすくない。　　　　　　　　　　　　　　　　（岡本かの子、河明り）

(40)「うまい魚を食わせる店」「めずらしい酒を飲ませるバー」「モダンジャズを聞かせる喫茶店」「泣かせる話」

《「Nは……V-(サ)セル」》

(41)「{その店は}なんだか不忍の池の肴を食わせそうに見えるなあ」　　　　　　　　　　　　　　　　　　　　　　　（雁）

(42)「モンクってお店、現代音楽を聴かせるの」「その店は上等の品を安く飲ませていた」「あの兄弟の孝行ぶりは泣かせるなあ」「この試合はなかなかうならせますねえ」「あいつが校長だなんて笑わせるよ」

これらの使役文において、使役主体に相当するのは「N」（人や事物）であり、動作主体は不特定者であって、「V-(サ)セル」は「N」の性質をあらわす形容詞あるいは国立国語研究所（宮島）(1972：676、680)のいう「状態詞化したもの」になっている。もうひとつの、使役主体も動作主体も不特定者である使役文というのは次のようなものである。

(43)「左沢」と書いて「あてらざわ」とよませる。

この文では具体的な「よむ」動きは全く問題にならず、「～とよむ」、さらには「～です」といってもよく、動詞性が希薄である。

　以上のような第IV部の考察によって、本書は使役動詞（「V-(サ)セル」）について、使役文における要素（部分）としての性質とレキシコンの要素をなす単語（部品）としての性質も探ることをこころみた。

───────────

＊1　第13章では使役動詞を条件節述語とする文について考察したが、そこで

は、使役主体が特定者であるか不特定者であるかによって文の性質および「V-（サ）セ -条件形」の性質が異なることをみた。なお早津（2004b：128–133、145–147）でもこのことに簡単にふれた。

＊2　ここで代表的・基本的というのは、意味の広さや中立性、文体や位相の中立性、複合語の要素へのなりやすさ、類義語群の出発点的な意味になること、といった点からみたものである。

＊3　第13章においても、使役主体が特定者か不特定者かは必ずしも常に明瞭なわけではないことについて、2節の（ア）で述べた。

＊4　ただし、「かんじさせ」「おもわせ」「想わせ」といった表記のものは収集できないが今回はこの方針で行った。

＊5　上の数以外に「感じさせられ」「思わせられ」という使役受身の形がそれぞれ11例、9例あったが分析対象としていない。

＊6　「そう感じさせる」「こう思わせる」等も含む。

＊7　3節の表におけるB類5例も「芭蕉の句は深い山の中の空気を感じさせる」のような例であり［本義―喩義］ではない。なお、国立国語研究所（中村）（1977）に、「象を V-(サ) セル 太い足」という比喩の中で使うことのできる動詞として「考えさせる（考えさす）、思わせる（思わす）、しのばせる（しのばす）、思いださせる（思いださす）、思いおこさせる、想起させる、髣髴させる、想像させる、連想させる」があがっている。ここにも「思わせる」はあるが「感じさせる」は含まれていない。

＊8　4節でみたように、A類の「感じさせる」では、Zが形容詞性の名詞であるものが多く、そうでないeとfは約3分の1（8.7＋24.6＝33.3％）にすぎない。

＊9　鈴木（1972：479–480）は「ようだ、らしい」などを「第二種のむすび」すなわち「述語になる動詞、名詞、形容詞とくみあわさって、いろいろなきもち的な意味（推定、伝聞など）をつけくわえるもの」としている。なお「むすび」について鈴木（1972：413）で、「むすび（繋辞copula）」とされている。

＊10　森重（1965）の「個別者」「全体者」と本章の「特定者」「不特定者」とがまったく同じものかどうかはさらに慎重に考える必要があるが、本章でとりあげた現象を考えるにあたって学ぶところが多かった。なお、第1章の注21も参照。

＊11　ここでいう〈ありか〉と〈きっかけ・誘因〉は、奥田（1962［1983：286–287、302–304]）においてニ格の名詞と動詞との連語のタイプについて述べられる中で、「ひざしに冬の気配を感じる」「群衆のなかに母をみつける」におけるニ格名詞が「認知物のありか」であるのに対して、「注射におびえる」「病苦に悩む」におけるニ格名詞は態度が向けられる対象をしめしつつも「原因的なニュアンスをおびてくる」とされているものにそれぞれ相当する。

V

結論

第 15 章
使役文と使役動詞
ヴォイスとしての使役文と動詞としての「V-(サ) セル」

　本書では、「使役文：文」と「使役動詞：単語」が言語の単位として異なるレベルのものであることを意識し、それぞれを、ヴォイス体系における使役文、語彙体系における使役動詞と捉え、相互の関係を大切にしつつそれぞれの性質を考察した。この章では、本書の方法論的な方面の概括・省察と今後の課題の展望とを簡単に述べる。

　使役文・使役動詞の考察において、次の 2 つの視角を重視しつつ考えたことがまず本書の特徴である。ひとつは、第 1 章の 2.2 節で述べたように、本書では、使役文と原動文の対応として、次の A だけでなく B の捉え方を積極的にみとめたことである。

　A：「X ガ Y ニ/ヲ（Z ヲ）V-(サ) セル」⊃「Y ガ（Z ヲ）V」
　　　花子が太郎に荷物を運ばせる。　　⊃ 太郎が荷物を運ぶ。
　　　花子が太郎を銀行へ行かせる。　　⊃ 太郎が銀行へ行く。
　　　花子が冷凍庫で果汁を凍らせる。　⊃ 果汁が凍る。
　B：「X ガ Y ニ/ヲ（Z ヲ）V-(サ) セル」⇔「X ガ（Z ヲ）V」
　　　花子が太郎に荷物を運ばせる。⇔ 花子が荷物を運ぶ。
　　　花子が太郎を銀行へ行かせる。⇔ 花子が銀行へ行く。

このうち A は、使役文は、原動文の表す事態には含まれずそれを引きおこすものとしての人や事物を項としてあらたに加え、それを主語にして述べる文であり、使役文の表現する内容は原動文の表現する内容を包摂・含意するという捉え方である。それに対して B は、主語である人（主語者）と原動詞の表す動作との直接性・間接性に注目するものである。原動文は主語者が自ら動作を行うことを表す文、使役文は主語者が他者に動作を行わせることを表す文であり、使役文の表現する内容と原動文の表現する内容とはいわば他行か自行かという点で対立する異なる事態だという捉え方である。このよ

うな2つの側面があることは、使役文のもつ2つの分かちがたい性質、すなわち、使役文のもつ因果関係（引きおこし性）の表現としての性質と、使役文にそなわる主語者と原動作との間接性という性質を反映するものである。本書は、全体としてBの対応に強く注目したものとなっている。それは、本書における「使役」が、英語のcausative/causation という面よりも、人間関係における「（自分で）する」か「（他者に）させる」かという責任関係に注目する研究になっていることによる。少なくとも日本語においては、受身もふくめヴォイスは、人と人との間の、行為をめぐる対人的な（対人面の）ありかたのカテゴリーであり、その点がテンスやアスペクトなどと異なっているのだと思われる。

　いまひとつの視角は、第1章の2.3節で述べた「V-(サ) セル」の単語性というみかたである。本書は、いわゆる助動詞「-(サ) セル」を単語ではなく接辞であると捉え*1、動詞に「-(サ) セル」のついた「V-(サ) セル」をひとつの単語だとみなす。そして、「V-(サ) セル」を述語とする文としての使役文の性質、および単語としての「V-(サ) セル」の性質を、それぞれ前者については第Ⅱ部と第Ⅲ部で、後者については第Ⅳ部で考察した。このことは、言語の研究方法として宮島（1983）のいわゆる「単語中心主義」の立場（第1章2.3節）にたつことであり、本書は使役研究において、手つづき中心主義や形態素中心主義に比べて単語中心主義がどのように意義があるかを探ったものともいえる。

　本書がこのような2つの視角を重視する立場にたってなされたことと、第Ⅱ部、第Ⅲ部、第Ⅳ部との関係をあらためて述べてみる。

　第Ⅱ部（使役文の構造）では、使役文の構文的・意味的な構造の種々について考察した。まず第2章（使役文の意味分類の観点について―山田孝雄（1908）の再評価―）で使役文の意味についての研究の流れを概観して、先行研究における分析の観点は大きく2つにまとめられることを確認し、そのひとつである山田（1908）の観点が今日あまり知られていないものの興味深い見方であることを述べた。そして、第3章（意志動作の引きおこしを表す使役文の文法的な意味）では、人の意志動作の引きおこしを表す使役文（〈人

ガ人ニ／ヲ（Z）ヲV［意志］-（サ）セル〉型の使役文）の文法的な意味について、すでに広く知られている「強制：許可」とは別の分類をこころみた。それは、人がある動作を自分で行うのでなく他者に行わせるというのはどういうときなのか、なんのために他者に動作を行わせるのかという点に注目したもので、それによって使役文の文法的な意味として「つかいだて（他者利用）」と「みちびき（他者誘導）」という2つを提案した。これは使役文と原動文の対応についての先のBの捉え方を強く意識したものであり、また第2章で評価した山田（1908）を発展的に継承したものといえる。「つかいだて：みちびき」は、「強制：許可」という分類を否定するものではなく、異なる観点からの分類である。つまり、「強制：許可」は使役事態の《原因局面／先行局面》に注目したものであり、「つかいだて：みちびき」はその《結果局面／後続局面》に注目したものであって両者は十字分類をなすものである。そして、「つかいだて：みちびき」という見方をすることが、使役文の内部構造および使役文と他の構造の文との関係を考察するのに有効であることを示した。

　第4章（〈人ノN［部分・側面］ヲVi［無意志］-（サ）セル〉型の使役文）、第5章（〈人₁ガN［（人₁ノ）部分・側面］ヲVi-（サ）セル〉型の使役文）、第6章（〈N［事物］ニN［事物］ヲVt-（サ）セル〉型の使役文）は、意志動作の引きおこしではなく、それぞれ、人の無意志動作の引きおこし（第4章）、使役主体自身の身体部位などの変化の引きおこし（第5章）、事物の変化の引きおこし（第6章）を表す使役文である。これらの使役文については、もちろんBの捉え方をすることはできないわけだが、第4章から第6章でとくにAの捉え方からの考察を行ったわけではない。つまり、使役文と原動文との包摂（・含意）という側面の対応関係に注目して考えるというよりも、これらの構造の使役文そのものが、構文機能的あるいは意味的にどのような性質をもっているかを考察した。このことは、本書で重視した2つの視角のうちの「V-（サ）セル」の単語性（ここではとくに、文の部分としての性質）を意識して、「XガYニ（Zヲ）V-（サ）セル」という使役文は、主語、補語、述語

としての「V-(サ)セル」という部分(成分)から構成される構文機能構造をなすと捉えるものである。この捉え方は、使役文に埋め込み構造をみとめる立場(たとえば「花子が太郎に荷物を運ばせる」は、[太郎が荷物を運ぶ]を基層・深層とし、それに「セル」が添加された文だとするもの)とは異なっている。

　なお、事物の変化の引きおこしを表す使役文としては、第6章で考察した他動詞使役文だけでなく、自動詞使役文もある(「花子が冷蔵庫で果汁を凍らせる」「技師がモーターを回転させる」「経済政策が円高を助長させる」)。本書ではこれらを扱わなかったが、この類の使役文についてはむしろ広く他動詞文(「花子が果汁を固める」「技師がモーターをまわす」「経済政策が円高をすすめる」)全体の性質との関係のなかで捉えていくほうがいいと考えている*2。

　第Ⅲ部(使役文のヴォイス性)では、使役文と原動文の対応についてのBの捉え方を意識することによって日本語のヴォイスの性質を考察し、使役文と原動文・受身文との関係を考えた。まず、第7章(「ヴォイス」としての使役)では、日本語のヴォイスを、人がある動作を自分で行うか、他者に行わせるか、他者の動作を被るかということを、「V」「V-(サ)セル」「V-(ラ)レル」によって表しわける述べ方の体系であると規定し、この原動・使役・受身が日本語のヴォイスの中心であるとした。そして、本書の対象である使役文が、原動文、受身文との張り合い関係をもちつつヴォイス体系をなすものであることを述べた。これは、山田(1908)や松下(1924)が、「ヴォイス」という術語こそ用いないが、原動・使役・受身の体系性をみていたことに通じるものであり、日本語のヴォイスの本質を捉えるのに重要だと考える。

　そして、第8章(使役文と原動文の似通い)、第9章(使役文と受身文の似通い)ではそれぞれ、使役文と原動文、使役文と受身文とが類似の事態を指すことができるという現象を観察した。そのような現象が生じるのは、使役文にBのような性質があり、日本語のヴォイスが第7章で述べたように捉えられることが土台となっていることを確認した。

　このように第Ⅲ部では、使役文と原動文の対応を考える際に、B

のように「対立」としての対応という側面を意識することが、日本語の使役文、ひいては日本語のヴォイスの性質を浮き彫りにするのに意義があることを示せたのではないかと考える。ただし、対応自他動（「まわす―まわる」「こわす―こわれる」「たてる―たつ」等）もふくめたヴォイス体系のなかでの使役文の位置づけは今後の課題として残された。

　第Ⅳ部（「V-(サ) セル」の使役動詞性とその変容）では、動詞に接辞「-(サ) セル」のついた「V-(サ) セル」の語彙的・文法的な性質を考察した。一般に「単語」には、命名単位・記憶単位としての既成性（文の「部品・材料」としての性質）と文構成における要素性（文の「部分・成分」としての性質）とがある。「部品（材料）」としての単語は、一定の語彙的意味とその反映としての文法的な性質をそなえた語彙・文法的な単位として当該言語のレキシコンの要素（語彙項目）となっている。単語を品詞に分けるのは、部品（材料）としての性質による分類である。それに対して、「部分（成分）」としての単語は、一定の構文的機能をはたしつつ文を構成する。文の中で用いられている単語について主語、補語、修飾語、述語といった文の成分を考えるのは、部分としての単語の性質に注目している。

　それでは、使役動詞（「V-(サ) セル」）の単語としての性質はどうか。使役文の「部分（成分）」としての性質すなわち文構成における要素性は、使役動詞全体がもつ。述語になる（「弟に荷物を運ばせる」）のが本務だが、連体修飾語になったり（「弟に運ばせた荷物」）、連用修飾節になったり（「弟に荷物を運ばせて手ぶらで帰る」）することもある。そして、単語が一般に文中での機能や他の単語との関係によってその性質を臨時的に変化させることがあるのと同様に＊3、「V-(サ) セル」も文中での機能にしばられて、その性質（使役動詞性）がかわってくることがある。第13章（使役動詞条件形の後置詞への近づき）では、文全体が主題―解説構造をなす複文であって「V-(サ) セル」がその条件節述語であり、さらに使役主体が不特定であるという条件のもとで、その「V-(サ) セル」が、品定め文における領域設定・機会設定の後置詞のようにな

第15章　使役文と使役動詞　　**423**

ることをみた（「彼は、美人画を描かせれば当代一だ」）。また、第14章（「感じさせる」「思わせる」の判断助辞への近づき）では、「V-(サ) セル」が主題—解説構造の文の述語や連体修飾構造の述語であり、さらに動作主体が不特定であるという条件のもとで、「V-(サ) セル」が判断助辞（「ヨウダ／ミタイダ／ラシイ」）に近くなることをみた（「ユーカリの並木は銀色に輝く大海原を思わせる」「春を思わせる陽気」）。また、本書では第Ⅳ部の最後に（第14章8節）ごく少しふれただけだが、使役主体や動作主体の不特定性や文の機能などに条件づけられて「V-(サ) セル」が当該の文中で形容詞に近い意味になることもある（「泣かせる話」「あいつが校長だなんて笑わせるよ」等）。

　一方、「部品（材料）」としての性質は、「V-(サ) セル」すべてがもつとはいえない。「V-(サ) セル」には、発話の際にそのつど「V」と「-(サ) セル」からつくられるという面が強く、派生形式としての分析性が明らかなものが少なくない。その点では非語彙的で文法的である。しかし、「運ばせる、洗わせる、歩かせる、……、走らせる、泳がせる、……、もたせる、合わせる、聞かせる、知らせる」などをみてみると、既成性の弱いものから強いものへの段階性が（もちろん一直線上に並ぶものではないが）あるのではないかと思われる。第10章（「もたせる」における使役動詞性と他動詞性）では、意志動詞である「もつ」を原動詞とする「もたせる」には、使役文らしい使役文をつくる文法的な派生形式としての使用から、意味的な分析性を失った一単位の他動詞としての使用への幅があることをみた。また、第11章（「知らせる」「聞かせる」における使役動詞性と他動詞性）では、「知らせる」「聞かせる」には文法的な派生形式としての使用がほとんどみられず、他動詞としての性質が際立っていることを、先行諸研究を紹介しつつ本書なりに構文面・意味面からあらたに確認した。そして、第12章（「V-(サ) セル」の語彙的意味の一単位性）では、具体的な用例を観察するなかで、「V-(サ) セル」の中には、意味的な分析性・透明性をある程度残しつつも、独自の語彙的意味およびその反映としての独自の構文的な性質を獲得し、類義の他動詞との意味的張り合いをなしうる

単位として、他動詞からなる語彙体系の中に既存のものとして位置づいているものがあることをみた。

このように、第Ⅳ部では、単語すなわち語彙・文法的な単位としての「使役動詞」について性質を考えた。それが可能になったのは本書が単語中心主義の立場をとったことによる。そして「V-(サ)セル」の「部品」としての性質と「部分」としての性質を積極的に意識することによって、本書が分析的な形式としての「V-(サ)セル」を中心に考察しつつも、分析性が希薄になった他動詞的な使用や、さらには「V-(サ)セル」の動詞性すら希薄になった使用との関係もみることができた。

本書の考察における方法上の特徴についてさらに付け加えるならば、第1章の2.4節で述べた単語のカテゴリカルな意味の重視という点と、第1章の2.5節で触れた文の文法的な構造と意味的な構造を切りはなさずに考えるという点があげられる。これらは、使役文・使役動詞の研究に限るものではなく、文法現象の観察・記述・分析にあたってはつねに必要なことではないかと考える。文の文法構造と意味構造とは形式と内容という関係でもあり、切りはなしては考えられない。文法と語彙をきりはなさずに考察することをめざす際に、大切な要となるのは単語のカテゴリカルな意味である。本書は、こういったことを念頭におき、語彙と文法とが深くからみ合う現象としての使役文・使役動詞について考察した。

本書で考えることのできなかった問題は少なくなくここでそのすべてあげることはできそうもない。しかし、次のことは本書の射程として扱うべきことであった。ひとつは、上の第Ⅲ部の説明の最後にも述べたが、対応自他動も含めた日本語におけるヴォイスの体系を捉えるべきだったということである。また、上の第Ⅱ部の説明の最後に述べた、事物を対象とする自動詞使役文（「花子が冷蔵庫で果汁を凍らせる」等）の考察である。事物の変化の引きおこしを表す使役文は、使役文としては周辺的であり他動詞文による表現に近いことがあり（「肉汁を {固まらせる：固める}」）、さらに、使役文の中心であるはずの、人の意志動作の引きおこしについても同様なことがみられる（「生徒を家へ {帰らせる：帰す}」）。しかし使役文

第15章　使役文と使役動詞　　425

と他動詞文に違いがあることも確かであり、それについての諸研究もある。本書ではこのことについて考察することができなかったが、使役文と他動詞文それぞれの本質を明らかにするためには必要なことであった。まずこのふたつについての考察を今後の課題としたい。

＊1 「‑(サ) セル」を含め、いわゆる助詞・助動詞を品詞のひとつとすることへの疑問は、『国語学大辞典』（1980 東京堂出版）の「品詞」の項（pp.739‑741 阪倉篤義執筆）のひとつの節【日本語の品詞の問題点】にもみられる。
　「【日本語の品詞の問題点】西洋文典を摂取して日本文法を新しく組織立てようとした際に、旧時代の文法研究において行われてきた「体のことば」「用のことば」「辞（テニヲハ）」という語類を、そのまま彼の parts of speech に相当するものと考え、「辞」すなわち助詞・助動詞の類をも、名詞・動詞などと並べて、一つの品詞として立ててしまったのは、誤りであったと言えそうである。parts of speech は、名のごとく「文の部分としての語」であるが、日本語の辞は、直接に文の成分たるべき語ではなくて、いわば「素材としての語」と考えるべきものである。……西洋文法における品詞と同等のものを、日本文法においても立てようとするならば、松下の言う「詞」（これは橋本文法に言う「文節」にかなり近い）のレベルにおいて考えられなければならない……松下は……たとえば「本が」「本を」などは「有格の名詞」であり、ただの「本」は「無格の名詞」と考える。……」（pp.740‑741、下線は早津）
＊2 早津（2000b）、早津・高（2012）はその可能性をさぐろうとした準備的な報告である（第8章の注12参照）。
＊3 たとえば、(a)「とんで帰る」、(b)「酒は米からつくる」、(c)「花子はお嬢さんだ」、(d)「門をはいるとすぐ池がある」の下線部の単語は、それぞれ、(a) は連用修飾語であること、(b) は動作主体が不特定者であり動作対象が主題となった文の述語であること、(c) は「ＸハＮダ」という［主題―解説］構造の文の述語であること、(d) は動作主体が不特定である条件節の述語であること等によって、転成、他動詞の自動詞化、意味の変化（拡大）、後置詞化などが生じることが知られている（高橋1994）。

参考文献

青木伶子（1977）「使役―自動詞・他動詞との関わりにおいて―」『成蹊国文』
　　10，成蹊大学文学部日本文学科研究室（須賀一好・早津恵美子（編）1995，
　　pp.108-121 に再録）.
青木伶子（1980）「使役表現」『国語学大辞典』pp.455-456，東京堂出版.
青木伶子（1994）「格助詞の範囲―目標格をめぐって―」『成蹊人文研究』2，
　　pp.73-86，成蹊大学大学院文学研究科.
朝山信彌（1942-1943）「国語の受動文について」『国語国文』12-11，12-12，
　　13-6，京都大学国語国文学会（朝山信彌著作集刊行会（編）1992『朝山
　　信彌国語学論集』pp.64-82，和泉書院，に再録）.
アンスコム, G.E.M.（Gertrude Elizabeth Margaret Anscombe）(1957) *Intention*.
　　菅豊彦（訳）（1984）『インテンション―実践知の考察―』産業図書.
安藤貞雄（1994）「日英語の使役文―意味と構造と照応―」『英語青年』140-1，
　　pp.28-30，研究社出版.
井口裕子（1998）「漢語サ変動詞の使役文に関する一考察」『東京大学留学生セ
　　ンター紀要』8，pp.109-119，東京大学留学生センター.
池上嘉彦（1981）『「する」と「なる」の言語学―言語と文化のタイポロジーへ
　　の試論―』大修館書店.
池上嘉彦（1982）「表現構造の比較―〈スル〉的な言語と〈ナル〉的な言語―」
　　『日英語比較講座 第4巻 発想と表現』pp.67-110，大修館書店.
石井正彦（2007）『現代日本語の複合語形成論』ひつじ書房.
石川守（1994）「使役形の用法について」『語学研究』75，pp.1-41，拓殖大学
　　語学研究所.
井島正博（1988）「動詞の自他と使役との意味分析」『防衛大学校紀要人文科学
　　分冊』56，pp.105-135，防衛大学校.
伊東光浩（1985）「使役表現の意味構造」『中央大学国文』28，pp.100-120，
　　中央大学国文学会.
稲村すみ代（1995）「現代日本語における再帰構文」窪田富男教授退官記念論
　　文集編集世話人（編）『日本語の研究と教育―窪田富男教授退官記念論文
　　集―』pp.119-137，専門教育出版.
井上和子（1976）『変形文法と日本語 上・統語構造を中心に』大修館書店.
内田賢徳（1983）「副詞句と条件法」『日本語学』2-10，pp.30-37，明治書院.
江頭由美（1997）「もの対象語のサセル動詞文について」『日本研究教育年報
　　（1996年版）』pp.27-47，東京外国語大学外国語学部日本課程.
遠藤裕子（1982）「接続助詞「て」の用法と意味」『音声・言語の研究』2，

pp.51-63, 東京外国語大学音声学研究室.

大江三郎（1983）「Ⅷ 使役と被害受身の have と get」『講座・学校英文法の基礎 第5巻 動詞（Ⅱ）』pp.275-288, 研究社出版.

大鹿薫久（1986-1987）「使役と受動（一）（二）」『山邊道』30, pp.89-98, 31, pp.33-42, 天理大学国語国文学会.

大鹿薫久（1987）「文法概念としての「意志」」『ことばとことのは』4, pp.42-49, 和泉書院.

大鹿薫久（2001）「自動と他動, あるいは所動と能動」前田富祺先生退官記念論集刊行会（編）『前田富祺先生退官記念論集―日本語日本文学の研究―』pp.225-238, 石田大成社.

大槻文彦（1889）「語法指南（日本文典摘語）」『言海』pp.25-119, 六合館.

大槻文彦（1897）『広日本文典』『広日本文典別記』大槻家蔵版（1980『広日本文典・同別記』として勉誠社より復刻）.

大槻文彦（1917）『口語法別記』大日本出版（1980『口語法・同別記』として勉誠社より復刻）.

奥田靖雄（1960）「を格のかたちをとる名詞と動詞とのくみあわせ」言語学研究会（編）（1983）『日本語文法・連語論（資料編）』pp.151-279,（「編集にあたって」によると, 1960年の研究会でのガリ版刷原稿が未公刊だったものを収録したもの）, むぎ書房.

奥田靖雄（1962）「に格の名詞と動詞とのくみあわせ」言語学研究会（編）（1983）『日本語文法・連語論（資料編）』pp.281-323,（「編集にあたって」によると, 1962年の研究会でのガリ版刷原稿が未公刊だったものを収録したもの）, むぎ書房.

奥田靖雄（1967a）「語彙的な意味のあり方」『教育国語』8, むぎ書房（松本泰丈（編）1978, pp.29-44；川本茂雄・國廣哲彌・林大（編）1979『日本の言語学 第5巻 意味・語彙』pp.151-168, 大修館書店；奥田靖雄1985, pp.3-20 に再録）.

奥田靖雄（1967b）「で格の名詞と動詞とのくみあわせ」言語学研究会（編）（1983）『日本語文法・連語論（資料編）』pp.325-339,（「編集にあたって」によると, 1967年の研究会でのガリ版刷原稿が未公刊だったものを収録したもの）, むぎ書房.

奥田靖雄（1968-1972）「を格の名詞と動詞とのくみあわせ」『教育国語』12, 13, 15, 20, 21, 23, 25, 28, むぎ書房（言語学研究会（編）1983, pp.21-149 に再録）.

奥田靖雄（1972）「語彙的なものと文法的なもの」『宮城教育大学・国語国文』3, 宮城教育大学国語国文学会（松本泰丈（編）1978, pp.21-28；奥田靖雄1985, pp.21-29 に再録）.

奥田靖雄（1973）「言語における形式―日本語研究への序説 その1―」『教育国語』35, むぎ書房（松本泰丈（編）1978, pp.1-9；奥田靖雄1985, pp.31-40 に再録）.

奥田靖雄（1974）「単語をめぐって」『教育国語』36, むぎ書房（松本泰丈（編）1978, pp.11-20；奥田靖雄1985, pp.41-51 に再録）.

奥田靖雄（1975）「連用・終止・連体……」『宮城教育大学・国語国文』6, 宮

城教育大学国語国文学会（松本泰丈（編）1978，pp.221–232；奥田靖雄1985，pp.53–66 に再録）.

奥田靖雄（1976）「言語の単位としての連語」『教育国語』45，むぎ書房（松本泰丈（編）1978，pp.259–274；奥田靖雄1985，pp.67–84 に再録）.

奥田靖雄（1977）「アスペクトの研究をめぐって―金田一的段階―」『宮城教育大学・国語国文』8，宮城教育大学国語国文学会（松本泰丈（編）1978，pp.203–220；奥田1985，pp.85–104 に再録）.

奥田靖雄（1978）「アスペクトの研究をめぐって―講義―」『教育国語』53,54，むぎ書房（奥田1985，pp.105–144 に再録）.

奥田靖雄（1979）「意味と機能」『教育国語』58，むぎ書房（奥田靖雄1985，pp.159–169 に再録）.

奥田靖雄（1980–1981）「言語の体系性」『教育国語』63，64，65，66，むぎ書房（奥田靖雄1985，pp.189–226 に再録）.

奥田靖雄（1985）『ことばの研究・序説』むぎ書房.

奥田靖雄（1986）「条件づけを表現するつきそい・あわせ文―その体系性をめぐって―」『教育国語』87，pp.2–19，むぎ書房.

奥田靖雄（1988a）「文の意味的なタイプ―その対象的な内容とモーダルな意味とのからみあい―」『教育国語』92，pp.14–28，むぎ書房.

奥田靖雄（1988b）「時間の表現（1）（2）」『教育国語』94，pp.2–17，95，pp.28–41，むぎ書房.

奥村三雄（1967）「近代京阪語の使役辞」『国語国文』36–1，pp.32–45，京都大学国語国文学会.

落合直文（1897）『日本大文典』博文館.

落合直文・小中村義象（1891）『中等教育日本文典』博文館.

尾上圭介（2003）「ラレル文の多義性と主語」『月刊 言語』32–4，pp.34–41，大修館書店.

尾上圭介（2004）「主語と述語をめぐる文法」『朝倉 日本語講座6 文法 II』pp.1–57，朝倉書店.

影山太郎（1989）「動詞と態」『月刊 言語』18–9，pp.58–61，大修館書店.

影山太郎（1996）『動詞意味論―言語と認知の接点―』くろしお出版.

風間伸次郎（2002）「ツングース諸語における「使役」を示す形式について」『環北太平洋の言語』8，pp.37–50，大阪学院大学情報学部.

柏端達也（1997）『行為と出来事の存在論―デイヴィドソン的視点から―』勁草書房.

金沢庄三郎（1903）『日本文法論』金港堂書籍.

金沢庄三郎（1912）『日本文法新論』早稲田大学出版部.

亀井孝（1955）『概説文語文法』吉川弘文館.

川端善明（1958）「接続と修飾―「連用」についての序説―」『国語国文』27–5，pp.38–64，京都大学国語国文学会.

川端善明（1959a）「動詞文・格」『国語国文』28–3，pp.16–39，京都大学国語国文学会.

川端善明（1959b）「動詞の活用―むしろ Voice 論の前提に―」『国語国文』28–12，pp.1–18，京都大学国語国文学会.

川端善明（1976）「用言」『岩波講座 日本語6 文法 I 』pp.169–217，岩波書店.

川端善明（1978）「形容詞文・動詞文概念と文法範疇—述語の構造について—」『論集 日本文学・日本語5 現代』pp.186–207，角川書店.

川端善明（1983a）「日本文法提要2 文の基本構造」『日本語学』2-2，pp.103–107，明治書院.

川端善明（1983b）「日本文法提要3 文の構造と種類—形容詞文—」『日本語学』2-5，pp.128–134，明治書院.

川端善明（1986）「格と格助詞とその組織」宮地裕（編）『論集 日本語研究（一）現代編』pp.1–40，明治書院.

川端善明（2004）「文法と意味」『朝倉 日本語講座6 文法 II 』pp.58–80，朝倉書店.

木枝増一（1930）『文法及口語法講義 国文学講座 第5 巻』受験講座刊行会.

北原保雄（1970）「助動詞の相互承接についての構文論的考察」『国語学』83，pp.32–59，国語学会.

木村英樹（1992）「BEI受身文の意味と構造」『中国語』389，pp.10–15，中国語友の会（内山書店）.

木村英樹（2000）「中国語ヴォイスの構造化とカテゴリ化」『中国語学』247，pp.19–39，日本中国語学会.

木村英樹（2003）「中国語のヴォイス」『月刊 言語』32-4，pp.64–69，大修館書店.

許永新（2005）「日本語自動詞におけるヲ使役とニ使役の実証的研究」『東京大学言語学論集』24，pp.197–211，東京大学人文社会系研究科・文学部言語学研究室.

教科研東京国語部会・言語教育研究サークル（1963）『文法教育—その内容と方法—』むぎ書房.

金水敏（2000）「時の表現」金水敏・工藤真由美・沼田善子『時・否定と取り立て』pp.1–92，岩波書店.

金田一京助（1942）「文法のもひとつ奥」『とほつびと』遠つびと発行所，（金田一京助全集編集委員会（編）1992『金田一京助全集 第3 巻 国語学 II 』pp.268–272，三省堂書店，に再録）.

金田一春彦（1950）「国語動詞の一分類」『言語研究』15，日本言語学会（金田一春彦（編）1976『日本語動詞のアスペクト』pp.5–26，むぎ書房，に再録）.

金田一春彦（1957）「時・態・相および法」『日本文法講座1 総論』pp.223–245，明治書院.

釘貫亨（1996）『古代日本語の形態変化』和泉書院.

工藤浩（2005）「文の機能と叙法性」『国語と国文学』82-8，pp.1–15，東京大学国語国文学会.

工藤浩（2010）「「情態副詞」の設定と「存在詞」の存立」斎藤倫明・大木一夫（編）『山田文法の現代的意義』pp.171–180，ひつじ書房.

工藤浩（2014）「言語形式」『日本語文法事典』pp.196–197，大修館書店.

工藤真由美（1982）「シテイル形式の意味記述」『武蔵大学人文学会雑誌』13-4，pp.51–88，武蔵大学人文学会.

工藤真由美（1995）『アスペクト・テンス体系とテクスト―現代日本語の時間の表現―』ひつじ書房.

クリモフ，ゲオルギー，A.（Г. А. Климов）（1977）Типология Языков Активного Строя，石田修一（訳）（1999）『新しい言語類型学―活格構造言語とは何か―』三省堂.

黒河春村（1844）『活語四等弁』（島田昌彦 1979「黒河春村『活語四等弁』の「自他」」『国語における自動詞と他動詞』pp.162–178，明治書院，による）.

黒田亘（1992）『行為と規範』勁草書房.

言語学研究会（編）（1983）『日本語文法・連語論（資料編）』むぎ書房.

言語学研究会・構文論グループ（1989a）「なかどめ―動詞の第二なかどめのばあい―」言語学研究会（編）『ことばの科学 2』pp.11–47，むぎ書房.

言語学研究会・構文論グループ（1989b）「なかどめ―動詞の第一なかどめのばあい―」言語学研究会（編）『ことばの科学 3』pp.163–179，むぎ書房.

小泉保・船城道雄・本田晶治・仁田義雄・塚本秀樹（編）（1989）『日本語基本動詞用法辞典』大修館書店.

小出慶一（1994）「ヨウニスル形の使役性」『群馬県立女子大学紀要』15，pp.129–140，群馬県立女子大学.

高京美（2010）「連用の形の「V-サセル」が表わす使役の意味―使役主体と使役対象がヒトである場合―」『日本研究教育年報』14，pp.21–38，東京外国語大学日本課程.

国際交流基金（阪田雪子・倉持保男）（1980）「使役を表す言い方 せる・させる」『教師用日本語教育ハンドブック④ 文法 II 助動詞を中心にして』pp.25–29，国際交流基金（改訂版 1993，pp.39–50，国際交流基金）.

児倉徳和（2011）「シベ語の動詞接尾辞 -we の多義性と「責任」」『日本言語学会第 143 回大会 予稿集』pp.398–403，日本言語学会.

国立国語研究所（1964a）『分類語彙表』（国立国語研究所資料集 6），秀英出版.

国立国語研究所（1964b）『現代雑誌九十種の用語用字 第三分冊 分析』（国立国語研究所報告 25），秀英出版.

国立国語研究所（西尾寅弥・宮島達夫）（1971）『動詞・形容詞問題語用例集』（国立国語研究所資料集 7），秀英出版.

国立国語研究所（宮島達夫）（1972）『動詞の意味・用法の記述的研究』（国立国語研究所報告 43），秀英出版.

国立国語研究所（西尾寅弥）（1972）『形容詞の意味・用法の記述的研究』（国立国語研究所報告 44），秀英出版.

国立国語研究所（中村明）（1977）『比喩表現の理論と分類』（国立国語研究所報告 57），秀英出版.

国立国語研究所（2004）『分類語彙表―増補改訂版―』（国立国語研究所資料集 14），大日本図書.

コセリウ，エウジェニオ（Eugenio Coseriu）（1973）*Semantik und Grammatik*，倉又浩一（訳）（1982）「意味論と文法」『コセリウ言語学選集 3 文法と論理』pp.111–126，三修社.

小宮山千鶴子（1984）「使役表現の広がり―日英語間の発想のずれと指導上の問題―」『日本語教育』53，pp.149–165，日本語教育学会.

権田直助（1885）『語学自在』（井上頼囶・逸見仲三郎により校合訂正され，『続史籍集覧 語学自在』1894，近藤活版所，として刊行）.

近藤政美（1972–1973）「平家物語における助動詞「す」「さす」について―受動的意味を表わす用法を中心に―（上）・（下）―」『説林』21，pp.86–94，22，pp.56–71，愛知県立大学国文学会.

佐伯梅友（1960）『ことばのきまりと働き―中学国語読本―』三省堂.

阪倉篤義（1966）『語構成の研究』角川書店.

阪倉篤義（1969）「語義記述の現実と理想」『言語研究』54，pp.63–72，日本言語学会.

阪倉篤義（1974）『改稿日本文法の話』教育出版.

坂原茂（2003）「ヴォイスの概観」『月刊 言語』32–4，pp.26–33，大修館書店.

佐久間鼎（1936）『現代日本語の表現と語法』厚生閣.

佐久間鼎（1941）『日本語の特質』育英書院.

佐久間鼎（1951）『現代日本語の表現と語法』恒星社厚生閣（佐久間1936. の改訂版，「改訂版への序」によると，「いま版を新にするに当って，内容の取捨増減をかなり自由にこころみて，よほど面目を改めることができた」もの）.

佐々木勲人（1997）「中国語における使役と受動の曖昧性」筑波大学現代言語学研究会（編）『ヴォイスに関する比較言語学的研究』pp.133–160，三修社.

定延利之（1991）「SASE と間接性」仁田義雄（編）『日本語のヴォイスと他動性』pp.123–147，くろしお出版.

佐藤里美（1986）「使役構造の文―人間の人間にたいするはたらきかけを表現するばあい―」言語学研究会（編）『ことばの科学1』pp.89–179，むぎ書房.

佐藤里美（1987）「「使役構造の文」の指導（上）」『教育国語』88，pp.136–153，むぎ書房.

佐藤里美（1990）「使役構造の文（2）―因果関係を表現するばあい―」言語学研究会（編）『ことばの科学4』pp.103–157，むぎ書房.

佐藤琢三（1994）「他動詞表現と介在性」『筑波応用言語学研究』1，pp.53–64，筑波大学大学院博士課程文芸・言語研究科応用言語学コース.

サピア，エドワード（Edward Sapia）（1921）*Language：An Introduction to the Study of Speech.* 木坂千秋（訳）1943『言語 ことばの研究序説』刀江書院／泉井久之助（訳）1957『言語 ことばの研究』紀伊國屋書店.

柴谷方良（1978）『日本語の分析―生成文法の方法―』大修館書店.

柴谷方良（1997）「言語の機能と構造と類型」『言語研究』112，pp.1–31，日本言語学会.

柴谷方良（2000）「ヴォイス」仁田義雄・益岡隆志（編）『日本語の文法1文の骨格』pp.117–186，岩波書店.

下田美津子（1999）「機能シラバスから見た使役表現―「車をなおす」をめぐって―」吉田彌壽夫先生古稀記念論集編集委員会（編）『日本語の地平線 吉田彌壽夫先生古稀記念論集』pp.261–270，くろしお出版.

須賀一好・早津恵美子（編）（1995）『日本語研究資料集 第1期第8巻 動詞の

自他』ひつじ書房.

杉本和之（1996）「意志動詞と無意志動詞の研究―その1―」『愛媛大学教養部紀要人文・社会科学』28-3，pp.47–59，愛媛大学教養部.

杉本和之（1997）「意志動詞と無意志動詞の研究―その2―」『愛媛大学教育学部紀要II人文・社会科学』29-2，pp.33–47，愛媛大学教育学部.

鈴木重幸（1972）『日本語文法・形態論』むぎ書房.

鈴木重幸（1980）「動詞の「たちば」をめぐって」『教育国語』60，むぎ書房（鈴木重幸1996，pp.159–172に再録）.

鈴木重幸（1983）「形態論的なカテゴリーについて」『教育国語』72，むぎ書房（鈴木重幸1996，pp.85–104に再録）.

鈴木重幸（1989）「奥田靖雄の言語学―とくに文法論をめぐって―」言語学研究会（編）『ことばの科学3』pp.23–51，むぎ書房.

鈴木重幸（1996）『形態論・序説』むぎ書房.

鈴木重幸（2008）「文法論における単語の問題―単語中心主義に対する疑問にこたえて―」『国語と国文学』85-1，pp.1–15，東京大学国語国文学会.

鈴木康之（1978–1979）「の格の名詞と名詞とのくみあわせ（1）～（4）」『教育国語』55，pp12–24，56，pp.66–84，57，pp.83–97，59，pp.67–81，むぎ書房.

須田義治（2010）『現代日本語のアスペクト論―形態論的なカテゴリーと構文論的なカテゴリーの理論―』ひつじ書房.

関根慶子（訳注）（1977）『更級日記（上）（下）』講談社学術文庫.

関根正直（1891）『国語学』弦巻書店.

孫東周（1992）「使役性のパターン」『東北大学文学部日本語学科論集―言語学・国語学・日本語教育学―』2，pp.109–121，東北大学文学部日本語学科.

高木市之助・五味智英・大野晋（校注）（1959）『日本古典文学大系5 萬葉集二』岩波書店.

高木一彦（1974）「慣用句研究のために」『教育国語』38，むぎ書房（松本泰丈（編）1978，pp.95–118に再録）

高津鍬三郎（1891）『日本中文典』金港堂書籍.

高羽四郎（1957）「使役「す」の用法―助動詞の語尾変化について―」『静岡女子短期大学紀要』4-12，pp.1–24，静岡女子短期大学.

高橋太郎（1974）「連体形のもつ統語的な機能と形態論的な性格の関係」『教育国語』39，むぎ書房（松本泰丈（編）1978，pp.233–258；高橋太郎1994，pp.33–59に再録）.

高橋太郎（1975）「文中にあらわれる所属関係の種々相」『国語学』103，pp.1–17，国語学会.

高橋太郎（1977）「たちば（voice）のとらえかたについて―」『教育国語』51，むぎ書房（高橋太郎1994，pp.121–140に再録）.

高橋太郎（1983a）「動詞の条件形の後置詞化」渡辺実（編）『副用語の研究』明治書院（高橋太郎1994，pp.102–120に再録）.

高橋太郎（1983b）「構造と機能と意味―動詞の中止形（～シテ）とその転成をめぐって―」『日本語学』2-12，明治書院（高橋太郎1994，pp.89–101に

再録).

高橋太郎（1985）「現代日本語のヴォイスについて」『日本語学』4-4，pp.4-23，明治書院（高橋太郎 1994，pp.141-165 に再録）.

高橋太郎（1986-1991）「動詞（1）〜（9）」『教育国語』88，89，90，91，92，93，96，99，100，むぎ書房（一部改稿され，高橋太郎 2003 として再録）.

高橋太郎（1990）「テンス・アスペクト・ヴォイス」近藤達夫（編）『講座 日本語と日本語教育 12 言語学要説（下）』明治書院（高橋太郎 1994，pp.238-255 に再録）.

高橋太郎（1994）『動詞の研究—動詞の動詞らしさの発展と消失—』むぎ書房.

高橋太郎（2003）『動詞九章』ひつじ書房.

高見健一（2011）『受身と使役—その意味規則を探る—』開拓社.

田中茂範・松本曜（1997）「使役移動動詞における語彙化パタン」中右実（編）『日英語比較選書 6 空間と移動の表現』pp.154-180，研究社出版.

谷千生（1889）『詞の組立（久美立）』大八洲学会.

千野栄一（1972）「プラーグ学派の言語観」『言語研究』61，pp.1-16，日本言語学会.

チャンブレン，B．ホオル（1887）『日本小文典』文部省編輯局蔵版.

筑波大学現代言語学研究会（編）（1997）『ヴォイスに関する比較言語学的研究』三修社.

角田太作（2009）『世界の言語と日本語—言語類型論から見た日本語—改訂版—』くろしお出版.

寺村秀夫（1982）『日本語のシンタクスと意味 第 I 巻』くろしお出版.

時枝誠記（1937）「文の解釈上より見た助詞助動詞」『文学』5-3，pp.20-56（pp.272-308），岩波書店（『時枝誠記博士論文集 第一冊 言語本質論』1973，岩波書店，に再録）.

時枝誠記（1939）「言語に於ける単位と単語について」『文学』7-3，pp.1-28（pp.291-318），岩波書店.

時枝誠記（1940）『国語学史』岩波書店.

時枝誠記（1950a）『日本文法 口語篇』岩波書店.

時枝誠記（述）（1950b）『中等国文法別記 口語編』中教出版.

時枝誠記（1955）「相」『国語学辞典』pp.599-600，東京堂書店.

中右実・西村義樹（1998）『構文と事象構造』研究社.

中島悦子（1994）「日中対照研究 使役・「てもらう」・「よう（に）」構文と"譲"構文」『国文目白』33，pp.311-319，日本女子大学国語国文学会.

永田吉太郎（1931）「動詞の相に関する考察」『国語と国文学』8-8，pp.79-107，東京大学国語国文学会.

中西宇一（1975）「自動詞と他動詞—格助詞「に」と「を」の対立を通して—」『女子大国文』76，pp.1-30，京都女子大学国文学会.

長野義言（1846 または 1850）『活語初の栞』（島田昌彦 1979「長野義言『活語初の栞』の「自他」」『国語における自動詞と他動詞』pp.179-233，明治書院，による）.

中村裕昭・橋本喜代太（1994）「使役および間接受動文における補文動詞の他動性と名詞句の格照合の関係について」『言語学研究』13，pp.47-78，京

都大学言語学研究会.

中村通夫（1960）「現代文の解釈と文法上の問題点」『講座解釈と文法 7 現代文』pp.1–26，明治書院.

中村渉（1999）「非能格自動詞と日本語における使役化」『言語研究』116，pp.23–58，日本言語学会.

長屋尚典（2011）「タガログ語の *pa-* 使役構文と責任」『日本言語学会第 143 回大会 予稿集』pp.392–397，日本言語学会.

成田徹男（1983a）「動詞の「て」形の副詞的用法」渡辺実（編）『副用語の研究』pp.137–157，明治書院.

成田徹男（1983b）「格による動詞分類の試み―自然言語処理用レキシコンのために―」『ソフトウェア文書のための日本語処理の研究 5 計算機用レキシコンのために』pp.160–181，情報処理振興事業協会.

新川忠（1990）「なかどめ―動詞の第一なかどめと第二なかどめとの共存のばあい―」言語学研究会（編）『ことばの科学 4』pp.159–171，むぎ書房.

西尾寅弥（1985）『現代語彙の研究』明治書院.

西尾寅弥（1999）「語彙・語彙論の問題点」『国文学 解釈と鑑賞』64–1，pp.6–13，至文堂.

西村義樹（1998）「行為者と使役構文」中右実（編）『日英語比較選書 5 構文と事象構造』pp.108–203，研究社出版.

仁田義雄（1986）「格体制と動詞のタイプ」『ソフトウェア文書のための日本語処理の研究 7 計算機用レキシコンのために（2）』pp.103–213，情報処理振興事業協会.

仁田義雄（1988）「意志動詞と無意志動詞」『月刊 言語』17–5，pp.34–37，大修館書店.

仁田義雄（1991）「意志の表現と聞き手存在」『国語学』165，pp.120–112，国語学会.

仁田義雄（1995）「シテ形接続をめぐって」仁田義雄（編）『複文の研究（上）』pp.87–126，くろしお出版.

日本語記述文法研究会（編）（2009）『現代日本語文法 2 格と構文；ヴォイス』くろしお出版.

野田尚史（1991a）「文法的なヴォイスと語彙的なヴォイスの関係」仁田義雄（編）『日本語のヴォイスと他動性』pp.211–232，くろしお出版.

野田尚史（1991b）「日本語の受動化と使役化の対称性」『文藝言語研究 言語篇』19，pp.31–51，筑波大学文芸・言語学系.

野村剛史（1982）「自動・他動・受身動詞について」『日本語・日本文化』11，pp.161–179，大阪外国語大学留学生別科・日本語学科.

野村剛史（1986）「『詞通路』「詞の自他の事」を読む」宮地裕（編）『論集日本語研究（二）歴史編』pp.93–118，明治書院.

野村剛史（1990）「動詞の自他」「ボイス」『日本語学』9–10，pp.65–73，明治書院.

野本和幸（1986）『フレーゲの言語哲学』勁草書房.

パーマー，R．フランク（Frank Robert Palmer）（1976）*Semantics.* 川本喬（訳）（1978）『意味論入門』白水社.

参考文献　　435

バイイ，シャルル（Charles Bally）（1935）*Le Langage et la Vie*. 小林英夫（訳）（1974）『言語活動と生活』岩波書店．

芳賀矢一（1914）「文法論（島津久基・井上赳筆録）」『芳賀矢一遺著：日本文献学・文法論・歴史物語』（1928）富山房．

橋本進吉（1931）「助動詞の研究（講義案：高橋一夫筆録）」『橋本進吉博士著作集 第八冊 助詞・助動詞の研究（講義集三）』（1969，pp.223–420）岩波書店．

橋本進吉（1934）『国語法要説』明治書院．

長谷川清喜（1963）「使役ス・サス・シムの「随順」的用法について」『北海道学芸大学語学文学会紀要』1，pp.34–38，北海道学芸大学語学文学会．

長谷川清喜（1969a）「（助動詞小辞典）せる させる」『月刊 文法』1–8，pp.36–39，明治書院．

長谷川清喜（1969b）「使役の助動詞 す・さす〈古典語〉」松村明（編）『古典語現代語助詞助動詞詳説』pp.79–86，学燈社．

花薗悟（2004）「「Nを通して」と「Nを通じて」」『東京外国語大学留学生日本語教育センター論集』30，pp.17–31，東京外国語大学留学生日本語教育センター．

花薗悟（2007）「を通して―実現への「通り道」―」東京外国語大学留学生日本語教育センター グループKANAME（編著）『複合助詞がこれでわかる』pp.157–164，ひつじ書房．

浜田敦（1955）「助動詞」『萬葉集大成 第六巻 言語篇』pp.79–117，平凡社．

早津恵美子（1987）「対応する他動詞のある自動詞の意味的・統語的特徴」『言語学研究』6，pp.79–109，京都大学言語学研究会．

早津恵美子（1989a）「有対他動詞と無対他動詞の意味上の分布」『計量国語学』16–8，pp.353–364，計量国語学会．

早津恵美子（1989b）「有対他動詞と無対他動詞の違いについて―意味的な特徴を中心に―」『言語研究』95，pp.231–256，日本言語学会．

早津恵美子（1991）「所有者主語の使役について」『東京外国語大学日本語学科年報』13，pp.1–25，東京外国語大学日本語学科．

早津恵美子（1992）「使役表現と受身表現の接近に関するおぼえがき」『言語学研究』11，pp.173–256，京都大学言語学研究会．

早津恵美子（1997）「使役動詞の認定をめぐって（1）―形態面の問題―」宮岡伯人・津曲敏郎（編）『環北太平洋の言語』3，pp.163–182，京都大学大学院文学研究科．

早津恵美子（1998a）「「知らせる」「きかせる」の他動詞性・使役動詞性」『語学研究所論集』3，pp.45–65，東京外国語大学語学研究所．

早津恵美子（1998b）「複文構造の使役文についてのおぼえがき」『言語研究Ⅷ』pp.57–96，東京外国語大学（1997年度教育改善推進経費研究成果報告書）．

早津恵美子（1999a）「いわゆる「ヲ使役」「ニ使役」についての諸論考をめぐって」『語学研究所論集』4，pp.17–50，東京外国語大学語学研究所．

早津恵美子（1999b）「使役対象が人ではない他動詞使役をめぐって―使役動詞文と他動詞文―」『言語研究Ⅸ』pp.109–150，東京外国語大学（1998年度教育改善推進経費研究成果報告書）．

早津恵美子（2000a）「「もたせる」における使役動詞性のあり方」山田進・菊地康人・籾山洋介（編）『日本語 意味と文法の風景―国広哲弥教授古稀記念論文集―』pp.97–114，ひつじ書房.

早津恵美子（2000b）「【資料】使役動詞と他動詞との意味的な分布―動詞リスト（初案）―」『言語研究X』pp.191–281，東京外国語大学（1999年度教育改善推進経費研究成果報告書）.

早津恵美子（2000c）「現代日本語のヴォイスをめぐって」『日本語学』19–5（4月臨時増刊号「新・文法用語入門」），pp.16–27，明治書院.

早津恵美子（2001）「日本語における語彙的な意味の単位をめぐって」津曲敏郎（編）『環北太平洋の言語』7，pp.219–254（文部省科学研究費補助金特定領域研究（A）『環太平洋の「消滅に瀕した言語」にかんする緊急調査研究』研究成果報告書）.

早津恵美子（2003a）「動作要求を表す英語動詞をめぐって―辞書記述の観察―」国松明・東信行・湯本昭南・高橋作太郎・馬場彰・早津恵美子（編）『松田徳一郎教授追悼論文集』pp.469–484，研究社出版.

早津恵美子（2003b）「「V-(s)aseru」の不自然な用法をめぐって」『京都大学言語学研究』22，pp.67–117，京都大学言語学研究会.

早津恵美子（2004a）「動詞文と動詞のタイプ」『国文学 解釈と鑑賞』69–1（特集 三上章と奥田靖雄），pp.84–98，至文堂.

早津恵美子（2004b）「第5章 使役表現」尾上圭介（編）『朝倉日本語講座6 文法II』pp.128–150，朝倉書店.

早津恵美子（2005）「現代日本語の「ヴォイス」をどのように捉えるか」『日本語文法』5–2，pp.21–38，日本語文法学会.

早津恵美子（2006）『現代日本語の使役文―文法構造と意味構造の相関―』京都大学・博士（文学）学位論文.

早津恵美子（2007）「使役文の意味分類の観点について―山田孝雄（1908）の再評価―」『東京外国語大学論集』75，pp.49–86，東京外国語大学.

早津恵美子（2008）「人名詞と動詞とのくみあわせ（試論）―連語のタイプとその体系―」『語学研究所論集』13，pp.43–76，東京外国語大学語学研究所.

早津恵美子（2009）「語彙と文法との関わり―カテゴリカルな意味―」『政大日本研究』6，pp.1–70，台北：国立政治大学日本語文学系.

早津恵美子（2010a）「「V」との対応をなさない「V-(サ)セル」―語彙的意味の一単位性―」須田淳一・新居田純野（編）『日本語形態の諸問題―鈴木泰教授東京大学退職記念論文集―』pp.51–67，ひつじ書房.

早津恵美子（2010b）「連用修飾語の解体―再構築にむけて―」『国文学 解釈と鑑賞』74–7（特集〈文の成分〉から文をとらえる―文の分析と理解のために―），pp.60–68，至文堂.

早津恵美子（2011）「心理変化の惹起を表現する日本語の使役文―「人ノ側面ヲ Vi-(サ)セル」型の使役文について―」『ユーラシア諸言語の動態（II）―多重言語使用域の言語―』（ユーラシア言語研究シリーズ）17，pp.19–51，ユーラシア言語研究コンソーシアム.

早津恵美子（2012a）「日本語における「ヴォイス」を再考するために―主語が

動きの主体か否か―」『日中言語研究と日本語教育』5，pp.20-36，『日中
言語研究と日本語教育』編集委員会（事務局：関西学院大学国際学部于康
研究室内）.

早津恵美子（2012b）「使役動詞を条件節述語とする文の意味と機能」日中対照
言語学会（編）『日本語と中国語のヴォイス』pp.167-190，白帝社.

早津恵美子（2013a）「使役文と原動文との似通い―使役と原動の対立の弱まり
―」『日本語学研究』36，pp.23-43，ソウル：韓国日本語学会.

早津恵美子（2013b）「使役文における動作主体を表す「（人ヲ）V-テ」の後置
詞性と動詞性―語彙的意味の希薄化と文法的機能の形式化―」藤田保幸
（編）『形式語研究論集』pp.233-262，和泉書院.

早津恵美子（2013c）「「感じさせる」「思わせる」の使役動詞性の希薄化」『日
本語学・日本語教育』1，pp.329-343，ソウル：J & C.

早津恵美子（2015a）「日本語の使役文における使役主体から動作主体への働き
かけの表現―従属節事態と主節の使役事態との関係―」『語学研究所論集』
20，pp.1-13，東京外国語大学語学研究所.

早津恵美子（2015b）「日本語における使役文と受身文の似通い―使役文からの
考察―」『日中言語対照研究論集』17，pp.1-21，日中対照言語学会.

早津恵美子（2015c）「日本語の使役文の文法的な意味―「つかいだて」と「み
ちびき」―」『言語研究』148，pp.143-174，日本言語学会.

早津恵美子（2015d-2016）「カテゴリカルな意味（上）（下）―その性質と語
彙指導・文法指導―」『東京外国語大学論集』91，pp.1-33，92，pp.1-20，
東京外国語大学.

早津恵美子・高京美（2012）『コーパスに基づく日本語使役文・他動詞文の実
態』（コーパスに基づく言語学教育研究資料6），東京外国語大学大学院総
合国際学研究院.

早津恵美子・中山健一（2010）「「語彙化（lexicalization）」について―事典類
の記述の調査と日本語での言語現象―」『コーパスに基づく言語学教育研
究報告』5，pp.67-85，東京外国語大学大学院総合国際学研究院.

バンヴェニスト，エミール（Émile Benveniste）（1950）Actif et Moyen dans le
Verbe. 河村正夫（訳）（1983）「動詞の能動態と中動態」岸本通夫（監訳）
『一般言語学の諸問題』pp.165-173，みすず書房）.

福澤清（2000）「使役と受動」『文学部論叢』67，pp.59-72，熊本大学文学会.

福澤清（2001）「使役から受身へ」『文学部論叢』71，pp.69-82，熊本大学文
学会.

藤井正（1971a）「使役」『日本文法大辞典』pp.281-282，明治書院.

藤井正（1971b）「日本語の使役態」『山口大学教育学部研究論叢』20-1，
pp.1-13，山口大学教育学部.

藤井正（1971c）「「広げる」と「広がらせる」」『山口大学教育学部研究論叢』
20-1，pp.15-22，山口大学教育学部.

富士谷成章（1778）『あゆひ抄』（福井久蔵（編）1944『国語学大系 第十五巻』
厚生閣，竹岡正夫1961『富士谷成章全集 上』風間書房，中田祝夫・竹岡
正夫1960『あゆひ抄新注』風間書房，中田祝夫（解説）1977『勉誠社文
庫16』勉誠社，に所収）.

ブラットマン, E. マイケル（Michael E. Bratman）（1987）*Intention,Plans, and Practical Reason.* 門脇俊介・高橋久一郎（訳）（1994）『意図と行為―合理性, 計画, 実践的推論―』産業図書.

フレエ, アンリ（Henri Frei）（1929）*La Grammaire des Fautes.* 小林英夫（訳）（1973）『誤用の文法』みすず書房.

北条忠雄（1977）「動詞の自他およびその相（voice）性の展開と転換―春庭の所説を批判整理しつつ―」『国語学研究』16, pp.1–12, 東北大学文学部国語学研究室.

星野和子（1994）「使役形動詞の用法」『駒沢女子大学研究紀要』1, pp.1–10, 駒沢女子大学.

細江逸記（1928）「我が國語の動詞の相（Voice）を論じ, 動詞の活用形式の分岐するに至りし原理の一端に及ぶ」市河三喜（編）『岡倉先生記念論文集』pp.96–130, 岡倉先生還暦祝賀会.

堀畑正臣（1990）「記録体（公家日記）に於ける『以（人）被（動詞）』（以テ〜ラル）」の文型について―その用例集を兼ね, 主語と動詞の特徴をさぐる―」『尚絅大学研究紀要』13, pp.25–50, 尚絅学園尚絅大学.

本多啓（1997）「「目を輝かせる」型の使役表現について」『駿河台大学論叢』14, pp.33–57, 駿河台大学教養文化研究所.

前田富祺（1975）「語彙に体系はあるか」『新・日本語講座1 現代日本語の単語と文字』pp.55–76, 汐文社.

益岡隆志（1987）『命題の文法』くろしお出版.

益岡隆志・田窪行則（1992）『基礎日本語文法―改訂版―』くろしお出版.

松下大三郎（1901）『日本俗語文典』誠之堂書店（徳田政信（編）1980『校訂 日本俗語文典 付遠江文典』として勉誠社より復刊）.

松下大三郎（1923–1924）「動詞の自他被使動の研究（一）〜（完）」『国学院雑誌』29–12, pp.27–45, 30–1, pp.17–31, 30–2, pp.31–48, 国学院大学.

松下大三郎（1924）『標準日本文法』紀元社.

松下大三郎（1928）『改撰標準日本文法』紀元社（徳田政信（編）1974『改撰 標準日本文法（増補版）』として勉誠社より刊）.

松下大三郎（1930a）『改撰標準日本文法（小修正版）』中文館書店.

松下大三郎（1930b）『標準日本口語法』中文館書店（1961『標準日本口語法』として白帝社より刊, 徳田政信（編）1977『増補校訂 標準日本口語文法』として勉誠社より刊）.

松本泰丈（編）（1978）『日本語研究の方法』むぎ書房.

まつもとひろたけ（1998）「ヴォイスをどうとらえるか」『台湾日本語文学報』13, 中華民国日本語文学会（松本泰丈2006, pp.233–248に再録）.

松本泰丈（2006）『連語論と統語論』至文堂.

松本曜（2000）「「教える／教わる」などの他動詞／二重他動詞ペアの意味的性質」山田進・菊地康人・籾山洋介（編）『日本語 意味と文法の風景―国広哲弥教授古稀記念論文集―』pp.79–95, ひつじ書房.

丸田忠雄（1998）『使役動詞のアナトミー―語彙的使役動詞の語彙概念構造―』松柏社.

三上章（1953）『現代語法序説―シンタクスの試み―』刀江書院（1972くろし

お出版).

三上章（1970）『文法小論集』くろしお出版.

三矢重松（1899）「口語の研究」『国学院雑誌』5-4, 5, 6, 8, 9（1932『文法論と国語学』pp.1-47, 中文館書店, に再録）.

三矢重松（1908）『高等日本文法』明治書院（1926 増訂改版 明治書院, 手澤本をもとに榊原朝雄, 鳥野幸次らにより内容の増補が計られたもの）.

南不二男（1974）『現代日本語の構造』大修館書店.

峰岸明（1968）「自発・可能・受身・尊敬・使役」『国文学 解釈と鑑賞』43-10, pp.16-34, 至文堂.

宮地裕（1965）「「やる・くれる・もらう」を述語とする文の構造について」『国語学』63, 国語学会（宮地裕1999, pp.177-195 に再録）.

宮地裕（1969）「せる・させる〈現代語〉」松村明（編）『古典語現代語助詞助動詞詳説』pp.89-96, 学燈社.

宮地裕（1972）「類義文について」『語文』30, 大阪大学国文学研究室（改稿され「類義文」として, 宮地裕1979, pp.162-187 に再録）.

宮地裕（1975）「受給表現補助動詞「やる・くれる・もらう」発達の意味について」鈴木知太郎博士の古稀を祝う会（編）『鈴木知太郎博士古稀記念 国文学論攷』桜楓社（宮地裕1999, pp.196-211 に再録）.

宮地裕（1979）『新版 文論』明治書院.

宮地裕（編）（1982）『慣用句の意味と用法』明治書院.

宮地裕（1999）『敬語・慣用句表現論―現代語の文法と表現の研究（二）―』明治書院.

宮島達夫（1983）「単語の本質と現象」『教育国語』74, むぎ書房（宮島達夫1994b, pp.95-112 に再録）.

宮島達夫（1987）「単位語の認定」『雑誌用語の変遷』（国立国語研究所報告89）秀英出版（宮島達夫1994b, pp.113-119 に再録）.

宮島達夫（1994a）「格支配の量的側面」『語彙論研究』pp.437-451, むぎ書房,（宮島達夫1986「格支配の量的側面」宮地裕（編）『論集日本語研究（一）現代編』明治書院, および, 宮島達夫1987「格の共存と反発」水谷静夫教授還暦記念会（編）『計量国語学と日本語処理―理論と応用―』秋山書店, に掲載されたものをもとに改稿されたもの）.

宮島達夫（1994b）『語彙論研究』むぎ書房.

宮島達夫（1996）「カテゴリー的多義性」鈴木泰・角田太作（編）『日本語文法の諸問題』pp.29-52, ひつじ書房.

宮島達夫（2005a）「連語論の位置づけ」『国文学 解釈と鑑賞』70-7, pp.6-33, 至文堂.

宮島達夫（2005b）「道具名詞の連語論」『京都橘女子大学研究紀要』31, pp.51-65, 京都橘女子大学.

宮田幸一（1948）『日本語文法の輪郭』三省堂.

明星学園・国語部（1968）『にっぽんご4の上』むぎ書房.

村上三寿（1986a）「うけみ構造の文」言語学研究会（編）『ことばの科学1』pp.7-87, むぎ書房.

村上三寿（1986b）「やりもらい構造の文」『教育国語』84, pp.2-43, むぎ書

房.

村木新次郎（1982）「迂言的なうけみ表現」『国立国語研究所報告 74 研究報告集 (4)』pp.1–40，秀英出版.

村木新次郎（1991）『日本語動詞の諸相』ひつじ書房.

物集高見（1878）『初学日本文典』出雲寺版.

本居宣長（1771）『てにをは紐鏡』（1927『増補本居宣長全集』9，吉川弘文館による）.

本居春庭（1806）『詞八衢』（1938『本居宣長全集 十一』吉川弘文館，に所収）.

本居春庭（1828）『詞の通路』（島田昌彦（解説）1977『勉誠社文庫 25・26』勉誠社，に所収．また，『詞通路』として，1938『本居宣長全集 十一』吉川弘文館，に所収）.

森重敏（1959）『日本文法通論』風間書房.

森重敏（1965）『日本文法—主語と述語—』武蔵野書院.

森田良行（1981）『日本語の発想』冬樹社.

森田良行（1998）「日本語使役文の研究」『早稲田大学日本語研究教育センター紀要』11，pp.191–204，早稲田大学語学教育研究所.

安田喜代門（1928）『国語法概説』中興館.

柳田征司（1994）「意志動詞の無意志用法—あわせて使役表現のいわゆる許容・放任・随順用法について—」佐藤喜代治（編）『国語論究 5 集 中世語の研究』pp.327–361，明治書院.

山内得立（1963）「文と語」『立命館文学』214，pp.271–304，立命館大学人文科学研究所.

山田孝雄（1908）『日本文法論』寳文館.

山田孝雄（1913a）『奈良朝文法史』寳文館.

山田孝雄（1913b）『平安朝文法史』寳文館.

山田孝雄（1922a）『日本文法講義』寳文館.

山田孝雄（1922b）『日本口語法講義』寳文館.

山田孝雄（1935）『漢文の訓讀によりて傳へられたる語法』寳文館.

山田孝雄（1936）『日本文法学概論』寳文館.

山田孝雄（1954）『平家物語の語法』寳文館.

湯沢幸吉郎（1934）『口語法精説』明治書院（『国語科学講座Ⅵ 国語法』）.

湯沢幸吉郎（1951）『現代口語の実相』習文社.

湯沢幸吉郎（1953）『口語法精説』明治書院（1977 明治書院より覆刻）.

楊凱栄（1985）「「使役表現」について—中国語との対照を通して—」『日本語学』4–4，pp.59–71，明治書院.

楊凱栄（1986）「「X ガ Y ヲ Z ニスル」構文と「X ガ Y ヲ Z ニサセル」構文との異同について—Z が形容詞の場合—」『言語学論叢』5，pp.17–30，筑波大学一般・応用言語学研究室.

楊凱栄（1989）『日本語研究叢書 3 日本語と中国語の使役表現に関する対照研究』くろしお出版.

横山由清（1857）『活語自他捷覧』（島田昌彦 1979「横山由清『活語自他捷覧』の「自他」」『国語における自動詞と他動詞』pp.234–275，明治書院，による）.

吉岡郷甫（1906）『改訂日本口語法』大日本図書.

吉岡郷甫（1912）『文語口語対照語法』光風館書店.

ライズィ，エルンスト（Ernst Leisi）（1953）*Der Wortinhalt—Sein Struktur im Deutschen und Englischen—*. 鈴木孝夫（訳）（1960）『意味と構造』研究社出版（1994 講談社学術文庫）.

鷲尾龍一（1997）「他動性とヴォイスの体系」鷲尾龍一・三原健一『ヴォイスとアスペクト』pp.1–106，研究社出版（中右実（編）『日英語比較選書7』）.

渡辺実（1971）『国語構文論』塙書房.

Apresjan, Ju.D.（1974）Regular polysemy. *Linguistics-an International Review-*.41.pp.5–32.

Chamberlain, Basil Hall（1889）*A Handbook of colloquial Japanese*. Tokyo: The Hakubunsha.

Cole, Peter（1983）The grammatical role of the causee in universal grammar. *Internationl journal of American Linguistics* 49. pp.115–133.

Comrie, Bernard（1975）Causatives and universal grammar. *Transactions of the Philological Society* .1974. pp.1–32.

Comrie, Bernard（1976）The syntax of causative constructions: cross-language similalities and divergences. In Shibatani, Masayoshi (ed.) *The grammar of causative constructions, Syntax and Semantics* 6. pp.261–312. New York: Academic Press.

Comrie, Bernard（1981）*Languege universals and linguistic typology*. Chicago: The University of Chicago Press.

Comrie, Bernard（1985）Causatives verb formation and other verb-deriving morphology. In Shopen, Timothy (ed.) *Language typology and syntactic description* Ⅲ. pp.309–348, New York: Cambridge University Press.

Comrie, Bernard（1992）Causative. In Bright, W. (ed.) *International encyclopedia of linguistics*.

Comrie, Bernard and Maria Polinsky (eds.)（1993）*Causatives and transitivity*. Amsterdam, Philadelphia: John Benjamins Publishing Company.

Falk, Yehuda（1991）Causativization. *Journal of Linguistics* 27. pp.55–79.

Farmer, Ann Katharin（1984）*Modularity in Syntax: A Study of English and Japanese*. Cambridge, Mass: MIT Press.

Hopper, Paul J. and Sandra A. Thompson（1980）Transitivity in grammar and discourse. *Language* 56. pp.251–299.

Kuroda, Shigeyuki（1965）Causative forms in Japanese. *Foundations of Language* 1. pp. 30–50.

Levin, Beth（1993）*English verb classes and alternations: A Preliminary investigation*. Chicago: The University of Chicago Press.

Lyons, John（1968）*Introduction to theoretical linguistics*. London: Cambridge University Press.

Moreno, Juan Carlos（1993）'Make' and the semantic origins of causativity: a typological study. In Comrie, Bernard and Maria Polinsky（eds.）*Causatives and transitivity*. pp.155–164. Amsterdam, Philadelphia: John Benjamins Publishing Company.

Nakau, Minoru（1973）*Sentential complementation in Japanese*. Tokyo: Kaitakusha.

Nedjalkov, Vladimir P. and G.G. Silnitsky（1973）The typology of morphological and lexical causatives. In F. Kiefer（ed.）*Trends in Soviet theoretical linguistics*. Dordrecht, Boston: D.Reidel Publishing Company.

Quirk, Randolph, Sidney Greenbaum, Geoffrey Leech, Jan Svartvik（1972）A *Grammar of contemporary English*. London: Longman.

Shibatani, Masayoshi（1973）Semantics of Japanese causativization. *Foundations of Language* 9. pp. 327–373.

Shibatani, Masayoshi（1974）Case marking and causativization: a rejoinder. *Papers in Japanese Linguistics* 3. pp. 233–240.

Shibatani, Masayoshi（1976a）Causativization. In Shibatani, Masayoshi（ed.）*Japanese generative grammar, Syntax and Semantics 5*. pp.239–294. New York: Academic Press.

Shibatani, Masayoshi（1976b）The grammar of causative constructions: a conspectus. In Shibatani, Masayoshi（ed.）*The Grammar of causative constructions, Syntax and Semantics 6*. pp.5–41. New York: Academic Press.

Shibatani, Masayoshi（1976c）On the role of counter equi in the derivation of causative sentences. *Papers in Japanese Linguistics* 4. pp. 159–166.

Shibatani, Masayoshi（1990）*The Languages of Japan*. Cambridge, NewYork, Melbourne: Cambridge University Press.

Shibatani, Masayoshi（2006）On the conceptual framework for voice phenomena. *Linguistics* 44–2. pp. 217–269.

Talmy, Leonard（1976）Semantic causative types. In Shibatani, Masayoshi（ed.）*The Grammar of causative constructions, Syntax and Semantics 6*. pp. 43–116. New York: Academic Press.

Talmy, Leonard（1985）Force dynamics in language and thought. In Eilfort W.H., et al（eds.）*Papers from the parasession on causatives and agentivity at the 21 regional meeting*. pp. 293–337. Chicago: Chicago Linguistic Society.

Vendler, Zeno（1967）*Linguistics in philosophy*. Ithaca：Cornell University Press.

■術語辞典・術語事典類
『言語科学の百科事典』（2006）鈴木良次［他］（編），丸善.
『言語学大辞典 第6巻 術語編』（1996）亀井孝・河野六郎・千野栄一（編著），三省堂書店.
『言語の事典』（2005）中島平三（編），朝倉書店.

『現代言語学辞典』(1988) 田中春美［他］(編)，成美堂出版.

『国語学研究事典』(1977) 佐藤喜代治 (編)，明治書院.

『国語学辞典』(1955) 国語学会 (編)，東京堂出版.

『国語学大辞典』(1980) 国語学会 (編)，東京堂出版.

『新言語学事典，改訂増補版』(1975, 初版1971) 安井稔 (編)，研究社出版.

『日本語学研究事典』(2007) 飛田良文［他］(編)，明治書院.

『日本語学キーワード事典』(1997) 小池清治［他］(編)，朝倉書店.

『日本語教育事典』(1982) 日本語教育学会 (編)，大修館書店.

『日本語教育事典　新版』(2005) 日本語教育学会 (編)，大修館書店.

『日本語文法大辞典』(2001) 山口明穂・秋本守英 (編)，明治書院.

『日本文法事典』(1981) 北原保雄［他］(編)，有精堂出版.

『日本文法大辞典』(1971) 松村明 (編)，明治書院.

『認知言語学キーワード事典』(2002) 辻幸夫 (編)，研究社出版.

『オックスフォード言語学辞典』(2009) 中島平三・瀬田幸人 (監訳)，朝倉書店 (*The concise Oxford dictionary of linguistics* (1997) Matthews, Peter Hugoe (ed.)).

『言語学事典　現代言語学：基本概念51章』(1972) 三宅徳嘉 (監訳)，大修館書店 (*La Linguistique：guide alphabétique* (1969) Martinet, André (ed.)).

『言語学百科事典』(1992) 風間喜代三・長谷川欣佑 (監訳)，大修館書店 (*The Cambridge Encyclopedia of language* (1987) Crystal, David (ed.)).

『ラルース言語学用語辞典』(1980) 伊藤晃［他］(編訳)，大修館書店 (*Dictionnaire de linguistiqué* (1973) Dubois, Jean et al. (ed.)).

An encyclopaedia of language (1990) Collinge, Neville Edgar (ed.), London, New York: Routledge.

The encyclopedia of language and linguistics (1994) Asher, Ron E. (ed.), Oxford: Pergamon Press.

The encyclopedia of language and linguistics, 2nd ed. (2006) Brown, Edward Keith (ed.), Amsterdam: Elsevier.

Encyclopedia of linguistics (2005) Strazny, Philipp (ed.), New York: Fitzroy Dearborn.

An encyclopedic dictionary of language and languages (1992) Crystal, David, Oxford: Blackwell.

International encyclopedia of linguistics (1992) Bright, William (ed.), New York, Oxford: Oxford University Press.

The linguistics encyclopedia (1991) Malmkjær, Kirsten (ed.), London, New York: Routledge.

Routledge dictionary of language and linguistics (1996) Trauth, Gregory; Kazzazi, Kerstin (trans.), London: Routledge. (*Lexikon der sprachwissenschaft, 2nd completely revised edition* (1990) Bussmann, Hadumod (ed.)).

A student's dictionary of language and linguistics (1997) Trask, Robert Lawrence, London: Arnold.

■国語辞書
　（第10章において「もたせる」について調査した26種の辞書）
『岩波国語辞典』（1994 第5版）西尾実・岩淵悦太郎・水谷静夫（編），岩波書
　　　店，（約63,000語）．
『旺文社詳解国語辞典』（1985 初版）山口明穂・秋本守英（編），旺文社，（約
　　　44,000語）．
『学研現代新国語辞典』（1997 改訂新版）金田一春彦（編），学習研究社，（約
　　　65,000語）．
『学研国語大辞典』（1988 第2版）金田一春彦・池田彌三郎（編），学習研究社，
　　　（約102,000語）．
『角川新国語辞典』（1981 初版）山田俊雄・吉川泰雄（編），角川書店，（約
　　　75,000語）．
『角川必携国語辞典』（1995 初版）大野晋・田中章夫（編），角川書店，（約
　　　52,000語）．
『現代国語用例辞典』（1992 初版）林史典・鸎岡昭夫（編），教育社，（約
　　　17,500語）．
『現代国語例解辞典』（1985 初版）尚学図書（編），林巨樹（監修），小学館，
　　　（約65,000語）．
『広辞苑』（1991 第4版）新村出（編），岩波書店，（約220,000語）．
『広辞林』（1973 第5版）三省堂編集所（編），三省堂書店，（約62,000語）．
『国語大辞典』（1981 初版）尚学図書（編），小学館，（約245,800語）．
『三省堂現代新国語辞典』（1992 第2版）市川孝・見坊豪紀・金田弘・進藤咲
　　　子・西尾寅弥（編），三省堂書店，（約70,000語）．
『三省堂国語辞典』（1992 第4版）見坊豪紀・金田一京助・金田一春彦・柴田
　　　武・飛田良文（編），三省堂書店，（約75,000語）．
『集英社国語辞典』（1993 初版）森岡健二・川端善明・星野晃一・徳川宗賢・中
　　　村明（編），集英社，（約92,000語）．
『辞林21』（1993 初版）三省堂編集所（編），松村明・佐和隆光・養老孟司（監
　　　修），三省堂書店，（約150,000語）．
『新選国語辞典』（2002 第8版）金田一京助・佐伯梅友・大石初太郎・野村雅昭
　　　（編），小学館，（約86,800語）．
『新潮国語辞典―現代語・古語―』（1995 第2版）山田俊雄・築島裕・小林芳
　　　規・白藤禮幸（編），新潮社，（約140,000語）．
『新明解国語辞典』（2005 第6版）山田忠雄（主幹）・柴田武・酒井憲二・倉持
　　　保男・山田明雄（編），三省堂書店，（約76,500語）．
『大辞林』（2006 第3版）松村明（編），三省堂書店，（約238,000語）．
『日本語基本動詞用法辞典』（1989 初版）小泉保・船城道雄・本田儿治・仁田義
　　　雄・塚本秀樹（編），大修館書店，（約728語）．
『日本国語大辞典』（2001 第2版）日本国語大辞典第二版編集委員会・小学館国
　　　語辞典編集部（編），小学館，（約500,000語）．
『日本語大辞典』（1989 初版）梅棹忠夫・金田一春彦・阪倉篤義・日野原重明
　　　（監修），講談社，（約175,000語）．
『光村国語学習辞典』（1983 初版）石森延男（監修），光村教育図書，（約

参考文献　　445

25,000 語).

『明鏡国語辞典 携帯版』（2003 初版）北原保雄（編），大修館書店，（約 70,000 語）.

『例解国語辞典』（1976 増訂版）時枝誠記（編），中教出版，（約 40,000 語）.

『例解新国語辞典』（1990 第 3 版）林四郎・野元菊雄・南不二男（編），三省堂書店，（約 40,000 語）.

出典一覧

　第1章の2.8節において、本研究の考察に用いた資料について説明した。ここに、【基本資料】【補充資料（電子化）】について作品の一覧をあげる。

(1)【基本資料】
　基本資料とした作品88編（小説61編、随筆・評論27編）について、作品名、作者名、発表年、出版社等、などの一覧を、それぞれ作品の発表年順に示す。なお、雑誌・新聞などに掲載された後に単行本になった作品の発表年は、最初に単行本になった年とする。出版社名（文庫名）は用例採集に使用した本のものである。

《小説》
『野菊の墓』伊藤佐千夫（明治39年）岩波文庫／『蒲団』田山花袋（明治40年）新潮文庫／『坊っちゃん』夏目漱石（明治40年）新潮文庫／『それから』夏目漱石（明治42年）岩波文庫／『家（上・下）』島崎藤村（明治43～44年）新潮文庫／『こころ』夏目漱石（大正3年）角川文庫／『あらくれ』徳田秋声（大正4年）新潮文庫／『雁』森鴎外（大正4年）新潮文庫／『銀の匙』中勘助（大正4年）岩波文庫／『偸盗』芥川龍之介（大正6年）新潮文庫／『城の崎にて』志賀直哉（大正7年）新潮文庫／『或る女（上）』有島武郎（大正8年）新潮文庫／『和解』志賀直哉（大正8年）新潮文庫／『青銅の基督』長与善郎（大正12年）岩波文庫／『嵐』島崎藤村（昭和2年）岩波文庫／『蟹工船・一九二八.三.十九』小林多喜二（昭和4年）岩波文庫／『山椒魚』井伏鱒二（昭和4年）新潮文庫／『春琴抄』谷崎潤一郎（昭和8年）新潮文庫／『濹東綺譚』永井荷風（昭和12年）岩波文庫／『くれない』佐多稲子（昭和13年）新潮文庫／『天の夕顔』中河与一（昭和13年）新潮文庫／『素足の娘』佐多稲子（昭和15年）新潮文庫／『菜穂子』堀辰雄（昭和16年）新潮文庫／『路傍の石』山本有三（昭和16年）新潮文庫／『青い山脈』石坂洋次郎（昭和22年）新潮文庫／『斜陽』太宰治（昭和22年）新潮文庫／『ビルマの竪琴』竹山道雄（昭和23年）新潮文庫／『雪国』川端康成（昭和23年）新潮文庫／『足摺岬・絵本』田宮虎彦（昭和24～26年）角川文庫（収録作品：「足摺岬」「異母兄弟」「絵本」「霧の旗」「子別れ」「梅花抄」「幼女の声」）／『異形の者』武田泰淳（昭和25年）新潮文庫／『武蔵野夫人』大岡昇平（昭和25年）新潮文庫／『めし』林芙美子（昭和26年）新潮文庫／『海肌のにおい』武田泰淳（昭和26年）新潮文庫／『広場の孤独』堀田善衛（昭和26年）新潮文庫／『あすなろ物語』井上靖（昭和29年）

447

新潮文庫／『潮騒』三島由紀夫（昭和29年）新潮文庫／『むらぎも』中野重治（昭和29年）文芸文庫／『張り込み』松本清張（昭和30年）新潮文庫／『金閣寺』三島由紀夫（昭和31年）新潮文庫／『流れる』幸田文（昭和31年）新潮文庫／『おとうと』幸田文（昭和32年）新潮文庫／『鳥』大江健三郎（昭和33年）新潮文庫／『鎖』中里恒子（昭和34年）中公文庫／『宴のあと』三島由紀夫（昭和35年）新潮文庫／『花影』大岡昇平（昭和36年）新潮文庫／『聖少女』倉橋由美子（昭和40年）新潮文庫／『黒い雨』井伏鱒二（昭和41年）新潮文庫／『恋の巣』立原正秋（昭和42年）新潮文庫／『花霞』芝木好子（昭和44年）集英社文庫／『月山』森敦（昭和49年）文春文庫／『夜の橋』藤沢周平（昭和50〜56年）中公文庫（収録作品：「鬼気」「夜の橋」「裏切り」「一夢の敗北」「冬の足音」「梅薫る」「孫十の逆襲」「泣くな、けい」「暗い鏡」）／『北帰行』外岡秀俊（昭和51年）河出文庫／『時雨の記』中里恒子（昭和52年）文春文庫／『夜の香り』古井由吉（昭和53年）福武書店／『彼方』津島佑子（昭和54〜56年）新潮文庫（収録作品：「彼方」「野一面」「幻」「夢の道」）／『重い歳月』津村節子（昭和55年）新潮文庫／『鬼龍院花子の生涯』宮尾登美子（昭和55年）文芸文庫

《随筆・評論》

『風土』和辻哲郎（昭和10年）岩波文庫／『アメリカと私』江藤淳（昭和40年）文春文庫／『おさなごを発見せよ』羽仁もと子（昭和40年）婦人之友社／『南太平洋の環礁にて』畑中幸子（昭和42年）岩波新書／『メキシコからの手紙』黒沼ユリ子（昭和42年）岩波新書／『羊の歌』加藤周一（昭和43年）岩波新書／『庭の山の木』庄野潤三（昭和48年）冬樹社／『花のある遠景』西江雅之（昭和50年）福武文庫／『田中正造の生涯』林竹二（昭和51年）講談社現代新書／『社会科学における人間』大塚久雄（昭和52年）岩波新書／『死刑囚の記録』加賀乙彦（昭和55年）中公新書／『指と耳で読む』本間一夫（昭和55年）岩波新書／『個人主義の運命』作田啓一（昭和56年）岩波新書／『ことばと国家』田中克彦（昭和56年）岩波新書／『死の思索』松浪信三郎（昭和58年）岩波新書／『寿岳文章集』寿岳文章（昭和58年）弥生書房／『貧困の精神病理』大平健（昭和61年）岩波書店／『「待ち」の子育て』山田桂子（昭和61年）農山漁村文化協会／『大鏡の人びと』渡辺実（昭和62年）中公新書／『女のこよみ』宮尾登美子（昭和62年）角川文庫／『中学校は、いま』望月一宏（昭和62年）岩波新書／『サーカス放浪記』宇根元由紀（平成1年）岩波新書／『男だって子育て』広岡守穂（平成2年）岩波新書／『障害児と教育』茂木俊彦（平成2年）岩波新書／『日本文化と個人主義』山崎正和（平成2年）中央公論社／『ルーマニアの小さな村から』みやこうせい（平成2年）ＮＨＫブックス

(2)【補充資料（電子化）】のうち新聞記事以外のもの

第1章の2.8節で述べたように、4種類のCD-ROM版の電子化資料（『CD-ROM版 明治の文豪』（約11.7MB）、『CD-ROM版 大正の文豪』（約12.7MB）、『CD-ROM版 新潮文庫の100冊』（約21.5MB）、『CD-ROM版 毎日新聞'95』（約114MB）、計約159.9MB）を、翻訳作品か否かということと発表年代およ

448

び相互の重複収録を考慮して、「明治テクスト」「大正テクスト」「昭和テクスト」「翻訳テクスト」という４つにまとめなおしたもの。

作品名の末尾の「＠」印は、【基本資料】とした作品と重複するもの。第１章にも述べたようにこれらは【基本資料】として扱うが、便宜のためここにもあげておく。

（２－１）「明治テクスト」の一覧（作品名の五十音順）62編（うち、【基本資料】との重複2編）

あいびき（二葉亭四迷）、うたかたの記（森鴎外）、カーライル博物館（夏目漱石）、かのように（森鴎外）、くされ縁（二葉亭四迷）、ケーベル先生（夏目漱石）、じいさんばあさん（森鴎外）、それから（夏目漱石）、めぐりあい（二葉亭四迷）、キタセクスアリス（森鴎外）、阿部一族（森鴎外）、一夜（夏目漱石）、永日小品（夏目漱石）、蒲団＠（田山花袋）、寒山拾得（森鴎外）、寒山拾得縁起（森鴎外）、雁＠（森鴎外）、牛肉と馬鈴薯・酒中日記（国木田独歩）、琴のそら音（夏目漱石）、金色夜叉（尾崎紅葉）、続金色夜叉（尾崎紅葉）、続々金色夜叉（尾崎紅葉）、新続金色夜叉（尾崎紅葉）、虞美人草（夏目漱石）、鶏（森鴎外）、幻影の盾（夏目漱石）、吾輩は猫である（夏目漱石）、抗夫（夏目漱石）、行人（夏目漱石）、堺事件（森鴎外）、三四郎（夏目漱石）、思い出す事など（夏目漱石）、手紙（夏目漱石）、趣味の遺伝（夏目漱石）、重右衛門の最後（田山花袋）、小泉八雲集（小泉八雲）、硝子戸の中（夏目漱石）、生（田山花袋）、青年（森鴎外）、草枕（夏目漱石）、其面影（二葉亭四迷）、田舎教師（田山花袋）、土（長塚節）、道草（夏目漱石）、二百十日（夏目漱石）、彼岸過迄（夏目漱石）、婦系図（泉鏡花）、浮雲（二葉亭四迷）、武蔵野（国木田独歩）、舞姫（森鴎外）、文鳥（夏目漱石）、平凡（二葉亭四迷）、変な音（夏目漱石）、片恋（二葉亭四迷）、坊ちゃん（夏目漱石）、夢十夜（夏目漱石）、明暗（夏目漱石）、門（夏目漱石）、野分（夏目漱石）、余興（森鴎外）、倫敦塔（夏目漱石）、薤露行（夏目漱石）

（２－２）「大正テクスト」の一覧（作品名の五十音順）35編（うち、【基本資料】との重複2編）

あらくれ（徳田秋声）、嵐・ある女の生涯（島崎藤村）、或る女＠（有島武郎）、家（島崎藤村）、海へ（島崎藤村）、惜しみなく愛は奪う（有島武郎）、学生時代（久米正雄）、葛西善蔵集（葛西善蔵）、河童・或阿呆の一生（芥川龍之介）、旧主人・芽生（島崎藤村）、蜘蛛の糸・杜子春（芥川龍之介）、戯作三昧・一塊の土（芥川龍之介）、桜の実の熟する時（島崎藤村）、地獄変・偸盗（芥川龍之介）、市井にありて・桃の雫（島崎藤村）、縮図（徳田秋声）、侏儒の言葉・西方の人（芥川龍之介）、出家とその弟子（倉田百三）、新生（島崎藤村）、青銅の基督＠（長与善郎）、多情仏心（里見弴）、太公望・王義之（幸田露伴）、千曲川のスケッチ（島崎藤村）、小さき者へ・生れ出づる悩み（有島武郎）、父帰る・屋上の狂人（菊池寛）、藤十郎の恋・恩讐の彼方に（菊池寛）、破戒（島崎藤村）、芭蕉入門（幸田露伴）、春（島崎藤村）、文芸的な、余りに文芸的な（芥川龍之介）、奉教人の死

（芥川龍之介）、泡鳴五部作（岩野泡鳴）、夜明け前（島崎藤村）、羅生門・鼻（芥川龍之介）、檸檬（梶井基次郎）

(2—3)「昭和テクスト」の一覧（作品名の五十音順）57編（うち、【基本資料】との重複9編）

あすなろ物語®（井上靖）、アメリカひじき・火垂るの墓（野坂昭如）、一瞬の夏（沢木耕太郎）、エディプスの恋人（筒井康隆）、女社長に乾杯！（赤川次郎）、風立ちぬ・美しい村（堀辰雄）、風に吹かれて（五木寛之）、雁の寺・越前竹人形（水上勉）、金閣寺®（三島由紀夫）、銀河鉄道の夜（宮沢賢治）、錦繍（宮本輝）、草の花（福永武彦）、国盗り物語（司馬遼太郎）、黒い雨®（井伏鱒二）、剣客商売（池波正太郎）、孤高の人（新田次郎）、小僧の神様・城の崎にて（志賀直哉）、コンスタンティノープルの陥落（塩野七生）、さぶ（山本周五郎）、塩狩峠（三浦綾子）、死者の奢り・飼育（大江健三郎）、忍ぶ川（三浦哲郎）、新源氏物語（田辺聖子）、人生論ノート（三木清）、新橋烏森口青春篇（椎名誠）、人民は弱し官吏は強し（星新一）、砂の上の植物群（吉行淳之介）、砂の女（安部公房）、青春の蹉跌（石川達三）、聖少女®（倉橋由美子）、世界の終りとハードボイルド・ワンダーランド（村上春樹）、戦艦武蔵（吉村昭）、太郎物語（曾野綾子）、痴人の愛（谷崎潤一郎）、沈黙（遠藤周作）、点と線（松本清張）、遠野物語（柳田国男）、二十四の瞳（壺井栄）、楡家の人びと（北杜夫）、人間失格（太宰治）、野火®（大岡昇平）、二十歳の原点（高野悦子）、花埋み（渡辺淳一）、華岡青洲の妻（有吉佐和子）、パニック・裸の王様（開高健）、ビルマの竪琴®（竹山道雄）、冬の旅（立原正秋）、ブンとフン（井上ひさし）、放浪記（林芙美子）、モオツァルト・無常という事（小林秀雄）、焼跡のイエス・処女懐胎（石川淳）、山本五十六（阿川弘之）、友情（武者小路実篤）、雪国®（川端康成）、李陵・山月記（中島敦）、路傍の石（山本有三）、若き数学者のアメリカ®（藤原正彦）

(2—4)「翻訳テクスト」の一覧（作品名の五十音順）32編

赤毛のアン（モンゴメリ、村岡花子訳）、赤と黒（スタンダール、小林正訳）、嵐が丘（ブロンテ、田中西二郎訳）、怒りの葡萄（スタインベック、大久保康雄訳）、異邦人（カミュ、窪田啓作訳）、絵のない絵本（アンデルセン、矢崎源九郎訳）、O・ヘンリ短編集（オー・ヘンリ、大久保康雄訳）、女の一生（モーパッサン、新庄嘉章訳）、悲しみよこんにちは（サガン、朝吹登水子訳）、クリスマス・カロル（ディケンズ、村岡花子訳）、グレート・ギャツビー（フィッツジェラルド、野崎孝訳）、黒猫・黄金虫（ポー、佐々木直二郎訳）、古代への情熱（シュリーマン、関楠生訳）、桜の園・三人姉妹（チェーホフ、神西清訳）、ジーキル博士とハイド氏（スティーヴンソン、田中西二郎訳）、シャーロック・ホームズの冒険（ドイル、延原謙訳）、車輪の下（ヘッセ、高橋健二訳）、十五少年漂流記（ヴェルヌ、波多野完治訳）、狭き門（ジッド、山内義雄訳）、チップス先生さようなら（ヒルトン、菊池重三郎訳）、長距離走者の孤独（シリトー、丸谷才一・河野一郎訳）、沈黙の春（カーソン、青樹簗一訳）、月と六ペンス（モーム、

中野好夫訳)、罪と罰（ドストエフスキー、工藤精一郎訳)、ティファニー
で朝食を（カポーティ、龍口直太郎訳)、トニオ・クレーゲル、ヴェニス
に死す（マン、高橋義孝訳)、トム・ソーヤーの冒険（トウェイン、大久
保康雄訳)、人形の家（イプセン、矢崎源九郎訳)、はつ恋（ツルゲーネフ、
神西清訳)、ハムレット（シェイクスピア、福田恒存訳)、変身（カフカ、
高橋義孝訳)、若きウェルテルの悩み（ゲーテ、高橋義孝訳)

既発表論文との関係

　本書の各章のうち、第1章と第15章以外は既発表の論考をもとにしている。それらについては、全体にわたって、術語の統一や説明の重複の見直し、誤字脱字等の修正を行った。さらに、いくつかの章については、本書全体の趣旨をより明確にできるよう、既発表の論文の一部分の修正あるいは全体の大幅な改訂をおこなった。以下にそれについて簡単に記す。

第1章　本書の課題および立場と方法：書き下ろし
第2章　使役文の意味分類の観点について
　早津（2007）「使役文の意味分類の観点について―山田孝雄（1908）の再評価―」に若干の修正を加えた。
第3章　意志動作の引きおこしを表す使役文の文法的な意味
　早津（2015c）「日本語の使役文の文法的な意味―「つかいだて」と「みちびき」―」を内容的にはほぼそのまま所収した。ただし、第1章と重複する用語の説明を削除し、また早津（2015c）で字数制限のために例示を少なくしたり説明を短くしたり注や文献を割愛したりしたところを補った。
第4章　〈人ノN［部分・側面］ヲVi［無意志］-（サ）セル〉型の使役文
　早津（2011）「心理変化の惹起を表現する日本語の使役文―「人ノ側面ヲVi-（サ）セル」型の使役文について」をもとにしているが、この型の使役文と〈人ヲVi［無意志］-（サ）セル〉型の使役文との関係に注目した論考としてまとめなおし、〈事物ヲVi［無意志］-（サ）セル〉型の使役文との関係にも触れて、この型の使役文を使役文全体の中に位置づけることをこころみた。
第5章　〈人₁ガN［（人₁ノ）部分・側面］ヲVi-（サ）セル〉型の

使役文

早津（1991）「所有者主語の使役について」、およびそれを一部修正して所収した早津（2006）の第8章をもとにしているが、「V-(サ) セル」の文中での構文的機能に注目することが明確になるよう全体をまとめなおした。

第6章 〈N［事物］ニ N［事物］ヲ Vt-(サ) セル〉型の使役文

早津（1999b）「使役対象が人ではない他動詞使役をめぐって―使役動詞文と他動詞文―」、およびそれを一部修正して所収した早津（2006）の第7章をもとにしているが、この型の使役文の特徴がより明瞭になるよう大幅に改稿した。

第7章 「ヴォイス」としての使役

早津（2012a）「日本語における「ヴォイス」を再考するために―主語が動きの主体か否か―」に修正を加えた。その際、早津（2005）「現代日本語の「ヴォイス」をどのように捉えるか」の内容の一部をもりこみ趣旨が明確になるようにした。

第8章 使役文と原動文の似通い

早津（2013a）「使役文と原動文との似通い―使役と原動の対立の弱まり―」をもとに、第3章での動詞分類や使役の意味にふれつつ全体のまとめかたをいくらか修正した。

第9章 使役文と受身文の似通い

早津（2015b）「日本語における使役文と受身文の似通い―使役文からの考察―」を一部修正して所収した。なお、この早津（2015b）は早津（1992）「使役表現と受身表現の接近に関するおぼえがき」およびそれを修正して所収した早津（2006）の第10章をもとにしているが、使役文・受身文のヴォイス性という点から大幅に改稿したものであり、新しい別の論考となっている。

第10章 「もたせる」における使役動詞性と他動詞性

早津（2000a）「「もたせる」における使役動詞性のあり方」、およびそれを一部修正して所収した早津（2006）の第11章の前半をもとにしているが、「もたせる」を述語とする使役文の事態の多様性（人の意志動作の引きおこし、人の社会的変化の引きおこし、人の心理変化の引きおこし、事物の属性変化の引きおこし、

物の位置関係の変化の引きおこし）、および人の意志動作の引き
おこしを表す使役文に「つかいだて」と「みちびき」があること
に留意して大幅に改稿した。

第11章 「知らせる」「聞かせる」における使役動詞性と他動詞性
早津（1998a）「「知らせる」「きかせる」の他動詞性・使役動詞
性」、およびそれを一部修正して所収した早津（2006）の第11
章の後半をもとに、他動詞性と使役動詞性がよりわかりやすくな
るよう修正した。

第12章 「V-(サ)セル」の語彙的意味の一単位性
早津（2010a）「「V」との対応をなさない「V-(サ)セル」─語
彙的意味の一単位性─」をほぼそのまま所収した。

第13章 使役動詞条件形の後置詞への近づき
早津（2012b）「使役動詞を条件節述語とする文の意味と機能」
をほぼそのまま所収した。

第14章 「感じさせる」「思わせる」の判断助辞への近づき
早津（2013c）「「感じさせる」「思わせる」の使役動詞性の希薄
化」をほぼそのまま所収した。

第15章 使役文と使役動詞：書き下ろし

あとがき

　使役についてまとめた最初の論考は、「所有者主語の使役について」（1991）だった。私は 1990 年 4 月に東京外国語大学に着任し日本語学科（当時）に所属したのだが、そこでは『東京外国語大学日本語学科年報』（当時）という雑誌を刊行しており、新任の教員は初年度にこの雑誌に稿を寄せることになっていた。大学に勤務するのははじめてで授業準備や学内業務その他慣れないことが多く、締め切りが気になりながらもなかなかテーマを決められずにいたなか、それまで考えてきた他動詞・自動詞の問題にかかわって気になっていたことをまとめてみようと思った。それは、自動詞に「-（サ）セル」のついた「Vi-（サ）セル」が従属節述語となり、主語とヲ格補語が全体－部分の関係になっている「子供たちは目を輝かせてお話に聞き入っていた」のような文の性質だった。これを主語がヲ格補語の所有者にあたるということで「所有者主語の使役」とよんで考察した。脱稿後、この小さな問題を使役研究という大きな文脈の中で位置づけられないかと思うようになった。そして、使役の実相を追究すべく実例をもとに考察をつづけて小稿を重ね、それらをまとめたもの（「現代日本語の使役文」）を 2006 年に京都大学文学研究科に博士論文として提出した。幸い学位を授与されることになったが、ひとつひとつの現象を大きな全体のなかでとらえるということの不十分さが次第に気にかかってきた。博士論文の審査委員の先生方からのご指摘の多くもそのことについてだったように思い出されてきた。

　そのような思いのなかで、使役について私の視座からまとめるべく、それまでに発表していた論考を見直し、新たな論述にもとりくんできた。博士論文提出から 10 年がすぎた今、ようやくいくらか自分なりの使役のとらえかたが見いだせたように思う。それは、使

457

役動詞と使役文すなわち単語と文が言語の単位として異なるレベルのものであること、単語を組み立てて文をつくるための手続きの総体が文法であること、文は単語を部分とする全体であり、部分としての単語の性質と全体としての文の性質は相互に規定しあうものであること、というまことにあたりまえのことをつねに意識して現象をとらえるということである。第1章に述べた立場と方法のもと、大きな全体のなかで個々の問題を位置づけるということを念頭におきつつこれまでの考察を一書にまとめた。まだまだ不十分な点が多々あろうと思う。ご指導・ご批判をいただければ幸いである。

　私は、学部では心理学を学んだので、日本語学や言語学については卒業後8年たってから東京外国語大学大学院の修士課程ではじめて学ぶことになった。阪田雪子先生、窪田富男先生、湯本昭南先生の日本語学や日本語教育学の授業からも、千野栄一先生、宮岡伯人先生の言語学の授業からも多くのことを教わった。ひょんなことから出席することになった宮岡先生の演習でエスキモー語を学び、すっかり魅せられた。エスキモー語の動詞は構文的な性質から2つの類に分けられるのだが、各類の動詞群の意味の特徴に興味をひかれた。修了後「有対他動詞と無対他動詞の違いについて」（1989）という論考をまとめたが、有対動詞と無対動詞の意味の違いという着想はエスキモー語の動詞について考えるなかで得たものである。

　その後、京都大学大学院の博士後期課程（言語学専攻）に進学し、西田龍雄先生、佐藤昭裕先生、吉田和彦先生ほか多くの先生方の言語研究の講義を受講できたこと、また、国語学の川端善明先生の授業に3年間出席できたことは、いずれも難しい内容だったが、異なるタイプの言語の多様な性質、言語研究の広さと奥行きを学ぶことができ、大きな学恩は私の大切な財産となっている。

　東京外国語大学の教員になってからは、学生時代にお世話になった先生方はもちろん工藤浩先生からも、広い視野からご指導をいただいた。文法論を形態論と構文論に分け、構文論を連語論と文論に分けることがあるが、私の使役文のとらえかたが文論ではなく使役動詞を軸とする連語の問題に傾いていることをいろいろな文脈で指摘してくださった。湯本先生と工藤先生からは実証研究の大切さ、

そしてそこには理論研究のうらづけがないといけないことを、ときに一般的なこととして、ときに個別の問題に即して教えていただいた。奥田靖雄氏を中心とする言語学研究会の考え方を勉強するようになったのも両先生のお話をうかがうなかで自然な流れだった。奥田氏にはお目にかかる機会はなかったが、何度も読んでそのつど学ぶことの多い論文にたくさん出会った。両先生のおはからいで、宮島達夫先生、鈴木重幸先生、高橋太郎先生から、連語論や形態論、カテゴリカルな意味や動詞の動態のとらえ方などについて、学生たちとともに直接お教えを受けることができ、使役の具体的な問題について相談にのっていただけたのも恵まれたことだった。

博士論文を提出したのは上述のように 2006 年である。庄垣内正弘先生が主査、佐藤先生と吉田先生が副査として審査をしてくださった。先生方のご専門は、チュルク語文献言語学、スラブ言語学、歴史比較言語学で、口述審査においてはそれぞれの専門的な知見からの厳しいご指摘とともに、その後の研究の方向性について貴重な示唆をいただいた。学位を授与された後も庄垣内先生はいくども面談の機会をもってくださり、公刊にむけての改稿の経過を見守ってくださった。複数の小論文を一書にまとめるには一貫した立場がないといけない、その立場を見いだすのは、何年かにわたって書いてきた論文群であればあるほどたいへんだろうが、そこで苦しむことが勉強になる、ということを折にふれておっしゃってくださった。庄垣内先生については藤代節氏が追悼文の中で、大学院生時代に先生から「……研究するにはどうしたらいいのか、何をやったらいいのか、悩むでしょ、でもそのうち、知らんうちに、ポコッと、どっかへはまるもんなんや、そこから出られなくなったりするんやけど、それはそれでもいいんや、広く色々なことをやるというのもいいやろ、けれども、どこかを深く研究すると結局、色々なことが見えてくるので、同じことや。好きなことを好きなように研究をすればいいのや」とおっしゃられたと書いておられる（『言語研究』146 号）。私は使役にポコッとはまったのだと思う。庄垣内先生に本書を見ていただくことがかなわず、歩みが遅かったのが悔やまれる。

友人や学生からも学ぶことが多かった。とくに、博士後期課程に

あとがき　　459

進んだとき、日本語研究の先輩（年齢は私のほうが上なのだが……）である田野村忠温氏、丹羽哲弥氏、服部匡氏、藤田保幸氏が勉強会に誘ってくださり各自のとりくんでいる課題について発表し気兼ねなく意見をかわすことができた。問題の立て方自体への反省や論の進め方の見直しに導いてくれる刺激的な集まりだった。丹羽氏と藤田氏は提出後の博士論文についても全体にわたってありがたい批判や助言をくださった。学生たちからは授業を通して、基本的なことをきちんと説明することの難しさと大切さに気づかされることが多い。本書のもとになった論考の途中段階のものをゼミで発表したこともたびたびあり、鋭い質問や「わからない」という反応をもらったことは一人での考えを練りなおすきっかけになった。そして、親しい方々との様々な研究会はつねに学びの場であった。

　はじめての使役の小稿から25年、博士論文提出から10年がたってしまった。その間の論考を、上述のように自分なりの視座をすえてまとめようと努めたのが本書である。しかし、自身の立場のゆれがまだそこここに残っており、全体を貫く一筋というのはつかめたかと思うと消えていき、いまだ模索中である。もうしばらく、若い学生たちと切磋琢磨しながら勉強していきたい。

　本書の原稿を整理するにあたり、東京外国語大学大学院修了生である須田義治氏、須田奈穂子氏、アクマタリエワ・ジャクシルク氏、および博士後期課程在籍中の学生さんたちに、いろいろな段階で助けていただき感謝している。そして、いま本書を上梓することができるのは、ひつじ書房の松本功氏のあたたかい励ましと寛容、渡邉あゆみ氏の編集者としてまた読者の立場からのきめ細かいご指摘とご配慮とのおかげである。最後になったが心より御礼もうしあげる。

　本書の刊行にあたっては、JSPS 平成28年度科学研究費助成事業研究成果公開促進費（課題番号 16HP5060）の交付を受けた。
　　　　2016年9月20日

　　　　　　　　　　　　　　　　　　　　　　　早津恵美子

索　引

あ

相手主語の使役文・受身文　288
アクチュアル　376, 385

い

依拠性の使動　47
育成者　101
意志動作の引きおこし　116
依頼性　103, 272
引用節　184

う

ヴォイス　238
受身　238
受身文　229, 232, 238

か

カテゴリカルな意味　13
可能文　240
間接作用　70, 237
間接動　71, 237
慣用的ないいまわし　357, 358
慣用的な組み合わせ　357, 359
干與作用　42, 47, 87

き

機会の設定　392
既成性　10, 369, 423
既成品　12, 367
機能動詞　319, 341

強制　54, 56, 61

許可　56
許可助成　61
許容　54
許容使役　63
許容的意義　52
許容的な意味　68

け

敬譲文　244
形態素中心主義　13
形態的使役（morphological causative）
　30
形態論的な形式　20
形態論的な性質　14, 15
形態論的な手続き　231
結果含意性　118
結果局面　65, 75, 118
原因局面　65, 75, 118
原因的な事態　158
原初的なヴォイス　245
源泉＝使役主体　64
源泉＝動作主体　64
原動　238
原動詞　4
原動文　4, 232, 238

こ

語彙項目（lexical item）　10, 349, 361
語彙的意味の一単位性　12, 31, 318, 354
語彙的使役（lexical causative）　30
語彙的使役動詞（lexical causative verb）
　4, 31

461

語彙的な意味 14
後続局面 65, 75, 118
拘束的意義 52
後置詞 389
行動・能力 132, 152
構文意味構造 230, 238, 249
構文機能構造 8, 230, 238, 249
構文論的な形式 20
構文論的な性質 14, 15
被り手性 290, 295
事変化動詞 136, 152
根拠⇒想起・推定 405, 406

―――
さ

再帰文 242

―――
し

使役 238
使役受身文 242
使役（する） 73
使役接辞 4
使役動詞 4
使役文 4, 232, 238
使役文と原動文の対応 5, 419
事態享受者 100
品定め文 388, 409
自発文 240
従属節述語 176, 186
周辺 23
周辺的 123
自由放任 54
主宰者 265
主節述語 176, 184, 186
主題―解説構造 21, 294, 398
主体変化志向の自動詞 94, 97, 304
主体変化志向の他動詞 93, 97, 203, 268,
　304, 310
出現場所性 205
取得・受信型 93, 96
授与・発信型 93, 96
上位概念 17

消去 20
状況性 207
条件節述語 371
招集性 271
所有者主語の使役文・受身文 288
使令作用 42, 47, 87
身体部位 131, 152
身体部位への付着性 103
心理内容 132, 152
心理部位 132, 152
心理変化動詞 135, 152

―――
す

推奨性 104
推定判断 396, 409

―――
せ

生産性 369
成分 10
生理変化動詞 135, 152
接触性 103
先行局面 65, 75, 118
専門的作業 262, 274

―――
そ

相互文 241
存在場所性 200

―――
た

対応自他動 244
代行者 100
代行性 51, 313
代行動作 263, 275
第三者主語の使役文・受身文 288
対象主語の使役文・受身文 288
対象変化志向の他動詞 92, 95, 268
対立 8, 51, 71, 279
他者誘導 91
他者利用 91

他動性の使動　47
単語　10, 11
単語中心主義　13, 28, 420
単文の述語　176, 188

ち

中心　23, 238
直接作用　70, 237
直接動　71, 237

つ

つかいだて性　38, 39, 55, 68
つかいだての使役　91, 276, 310
つかいだてのたちばの文　6, 50

て

V-テアル文　241
手つづき中心主義　13
V-テモラウ文　232, 239
V-テヤル文・V-テクレル文　243

と

統括事業　259, 274
動作主体の格表示　26
透明（transparent）　309
透明性（transparency）　368
特定者　372, 397

な

内在場所性　202

に

似通い　257, 285
ニ使役　26, 62

は

媒介性　103, 271
派遣性　103, 271
張り合い関係　10, 12, 193
判断助辞　395, 409
範疇的意味　19

ひ

非アクチュアル　379, 385
被育成者　101
引きおこし手性　289, 291
比喩／比喩的　358, 364, 384, 402, 409
被誘導者　101
表現内容面の対　9

ふ

複合事態性　51, 198
複合的な事態　24, 307, 349
副次的　178
複文構造　26, 102
付着場所性　203
不特定者　372, 397
部品　10
部分　10
部分・側面　131, 172, 194, 214
文構造上の対立　8
分析性　12
分析的な使役（analytical causative）　30
文法的な意味　14
文法的な性質　14

ほ

奉仕者　100
奉仕性　313
包摂　7
放任　56, 61
方便　42, 87
本義─喩義　403
本体─属性　402

ま

巻き込み性 103, 271

み

みちびき 313
みちびきの使役 91, 276, 298, 310

む

無意志動作の引きおこし 116
武者詞 235, 250

め

メタファー的 363
メトニミー的 312

も

もとになるたちばの文 6, 50
物変化動詞 136, 152

や

やりとり志向の他動詞 93, 96

ゆ

有対自動詞 244
有対他動詞 31, 244
誘導者 101
誘発使役 63

よ

要素性 10, 11, 423

り

領域の設定 392
利用性 103, 271

る

類義文 256
類似性 409

れ

連語 123, 124, 156, 274, 360
連体修飾節述語 176, 187
連文構造 26

を

ヲ使役 26, 62

早津恵美子（はやつ えみこ）

略歴

1954年生まれ。三重県出身。1990年、京都大学大学院文
学研究科博士後期課程単位取得退学。東京外国語大学大学
院国際日本学研究院教授。博士（文学）。

主な著書・論文

「有対他動詞と無対他動詞の違いについて」『言語研究』
(95、1989)、『動詞の自他』（共編、ひつじ書房、1995）、
「現代日本語の「ヴォイス」をどのように捉えるか」『日本
語文法』(5–2、2005)、「語彙と文法との関わり」『政大日
本研究』(6、2009)、「日本語の使役文の文法的な意味」
『言語研究』(148、2015)など。

ひつじ研究叢書〈言語編〉第140巻

現代日本語の使役文

Causative Sentences in Modern Japanese
Hayatsu Emiko

発行	2016年10月27日　初版1刷
定価	7200円＋税
著者	©早津恵美子
発行者	松本功
ブックデザイン	白井敬尚形成事務所
印刷所	日之出印刷株式会社
製本所	株式会社 星共社
発行所	株式会社 ひつじ書房

〒112-0011　東京都文京区千石2-1-2 大和ビル2階
Tel: 03-5319-4916　Fax: 03-5319-4917
郵便振替 00120-8-142852
toiawase@hituzi.co.jp　http://www.hituzi.co.jp/

ISBN978-4-89476-810-9

造本には充分注意しておりますが、落丁・乱丁などがございましたら、
小社かお買上げ書店にておとりかえいたします。
ご意見、ご感想など、小社までお寄せ下されば幸いです。

刊行のご案内

〈ひつじ研究叢書（言語編）　第 129 巻〉

コミュニケーションへの言語的接近

定延利之 著　定価 4,800 円＋税

〈ひつじ研究叢書（言語編）　第 131 巻〉

日本語の活用現象

三原健一 著　定価 3,800 円＋税

〈ひつじ研究叢書（言語編）　第 138 巻〉

判断のモダリティに関する日中対照研究

王其莉 著　定価 7,200 円＋税

〈ひつじ研究叢書（言語編）　第 139 巻〉

語構成の文法的側面についての研究

斎藤倫明 著　定価 6,300 円＋税